国家出版基金项目
NATIONAL PUBLICATION FOUNDATION

"十三五"国家重点图书

网络信息服务与安全保障研究丛书

丛书主编 胡昌平

信息服务的
战略管理与社会监督

Strategic Management and Social Supervision of Information Service

 邓胜利 严炜炜 李枫林 森维哈 著

WUHAN UNIVERSITY PRESS
武汉大学出版社

图书在版编目(CIP)数据

信息服务的战略管理与社会监督/邓胜利等著.—武汉：武汉大学出版社,2022.1
"十三五"国家重点图书　国家出版基金项目
网络信息服务与安全保障研究丛书/胡昌平主编
ISBN 978-7-307-22902-0

Ⅰ.信…　Ⅱ.邓…　Ⅲ.信息服务业—研究　Ⅳ.F49

中国版本图书馆 CIP 数据核字(2022)第 023384 号

责任编辑:文　诗　　　责任校对:汪欣怡　　　版式设计:马　佳

出版发行:武汉大学出版社　　(430072　武昌　珞珈山)
　　　　　(电子邮箱:cbs22@whu.edu.cn　网址:www.wdp.com.cn)
印刷:武汉中远印务有限公司
开本:720×1000　1/16　印张:21.75　字数:388 千字　插页:5
版次:2022 年 1 月第 1 版　　2022 年 1 月第 1 次印刷
ISBN 978-7-307-22902-0　　　定价:92.00 元

作者简介

邓胜利，武汉大学信息管理学院教授，博士生导师，系主任，信息政策与大数据治理中心主任。教育部"青年长江学者"，武汉大学人文社会科学优秀青年学者，武汉大学珞珈青年学者。研究方向为网络用户行为与数字化信息服务。美国肯特州立大学、美国威斯康辛密尔沃基分校访问学者。先后主持和承担教育部重点研究基地重大项目、国家自然科学基金项目、国家社会科学基金项目、教育部基金项目等各类项目30余项。在《旅游管理》《计算机信息行为》《信息处理与管理》等SSCI期刊，《中国图书馆学报》《情报学报》等权威期刊发表论文150余篇，出版著作与教材8部，先后获湖北省科技进步二等奖、湖北省社会科学优秀成果奖二等奖、三等奖等。

网络信息服务与安全保障研究丛书

主　编：胡昌平

副主编：曾建勋　胡　潜　邓胜利

著　者：胡昌平　贾君枝　曾建勋

　　　　胡　潜　陈　果　曾子明

　　　　胡吉明　严炜炜　林　鑫

　　　　邓胜利　赵雪芹　邰杨芳

　　　　周　知　李　静　胡　媛

　　　　余世英　曹　鹏　万　莉

　　　　查梦娟　吕美娇　梁孟华

　　　　石　宇　李枫林　森维哈

　　　　赵　杨　杨艳妮　仇蓉蓉

总　序

　　"互联网+"背景下的国家创新和社会发展需要充分而完善的信息服务与信息安全保障。云环境下基于大数据和智能技术的信息服务业已成为先导性行业。一方面，从知识创新的社会化推进，到全球化中的创新型国家建设，都需要进行数字网络技术的持续发展和信息服务业务的全面拓展；另一方面，在世界范围内网络安全威胁和风险日益突出。基于此，习近平总书记在重要讲话中指出，"网络安全和信息化是一体之两翼、驱动之双轮，必须统一谋划、统一部署、统一推进、统一实施"。① 鉴于网络信息服务及其带来的科技、经济和社会发展效应，"网络信息服务与安全保障研究丛书"按数字信息服务与网络安全的内在关系，进行大数据智能环境下信息服务组织与安全保障理论研究和实践探索，从信息服务与网络安全整体构架出发，面对理论前沿问题和我国的现实问题，通过数字信息资源平台建设、跨行业服务融合、知识聚合组织和智能化交互，以及云环境下的国家信息安全机制、协同安全保障、大数据安全管控和网络安全治理等专题研究，在基于安全链的数字化信息服务实施中，形成具有反映学科前沿的理论成果和应用成果。

　　云计算和大数据智能技术的发展是数字信息服务与网络安全保障所必须面对的，"互联网+"背景下的大数据应用改变了信息资源存储、组织与开发利用形态，从而提出了网络信息服务组织模式创新的要求。与此同时，云计算和智能交互中的安全问题日益突出，服务稳定性和安全性已成为其中的关键。基于这一现实，本丛书在网络信息服务与安全保障研究中，强调机制体制创新，着重于全球化环境下的网络信息服务与安全保障战略规划、政策制定、体制变革和信息安全与服务融合体系建设。从这一基点出发，网络信息服务与安全保障

---

① 习近平. 习近平谈治国理政［M］. 北京：外文出版社，2017：197-198.

1

作为一个整体，以国家战略和发展需求为导向，在大数据智能技术环境下进行。因此，本丛书的研究旨在服务于国家战略实施和网络信息服务行业发展。

大数据智能环境下的网络信息服务与安全保障研究，在理论上将网络信息服务与安全融为一体，围绕发展战略、组织机制、技术支持和整体化实施进行组织。面向这一重大问题，在国家社会科学基金重大项目"创新型国家的信息服务体制与信息保障体系""云环境下国家数字学术信息资源安全保障体系研究"，以及国家自然科学基金项目、教育部重大课题攻关项目和部委项目研究成果的基础上，以胡昌平教授为责任人的研究团队在进一步深化和拓展应用中，申请并获批国家出版基金资助项目所形成的丛书成果，同时作为国家"十三五"重点图书由武汉大学出版社出版。

"网络信息服务与安全保障丛书"包括 12 部专著：《数字信息服务与网络安全保障一体化组织研究》《国家创新发展中的信息资源服务平台建设》《面向产业链的跨行业信息服务融合》《数字智能背景下的用户信息交互与服务研究》《网络社区知识聚合与服务研究》《公共安全大数据智能化管理与服务》《云环境下国家数字学术信息资源安全保障》《协同构架下网络信息安全全面保障研究》《国家安全体制下的网络化信息服务标准体系建设》《云服务安全风险识别与管理》《信息服务的战略管理与社会监督》《网络信息环境治理与安全的法律保障》。该系列专著围绕网络信息服务与安全保障问题，在战略层面、组织层面、技术层面和实施层面上的研究具有系统性，在内容上形成了一个完整的体系。

本丛书的 12 部专著由项目团队撰写完成，由武汉大学、华中师范大学、中国科学技术信息研究所、中国人民大学、南京理工大学、上海师范大学、湖北大学等高校和研究机构的相关教师及研究人员承担，其著述皆以相应的研究成果为基础，从而保证了理论研究的深度和著作的社会价值。在丛书选题论证和项目申报中，原国家自然科学基金委员会管理科学部主任陈晓田研究员，国家社会科学基金图书馆、情报与文献学学科评审组组长黄长著研究员，武汉大学彭斐章教授、严怡民教授给予了学术研究上的指导，提出了项目申报的意见。丛书项目推进中，贺德方、沈壮海、马费成、倪晓建、赖茂生等教授给予了多方面支持。在丛书编审中，丛书学术委员会的学术指导是丛书按计划出版的重要保证，武汉大学出版社作为出版责任单位，组织了出版基金项目和国家重点图书的论证和申报，为丛书出版提供了全程保障。对于合作单位的人员、学术委员会专家和出版社领导及詹蜜团队的工作，表示深切的感谢。

丛书所涉及的问题不仅具有前沿性，而且具有应用拓展的现实性，虽然在专项研究中丛书已较完整地反映了作者团队所承担的包括国家社会科学基金重大项目以及政府和行业应用项目在内的成果，然而对于迅速发展的互联网服务而言，始终存在着研究上的深化和拓展问题。对此，本丛书团队将进行持续性探索和进一步研究。

胡昌平

于武汉大学

前　　言

　　随着云计算、大数据、人工智能、物联网等新兴技术的不断发展，信息服务内容和方式都发生了显著变化，信息服务的网络化、数字化、智能化不断发展，传统信息服务面临严峻的挑战，也迎来了难得的战略机遇。面对数字经济的快速发展，国家需要从战略层面加强对信息服务的管理与社会监督，在理论上寻求突破，需要重点关注数据安全与治理问题，同时也要考虑平台监管。本书立足于大数据时代背景，从信息服务的战略机遇与战略选择，信息服务的动力机制、可持续发展战略，信息服务平台化发展战略、数字包容战略，信息服务供给侧改革与战略布局，信息服务权益保护、安全服务一体化战略实现中的数据治理等方面进行了系统性研究，提出了信息服务社会化管理监督的实施对策。

　　信息服务已经渗透经济和社会的方方面面，需要从战略层面加强对信息服务平台、信息服务可持续发展、信息服务的数字包容等方面的管理，一方面通过战略管理，让信息服务抓住当前的发展机遇，通过转型升级，成为推动社会发展新的增长点；另一方面，信息服务在快速发展中，面临很多前所未有的问题，需要加强社会监督，保护个人权益、个人信息安全等，让用户能够真正享受智能化信息服务带来的各种便利。

　　信息服务战略管理与社会监督研究的推进，立足于当前国家的战略需要，从宏观层面把握信息服务战略方向，实现健康有序推进。这一研究不仅适应了数字经济和大数据发展的需要，而且在理论上确立了信息服务战略管理的基本框架，这是对信息服务理论的发展。同时，本书针对平台战略、可持续发展战略、数字包容战略，寻求不同的解决思路和方法，在信息服务战略应用中提升信息服务的整体水平。因此，本书体现了面向国家战略的信息服务拓展趋势。

　　当前，信息服务行业正发生深刻变化，信息服务的战略管理和社会监督至关重要。信息服务中出现的虚假信息、信息服务质量不高、大数据"杀熟"、数据垄断、平台垄断等新问题，导致用户的利益受损，因此需要加强战略管理和社会监督，针对变化中的新问题不断深化和拓展研究成果。具体而言，从PC端到移动端的变化，需要我们进一步加强对移动信息服务的战略管理和社会监督；此外，信息服务中的数据安全与治理也是需要从战略层面进行研究的，由此构建科学的数据治理体系。

本书由邓胜利、严炜炜、李枫林、森维哈执笔，邓胜利定稿，付少雄、汪璠、钱倩文负责资料的收集，参与了其中的工作。对于以上合作者致以深切的谢意。

本书作为作者多年理论研究和实践的成果，书中难免存在一些疏漏，恳请同行和读者指正。

邓胜利

目　　录

1 大数据背景下信息服务发展

随着信息技术的快速发展，整个社会迈入大数据时代，大数据资源已成为社会、经济、教育、科技、健康医疗等领域可持续发展的战略资源。中共中央政治局于 2017 年 12 月 8 日下午就实施国家大数据战略进行第二次集体学习，习近平总书记在主持学习时强调，应该审时度势、精心谋划、超前布局、力争主动，实施国家大数据战略，加快建设数字中国，更好服务我国经济社会发展和人民生活改善。2021 年，习近平总书记在世界互联网大会乌镇峰会上指出：数字技术正以新理念、新业态、新模式全面融入人类经济、政治、文化、社会、生态文明建设各领域和全过程，给人类生产生活带来广泛而深刻的影响。"十四五"规划和 2035 年远景目标纲要都提出"加快数字化发展 建设数字中国"。可见数字中国建设离不开大数据发展的支撑，大数据发展为数字中国建设注入了发展新动能，赋予了发展新内涵，开启了发展新时代。建设"数字中国"，习总书记强调，"要运用大数据促进保障和改善民生"，"推进'互联网+教育''互联网+医疗''互联网+文化'等"，着力解决信息资源共享开放问题。① 可见，在数字中国建设中，不管是经济还是其他领域，都面临着如何利用海量信息资源的问题。②

1.1 大数据的快速发展

随着科技和社会的发展进步，数据的数量开始不断增多。工业革命以来，

---

① 实施国家大数据战略加快建设数字中国［EB/OL］.［2020-11-23］. http://www.xinhuanet.com//2017-12/09/c_1122084706.htm.

② 杨慧，宋华. 大数据背景下的信息资源管理与利用［J］. 管理观察，2016（3）：47-49.

人类更加注重数据的作用，各行各业相继制定了数据标准，并积累了大量的结构化数据，随着计算机和互联网的兴起，信息检索、信息处理技术的出现使得高效处理大量传统结构化数据成为可能。近年来，随着互联网的快速发展，音频、文字、图片等半结构化、非结构化信息大量涌现，社交网络、物联网、云计算的广泛应用，使得用户从信息使用者转变为信息创建者和转发者。在科研领域、信息服务领域、电子商务领域等诸多领域，数据规模、数据类型正以极快的速度发生变化，大数据时代已悄然降临。

1.1.1 大数据的产生与成因

"大数据"不是一个空的概念，其出现对应了数据生产方式的变革。从事件发生的三要素来看，需要时间、地点及人物才能发生。而对于大数据而言，其生产方式在此三要素上均突破了限制。① 大数据产生方式如图 1-1 所示。

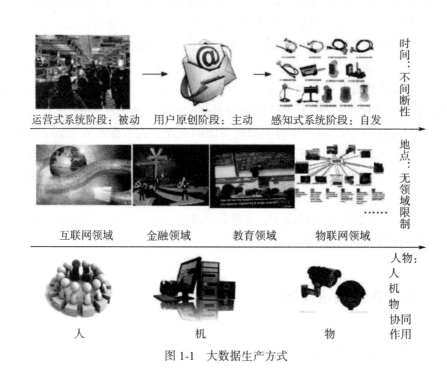

图 1-1 大数据生产方式

---

① 彭宇，庞景月，刘大同，彭喜元. 大数据：内涵、技术体系与展望[J]. 电子测量与仪器学报，2015，29（4）：469-482.

　　传统数据具有滞后性，是伴随着一定的运营活动产生的，之后被储存在数据库中，如超市只有用户发生购买行为后才会产生交易记录。随着互联网技术的发展，以智能终端以及社交媒体平台为媒介，大量通话记录、微博信息、博客内容以及评论信息等标志着用户原创阶段的来临。如今，云计算、传感技术的使用，使得数据源源不断地产生。可见，数据产生已经脱离了对活动的依赖，突破了传统时间的限制，具备连续不间断的特性。大数据已经融入社会的各个领域，包括互联网、金融、医疗、健身、教育、科研、经济等。如新冠肺炎疫情期间，用户的交通记录以及健康记录，物联网中大量分布的传感器感知的环境信息、设备信息等都是大数据的重要组成部分，不再仅局限于某一个信息服务机构或者某一个企业。

　　众所周知，人物是传统事件发生的重要因素，而对于大数据来说，其主体已经从人扩展到人、机、物及三者的融合。首先，人指的是人类的活动，通过使用移动终端留下的数据。其次，机是数据来源很重要的一部分，即信息系统本身产生的各类数据。大数据同样来源于物，即我们所处的物理世界。

　　①大数据不单单指海量数据。计算机出现之后，数据指"一切以电子形式存储的记录"。大数据来源包括以下几个方面：一是媒体数据，主要指互联网、社交媒体产生的数字痕迹，如用户浏览网页的数字化记录等；二是各类企业的生产、销售、管理等数据；三是政府部门的数据；四是物联网、各类传感器产生的数据，以及互联网各种摄像头记录的数据；五是用户个人的数据，包括个人、智能家居的数据等。

　　②全球正在走向全面数字化。当今时代，大数据引领时代发展已成为全球共识。数据已经渗透到每一个行业和领域，成为重要的生产要素。中国已经融入大数据时代，不仅诞生了百度、腾讯、淘宝等优秀的互联网平台，随着各类App的出现与普及，中国网民数量突破10亿，成为全球第一的互联网用户数，中国已经成为全球最重要的"大数据"市场之一。"大数据战略"是赢得未来的关键。

　　③大数据中的数据源自人、机、物。人指用户生成内容，即用户通过手机、平板、可穿戴设备而产生的音频、视频、照片、地理位置等信息；机指信息系统本身，如数据中心的运行日志、数据库的自动备份等；物指物理世界。当今，无处不在的传感器和微处理器是大数据产生的基本来源，以视频监控为例，一个720p的摄像头1小时内能产生3.6GB的数据。

　　④大数据是数字集合。从技术角度看，大数据是这个时代的必然产物。物联网、移动网、云计算技术的发展，特别是智能终端的应用，导致数据越来越多、越来越大，推动了"大数据"概念的产生。总的来说，大数据是一个数字

集合，包含三类数据：一是结构化数据，如财务系统、ERP 系统的数据；二是半结构化数据，如电子邮件等；三是非结构化数据，如传感器、社交网络产生的数据。

⑤大数据的出现与很多因素有关。大数据时代不仅意味着信息量巨大，还意味着数据处理、存储、挖掘、分析等能力的提升。不同领域、不同行业的数据交换和利用也变得十分频繁。大数据时代出现的原因，除了政府机构、企业等提供了更多的数据外，主要因素是用户数据、用户生成内容（UGC）、物联网技术的发展等，都使得数据量急剧增长。云计算技术的发展和数据库的发展为大数据处理和存储提供了技术支撑。

涂子沛在总结大数据的成因和趋势时，认为可以用图 1-2 表示。① 当数据和信息以资源的形式表现出来时，就形成了数字信息资源，其建设、开发和应用是一个长期的、系统的、复杂的过程，且呈现出由集中到分散、再到集中的趋势。

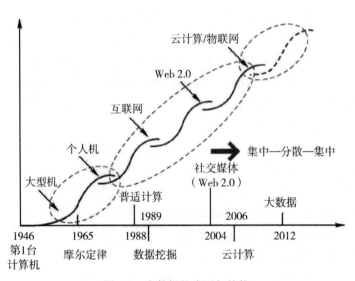

图 1-2 大数据的成因与趋势

1.1.2 大数据的特征

全球著名的咨询机构 Gartner 的资深分析师 Doug Laney 在 2001 年首先提出

---

① 涂子沛. 大数据[M]. 桂林：广西师范大学出版社，2012：7.

大数据特征,具有大规模(Volume)、高速性(Velocity)和多样性(Variety)的3V特征,① 后来随着大数据研究越来越多,业界对于大数据的认识也更深入、全面,不同领域对大数据特征的描述也有所差异。如国际数据公司(International Data Corporation,IDC)认为大数据还应当包含价值性(Value),大数据的价值往往呈现出稀疏性的特点;而 IBM 认为大数据还具有真实性(Veracity),这样有利于建立一种信任机制,更有利于作出正确的决策。后续学者相继扩展了黏性(Viscosity)、准确性(Veracity)、时效性(Volatility)和易变性(Variability)等特征。② 其演化模式如表 1-1 所示。

表 1-1 大数据特性描述演化

特点	日期(年)	作者/机构名称	内涵
大规模 (Volume)	—	—	数据量大
高速性 (Velocity)	2001	DougLaney③ (Gartner Meta Group Research)	数据分析和处理速度快
多样性 (Variety)	—	—	数据类型多样
价值性 (Value)	2012	IDC	价值稀疏性
真实性 (Veracity)	2012	IBM	数据反映客观事实
易变性 (Variability)	2012	Brian Hopkins 和 Boris Evelson(Forrester)	大数据具有多层结构

① Laney D. 3D data management:controlling data volume,velocity and variety[J]. META Group Research Note,2001(6):70.

② Desouza K C. Realizing the promise of big data[J]. IBM Center for the Business of Government,Washington,DC,2014.

③ Laney D. 3D data management:controlling data volume velocity,and variety[R/OL]. Meta Group,2001[2020-11-23]. http://blogs.gartner.com/doug-laney/files/2012/01/ad949-3D-Data-Management-Controlling-Da-ta-Volume-Velocity-and-Variety.pdf.

由表 1-1 可知，随着时间演化，各界对大数据的认知也越来越全面。不同领域对大数据特性的认知也存在差异性。如互联网领域注重实时处理和分析用户浏览行为，以便及时制定推送方案，精准化推送信息，满足用户对精确性的要求。又如在健康医疗领域，需要根据患者影像判断病人的病情，由于与用户的健康相关，所以对精读的要求更高，如表 1-2 所示。

表 1-2　不同领域的大数据特征

领域	用户数目	响应时间	数据规模	可靠性要求	精度要求	应用案例
科学计算	小	慢	TB	一般	非常高	大型强子对撞机数据分析
金融	大	非常快	GB	非常高	非常高	信用卡营销
医疗领域	大	快	EB	非常高	非常高	病历、影像分析
物联网	大	快	TB	高	高	迈阿密-戴德县的智慧城
互联网	非常大	快	PB	高	高	网络点击流入侵检测
社交网络	非常大	快	PB	高	高	Facebook、QQ 等结构挖掘
移动设备	非常大	快	TB	高	高	可穿戴设备数据分析
多媒体	非常大	快	PB	高	一般	史上首部大数据制作的电视剧《纸牌屋》

目前对于大数据特征的认识，认可度高的是 5V 特征，即大规模（Volume）、高速性（Velocity）、多样性（Variety）、真实性（Veracity）和价值性（Value），如图 1-3 所示。

（1）大规模（Volume）

大规模指数据收集和分析的数据量巨大。随着信息技术的高速发展，社交网络（微博、Facebook、Twitter）、多媒体平台、健康医疗平台、健身 App 以及各种智能穿戴设备等的广泛使用，数据开始爆发性增长，数据存储单位从过去的 GB 到 TB，再到如今的 PB、EB。据统计，淘宝网 4 亿会员每天产生的商品交易数据量约为 20TB。

（2）高速性（Velocity）

数据的增长速度和处理速度是大数据高速性的重要体现。与以往的报纸、

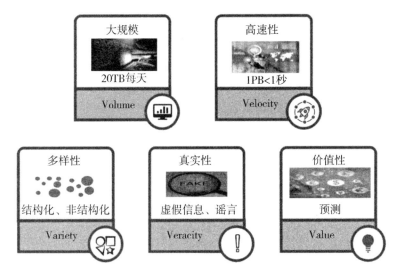

图 1-3　大数据的 5V 特征

书信等传统数据载体生产传播方式不同，在大数据时代，数据的交换和传播主要是通过互联网和云计算等方式实现的，其生产和传播数据的速度是非常快的。另外，海量数据的背后带来的是更大的挑战，如何快速计算分析大数据已经成为当下热门的话题。举个常见的例子，我们经常使用百度搜索去找自己想要的商品，百度是在成千上万的结果中以毫秒级的速度找到符合关键词的选项，这就需要大数据的高速处理能力。

（3）多样性（Variety）

广泛的数据来源，决定了大数据形式的多样性。大数据可以分为三类：

①结构化数据，指的是可以使用关系型数据库表示和存储，表现为二维形式的数据。一般特点是：数据以行为单位，一行数据表示一个实体的信息，每一行数据的属性是相同的。如财务系统数据、信息管理系统数据、医疗系统数据等。

②非结构化数据，指的是数据结构不规则或不完整，没有预定义的数据模型，不方便用数据库二维逻辑表来表现的数据。如视频、图片、音频等。

③半结构化数据，是结构化数据的一种形式，它并不符合关系型数据库或其他数据表的形式关联起来的数据模型结构，但包含相关标记，用来分隔语义元素以及对记录和字段进行分层。因此，它也被称为自描述的结构。半结构化数据，属于同一类实体，但可以有不同的属性，它们被组合在一起时，这些属性的顺序并不重要。如 HTML 文档、JSON 数据、邮件、网页等。

（4）真实性（Veracity）

真实性，其实就是数据的质量。海量数据并不一定能反映用户真实的行为信息或者客观事物的真实信息。以网页访客数据为例，很多网站为了赚取更多的广告费用，会使用作弊机器人对广告进行点击，这样其实就造成了作弊流量，而这些流量并不能反映用户真实需求。

（5）价值性（Value）

大数据的核心特征是价值性。其实价值密度的高低和数据总量的大小是成反比的，即数据价值密度越高，数据总量越小，数据价值密度越低，数据总量越大。任何有价值信息的提取，依托的就是海量的基础数据。当然，目前大数据背景下有个未解决的问题，即如何通过强大的机器算法更迅速地在海量数据中完成数据的价值提纯。

1.1.3　大数据思维方式

大数据推动时代转型的过程中，同样会引发思维方式的变革，需要放在大数据环境下重新认识。大数据思维方式体现在思维范畴方面，只有置于大数据环境下，正确认识、理解这些范畴，才能真正形成大数据思维。当前，对于大数据思维范畴的认识存在混乱错杂现象，因而有必要厘清这些范畴之间的关系。

（1）整体性思维

大数据整体性思维实质上是一种"样本＝总体"的思维方式，① 隐含"大数据"和"小数据"的区分。"小数据"认为分析与某事物相关，且通过传统抽样方式采集数据或者以个人为中心全方位采集数据。② 而大数据能克服小数据在随机抽样中存在的主观性强、不确定等缺点，能够从不同角度、更加精细地观察和分析数据，具有科学、高效、实时、快速的优势。需要注意的是，这两种思维的辩论过于强调大小数据之间的对立和区分，忽略了两者的包容性、相对性。实质上，大数据和小数据是一堆互为映射的概念，小数据是大数据的应有延伸与补充，分析大数据必须从小数据入手。③ 因此，在进行数字信息资源管理的过程中，必须注重整体性，正确认识大数据与小数据的关系。

---

① 徐超. 解析大数据思想及其在企业档案管理中的价值［J］. 机电兵船档案，2016（5）：51-54.

② 李金昌. 大数据分析与小数据研究［J］. 中国统计，2018（2）：24-26.

③ 彭知辉. 论大数据思维的内涵及构成［J］. 情报杂志，2019（6）：124-130，123.

（2）相关性和因果性思维

相关关系和因果关系是事物联系的两种主要方式。人类基本上是通过这两种方式来认识事物的。寻找事物的因果关系是人类长期以来形成的思维定式，是认识世界的逻辑前提。相关关系描述的是一种非确定的相互依存关系，不需要揭示事物内部的运行机制，是一种松散的、复杂的联系，这种关系在面对非线性关系分析时，具有极大的优越性。大数据环境下，丰富的数字信息资源为探求事物之间的相关关系创造了条件，大数据技术为相关关系分析提供了方法手段，可以更加准确、清晰地分析事物之间的相关性，这为研究事物之间的联系提供了新视角，减少了因果分析带来的偏见影响。相关性思维使人们更加关注"是什么"而不是"为什么"，帮助人们更好地了解这个世界。但是，相关关系不能取代因果关系，因此，在培育大数据思维时，要厘清相关性和因果性思维。①

（3）精确性和模糊性思维

模糊性思维是指不再追求数据的精确性，可以容纳数据的混杂性，接受事物的不确定性。不同于以往有限数据规模研究中对收集数据准确性和结论可靠性的诉求，大数据算法扩大了数据规模、放宽了容错标准，旨在从大量混杂的数据中发掘有价值的信息，不再执迷于宏观上的精确性，但微观上能获得准确性。然而，由于技术发展水平以及人自身因素的限制，精确性是一种理想化状态，模糊性反而更接近事实，如在大数据预测应用中，追求精确性是不现实的。

大数据时代，利用互联网、信息技术、数据库获取信息、存储信息、挖掘信息的方法将成为数字信息资源研究的一种新范式。数据的海量聚合影响了人文学者观察、思考问题的思路，催生了人文学科研究的新方法，更新了人文学科的研究范式。人文学科研究中的大数据是相对的，大多数情况下并不能穷尽已有的实际数据，但已足够"大"，人文学科的大数据研究可在已有的大量数据中借助分析、统计等多种综合手段进行。时间上，以大时间跨度为单位；空间上，跨地区、跨区域、跨文化等对一类文献进行宏观分析，旨在发现模式、特征、规律等，进行人文学科领域内一些宏观的、此前仅靠人力很难或无法完成的研究，为研究者提供新的视角、工具和方法。

大数据给人文学科领域的研究提供了新的思路和分析方法，人文学科的思

---

① Anderson C. The end of theory：The data deluge makes the scientific method obsolete [J]. Wired Magazine，2008，16(7).

维方式、研究方法得到了革新，数据资料的数量与范围得到千百倍的扩展，"大规模数据分析""人文计算"等逐步被广泛地应用到人文学科领域的研究中，增强了人文学科领域研究的"科学性"。大数据视域对人文学科研究范式产生了深刻的影响，使人文学科的数字人文研究呈现出大视野、定量化、跨学科化、集成化及多维度分析等新特点。

1.1.4　大数据技术与社会的深度融合

从信息科学的 DIKW(Data，Information，Knowledge，Wisdom)基础模型和数据科学领域的"数据自然"概念来看，人类对世界的认知需要从最基础的数据入手，利用当前最前沿的大数据技术来感知世界、认识世界、分析世界、掌握世界，而大数据技术就是打开整个数据通道的强力工具。[①]

麦肯锡的一份报告认为，大数据技术主要包括预测分析、数据挖掘、统计分析、人工智能、自然语言处理、并行计算等技术。[②] IBM 的 Stephen Watt 提出大数据生态系统模型，将大数据技术划分为数据生成、数据存储、数据处理、数据分享、数据检索、数据分析、数据可视化等，[③] 如图 1-4 所示。

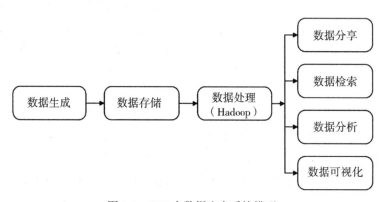

图 1-4　IBM 大数据生态系统模型

虽然大数据来源广泛，数据类型和应用需求也千差万别，但是最基本的处

---

① Russom P. Big Data Analytics[R]. TDWI Best Practices Report, USA：TDWI, 2011.

② Manyika J, Chui M, Brown B, etc. Big Data：The Next Frontier for Innovation, Competition, and Productivity[R]. USA：Mc Kinsey Global Institute, 2011.

③ 李明. 大数据时代的创新者们[EB/OL].［2021-01-04］. https://www.infoq.cn/article/innovation-in-big-data.

理流程是一致的。当前，由中国人民大学网络与移动数据管理实验室（WAMDM）开发的ScholarSpace①，旨在建立一个"以人为本"，即以作者为中心，展示多学科中文文献的集成数据库系统。该系统已经广泛应用到经济、法律等人文社会科学的多个领域。孟小峰等认为该系统完整地体现了大数据处理的一般流程，分为三个部分：数据抽取与集成、数据分析及数据解释。随后，刘智慧等在此基础上，又提出大数据的处理流程包括数据采集、数据处理与集成、数据分析和数据解释四个阶段。② 鹏宇等归纳总结了大数据处理技术体系，如图1-5所示。结合大数据应用过程，本书认为大数据处理流程可以分为

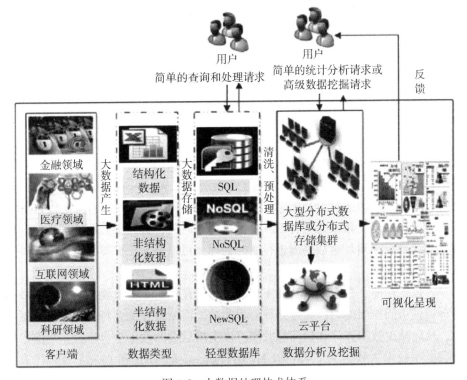

图1-5 大数据处理技术体系

① Su H，Fan Z，Cao C，et al. Scholar citation：Chinese scholar citation analysis based on scholarspace in the field of computer science[J]. Frontiers Big Data，2019(2)：41.

② 刘智慧，张泉灵. 大数据技术研究综述[J]. 浙江大学学报(工学版)，2014(6)：957-972.

数据采集、数据处理与集成、数据存储、数据分析和数据解释。需要说明的是，在大数据处理流程中，数据安全贯穿全流程，因此本书最终将大数据处理流程划分为数据采集、数据处理、数据存储、数据分析、数据可视化与应用、数据安全与隐私保护。

① 数据采集。目前大数据的来源日益广泛，各类可穿戴设备、互联网、移动终端、物联网(RFID、摄像头、智能家居)、医疗健康监测等都是重要的数据来源。大数据时代，数据主要来源是互联网环境下的非结构化数据，这些数据具有价值低、碎片化、噪声强、异构、冗余的特征。① 因此，通过各种方法获取数字信息显得格外重要。数据采集是大数据处理流程的第一步，常用的采集技术有射频识别技术(RFID)、条形码技术、传感器收取、视频监控技术、网络爬虫技术、智能录播技术、移动技术与点阵数码笔技术等。②

② 数据处理。大数据采集过程中通常有多个数据源，这些数据源包含同构或异构的数据库、文件系统、服务接口等，易导致含有噪声数据、数据值缺失、有数据冲突等的低质量数据，因此，需对采集到的大数据集合进行去噪和清洗，以保证数据的质量及可靠性。大数据处理基础主要涉及云计算和MapReduce分布式计算框架、分布式流计算系统、分布式内存计算系统等。云计算是一种大规模的分布式模型，通过网络将抽象的、可伸缩的、便于管理的数据资源、服务、存储方式等传递给终端用户。MapReduce 是分布式计算框架，可对海量数据进行分析与处理，适于对各种结构化、非结构化数据的处理，分布式内存计算系统可有效减少数据读写时间，提高大数据处理性能。分布式流计算系统则是对数据流进行实时处理，可以最大化保障数据的时效性和价值。③

③数据存储。在大数据处理流程中，数据存储是十分重要的一环，为数据分析提供访问控制能力。经过处理流程的数，需要被存储在特定类型的数据库中，从而减少数据查询和访问的时间，以支持后续的数据分析流程。当前常用的数据库技术大致分为三类：以 MySql、Microsoft SQLS 和 Oracle 等为代表的SQL 数据库；以 HBase、MongoDB 和 Redis 等为代表的 NoSQL 数据库；以

---

① 李德毅. 再大的数据也能绕过那道弯［EB/OL］. (2014-05-22) ［2014-06-10］. http://mp.weixin.qq.com/s? _biz=Mj M5MTQz Nz U2NA==&mid=200255809&idx= 1&sn=4fac4b42f28293ce06d700c51b92eb87#rd.

② 常李艳. 我国大数据技术研究趋势［J］. 电脑知识与技术，2017(2)：2-4.

③ 莫祖英. 大数据处理流程中的数据质量影响分析［J］. 现代情报，2017，37(3)：69-72，115.

PostgreSQL、NuoDB 和 VoltDB 等为代表的 NewSQL 数据库。SQL、NoSQL、NewSQL 数据库专为特定应用程序设计，具有不同的数据结构。需要注意的是，NoSQL 并不是指 Not SQL，而是 Not Only SQL，SQL 功能在之后进行了添加，除此之外 NewSQL 数据库也包含 SQL 接口，因此它不仅具有 NoSQL 对海量数据的存储管理能力，还保持了传统数据库支持 ACID（原子性、一致性、独立性以及持久性）和 SQL 等的特性，同时具备了可扩展和高性能性。① 虽然数据库方面的研究已相对成熟，但是在一些复杂的应用场景中，单一类型的数据库难以完全满足数据存储、复杂分析和实时处理等诉求，因此不同数据库混合使用成为满足人们需求的选择之一。如李东奎和鄂海红基于 Hibernate OGM 为 SQL 和 NoSQL 存储建立了统一的访问模型，能够按照统一规则对两类数据库进行读写；② Doshi 等针对企业大数据存储提出了混合 SQL 和 NewSQL 数据库的方法，以便及时获取业务洞察，改进业务结果，发挥不同类型数据的特点和优势，形成互补，从而保证数据资源的优化利用。③

④ 数据分析。数据分析技术是大数据处理的关键环节，决定了大数据集的价值性以及预测结果的可靠性。目前大数据分析技术的研究主要涉及已有数据的分布式统计分析技术和未知数据的分布式挖掘、深度学习技术。分布式统计分析主要由数据处理技术实现，分布式挖掘和深度学习则在大数据分析阶段完成，包括聚类和分类、关联分析、深度学习等，用于挖掘大数据集合中的关联性（<实体，关系>），形成对事物描述的模式或属性规则，可以通过构建机器学习模型和海量数据提升数据分析与预测的可信性。

⑤ 数据可视化与应用。数据可视化指将大数据分析与预测结果以计算机图形或图像等直观的形式显示给用户，并支持交互处理，使用户可以直观地发现数据之间的内在联系，如 Citespace 软件能够可视化文献、作者之间的共被引关系及文献随时间发展的演化趋势，使阅读者可以清楚看到一个学科在一段时间内发展的趋势和动向，类似的软件还有 SPSS、Gephi、Itg 等，都具备可视

① 陆泉，张良韬. 处理流程视角下的大数据技术发展现状与趋势[J]. 信息资源管理学报，2017，7(4)：17-28.

② 李东奎，鄂海红. 基于 Hibernate OGM 的 SQL 与 NoSQL 数据库的统一访问模型的设计与实现[J]. 软件，2016，37(11)：14-18.

③ Doshi K A, Zhong T, Lu Z, et al. Blending SQL and New SQL approaches reference architectures for enterprise big data challenges [C]//International Conference on Cyber-enabled Distributed Computing and Knowledge Discovery, Beijing, China, 2013, IEEE：163-170.

化功能。对于大数据而言，目前较流行的可视化工具有 Tableau①、Qlik②、标签云、R Studio、Echarts 等。

大数据应用指经过挖掘分析后的结果应用于管理决策、战略规划、重大事件预测、智慧服务、精准营销等的过程，是大数据分析结果的检验。

⑥ 数据安全与隐私保护。数据安全与隐私保护是大数据处理流程每一个环节都要重视的问题。目前大数据安全与隐私保护技术有数据发布匿名保护技术、基于密钥策略的属性加密、社交网络的匿名化隐私保护技术、数据水印技术、数据溯源技术③、数据加密算法、差分隐私技术等。数据发布匿名技术是从数据发布角度保护用户隐私问题；社交网络数据的匿名化隐私保护技术，指在数据库中通过对敏感信息进行模糊、隐匿和清洗，从而将用户隐私泄露的风险降到最低；数据水印技术是信息隐藏技术的一个重要方向，是将标识信息嵌入数据载体内部却不影响数据使用的一种方法。数据溯源技术应用较为广泛，是对大数据的记录来源、传播和计算过程等追根溯源，从而确保数据的精确性，为后续的数据分析和应用提供有效支持；④ 差分隐私技术为隐私发布提供了新思路，其基本思想是转换原始数据或对统计结果添加噪声来达到隐私保护的效果。⑤

1.2　大数据对信息服务的影响

1.2.1　数字信息资源的海量增长

随着现代信息技术的迅速发展，特别是网络环境的形成，数字信息资源以

---

① Ashutosh Nandeshwar. Tableau 数据可视化实战[M]. 任万凤，于钰，译. 北京：机械工业出版社，2014：1-4.

② 王喆，戚小玉，东春昭，杨涛存，邹丹. 大数据时代两款敏捷商业智能工具对比分析[J]. 铁路计算机应用，2016，25（9）：79-82.

③ 冯登国，张敏，李昊. 大数据安全与隐私保护[J]. 计算机学报，2014，37（1）：246-258.

④ 张晓芬. 大数据安全与隐私保护关键技术研究[J]. 现代商贸工业，2019，40（32）：146-147.

⑤ Dwork C. Differential privacy[J]. Automata, Languages, and Programming, Berlin：Springer，2006.

传统信息资源难以比拟的优势逐渐成为信息资源的主体。一个国家的科技创新能力及国际竞争力都依赖于快速、有效地采集、分析与利用数字信息资源的能力，中国实施大数据驱动数字中国战略正是这一观点的体现。数字信息资源指以数字形式存储在磁、光等非纸介质的载体中，通过网络通信、计算机或终端再现出来的资源，其表现形式可以是文字、图像、声音、动画等多种形式。

（1）大数据时代的数字信息资源类型

大数据环境下，数字信息资源的内容、类型都发生了巨大变化，[①] 主要体现在：

①数字信息资源内容更广泛。依据产生方式，数字信息资源包括被动产生的数据、主动产生的数据和自动产生的数据。被动产生的数据是被人和机器共同控制的，主要来源于一些业务运营管理系统，伴随移动的运营活动产生并记录在数据库中，如医院、商场、研究机构、交通部门的管理系统中产生的数据。主动产生的数据，指用户在不同的移动终端产生的数据，如 App、智能手表等为了交流、交易而产生的数据。自动产生的数据，主要为机器、传感器数据，如射频识别、GPS 定位数据等。

②数字信息资源类型多样。大数据背景下，信息类型主要包括结构化、半结构化和非结构化数据。半结构化和非结构化数据高速增长，占总数据量的比重逐渐超过了结构化数据。其中，结构化数据是以二维表结构来实现逻辑表达的数据，具有严格的数据格式与长度限制，其结构性强的特点方便用户进行利用；非结构化数据，包括各类报表、HTML、XML、图片、音频、视频等信息。从数字信息资源管理角度看，信息类型多样对分析处理能力提出了新需求。就非结构化数据处理而言，大数据催生了多源融合理论，并给予了数据挖掘、神经网络等技术支持，保障信息分析的科学性和成果的高价值。

（2）大数据时代数字信息资源特征

① 数据量大。大数据时代，除了用户生成内容产生的复杂的、海量的数据集合外，随着 5G、可穿戴设备、物联网、云计算等技术的发展，人和物的所有数字痕迹都可以被记录，数据也呈爆炸式增长。互联网的核心网络节点从以网页为中心转化为以用户为中心，每个用户都成为信息的创建者，短信、微博、照片和视频都是数字信息，因此数字信息资源的数据集的计量单位呈不断扩大的趋势，这对数字信息资源存储和利用提出了新要求。

---

① 巴志超，李纲，周利琴，毛进. 数据科学及其对情报学变革的影响[J]. 情报学报，2018(7)：653-667.

② 速度快、时效性强。大数据背景下，数字信息资源显著的特点是生产速度快。随着第五代移动通信技术（简称 5G）的到来，5G 高速度、高并发、高兼容、高安全等特征，为万物物联网提供超大带宽，改善了数字信息资源生产环境。而人工智能、虚拟/VR/AR 等新兴技术的进一步发展，提升了数字信息资源的速度和时效性。数字信息资源管理不仅包括信息收集和存储，还包括信息快速处理、分析与挖掘，并反馈给用户，以精准满足用户需求。与传统的信息相比，大数据环境下的信息资源具有不规则和模糊性的特点，如何从快速增长的信息中快速挖掘信息，保证信息时效性是一个重要挑战。①

③ 信息质量低，精确度不够。社交媒体环境下，用户创建信息的质量与数量不成比例，存在大量与客观事实不符或虚假的信息，如垃圾邮件、虚假广告、虚假评论等，严重影响公众对信息的正确使用。当用户对虚假信息应对不当，还会遭受金钱损失和健康损害。较于传统信息资源管理，大数据背景下的数字信息资源管理的创新之处，在于对各种类型的数据信息进行收集，利用数据挖掘方法，结合机器学习、人工智能和深度学习等方法进行挖掘与分析，发现其中隐含的规律和知识，达到提高信息服务质量、提升社会治理能力、预测重大事件的目标。不难发现，信息质量低增加了数字信息资源管理的难度。

④ 传播速度快、范围广、交互性强。传播速度快、范围广、交互性强是数字信息资源区别于传统信息资源的重要特征之一。随着各种传感器和互联网等信息获取、传播技术的飞速发展与普及，信息的产生、发布越来越容易。用户成为互联网的节点，用户可以转发信息，这更加快了信息传播的速度。同时，数据不是静止不动的，而是在互联网中不断流动的，平台之间可以通过相应的链接进行即时的信息交换与共享；用户也可以对同一条信息进行评论，这种信息传播的交互性促使信息传播的范围更广。

数字中国建设进程，不仅促进了数字信息资源的快速传播，也促进了数字信息资源类型和数量的增加。如数字政务的发展，2020 年新冠肺炎疫情期间，全国一体化政务服务平台推出"防疫健康码"；各大在线教育平台面向学生群体推出各类直播课程，方便学生居家学习，用户规模迅速增长。在线医疗需求量也在迅猛增长，截至 2020 年 12 月，我国在线教育、在线医疗用户规模分别为 3.42 亿、2.15 亿；网络支付全球领先，我国网络支付用户规模达 8.54 亿。

---

① 韩丽华，魏明珠. 大数据环境下信息资源管理模式创新研究[J]. 情报科学，2019
（8）：158-162.

数字中国建设推动数字信息资源迅猛发展，体现在以下几个方面：

①即时通信方面。"视频号"为即时通信平台拓展了内容变现形式，弥补了长期以来文字、图片和音频作为即时通信内容形式的传播成本高、内容丰富度不足的问题。短视频作为内容传播的新形势，颇受用户喜爱。①

②新闻报道方面。网络新闻媒体创新了报道形式，如中央广播电视总台采取的"慢直播"方式、人民网推出的"图解新闻""一镜到底"的长图方式，以及新浪新闻联合人民日报全国党媒信息公共平台等共同发起的"2020 爱上一座城"区域直播计划。该计划自上线以来引起持续关注，其中微博话题"2020 爱上一座城"阅读量超 1383 万。

③远程办公方面。第 47 次《中国互联网络发展状况统计报告》显示，截至2020 年 12 月，远程办公用户达 3.46 亿，其中食品或电话会议的使用率为22.8%，在线文档协作编辑的使用率为 21.2%，在线任务管理或流程审批的使用率为 11.6%。网络购物和网上外卖方面，截至 2020 年 12 月，我国网上外卖用户规模达 4.19 亿，手机网上外卖用户规模达 4.18 亿。

④网络音乐方面。5G 技术应用方面，拓宽应用场景。咪咕音乐在珠穆朗玛峰举办全球最高海拔的"5G+VR"全景演艺直播，实现了联动虚拟偶像、异地连线同屏等技术应用。此外，数据显示，截至 2020 年 4 月，网易云音乐平台入驻的原创音乐人总数超过 16 万，音乐人上传原创作品总数超 150万首。

⑤网络直播方面。《2020 年中国网络表演（直播）行业发展报告》显示，截至 2020 年 12 月，我国网络直播用户规模达 6.17 亿。其中，电商直播用户规模为 3.88 亿，游戏直播用户规模为 1.91 亿，真人秀直播用户规模为 2.39 亿，演唱会直播用户规模为 1.90 亿，体育直播用户规模为 1.38 亿。

⑥在线医疗方面。根据国家卫健委通报的数据，截至 2020 年 10 月底，全国已经有 900 多家互联网医院，远程医疗协作网覆盖了所有地级市，5500 多家二级以上的医院可以提供线上服务。

随着数字中国建设，信息技术和相关基础建设加强，人们更是广泛地将信息存储到互联网上，通过网络传输达到信息传播的目的。在现代科学技术的支撑下，信息以计算机可识别的二进制代码(0 或 1)的方式存储、传播和利用，此时的信息即数字信息资源。数字中国建设赋予了数字信息资源无限的拓展能

---

① 新浪科技［EB／OL］.［2020-09-20］. https：//tech. sina. com. cn/i/2020-07-09/doc-iirczymm1427272.shtml.

力和渗透能力，数字信息资源的快速形成与扩散，极大地改变了信息资源的生产方式、存在形式和运动规律，使信息资源成为当今社会最重要的资源。数字中国建设促进了数字信息资源的发展，但也面临着大数据情境下数字信息资源的开发与利用问题，亟须相匹配的数字信息资源管理的新课题。

1.2.2 大数据与数字中国建设

2014 年 2 月 27 日，中央网络安全和信息化领导小组成立，并召开了第一次会议，习近平总书记强调要形成实力雄厚的信息经济，向网络基础设施普及、自主创新能力显著增强、信息经济全面发展、网络安全保障有力的目标不断前进。此次会议标志着数字经济登上历史舞台。2015 年 12 月 16 日，习近平总书记在第二届世界互联网大会开幕式上提出要"推进'数字中国'建设"。这是首次正式提出数字中国战略，开启新征程。随后，在 2018 年首届数字中国建设峰会和中国国际大数据产业博览会上，习近平总书记对数字中国建设均提出了新要求和新期望。

数字中国战略是推动实施国家大数据战略、提升综合国力的必然产物。现阶段，数字中国建设是以新时代中国现代化建设为对象，以新一代数字技术和产业创新发展为引领，以信息资源为核心要素的国家信息化建设系统工程。数字中国建设的目标是为我国经济建设、政治建设、文化建设、社会建设、生态文明建设提供信息化技术和信息资源支撑。从内涵出发，数字中国建设把握了大数据发展规律，以建设数据强国为目标，通过国家战略引领和信息法律制度保障，提高基础设施建设能力，整合数字信息资源，营造数据生态，探索以大数据推动数据中国建设，改善人民生活的数字化变革与创新。① 具体可以分为以下四个层面：

①数字中国的"数字"，是数字技术的简称。所谓数字技术，是指借助计算机、网络、多媒体等设备，将图、文、声、像等转化为二进制数字后进行采集、存储、运算、还原、传播、使用的技术。根据数字技术的发展过程与应用趋势，可以将其概括为：产业链、供应链、创新链、价值链的技术，如区块链；人工智能技术，如虚拟仿真、计算机感知、智能机器人等。时至今日，数字技术已从过去单一的通信技术向多类数字技术成群聚焦、交叉融合的方向发展，即数字技术的汇聚创新。正是在持续追踪数字技术辩证规律的前提下，习近平总书记及党中央沿着数字技术的发展脉络循序渐进地推进信息化、网络强

---

① 实施国家大数据战略 加快建设数字中国[J]. 中国信息化，2017(12)：14-15.

国建设，适时部署国家大数据战略。当基础设施逐步完善，数字技术研发有了一定积累，数字产业开始蓬勃发展时，他便深谋远虑地提出，建设数字中国是把数字技术全面应用于中国各领域的建设。

②把数字技术全面应用于中国各领域的建设。习近平总书记语境中的数字中国，不是我们日常所理解的用数字、数据来描述或说明中国的现状，而是指充分利用数字技术的汇聚创新展开经济、政治、文化、社会、生态等各领域、各行业的建设。科学技术是第一生产力。历史上，任何一次科技革命都深刻改变了人类的生产、生活、交往、思维方式等，深刻影响了国际政治、军事、经济等领域的发展。由此，新一轮数字技术革命必然成为中国特色社会主义建设的重要驱动力。习近平总书记多次强调做大做强数字经济，加快数字产业化繁荣发展，运用大数据提升国家治理现代化水平，深度开发各类便民应用，加强生态环境领域的大数据运用，等等。

③数字中国建设涵盖数字政府、智慧城市、数字农村的建设。信息、数据是政府决策、管理、治理的重要依据，必须在汇聚大数据、云计算、物联网、区块链、人工智能等新一代数字技术的基础上，研发和构建全国一体化在线服务平台，实现信息与数据共享。习近平总书记指示，在分级分类推进新型智慧城市建设的同时，要加快农村、山区的互联网建设步伐，逐步缩小区域、城乡数字化水平的差距。

④ 网络强国、数字中国、智慧社会三者相互依存、相互作用。建设数字中国不仅要有高速、移动、安全、泛在的新一代信息基础设施，而且各地区的网络设施还必须互联互通，可以便捷地进行跨区域和全球范围内的信息交互。包含"互联网+"行动计划在内的网络强国建设，既是建成数字中国的前提，也是数字中国建设的题中之义。充分利用数字技术的汇聚创新，推进资源整合，加快开放共享，推动人们生产、生活、交往方式向智能互联质变，是数字中国建设的重要内容。

1.2.3 大数据推动经济、政治、民生等各领域的发展

(1)大数据发展推动数字经济蓬勃创新

现代化经济体系建设离不开大数据的发展与应用。大数据发展正在促使传统经济形态变革和重塑，以数据为关键要素的数字经济将成为未来经济发展的新模式。党的十九大报告提出要推动互联网、大数据、人工智能和实体经济深度融合，大数据在农业、工业、服务业领域的深度融合和创新应用，加速了实

体经济向创新、协调、绿色、开放发展的新态势。工业、信息服务等也采用大数据应用，实现了信息自由流通，解决了供求信息不对称的问题，优化了资源配置，推动了制造业供给侧结构性改革。零售业、旅游业通过大数据技术，提升了营销的精准度和服务能力。

（2）大数据发展促进国家治理体系和治理能力现代化

在国家治理现代化进程中，大数据体现为协同与合作的治理价值观，促进政府树立大数据思维，转变治理理念和创新治理模式，通过将大数据技术应用于政府决策、公共服务和社会监督等领域，提升国家科学决策、精细管理的水平。金融、电商、物流、旅游等领域大数据的实时汇聚、挖掘与利用，提高了风险感知、预测、防范能力。气候、疾病等领域大数据的采集与挖掘，提高了应急救灾等方面的提前预测能力。在食品药品等市场监管领域中，大数据促进了事前防范、事中监督、事后处理，全面提升了政府应对市场变化的能力。

（3）大数据发展促进发展成果更好地普惠共享

大数据可以帮助政策制定者更快、更好、更准确地了解公众生活的难点和需求，全面提高保障和改善公众生活水平的能力。"互联网+教育""互联网+医疗""互联网+文化""互联网+政务"的全面推进，实现了让百姓少跑腿、数据多跑路，公共服务均等化、便捷化水平不断提升。生态环境、健康医疗等领域的大数据运用，实现了生态环境变化预测预判，为全面建成数字中国、提高人民生活幸福感提供了有力支撑。

（4）大数据发展筑牢了数字中国建设的安全基石

网络安全是国家安全面临的新挑战，没有网络安全，就没有国家安全。数字中国建设离不开网络安全。大数据发展为网络安全保障带来了新的发展机遇，促进了网络安全保障模式的创新。网络安全大数据的应用促进了网络安全信息的采集、汇聚和挖掘，为实现网络安全态势的全面感知、深度洞察和超前预判提供了海量信息支撑。网络舆情大数据的采集、挖掘和利用，提高了对公众关注点的超前发现能力，为解决社会问题提供了有效的决策数据支撑，为应对重大公共卫生事件赢得了宝贵的时间。

综上所述，在大数据时代，数字信息资源蕴含着巨大的价值属性。数字信息资源的快速大量积累，对于挖掘隐含在其中的知识具有重要意义。大数据环境下，数字信息资源管理的重点主要在知识组织、价值发展、精准服务和协同治理等方面。① 数字信息资源指数级增长使得公众难以对信息来源、信息质量进行准确判断，影响信息资源的高效利用，导致数字信息资源利用率下降，② 这无疑对数字信息资源管理提出了新挑战。

数字中国建设进程中，基础设置建设逐渐增多，各种终端的功能越来越多样，尤其是智慧城市建设，需要将设备、传感器连接到公共设施、电力网系统等，使数字信息资源数量呈量级增长，但其质量与数量却不成比例。如何能更有效地筛选、利用高质量数字信息资源，是大数据时代面临的一个重要议题。

1.2.4　基于大数据的信息服务挑战

大数据时代的到来，改变了以往人们对数字信息资源的认知和利用模式。要想满足用户的精准信息需求，就要利用大数据思维创新数字信息服务模式，指导数字信息资源管理工作，合理利用数字信息资源做出科学化决策。而在数字信息服务利用方面，数据价值密度低给数字信息甄别与利用带来巨大挑战，而用户量陡增且其对信息资源的质量需求日趋严苛，因此数字信息服务需要充分利用大数据技术对信息资源进行数字化采集、组织、整合，使得信息搜寻效率更高、更精确。

（1）对网络信息服务意识的影响

大数据与数字信息服务紧密相关。大数据思维影响着数字信息服务的思想，指导着数字信息服务思维变革和方法创新，使科研人员认识到大数据时代下数字信息资源的特征、价值。简单来说，大数据时代，要求数字信息服务从小样本数据思维转向大数据整体思维，形成由表象到本质、局部到整体、感性到理性的思维形式，进而全面、立体和系统地认识数字信息资源。

对传统信息资源管理思想进行深度分析，不难发现它是动态变化的，随着技术的发展不断更新。信息资源管理经历了以图书馆为象征的传统管理阶段、以电子信息系统为标志的自动化技术管理阶段、对信息活动全要素进行管理的信息资源管理阶段，以及最新发展形成的知识管理阶段四个发展阶段。数字信息资源管理最早被称为电子资源管理，直到 20 世纪 90 年代才改称为数字信息资源管理。数字信息资源管理的主流思想包括以下三方面的内容：第一，信息

①　叶鹰，马费成. 数据科学兴起及其与信息科学的关联［J］. 情报学报，2015（6）：575-580.

②　孟广均. 信息资源管理导论［M］. 北京：科学出版社，2008：89-121.

是与物质、能源同等重要，甚至比之更加重要的资源。大数据背景下，将其作为一种战略资源，是应持有的科学态度。① 第二，信息资源管理新流程，是指从技术、经济、人文三个维度开展数字信息资源管理，从而保证信息资源采集与分析、挖掘与利用的科学性。第三，以人为中心，指信息资源管理从"以资源为中心"转向"以用户为中心"，关注用户的信息需求、信息心理、信息行为等。Web2.0时代甚至更早以前，信息是"稀缺资源"，需要通过信息检索等查找所需信息，查全率和查准率是检验服务质量的两个重要指标。大数据时代，人们进入数据富足供给时代，信息不再是"稀缺资源"，与此同时，用户体验和用户满意度成为信息服务质量评价的重要依据。如页面的显示速度每延迟1秒，网站访问量就会降低11%，从而导致用户满意度下降16%。② 由此可见，大数据思维是信息资源规模和复杂度发展到一定阶段的产物，对数字信息资源管理思想的继承与创新具有指导作用。

①关注研究对象的完备性。在传统信息服务过程中，资源稀缺、技术发展有限、管理人员信息素养不足等原因，导致人们对研究对象的整体性关注不够。在信息采集时，随机抽样是广泛采用的方式，但随机抽样无法展示事物全貌，更无法洞察细节，统计结果也会受到主观影响。例如全国人口普查时，利用抽样调查无法全面准确地掌握人口整体情况，而不精确的那一小部分却有可能影响微观结果，甚至全局。随着互联网的普及、移动设备的应用尤其是大数据技术的冲击，研究对象的完备性成为数字信息资源开发与利用的范围与深度的重要保证。也就是说，只有收集与研究对象有关的全部信息，才能充分挖掘研究对象潜在的价值，充分发挥信息资源的作用，这在重大突发公共卫生事件预测中显得尤为突出。如2009年谷歌公司通过搜索关键词与流感传播历史数据的比较，提前预测了流感传播的时间与空间。

②接受数据结构的混杂性。用户生成内容(UGC)是数据规模迅速扩大的主要原因之一，也是非结构化数据的主要来源。据统计，全球每月移动互联网用户发送与接收的数据高达1.3EB③。在大数据时代，如果将所有的数据看成一个整体，95%的数据将是非结构化数据，仅有5%的数据是结构化小数据。

---

① 李运蒙. 信息资源管理[M]. 广州：华南理工大学出版社，2016：5.

② Petterle S. The need for speed：is your brand investing enough in digital performance [EB /OL]. [2020-09-20]. https：/ /www. itproportal. com/features/the-need-for-speed-is-your-brand-investing-enough-in-digital-performance /.

③ 赵刚. 大数据技术与应用实践指南(第2版)[M]. 北京：电子工业出版社，2016：1.

在大数据时代之前的计算机互联网时代，信息相对匮乏，且只能通过关系数据库方式采集、处理这5%的数据，换句话说，没有利用95%的数据。可见，在消息缺乏的时代，执迷于5%小数据的准确，不断提高分析结果的准确度，而在大数据时代，要优化数字信息服务，就必须接受95%大数据的混杂性与多样性。①

③重视相关性。数据范式为数字信息服务注入了新的思想。传统的信息服务是基于信息资源要素（如信息资源、信息设备、信息人员、信息系统、信息网络）开展，大数据时代下数字信息服务则不仅包括对信息资源要素的管理，还包括从大数据中探寻事物相关性，通过这种相关思维对将来的模式或规律进行预测，从而辅助人们的管理与决策，这是大数据思维的主要目的。尤其是在对社交媒体数据挖掘与分析的过程中，由于成本及技术水平限制，已经不能对指数级的非结构化数据进行精确分析，转而通过相关性分析，寻找事物间的相关关系。

（2）对网络信息服务流程的影响

数字信息服务侧重于从"业务视角"研究上层的粗粒度处理过程，包括用户需求分析、信息来源分析、信息采集与转换、信息组织、信息检索、信息资源开发、信息资源建设、信息资源的传播与服务等关键活动。大数据及其理念、理论、技术、方法、工具、应用统称为数据科学，数据科学是一门随着大数据时代兴起的学科，与信息服务紧密相关，其处理流程为数据采集、数据加工、数据分析、数据呈现和数据应用以及提供可视化产品。大数据技术与处理流程对数字信息服务流程产生了极大的影响，贯穿信息资源管理的每一个环节。

①对信息采集的影响。大数据背景下，各类数字设备、医疗物联网、移动设备产生的各类数据，导致数字信息资源的空间结构分布呈现出扁平化和多样化的特点，因此对信息采集的创新迫在眉睫。

②对信息组织的影响。大数据对信息组织的影响主要体现在信息存储与处理两个方面。大数据的"大"不仅指数据容量巨大，还体现在数据结构的多样性、处理速度的时效性等多方面要求上。而数据作为信息存储和处理的最小单元，其复杂性导致数据组织的难度直线升级。传统的信息组织方式只适合关系型数据库处理的结构化数据，而对于未来占数据总量80%～90%的非结构化数

---

① 周世佳. 大数据思维初探：提出、特征及意义[J]. 中共山西省直机关党校学报，2014（5）：10-12.

据的处理与存储，则需要借助大数据技术。此外，在分析处理海量数据时，关系型数据库存在不支持横向扩充、处理时间过长等缺陷。

③对信息分析的影响。大数据对信息分析的影响主要体现在研究范式的演进和研究质量的提升方面。科学的研究范式包括科学实验、模型归纳和模拟仿真，随着大数据技术的发展与应用，科学研究进程与科学数据管理进入第四范式，即数据密集型科学范式。① 传统信息服务是知识范式，重视的是如何用知识解读信息资源并将信息资源转换为知识，但限于将信息转换为特定领域的知识，不同领域的专家学者往往局限于自己熟悉的领域，难以做到信息与知识的全面转化。随着大数据时代兴起的数据研究范式，则为数字信息服务所用。知识范式是从大量信息中提取知识(规律、算法、模型)后，用知识去解决问题，其过程是"问题—知识—问题"；而数据范式是根据问题找数据，是直接将信息数据化，并用数据解决问题，不需要转化为特定领域的知识，其过程为"问题—数据—问题"。数字信息服务是一个跨学科的研究领域，数据范式具有领域通用性，更适用于跨学科问题的解决。

④对应用场景的影响。传统信息服务是在信息资源相对稀缺的背景下产生的，其应用场景是信息资源稀缺且大部分信息资源被组织机构(政府、企业、图书馆)等拥有，但是大数据时代改变了信息服务的主要应用场景。大数据时代，首先，信息不仅是一种战略资源，更是一种资产。因此，信息服务也应将信息资源作为一种资产来管理，而不应仅停留在资源层面。两者的区别在于，资产具有法律权属、金钱价值和可直接市场交易等属性。因此，大数据时代的数字信息服务过程中尤其要注重社会伦理等因素。其次，信息不再是供给不足，而是供给充足。传统的信息服务重视对信息资源的采集、组织和检索；而大数据时代，信息供给富足，关注重点集中在从大数据中快速洞察发现有价值的信息，可见，数字信息服务的应用场景已从"查询与检索"转向"洞见与增值"。最后，用户的信息需求不再局限于文书、文献、记录型信息，已然拓展到图片、音频、视频等不同类型载体的数字信息资源。传统信息资源围绕记录型信息资源管理取得较大成就，但是对其他载体类型的信息资源还需深入研究，因此，信息服务应关注大数据。

---

① Tolle K M, Tansley D S W, Hey A J G. The fourth paradigm：data-intensive scientific discovery (point of view)[J]. Proceedings of the IEEE, 2011, 99(8)：1334-1337.

1.3 战略指引下的信息服务转型与升级

当前数字化网络化环境下，传统的信息服务已无法满足用户日益增多的信息需求，用户需要及时发现和解决问题，将信息、知识运用到新的产品和服务中。只有不断推进信息资源的创新，提升信息服务机构的竞争力，充分利用信息资源与网络技术，才能不断提升信息服务水平，更好地满足多样化的用户信息需求。

随着现代网络信息服务进程加快，人员、设施与技术等资源也逐步与互联网行业相互渗透。一方面，通过借鉴互联网行业的领先技术思维和管理方式，推动"互联网+"创新创业和便民服务等项目的孵化落地，实现医疗、教育和文化娱乐等消费性服务业的生产率提升和组织形式变革；另一方面，这种变化不可避免会引发部门和企业间的竞争加剧，具有垄断性质的行业如金融、通信和物流服务等生产性服务业，将不得不加强自主创新能力培育以及加速市场化进程。可见，互联网创新成果与服务业的深度融合将极大地推动现代服务业产值增长和生产率提升，对"互联网+"背景下现代服务业的信息化进程的分析将有助于厘清信息化运动中现代服务业的创新发展路径，以及互联网技术所引发的从量变到质变的过程。

1.3.1 "互联网+"背景下现代服务业的发展变革

当前全球产业结构由"工业型经济"向"服务型经济"加速转型，现代服务业的面貌日新月异。2015年3月5日，李克强总理在政府工作报告中提出，国家应制定"互联网+"行动计划，这是首次将互联网建设上升到国家战略层面，为互联网融入各行业创造了良好的政策环境。在这一历史机遇下，我国现代服务业充分利用互联网相关技术和先进模式，实现转型升级，为整体经济的高质量增长发挥了支撑作用。

（1）"互联网+"对现代服务业发展进程的影响

"互联网+"是继互联网前期的技术创新与模式创新之后提出的新理念，旨在追求生态创新。① 生态创新可以理解为，互联网不再只是作为一种传播渠道

---

① 张锐昕，张昊，李荣峰."互联网+"与政府的应对[J].吉林大学社会科学学报，2018，58（4）：140-149.

或是"买卖"场所，而是广泛融入产品生产制造的全生命周期，成为引领产业升级转型的新动力。它改变了人们过往陈旧的思维模式，提出了要以用户为核心、以产品质量为目标，利用大数据、云计算、人工智能和物联网等新一代互联网技术，降低行业间的专业壁垒，倡导社会各行各业通过合作分工共建共享互联网环境和资源，全面提高社会群众对"互联网+"的认知与接纳程度，并且积极参与进来，为"互联网+各行各业"的生存发展提供良好的环境。"互联网+"由一个新的理念上升至国家战略历时只有几年，但其影响力却不容小视。早期互联网主要兴盛于传媒和游戏等文娱行业，随着移动互联网的普及，电子商务高速发展，它也不断向传统行业渗透，从零售行业到金融，从教育到医疗，影响范围持续扩大。第 42 次《中国互联网络发展状况统计报告》显示，截至 2018 年 6 月，中国网民规模达 8.02 亿，电子商务产业规模上半年收入 1164 亿元，同比增长 39.1%，网络游戏产业规模上半年收入达 743 亿元，呈现稳步增长态势。①

受互联网技术的驱动，我国经济社会各领域都加快了信息化建设的步伐。一方面，商业模式的持续创新仍然是现代服务业竞争的核心要素，随着信息技术与各个行业加速交叉融合，服务端的用户体验逐渐趋同，垂直领域的挖掘与整合、定制化的业务流程与一站式的集成服务将会成为未来产生主导作用的商业模式；另一方面，现代服务业已呈现出跨界融合的新态势，以大数据、云计算、移动互联网、物联网等为代表的新一代信息技术在产业升级转型的道路上不断深化应用，同时新材料、能源、生物技术与装备等领域的最新研究成果也帮助现代服务业突破了以往条件的限制，催生了在线医疗、云制造等新型业态，促进了第一、二产业与现代服务业进一步地深度融合，为现代服务业的发展提供了更稳固的技术支持与更多样的延伸渠道。

"互联网+服务"战略是促进国家第三产业高速发展的创新之举，也是必经之路。由于其平台化和生态化的特点，互联网经济为流通行业的快速发展提供了资源与机会，以国际先进水平标准，为产业的发展变革创造了必要且良好的环境，同时，对现代服务业的发展也形成了深远的影响。在国家政策的大力倡导下，"互联网+服务"迅速发展，覆盖了生活的多个方面，以金融、医疗、物流、交通等为代表的服务领域受到的影响尤为深刻，呈现出基础平台与增值应

---

① 中国互联网络信息中心. 第 42 次中国互联网络发展状况统计报告 [EB/OL].
[2018-10-29]. http://www.cnnic.net.cn/hlwfzyj/hlwxzbg/hlwtjbg/201808/P020180820630889299840.pdf.

用相互依存但又各自分离的局面，这对服务产业的多元发展与其市场竞争优势的全面提升具有重要意义，从长远角度来看，这将是服务业发展史上一个重要的里程碑。具体而言，"互联网+"对现代服务业发展进程的影响可从以下两个方面分析：

第一，重资产模式与轻资产模式之间的转化与并存。在经济学原理中，重资产模式资本投入大、回报率低，而轻资产模式可以降低资本投入、提高资本回报率。传统服务业以固态资产为主，在互联网环境下，知识经济和品牌优势等无形资产在服务业中的占比越来越高，成为"互联网+服务"发展的一大特色。因其零成本复制的特点，这些无形资产无须重复消耗固定成本，可以在不同场合通过不同形式实现多元经济价值。① 在"互联网+"引发的变革浪潮下，固定资产成本会进一步下降，转而为服务经济的多元化增长创建同时具备便利性与灵活性的资产运营平台，实现资产形式的有序转型。以顺丰集团为例，顺丰快递以拥有快递行业难得的飞机资源而成为行业翘楚，但更为重要的是，飞机这类重型资产背后的航线、航权、飞行员、机场中转场等稀缺资源，能为顺丰的全面布局和发展提供更广阔的平台。

第二，"互联网+"促进了服务业"大"生产与"小"生产的有效社会分工。传统服务业的基础业务业态即是大规模制造的"大"生产，而基于大数据的增值应用则是个性化定制的"小"生产。以互联网思维发展服务业，不仅是为支撑服务业即基础平台的发展营造良好的政策环境，还要借助平台刺激应用服务业的多样性发展，发育高附加值的增至业态。支撑服务业必须以社会化大生产方式(即常见的平台形式)来提供生产性服务，例如中国的阿里巴巴等上市平台，如果失去平台的倍增放大作用而只提供人工服务，则只能看作一种简单再生产。欧洲电子商务的发展之所以落后于中国，就是缺少大平台，尽管应用服务多，但却没有得到大平台的增益作用，无法将服务价值倍增放大出去。

(2)"互联网+"环境下现代服务业的发展路径

互联网信息技术对生产力爆发式增长的促进在第二次工业革命到第三次工业革命的演进过程中尤为显著。信息是一切生产活动的基本构成单位，互联网信息技术的进步本质上加速了信息的流转速度以及提升了信息分析处理的效率。信息得到高效处理后带来的益处显而易见。首先，信息流动形式和效率的提升给产业链各环节带来了改变，优化了环节间的交易成本和交易效率，促进

---

① 张炜焱. 探讨"互联网+"与中国经济的未来发展形态[J]. 中国商论，2018(3)：20-21.

产业链价值增值；其次，信息交换提速也导致了消费者行为和市场结构变化，不仅是信息流的流速流向发生变动，与其息息相关的商流、物流、资金流也会同时随之发展，同时，数据的累计和数据挖掘技术的进步也带来新的价值驱动。

目前"互联网+"还处于初级阶段，主要应用于两个方面：一方面是将互联网加于企业自身，企业利用互联网思维改造业务流程、管理模式、企业文化，实现决策和管理思维以及运营模式的互联网化，从而提升企业运营效率和绩效；另一方面是将互联网加于传统行业，尤其是加在服务业，加在媒体产生网络、加在娱乐产生网络游戏、加在零售产生电子商务、加在金融产生互联网金融等服务新业态，促进了服务业的信息化以及产业间的相互融合，勾画出"互联网+服务"的产业布局，驱动服务业的产业结构优化升级，全面提升现代服务业的发展水平。从生产的角度出发，可以将"互联网+"看作一种创新生产要素，互联网信息技术将从源头上改变资源配置，改造业务流程，解决原材料价格高、人力成本高等痛点，为交易成本降低、产品价值增长提供新的思路。从市场需求角度出发，传统商业活动中信息的不对称流通严重阻碍了生产率的提升，而"互联网+"可以充分发挥加速信息流转的作用，优化生产要素的结构配置，增大资源整合利用率，特别是服务业中的无形资源，促进产业经济形态的升级。① "互联网+"环境下现代服务业的信息化进程具体落实在以下几点：

①网络基础设施水平不断升级。网络基础设施正在成为像公路、铁路、电力系统一样，能够确保社会经济顺利发展的"硬件"，随着服务业的逐步信息化与智能化，不断完善网络基础设施是支持产品更新换代，搭建安全、开放、共享的网络交易平台，维护业务流程的安全、便捷与流畅的重要保障。互联网在线上与线下资源整合融合的过程中扮演着重要的角色，通过积极推广新一代信息技术在服务业转型升级过程中的应用，完善国际通信网络出入口布局、推进5G研发应用与商用部署、实施IPv6规模部署行动计划等一系列举措，加强偏远农村地区的网络基础设施建设，推进网络光纤的普及和推广工作，提升网络服务能力，进一步加快智慧城市建设步伐，真正实现大数据时代的信息共享。

②网络发展环境的持续优化。"互联网+"为服务业的发展带来了新的增长动能，但同时信息、数据的安全存储与运输也面临更大的挑战，因此"互联

---

① 徐伟呈，范爱军. "互联网+"驱动下的中国产业结构优化升级［J］. 财经科学，2018（3）：119-132.

网+服务业"的健康发展需要从信息技术支持、体制机制改革、加强国际合作等多个方面优化网络发展环境。在信息技术支持方面，经过长时间的经验积累与创新研发，在集成电路、基础软件、核心电子元器件等关键薄弱环节取得突破，尽快实现新一代信息技术的自主可控。在体制机制改革方面，需要进一步完善法律监管机制，加大对用户隐私的保护和对网络信息安全的监管力度，创新监管手段，针对各类业态产生的如电子商务第三方支付安全、金融投资理财安全、搜索引擎病毒链接等问题，健全相关制度。在国际合作方面，积极参加国际互联网治理，充分利用中国电子商务交易额占比靠前的优势，加强与国际社会其他成员的衔接合作，在国际互联网治理领域争取更多的话语权，为我国"互联网+服务业"的发展营造资源丰富、内通外达的良好环境。

③平台型企业的稳固发展。平台经济是互联网时代产业结构优化、产业效能提升的主要推动力，互联网平台公司通过"互联网+"打造电商、社交、搜索等商业平台，利用全社会的资源提升产品和服务的丰富程度，增加公司业务覆盖的深度和广度，最大化提升自身资源价值，引领现代服务业实现转型升级，如百度、阿里巴巴、腾讯等发展较为成功的互联网平台企业。平台商业模式通过为分享经济提供载体，连接两个或更多的特定群体，调节供需平衡，满足多方需求，实现资源利用率最大化，达到帕累托最优。互联网业务平台通过产品和服务，将越来越多且不同种类的用户拉入平台的系统之中，整合社会资源和生产要素，增强平台黏性和提升运营效率，发展成为巨大而稳定的生态系统。

④"互联网+服务"的人才培养。信息网络技术是现代服务业发展的根基，在推动新兴服务业态和新模式不断涌现的同时，也对现代服务业专业人才提出了更高的要求。依靠信息网络技术发展起来的互联网金融、电子商务、在线教育、软件服务、网络咨询、在线医疗等代表性服务行业不仅需要掌握计算机技术的专业人才，对精通金融、教育、医学、管理等专业学科知识的复合型人才的需求也日益增大。近年来，政府十分关注对现代服务业高端专业人才的培养，一方面通过制订优秀人才引进计划，吸引海外互联网技术人才回国发展，另一方面，因地制宜地打造现代服务业人才培养基地，充分利用高等院校的资源优势，发展产学研结合的人才培育模式，为服务业的持续健康发展保驾护航。

（3）数字化、信息化驱动下现代服务业的创新发展

世界经济的产业发展形态一直跟随生产要素的流动而变化着，从农业经济时代以人力劳动为主体，到工业经济时代以资本财力为主体。进入知识经济时代后，知识已经成为推动国家生产率进步和经济增长的重要源泉，现代服务业

相比其他产业更具有知识密集的特征。与传统服务业以实体服务为主不同的是，现代服务业基于新兴信息技术提供在线交易、信息咨询等服务，利用数据再加工促进信息增值，通过知识和信息的加工、传播、使用来刺激市场经济的发展。现代服务业的创新型增长就是信息、知识等创新要素代替了自然资源等而成为财富创造和经济增长的主要源泉和动力。

现代服务业在实践环节需要关注产业结构升级与当前产业模式之间的矛盾，在对目标用户与消费需求精准定位的基础上，收集用户需求并识别其中包含的新产品及新服务，整理和组织相关信息，聚集相关要素、整合信息资源，采用针对性的分析方法和开发方式，有的放矢，通过为客户提供解决方案、保证其竞争优势来提供优质服务，加强信息服务与客户需求的融合，创新性地满足用户需求。需要关注的是，现代服务业同时在定位、产品及流程三个方面进行了创新。在定位方面，信息服务的形式、途径和载体应具有创新性，能够依据环境和时代变化，创新性地满足客户需求；在产品创新方面，不同类型的市场决定了信息传播渠道与方式的不同，不同的客户需求也会带来信息内容与载体的变化，增强产品创新的适应性和能动性是产业改造升级中的关键；在流程创新方面，信息产品及服务的生产及传递、交付方式随着环境及客户需求的变化而需要进行实时的调整，流程的频繁变动引发信息资源配置结构优化，从而有机会进行信息服务范式创新，由内往外地改革信息服务的潜在思维模式。现代服务业在内涵、实践和应用层面的创新同步进行，使用现代科学技术与经营模式，推动着服务业的转型升级与社会经济的快速发展。

以"互联网+"为代表的新一代信息技术不仅是传统服务业升级改造、新兴服务业萌芽生长的主要推动力，在服务质量优化、交易成本控制、服务产品改进、服务市场拓宽等方面也具有不可忽视的作用。在信息技术的驱动下，现代服务业在"互联网+"环境下实现的创新改变已经体现在了实际应用中的方方面面，可总结为以下五点：

①调节服务资源，实现供需动态匹配。服务不能像物质产品那样存储起来，例如酒店客房、餐厅餐位都有它们特定的时间价值，如果不能在有效的时间中销售出去，则失去了一次服务价值。服务的这种不可储存性会直接带来供需之间的矛盾，对企业对市场需求量的监控能力提出了更高的要求，服务业往往容易在高峰期遭遇服务能力不足，而在低峰期又面临服务资源浪费的状况。互联网信息平台的出现为这种服务需求与服务供给之间的不平衡带来了新的解决方案。借助互联网平台的信息即时触达用户以及大数据分析匹配的功能，可以根据已有数据实时预测未来一段时间内服务的需求量，通过精细化和定制化

运营方式，在服务需求超负荷时通过提升价格、限制数量时间等措施减少运营量，在服务淡季时通过推出多样化的营销活动吸引用户、刺激消费，合理调节服务需求，保证服务质量。

②降低服务成本，实现合作共赢。众包模式是利用互联网平台将内部工作分割和委派给外部人员，通过支付报酬或者利益交换的方式达成合作。群体协作的方式往往可以创造更大的商业价值，互联网的出现让群体合作不再受地理位置的限制，众包模式在互联网领域得到广泛的应用，现代服务业也充分利用这种服务模式，通过机制、规则来聚集合作伙伴并提升群体的工作效率，不仅可以快速完成服务业务，还可以大幅降低服务成本。例如从事O2O业务的公司，在初创阶段由于订单数量的激增，难以承受高昂的配送成本，且初期需求量的不稳定也让企业无法合理增配配送人员。而物流众包模式则完美地解决了这一问题，与快递配送公司签订一定时期的合同，可以按单支付，规避了贸然增加人力成本的风险，还能灵活调控运配能力。

③反向定制服务，满足个性化需求。经济水平提高和收入增长促使消费需求的个性化特征日益明显，未来的商业模式将会以解决客户问题为主。未来制造业与服务业会更加有机地融合在一起，为消费者提供硬件产品的同时，也提供相配套的后续服务，以获得更多的附加价值。目前，利用大数据分析技术，服务企业已经可以通过各种电商平台、社交网站、搜索引擎等收集用户的行为数据，创建用户画像，进行精准推送和营销。服务提供也由以往的"制造商—产品—用户"方式逆转过来，变为反向定制，即通过聚集数量庞大的用户，向商家集中采购的行为。在此过程中消费者可以根据自身需求定制产品和价格，或者主动参与产品的设计、生产和定价，企业进行定制化生产，满足消费者的个性化需求。通过借助互联网技术手段和思维方式，在激烈竞争的服务市场中创造出新的商业模式。

④重塑业务流程，提升服务体验。在传统服务业互联网化的过程中，最显著的问题之一是业务流程的冗余和消息闭塞。服务提供商在传递产品服务时，往往出现耗时久、误差大、效率低等状况。在互联网思维的影响下，服务企业普遍意识到改造服务流程是业务绩效提升的关键点，以用户为中心进行业务重组，以组件化思维进行资源调配，降低信息传递成本，提高用户体验。以医疗服务流程为例，过去在医院就诊需要现场排队缴费，费时费力，挂号、就诊、缴费取药等环节由于医院各部门信息不共享而可能导致等待时间过长等问题。"互联网+医疗"模式推广开后，医院重新建立了面向病人的医疗服务流程，推出在线预约挂号平台，可使用支付宝、微信等方式挂号和缴费，同时使用就诊

卡存储患者基本信息，提高医院信息共享能力，大大减少了患者排队时间，提升了就诊流程效率。

在当前新常态经济形势下，"互联网+"战略的实施为现代服务业的发展提供了良好的政策环境。"互联网+"环境下高效率、高质量和高动能的信息特性对各行各业管理与运用信息资源的能力提出了更高的要求，同时也促进了现代服务业不断地升级、变革与优化。从生态说的视角来说，"互联网+"利用互联网平台，在网络发展环境持续优化、专业人才供应逐步增多的基础上，推动各行各业通过信息技术跨界融合，在交叉合作中创造出新的商业模式、新产品和新服务，构建全新用户价值和经济价值的下一代生态经济。① 由前文可知，目前国内对现代服务业没有统一的划分标准，本书统一采用"两大类说"的分类方法，从定性角度将现代服务业分为生产性服务业和生活性服务业。在接下来的内容中，分别对生产性服务业和生活性服务业中的代表行业信息化进程进行深入剖析与阐释，进一步挖掘"互联网+"背景下现代服务业的信息化变革在社会生活中的实际应用情况。

1.3.2 信息服务业转型升级的动因与途径

从世界经济发展趋势来看，全球经济结构呈现出从以工业为主导向以服务业为主导转换的新趋势，服务业特别是现代服务业越来越成为支撑和引领经济社会发展的重要动力。当前，随着新一轮信息革命和产业变革趋势的不断加强和我国经济进入新常态，加快产业转型升级，特别是信息服务业转型升级，已成为当前我国经济社会发展的必然选择。产业的转型升级往往是由多种原因促使的，社会结构的变迁、经济的全球化趋势、科学技术的进步与革新都是导致服务业转型升级发展的动因。

（1）消费结构变化和技术进步推动

随着社会经济的发展和人们收入水平的提高，国民经济的主导产业逐渐由农业转变为工业，再由工业转变为服务业，这是社会经济发展的必然趋势。根据恩格尔定律，随着收入水平的提高，公众的食品支出总额占总消费支出的比例会逐渐减小，导致人们对食品特别是农副产品的消费相对减少。这种消费结构的变化，主要从以下三个方面推动现代服务业的转型升级。

①人们对服务产品需求的多元化促使现代服务业分工更加细化。随着社会

---

① 马化腾. 关于以"互联网+"为驱动推进我国经济社会创新发展的建议[J]. 中国科技产业，2016（3）：38-39.

经济的发展和人们收入水平的提高，国民的需求大幅度增长并呈现出多元化的发展趋势，这使得服务业的分工细化有了市场环境。服务业的分工细化主要体现在生产性服务业（不直接面对终端消费者）和消费性服务业（直接面向最终消费者）中。一方面，生产性服务业中的原材料流动、资金流动和信息流动是整个产业经济活动中最重要的三个要素，和这三个要素的流动直接相关的服务的质量和效率，对提高产业生产过程的价值创造能力至关重要。另一方面，随着收入水平的提高、生活节奏的加快和生活质量的提升，人们有了更多可支配时间和可支配收入，这就拉动了我国旅游业、房地产业、零售业、教育业及其他相关产业消费的大幅度增长。消费结构的变化带来的必定是服务分工的细化，而服务分工的细化要求传统服务业在新的消费结构中寻求转型和突破。①

②快速增长的市场需求极大地推动了服务业规模的不断扩大。快速增长的国民经济和日益提高的国民消费水平对服务业发展产生了巨大的市场需求，提出了更高的要求，这就导致了服务产业的规模必须相应地扩大，需要从个体的、小规模的、分散的竞争转向企业的、大规模的、集聚性的竞争方向。无论是高收入国家、中等收入国家还是低收入国家，伴随着经济全球化趋势的推进，服务业成为各个国家的主导产业。反过来，服务业在国民经济中的比重持续上升，带来的是经济全球化进一步的发展。

③技术进步对于服务业的转型升级发展起到了至关重要的推动作用。当前，以新一代电子信息技术、新材料技术、新能源技术、高端装备制造技术等为主导的新一轮科技革命正在深刻改变着人们的生产、生活方式。特别是随着大数据、云计算、移动互联网、人工智能等与服务业的深度融合发展，催生了一大批新产业、新技术、新业态、新模式，如平台经济、体验经济和分享经济等新兴经济形态的不断涌现，个性化、体验式、互动式等新消费模式蓬勃兴起。技术进步主要体现在以下三个方面：一是生产效率的提高；二是现有产品质量得以改进；三是研发出全新的产品。技术进步主要有技术的发明、创新和扩散三个要素。技术发明在我国产业发展的初期阶段，即通过国际贸易和引进国外的先进技术，来加快自身的技术进步，以促使产业结构的优化和升级。在引进先进的产业技术之后，技术创新活动才是产业技术进步的核心环节。创新的本质特征是把发明的潜在使用价值在经济生产活动中实现出来。在产业层面，创新是促使产业技术进步和产业升级的根本途径。当新技术进入市场后，技术扩散使创新成果得以在市场中广泛地传播和应用。在技术扩散的环节中，

---

① 刘青君. 基于信息化促进我国产业转型升级的研究[D]. 无锡：江南大学，2016.

信息技术发挥了无比重要的关键作用。信息技术不仅推动了传统服务业质量的纵向提升，还扩大了传统服务业的横向拓展，推动经营管理模式和服务流程的优化，打破了地域对服务业发展的限制和约束，促使服务业不断地升级发展。以信息技术为代表的高新技术的扩散，正在逐渐成为现代服务业的重要推动力。

（2）服务融合化与服务溢出效应

①服务业融合化发展带动服务业的转型升级。在当前的知识经济时代，信息化进程正在以非同一般的力量和速度在世界范围内迅猛发展，不管是对社会还是公众都产生了极其重大的影响。信息化快速发展的一个重要效应是催生了产业融合的现象。产业融合是由于技术融合而引起的产业边界模糊，因此导致不同产业间发生聚合与创新的过程。这种融合主要表现为传统服务业不断地融入制造行业过程中，产品的价值更多地体现在服务上，服务在制造业中贡献的价值越来越显著。许多传统企业的制造功能正在逐步向服务功能转变，这种制造业的服务化趋势使得制造业与服务业的边界变得模糊，使产业基础发生根本性变化，也为服务经济的快速发展提供了新的力量来源。

产业融合的出现带来了一系列产业经济的变革，如：产业之间边界的模糊化带来的产业系统结构的重建；企业之间的竞争已不只是在原来的产业边界之内，而是同时面临产业边界之外的企业竞争；传统上具有自然垄断属性的服务业，由于其网络可以传送多元化的内容服务，而且网络的跨越时空的特点，使其市场范围得以无限地扩张，其自然垄断属性弱化；传统的制造业在服务化的步伐中没有衰退，反而重新展现出无限的活力等。这些变革是在产业边界明确前提下传统产业经济学理论所无法阐述的，这就需要有全新的理论视角和框架。① 改革开放以后，我国服务业虽然得到了迅猛的发展，并已占到国民生产总值的 1/3 以上，但是服务业的发展水平却在国际上相对落后，因而在竞争激烈的国际市场上，我国企业难以把服务作为参与市场竞争的重要手段，以获得竞争优势。20 世纪 70 年代以来，以信息技术作为主导因素而激活的产业融合，首先发轫于服务业，并主要围绕服务业而展开，带来了一轮新型的产业革命，给服务业以及整个产业体系带来了极大的发展机遇。因此加强对服务业产业融合的研究，不仅可为政府制定推动服务业发展、提升服务业和制造业竞争力的政策战略提供理论上的依据，而且对我国企业抓住服务业产业融合的机会、寻找竞争优势、参与国际竞争具有重要的实践意义。

---

① 李志坚. 服务业转型升级新视角：广州启示［M］. 北京：中国经济出版社，2012.

②服务业集聚化发展带动信息服务业的转型升级发展。产业集聚指的是某个行业在某个特定地理区域内高度集中，产业资本要素在该空间范围内不断汇聚的过程，集聚在一起的企业在某一共同空间发展，共享基础设施，带来规模经济效益。产业集聚被认为是利用现代企业集约生产以提高生产效率的基本方式，只有当经济发展方式由粗放式转向集约式时，产业集聚现象才会发生。在中国，产业集聚的案例不胜枚举，如长江三角洲、珠江三角洲等。从区内企业密集化使用的投入要素的特征来划分产业集聚类型，可以分为劳动密集型、资本密集型和技术密集型产业集聚区。

服务业集聚对服务业转型升级发展的正向影响主要体现在：第一，服务业集聚能够推动区域内产业结构的优化与调整。通过将大量具有横纵向联系和互补性的相关产业集聚起来，整合区域内产业的优势资源，促使集群内企业获得明显的规模经济和范围经济。第二，服务业集聚可以提升区域产业竞争力。区域产业竞争力决定了区域内企业的竞争力及其群体竞争优势，服务业集聚不仅能够降低交易成本，还可以降低企业交易的不确定性，减少由于资产专用性带来的垄断，从而节约交易费用。同时，服务业集聚可以获得外部经济，促进技术创新。通过产业的空间集聚，可以实现特定区域内相同产业的中小企业数量的增加，使无法获得规模经济的单个企业实现合作基础上的外部规模经济，进一步迫使企业加快创新步伐，会在制度创新、管理创新、技术创新、文化创新等方面促进企业优化服务流程、提升服务手段、改善服务设施。

③服务业全球化发展带动信息服务业的转型升级。服务全球化是一个具有时间和空间维度的动态过程，随着资源供给和产品需求等条件的变化，服务生产要素在全球范围内重新配置，进而实现现代服务业升级发展。服务业，尤其是知识密集型服务业的开放发展主要表现在知识密集型服务贸易的跨国转移。与一般工业产品不同，绝大多数的服务产品具有生产和消费时间上的伴随性、不可存储性和空间上的不可分离性。但是信息和通信技术的广泛应用改变了与信息有关的服务产品的储存和传输方式，使服务业的跨国转移成为现实。中国要承接现代服务业的跨国转移，发挥服务业在经济增长中的重要作用，应该具备政策条件、需求条件和供给条件。通过营造良好的政策软环境，为市场竞争主体营造公平的竞争环境，适当扩大高端服务业的市场规模，加强新兴服务行业从业人员的技能培训。①

---

① 原毅军. 服务创新与服务业的升级发展[M]. 北京：科学出版社，2014.

1.3.3 信息技术对网络服务业转型升级的推动作用

信息技术一方面为网络服务业提供技术支撑，另一方面又推动其转型升级。

（1）我国信息技术产业发展现状

2010 年 10 月，《国务院关于加快培育和发展战略性新兴产业的决定》中提出了我国现阶段要重点培育和发展包括新一代信息技术产业在内的七大战略性新兴产业，并提出到 2020 年要把新一代信息技术产业与生物和高端装备制造产业共同发展成国民经济的支柱性产业。2012 年 7 月，《"十二五"国家战略性新兴产业发展规划》把新一代信息技术产业作为重点发展方向，明确提出其主要发展任务。2014 年 6 月，工信部专门针对新一代信息技术产业中的集成电路产业发展公布了《国家集成电路产业发展推进纲要》，大力推进集成电路产业发展。2015 年 5 月国务院发布《中国制造 2025》，提出把新一代信息技术产业作为重点领域，大力推动其突破发展。2016 年的《"十三五"国家战略性新兴产业发展规划》提出要扩大战略性新兴产业的规模，到 2020 年把新一代信息技术产业和其他五个战略性新兴产业发展成为产值规模十万亿元级的新支柱。从这些文件的规定中可以看出，新一代信息技术产业得到国家的高度重视，具有极高的战略地位，发展新一代信息技术产业成为我国增强国际竞争力、保障国家安全、转变经济发展方式、带动新兴经济增长的重要途径，也成为区域促进产业结构转型升级，加快转变经济发展方式的重要抓手，同时信息技术的研发和应用为产业的转型和升级奠定了必要的基础。

在我国政府的高度重视和带领下，我国电子信息产业已经连续多年保持平稳较快的增长，产品技术创新能力大幅度提高，龙头企业的实力明显增强，生态体系得以进一步完善，其对社会经济发展的支撑与引领作用全面显现。同时，大数据、云计算、移动互联网、物联网以及人工智能等新一代信息技术的快速推进，目前正在引发电子信息产业新一轮变革。信息技术与制造、能源、材料、生物等技术的交叉渗透日益增强，工业互联网与能源互联网等新兴业态方兴未艾，大规模个性化定制、网络化协同制造、共享经济等信息经济新模式加快涌现。当前，欧美等发达国家仍然占据着电子信息产业价值的制高点，我国应积极以信息技术为手段推动工业化进程，争取得到未来全球高端产业发展的主导权。德国的《工业 4.0》、英国的《英国制造 2050》、美国的《先进制造业伙伴计划》、日本的《2014 制造业白皮书》等，都在努力推动国际资本调整布局，争取吸引高端制造业回流向发达国家。跨国信息技术企业也在加快对工业互联网、智能制造、人工智能等新兴行业领域的布局，力求打造发展的新优势。在产业发展方面，我国正在与全球同步发展，在语音识别、计算机视觉等领域其至还处于国际领先的水平，已经涌现出了一批具有竞争实力的研究机构和企业，已经具备了良好的发展基础。

（2）信息化对现代服务业发展的影响机制

信息化是一个综合发展的过程，实质上是信息技术产业化和产业信息化相互转化与渗透的双向进程，不仅表现为信息资源从小规模向大众的扩散和集聚，还表现为信息通信技术在各产业内的渗透和普及；不仅表现为信息技术在国民日常生活中的应用程度，还表现为信息产业对整个社会经济的贡献水平。提高信息化发展水平，既可以通过生产信息技术产品或提供信息服务（信息产业化）来提高新兴产业的比重，优化产业结构，也可以通过为各传统产业提供信息技术、信息资源等高级生产要素（产业信息化）来提升产业劳动生产率，进一步推动传统产业的转型发展和产业结构的优化升级。

信息技术对服务业发展的影响具有多重的促进作用。不管是在通信业、金融业等技术和资本密集型服务行业，还是在能源业、制造业等资源密集型和劳动密集型服务行业，都应该基于技术创新来降低行业门槛，从而增加企业间的竞争与合作，促进产业间融合，进而推动产业结构优化升级。服务业的发展，不仅要提高服务业在整个国内生产总值中的比重，更要提高能够对社会资源进行高效配置的现代服务业的比重。从这个角度来看，信息技术的创新和应用是现代服务业发展的加速器。具体来说，信息化对现代服务业的促进作用主要体现在以下几个方面：

①信息技术的应用能够促使现代服务业和制造业的不断融合，使得信息资源直接变现为收益。信息技术的应用使得现代服务业的服务生产的标准化、规模化和可贸易性极大地提高增强，同时，信息技术的广泛应用使得制造行业企业的管理模式和组织模式发生了深刻的变化，企业内部的分工逐步细化，原本在内部固化的中间投入服务业务渐渐从生产中分离开来，转而通过外包获取。除此之外，现代服务业中有一部分产业自身的产品便是信息资源，信息技术的应用能够加快信息资源的开发与整合。

②信息技术的使用可以不断产生新的服务业态。信息技术的应用不仅使服务业功能变得更加丰富，内容更加广泛，分工更加细致和专业，产生更多的新兴产业和就业机会，另一方面，服务性企业的创新能力和供给能力不断提高，服务的领域和内容不断拓展，因此涌现出大量的新兴服务业务；同时在信息技术的影响下，社会分工逐步细化，专业化程度逐步增强，因此产生了大量的对服务的新需求。以上两个方面共同推动着许多新兴服务产业的发展。

③信息技术的应用改变了传统服务业的服务方式。总体而言，服务业的管理方式正在从粗放型向精确型转变，在此过程中提高了服务业的知识技术含量，能够为企业带来实际的收益，同时增强企业的竞争实力。信息技术在服务业中的应用不仅可以转变传统的服务消费模式，还可以转变服务产品的性质与服务生产的方式。由于信息技术的支持，日益增多的服务行业可以实现自助化服务，实现由顾客自主完成全部或部分的服务活动，如此一来，既节省了服务成本，还可以尽可能地满足客户的个性化需求。

④信息化能够大幅度地增强服务业的服务能力。信息技术在服务业的应用不仅促使服务企业扩大营销范围，而且使得营销的针对性更强，促使企业加强与客户的关系管理。例如，企业可以对消费者的购买需求特征进行分析，以便于及时补充商品，而且可以对购买者的行为进行分析，通过互联网、智能手机等渠道把新产品信息和相关优惠信息直接发送给购买者，可以提高主动营销的准确性和针对性。再如，基于地理位置信息的信息技术发展，可以对消费者进行精准定位，从而进行更有针对性和准确性的个性化营销服务。

⑤服务业的信息化从整体上可以促进产品革新，提高服务效率，节约服务成本。在加快信息的传播速度和增加信息的传播渠道方面，信息技术具有显著的优势，因而可以提高服务产出，节约服务成本。就服务业而言，服务活动的所有阶段都涉及大量的服务提供尚商与消费者之间的交互。绝大部分的服务行业属于信息密集型服务业，是依靠交互作用而进行生产经营活动，其产出大多具有较高的信息技术含量。诸多现代服务业，例如电信服务、金融服务、商务服务等的服务过程中会涉及大量的信息传播。以互联网为基础的信息技术作为信息的主要传播载体，自然与现代服务业的信息密集性与沟通性的特征相符合，因此信息技术在现代服务业中的应用必定会提高信息传播的速度与质量，从而有利于节约服务交易成本和增加服务产出。

⑥信息技术可以有效地提高现代服务业的创新效率和水平。实际上，服务业的生产效率提高在很大程度上取决于其服务的创新程度。信息技术促进现代服务业创新的途径体现在以下五个方面。第一是信息技术通过促进人力资本水平的提高来提高创新能力，因为人力资本是实现创新的最主要也是最重要的因素；第二是提高服务业企业的知识与信息的获取与加工能力，为服务创新营造有利的企业环境；第三是加强服务业企业与其他研发部门的合作，联合创新活动能够进一步地激发服务业的创新活力；第四是基于信息技术的组织重建和业务流程改造可以使服务业企业的组织形式更加富有弹性，更具灵活性和效率，这将极大地有利于服务业企业提高服务创新能力；第五，信息技术的应用有助

于改善服务质量，服务业创新不等同于制造业的创新，服务业创新不仅仅是要提供新的服务，还要改善服务过程，进一步提高服务质量。

⑦信息化能够帮助现代服务业进行全球化拓展，推动现代服务贸易和国际转移。随着世界经济的一体化趋势不断发展，服务业作为联系空间独立又分散的生产行为和经济活动的纽带，逐渐成为经济全球化的核心，信息技术的进步又为服务业扩展可贸易边界和变革经营手段提供了有力的支持和广阔的空间。通过应用先进的通信网络和电子计算机工具，服务的提供者和消费者之间能够建立起密切的网络联系。信息化不仅可以更高效、方便地提供服务，而且使得较小规模、位置边远的企业能克服地域的限制，极大地拓展了自身的服务市场。与此同时，信息技术的应用，改变了服务产品难以运输和储存的传统特性，使生产与消费的分离得以实现，服务企业可以通过远程信息传递的途径完成交易，不仅有力地提高了服务的可贸易性，从而推动了跨境服务贸易的发展，还间接上推动了服务业外商投资数量的增长。总而言之，互联网在服务业的普及和应用，从技术层面降低了企业所有权的控制成本和服务交易费用，进一步放大了跨国企业的服务半径，使得现代服务业在国际贸易和投资领域的地位明显上升。①

综上所述，信息化与现代信息服务业的关系决定了信息服务业要想快速发展，就必须充分利用先进的信息技术和信息网络。目前，在我国党和政府的高度重视和引领下，随着一系列扶持政策的出台，我国信息服务行业正面临着前所未有的发展机遇，必将迎来一个新的发展浪潮。信息技术作为信息服务业发展的推手，必将引领我国现代信息服务业开创一个崭新的局面。

1.3.4 信息服务转型发展的表现

信息服务转型发展表现在以下三个方面。

（1）信息服务组织的转型

数字化网络化环境下的信息服务组织必须顺应信息社会的发展模式、信息技术条件和信息资源环境。当前我国信息服务组织主要由三个部分组成：国家级信息服务和保障机构，如国家图书馆等；科研院所和高校信息服务体系，如各大高校图书馆、数字图书馆等；各类信息服务企业。它们构成了信息服务的支撑体系，实施从资源组织、利用到服务开展的各个环节，推进了集成化、知识化信息服务的开展，因此应推进信息服务组织的转型，促进各服务平台之间

---

① 原毅军. 服务创新与服务业的升级发展［M］. 北京：科学出版社，2014.

信息共享、服务协作以及有效的网络协调和管理。

互联网及数字技术的发展，改变了信息服务机构的构成，网络上出现了一些新兴的服务机构，同时与原有的信息服务机构共同作用，强化了网上信息服务，拓展了信息服务内容及服务对象。当前，信息服务机构面临着有利的外部环境，信息资源的加工、存储、组织、传递技术的迅速发展提高了信息产品生产和服务的效率，用户对网络信息服务的需求大幅增长。与此同时，信息服务机构的内部也发生着变化，从以传统的文献为主到以数字化信息为主；采用的技术方法以计算机及网络为主；用户的信息需求也更加社会化、网络化。在这种情况下，原有信息服务组织的结构设置不再适应信息服务的内容，需要设置新的部门以适应服务发展的新方向。

在数字化、网络化环境下，信息的传递具有双向传递的特征。信息服务组织的服务输出也不再是单向输出的模式，而是向组织与组织之间的互动式交流模式转变，这对信息服务中组织的开放性与包容性提出了更高的要求，即开展跨系统、部门、行业的新型信息服务，为信息服务组织的创新发展提供可能。随着互联网技术的不断发展，虚拟服务的出现也开拓了信息服务组织的新视角。信息服务组织可在网络中实现虚拟联合，按虚拟服务融合机制建立基于服务集成的联盟，实现服务内容、形式、功能和用户之间的互通，构建面向多样信息资源的虚拟服务体系。

信息网络的发展和普及使得越来越多的网络信息服务商涌现出来。初期它们主要是进行网络技术平台的服务，随着用户需求的发展，开始提供网络信息服务业务，如电子邮件服务、呼叫中心服务、公共信息服务等。近年来，部分信息资源服务商进入学术数字资源服务领域，推出了许多数字图书馆系统，如清华同方的中国知识基础设施（CNKI）。其工程总体目标是建设各行各业的专业知识库（SKD）及知识网络结构体系（KN），并通过光盘、互联网等8种媒体进行周期性更新和累积。

而以信息资源服务商为依托的数字图书馆模式的优势是信息资源服务见效快，问题是数字图书馆的管理难以控制，信息资源重复性建设，知识产权侵权难以有效避免。在数字图书馆的发展时期，以数据库系统商为依托的数字图书馆模式是一种快速发展的技术模式，可以在较短时间内实现较大的服务效益，这种数字图书馆组织方式有利于市场扩张。如 CNKI 加盟清华同方，推出了数字信息资源服务和数字图书馆技术平台服务，以数据库系统为基础的数字图书馆模式，避免了建设数字图书馆机构的多头忙碌和低水平技术的重复，可以使数字图书馆建设走上合作共建的道路。

（2）信息资源利用的转型

2006 年 5 月，中共中央办公厅、国务院办公厅印发了《2006—2020 年国家信息化发展战略》，指出到 2020 年，我国信息化发展的战略目标之一是提升网络普及水平、信息资源开发利用水平，抓住网络技术转型的机遇，确立科学的信息资源观，把信息资源提升到与能源、材料同等重要的地位，为发展知识密集型产业创造条件。

要建立和完善信息资源开发利用体系，大力发展以数字化、网络化为主要特征的现代信息服务业，促进信息资源的开发利用。充分发挥信息资源开发利用对节约资源、能源和提高效益的作用，发挥信息流对人员流、物质流和资金流的引导作用，促进经济增长方式的转变和资源节约型社会的建设。同时加强全社会信息资源管理，促进信息资源的优化配置，实现信息资源的深度开发、及时处理、安全保存、快速流动和有效利用。引导和鼓励网络媒体信息资源建设，开发优秀的信息产品，全面营造健康的网络信息环境。

当前，各类信息服务，包括科学研究、社会报告等无不充斥着数据，用户已经适应并接受含有大量数据的信息内容或是信息服务。信息资源的利用程度反映着信息服务机构的服务效能与服务能力。因此，信息服务提供者应善于组织大量信息资源，对信息进行描述、整合与传递，并从用户的信息服务环境出发，在复杂的数据中发掘、筛选用户需要的信息内容。

信息资源建设利用的目的是提升信息资源开发的效率、效益和质量，更好地实现服务增值，为国家知识创新提供充分的信息保障。因此，信息资源的利用转型要求从社会发展的全局出发，整合信息资源，以创新应用为中心，以信息服务业务为依托，将重点放在长期服务和业务的拓展上。其关键环节是构建面向服务主题的信息资源保障服务平台，保证信息服务与信息资源组织技术的同步发展，强调资源系统与服务系统的互动，使资源管理和服务内容、手段、方法、工具兼容，提高信息资源的利用效益。

数字化、网络化环境下，信息资源整合与利用为适应新的环境和用户的数字化信息需求逐渐转向现代型，"用户导向"的原则占据了重要地位，体现着用户需求的核心作用。即通过定量和定性的方法，对用户需求进行全方位调查，了解用户的信息需求、信息行为以及信息资源的利用规律，从而对各种信息资源进行整合集成，进而实现信息资源共享、专家和服务共享，最终提升用户需求的满意度，实现信息资源的现代化高效利用。

（3）信息服务方式的转型

信息技术、网络技术、计算机技术的飞速发展，不仅带来了对信息服务组织、信息资源利用的不断研究，信息服务的方式也在不断变化，以适应数字化、网络化环境带来的机遇与挑战。从战略上看，信息服务方式的转型应在信息技术建设的基础上，结合信息资源利用的新方式，进行创新转型。主要体现在以下几个方面：

①基于用户体验的个性化定制服务。信息技术已从各个方面渗透到信息服务领域，随着新技术的层出不穷，用户对信息服务产生了更多的要求。用户体验目标关心的是用户从自己的角度如何体验交互式服务，而个性化定制服务在网络环境中进行，其服务组织必须符合用户体验。网络信息定制服务是针对用户的特定信息需求所提供的服务，它采取以用户为中心的、主动推送信息的服务形式，从服务内容到服务风格力图符合用户个性需求，其实质是一种信息找人的服务，它可以帮助用户减少寻找信息的时间，提高用户浏览和检索的效率。因此，用户可根据自己的需要选择信息机构所提供的各种固定栏目，定制相关新闻、电子资源服务等，还可以根据权限在基本功能、用户界面、信息资源等方面利用机构提供的针对性服务，系统保证不同用户登录后具有不同的风格界面，能够访问不同的电子资源，浏览不同的媒体文件。

在个性化定制服务中，用户可根据自己的兴趣和需要选择定制信息，定制的内容包括界面和资源两大类。系统界面定制包括界面结构和界面内容的定制，主要是定制界面总体的模块布局形式以及每个模块的具体内容。系统资源定制，要求能够依据用户各自的特征和需求定制其所需的具体数据资源、网络资源和服务资源集合等。同时，为了满足不同用户的定制需求，个性化的定制服务提供两种服务形式。一是个人定制，即用户按照自己的目的和需求，在某一特定的系统功能和服务中，自己设定信息的来源方式、表现形式，选取特定的系统服务功能，其实质是用户从定制信息的内容、页面和返回方式等方面提出个性化需求。二是系统定制，即系统通过对用户提交的信息和系统记录的用户访问习惯、栏目偏好、特点等信息所进行的分析，寻找相近需求的用户群，自动组合出对用户有用的定制资料，分发给用户。

②知识导航服务。信息服务的知识导航作用，是指通过对知识、信息的开发、利用、共享等一系列工作，使用户汲取知识信息，再通过用户的思维达到知识创新的目的。知识创新是一个带有战略性的任务，应对创新主体进行知识引导，帮助创新主体对知识进行筛选、分类并快速找到知识，将知识和创新主体紧密地连接起来。

传统的知识导航包括书目期刊的引导，对文献信息的知识单元、知识内容的引导等。新信息技术的发展和成熟，引领知识导航工作进入新的阶段。网络的普及、信息资源的数字化以及网上信息资源的大量增加促使搜索引擎产生，知识导航朝多元化、多重化方向发展。用户通过对海量的信息进行识别、筛选、整合等，获得所需的知识与信息。此外，随着用户信息需求的多元化，可根据特定用户的需求，提供专业的、特色化的知识信息，进而向用户进行个性化、专业化的知识导航。总体而言，知识导航有三个主要功能：

一是知识连接。知识连接是知识导航最基本的方式，它能够连接信息资源与用户，保证用户在众多的资源中选择自己所需要的信息。知识的运动有知识生产和知识利用两种形态。在数字化、网络化环境下，利用信息进行知识交流，可以将不同时间下产生的信息进行连接，打破信息传递的时空限制。

二是知识转化。知识转化包括个人知识与社会知识的转化，以及显性知识与隐性知识的转化。一个人一旦将自身拥有的知识发表出去，个人知识就会变为社会知识，同时在一定程度上丰富社会知识的组成。社会知识通过用户主体的分析、理解、创新，又会产生新的个人知识，从而丰富用户个体的知识储备。此外，用户通过个人的阅读、分析，能将信息中蕴含的知识活化为显性的知识，再通过加工创造出个人新的隐性知识，以此循环往复，不断推动显性知识和隐性知识的转化。

三是知识控制。知识控制的导航作用主要表现为三个方面：知识筛选，即根据用户需求，在海量信息中进行筛选、整合、索引，便于用户查找信息，起到导航作用；专业化信息资源导引，即根据用户需要，利用各种搜索引擎，对网上特定主体的信息进行筛选、提炼，整合为专业的信息资源组合，供专业用户使用；个性化信息导引，即根据用户的个性化需求，提供高质量的、具体的信息服务，以主动提供信息的方式帮助用户解决问题。

③信息服务的社会化发展。我国传统的信息服务是以公共图书情报机构为主，辅以各部门、各系统机构提供的信息服务。在这种体制下，信息服务仅仅针对各自的对象开展，无法面对多元主体进行社会化服务，从而使信息服务业务的开放化拓展受到限制。信息服务的社会化发展就是要利用各系统、信息机构在信息资源开发利用上存在的互补性，通过整合节约重新开发的费用，实现信息服务的整体化、社会化和全方位组织，适应跨系统、跨部门的集成信息服务的发展需要；突破传统的部门、系统模式，在数字化、网络化环境下，通过以公共平台为基础的多元化结构模式提供社会化信息服务；以社会化投入为基础，不断提升信息服务质量，拓展服务范围，合理控制信息服务的投入—产出，在社会发展中形成自我发展与完善的运行机制。总体而言，信息服务的社会化主要体现在两个方面：

一是信息服务的知识化和网络化。针对信息服务平台分散、系统之间互动性不强、主题服务形式单一的问题，从各系统平台之间的联动着手，实现数字化、网络化环境下信息服务的跨系统、知识化和网络化整合。在信息社会信息服务提供者不仅要提供全方位的信息，更要将已有的信息资源进行整理、分析、挖掘，从而产生知识，实现信息服务的创新增值。

二是信息服务的集成化。信息服务的社会化体系主要包括管理体制的社会化转型、信息资源的社会化整合、信息技术的社会化共用、社会化服务平台的构建和服务业务的社会化重组等方面，这都离不开信息服务的集成化。信息服务的集成化要求首先加强和完善相关技术，建立好管理、业务协调、知识产权和评价机制，集成网络服务、信息服务及知识服务、个性化服务等，扩大信息服务的范围，增加信息服务的深度。

1.4　信息服务的行业应用与发展趋势

当今社会，技术以惊人的速度发展，不断进步的技术对人类的日常生活和社会发展带来持续性的颠覆变革，随之带来信息环境和用户信息需求的改变，也对互联网信息服务的手段和模式提出了新的要求。我们要立足于当前互联网信息服务的发展状况，紧密关注信息技术和社会经济的发展变化，把握网络信息服务发展的动向趋势，促进网络信息服务业的可持续发展。

1.4.1　信息服务的行业应用

随着现代网络信息服务进程加快，人员、设施与技术等资源也逐步向互联网行业渗透。互联网创新成果与服务业的深度融合将极大地推动现代服务业产值增长和生产率提升，对"互联网+"背景下现代服务业的信息化进程的分析将有助于厘清信息化运动中现代服务业的创新发展路径，以及互联网技术所引发的量变到质变的过程。

（1）信息服务在电子商务行业的应用

电子商务服务业是伴随电子商务的发展而逐渐兴起的一种新兴服务行业，是为促进电子商务各项活动顺利开展所提供的各种专业服务的集合体。2017年，中国电子商务服务企业支撑了 29.16 万亿元的电子商务交易规模，① 电商

---

①　商务部电子商务和信息化司. 中国电子商务报告 2017［EB/OL］. ［2018-12-16］. http://images.mofcom.gov.cn/dzsws/201807/20180704151703283.pdf.

服务业务多元化和专业化的发展推动了中国电子商务发展由粗放型向集约型的转变。交易服务领域中，平台服务商向综合型平台和垂直型平台两个方向发展，平台服务主体更加多元化，跨境、生鲜、母婴等垂直领域兴起，为市场发展注入大量的新鲜血液；支撑服务领域中，第三方支付、快递物流等电子商务支撑服务体系日趋完善，菜鸟物流、京东物流等一批专业服务商发展迅速，推进快递物流服务质量不断提升；云计算、大数据、精准营销等新兴衍生服务提供商也正在快速成长，一批电商综合解决方案服务商(综合解决方案服务商能够提供IT技术、营销推广、店铺运营、仓储物流、客户服务等一系列全程式解决方案，助力电商中小卖家和品牌企业实现电商数字化战略)逐渐成长起来，全产业链综合电商服务商逐渐发展壮大。

虽然我国网络信息服务起步较迟，但是近十年来电子商务行业发展势头迅猛，对社会、经济和生活产生了多方面的影响，不仅改变了人们的消费习惯和购物场所，还改变了传统商贸业的经营和销售模式，作为一种强大的载体将互联网信息技术应用到各个领域，并且带动了多个行业的快速发展，甚至创造出了新的服务模式。"阿里巴巴""京东""美团"等知名电商公司就是其中的代表。电子商务服务业的信息化进程可以从电子商务服务业的交易服务、支撑服务和衍生服务三个业务维度进行分析。电子商务服务体系如图1-6所示。

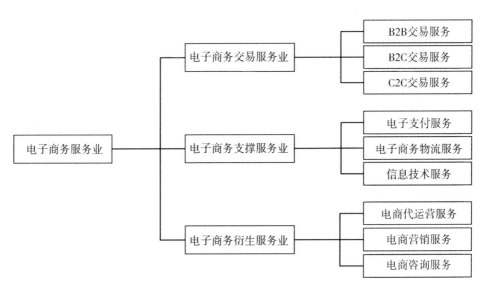

图1-6 电子商务服务业体系

①电子商务交易服务业的创新发展。作为电子商务服务业的核心，交易服务主要由 B2B(企业间交易)交易服务、B2C(企业与个人间交易)交易服务和 C2C(个人与个人间交易)交易服务三大业务类型组成，主体是电子商务平台服务企业。

电子商务 B2B 是指企业与企业之间通过互联网进行数据信息的交换、传递，进而开展交易活动的商业模式。而企业间交易服务是指为企业双方在网上买卖提供平台交易的服务，包括中小企业 B2B 服务和大规模企业 B2B 服务。2017 年，"互联网+"行动的持续深入，供给侧结构性改革的不断深化，"一带一路"倡议下国际产能合作的积极推进以及全球经济的持续回暖，为中国 B2B 电子商务市场发展提供了广阔的空间和较大的机遇。我国 B2B 行业呈现出以下特征：

一是产品创新频次高。近几年是我国 B2B 电子商务业发展的上升时期，B2B 电商平台由 PC 端向移动端发展步伐加快。易观数据显示，2017 年中国 B2B 电商平台移动端 App 开发率达 61%。① 各个电商公司利用自身平台特色，竞相推出新产品和新服务，塑造品牌特色，吸引顾客眼球，以达到"拉新促活"的目的。综合类 B2B 电商利用自身流量、数据服务以及供应链服务等方面的优势加快布局各垂直行业，如慧聪网推出 IC 元器件交易平台慧聪芯城，阿里巴巴推出快消品 B2B 平台零售通，结合"无人零售"等新兴业态，加快布局快消品市场。

二是技术创新持续活跃。我国 B2B 服务商不断引入大数据、云计算、人工智能和区块链等新技术开发新服务，以 IaaS 和 PaaS 为基础，延伸至各类垂直领域，如智慧交通、智慧家居等。以阿里巴巴为例，其从 2008 年开始自主研发分布式计算操作系统"飞天"，目前已在全球十多个区域建设了几十个飞天数据中心。2018 年 8 月，阿里云正式推出企业级区块链服务 BaaS (Blockchain as a Service)。

三是服务领域不断拓展。除了提供传统的在线交易服务外，还加快布局进入大数据应用、供应链金融等增值服务领域。在大数据应用方面，通过采集用户采购和交易行为数据，根据大数据分析结果进行智能匹配推荐，拓宽上下游商家合作渠道，为平台用户带来更多商机，从而不断提升平台的客户忠诚度和黏合度。在供应链金融方面，企业层面的交易更容易形成庞大的现金流，平台

---

① 易观数据. 2017 中国电子商务 B2B 市场年度综合分析报告［EB/OL］.［2018-11-25］. http://b2b.toocle.com/detail--6418671.html.

结合自身数据优势，将上下游企业联系在一起，提供灵活运用的金融产品和服务，如贷款、融资、结算、理财等，实现双方互利共赢。

网络零售交易服务是指为网上零售商品或服务提供平台交易的服务，包括 B2C 服务和 C2C 服务，不包括平台自营部分。2017 年，网络零售交易服务营业收入出现快速增长，规模达 4397 亿元,① 特别是中小企业成为创新创业热土，随着跨境、生鲜、母婴等垂直领域的兴起，大量初创企业不断涌现。总体而言，其呈现以下几个发展特征：

第一，移动电商平台网购规模占比持续提升。艾瑞咨询数据显示，2017 年中国移动购物在整体网络购物交易规模中占比达 81.3%，较 2016 年增长 4.6%。② 移动端渗透率进一步提升，移动网购已成为最主流的网购方式，淘宝、京东商城、唯品会等移动购物综合 App 的用户覆盖率较高。

第二，"品质电商"模式大力发展。在消费升级的背景下，消费者更加注重商品的品质和个性化，具有电商平台质量背书的精选商品，更易实现与消费需求的精准对接。一批"品质电商"应运而生，网易严选、淘宝心选等所代表的向上游制造商渗透的品质化电商平台发展迅速，除了严格的供应链和品控体系，"品质电商"自身的原创设计能力也在不断提升。

第三，垂直服务功能进一步平台化。电商平台成为上游品牌商进行新品首发、过季清仓、尾货特卖等活动的首选渠道。此外，电商平台的物流、支付体系逐步由封闭转向开放，以第三方服务运营商的角色向业内提供专业服务，如京东物流除了服务京东商家外，还为其他电商平台提供物流配送服务。

②电子商务支撑服务业的创新发展。支撑服务是确保电子商务活动顺利完成的基础支撑体系，目前主要包括电子支付服务、物流服务、信息技术服务三大业务类型。

电子支付服务是指第三方支付服务企业为电子商务中的商家、消费者等提供在线货币支付、资金清算、查询统计等相关支付交易功能的服务，并向商家收取一定的服务费。中国人民银行数据显示，2018 年中国银行业金融机构处理的移动支付业务量和总金额同比分别增长 46.06% 和 28.80%，其中移动支付业务增长较快，线下消费成为移动支付增长新动力。同时，随着国内支付服

---

① 国家统计局. 中华人民共和国 2017 年国民经济和社会发展统计公报［R/OL］.［2018-10-29］. http://www.stats.gov.cn/tjsj/zxfb/t20180228_1585631.html.

② 艾瑞咨询. 2017 年度数据发布集合报告［EB/OL］.［2018-10-29］. http://report.iresearch.cn/report_pdf.aspx? id=3138.

务市场趋于饱和,"一带一路"倡议下的建设不断推进,中国支付服务企业加大海外扩张力度,截至 2017 年年底,蚂蚁金服业务已延伸到美国以及欧洲、亚洲的 37 个国家和地区,微信支付已推广到 13 个海外国家和地区的数百万线上、线下企业。

电子商务物流服务是指为电子商务活动提供的运输、储存、装卸搬运、包装、流通加工、配送、信息处理等服务,特指第三方专业物流服务商提供的服务。近年来,电子商务与物流协同发展进一步增强,经过三年在部分城市的试点,在管理制度创新、快递网络规划、配送车辆管理规范、末端服务能力提升和信息协同等方面形成了可复制推广的经验,提高了电子商务与物流快递企业的协同效率。随着农村电商和"快递下乡"被列入 2017 年"中央 1 号文件",农村电商基础设施特别是网络与快递物流建设进一步加强,阿里巴巴、京东、苏宁等电商平台纷纷加大农村电商配送布局投入,已建成 10 万个基层站点,双向流通格局加速形成。此外,为提高电商物流效率和服务满意度,各电商平台纷纷利用大数据、物联网、人工智能等新技术对各自的物流平台进行整合,无人机、无人仓、无人车等技术全面启动应用,联盟和智能化统筹的模式布局更加广泛。

随着信息技术的快速发展,基于互联网和现代信息技术的专业化生产组织方式迅速推广,信息技术服务外包与电子商务的深度融合正在加快。工业和信息化部数据显示,2017 年,信息技术服务收入达 2.9 万亿元,增长率达 16.8%,其中与云计算相关的运营服务收入超过 8000 亿元,比上年增长 16.5%。① 由此可见,新技术在不断提升电商信息技术服务水平,区块链技术和应用的快速发展,对于快速计算、智能合约、信息安全、数据服务、防伪溯源、供应链管理等都将产生重要的影响,如阿里云利用 AI、云计算及大数据技术为传统企业提供了新零售解决方案,能够提供全渠道融合、个性化推荐、以图搜图、智能语音、客服机器人及大数据运营等业务层服务。与此同时,网络空间主权、网络产品安全、网络运营者和服务提供者的安全义务等也成了电商信息技术服务业中被重点关注的对象。在《网络产品和服务安全审查办法(试行)》中,对审查范围、审查内容、审查机构、网络产品和服务提供者的权利和义务等方面作出了详细规定。法律法规的不断完善推动电商网络安全建设进入了新阶段。

---

① 工业与信息化部运行监测协调局. 2017 年软件业经济运行情况[R/OL]. [2018-10-29]. http://www.miit.gov.cn/n1146312/n1146904/n1648374/c6040132/content.html.

③电子商务衍生服务业的创新发展。电子商务衍生服务业是伴随着电子商务的快速发展而衍生出来的新兴服务行业，是以网络零售电子商务市场的商家为主要对象，为其提供电子商务活动中的软件服务、客户管理服务、运营服务、智能硬件服务等。目前最具代表性的是电子商务代运营服务、电子商务营销服务和电子商务咨询服务三种业务类型。

电子商务代运营服务是为企业提供全托式电子商务服务的一种服务模式，主要包括电商平台运营、网站推广、视觉服务、仓储配送、客户服务等电子商务运营托管服务。随着品牌商对电商服务的要求越来越细致，国内电商代运营内容不再只停留于客户运营、IT 支持、营销咨询和仓储物流服务等基础核心业务，还进一步开发了更多增值产品，例如数据分析服务、安全管理服务等。大部分代运营服务商集中于基础服务和部分核心代运营服务，随着服务专业化程度的提升和对服务质量的要求提高，电商代运营专业分工日趋细致，其服务模式向全程式服务提供商和模块化服务提供商演进。全程式服务为品牌商提供一站式流程服务，包含前端具体服务(网站建站、营销推广、店铺运营)，以及后端具体服务(仓储物流、IT 技术、客户服务)，便于服务商从整体上把握品牌商的发展需求；模块式服务则是为品牌商提供单环节或多环节的服务，立足于自己的核心领域输出专业化服务，满足品牌电商的碎片化和专业化需求。

电子商务营销服务是近年来新出现的一种新型服务模式，属于网络营销的一种，是借助互联网、移动互联网平台完成一系列营销环节，辅助客户实现营销目标。近年来，电子商务营销不断向精细化方向发展。电商平台积极尝试整合多元营销渠道，技术提升使"千人千面"的智能营销得以实现，而社交电商、网红直播、VR 体验式营销、AR 红包等也增强了用户的互动体验。电商平台以自建或合作方式搭建"电商+内容+社交"的体系，以内容导购、粉丝营销和场景化购物、品牌 IP 化等方式迎合年轻消费群体需求。电商服务商通过大数据营销让一切营销行为和消费行为数据化，数据化使得营销目标明确、可追踪、可衡量，不断提高线上营销的效率，造就以数据为核心的营销闭环；同时大数据营销在连接社交平台、精准抓取用户的基础上，还可以通过数据整理进行受众分析、提炼大众意见，预测未来产品方向和市场趋势，拓展新的业务，帮助品牌商进一步打开销售渠道。

电子商务咨询服务是伴随着电子商务的广泛应用而衍生出的服务业务，是咨询服务业的新兴领域。电子商务咨询的范围也随着新技术的发展和客户市场需求的变化而扩展，从市场营销咨询、客户服务咨询到供应链管理、仓储物流咨询，从 IT 大数据应用咨询、VR/AR 及人工智能应用咨询到企业电商整体发展战略咨询，从城市园区电商发展咨询到农村农产品电商精准扶贫咨询，以高技术、高知识服务价值为特点的咨询服务已全面应用于电子商务以及数据经济，为企业数字化战略和实体经济转型升级发挥着重要作用。

在此背景下，电商综合解决方案服务模式快速发展。例如，阿里巴巴、京东等大型电商企业在提供平台的同时，也提供相应的电商综合解决方案服务，如跨境电商全流程服务、品牌电商精准营销解决方案服务等；另外，以艾瑞咨询、易观、亿邦动力研究院为代表的独立咨询和数据服务提供商，也为越来越多的企业提供细分领域的解决方案和报告，协助企业制定电子商务全面一体的战略和实施定位，帮助品牌企业及中小企业更好地把握线上市场机遇。

（2）信息服务在金融服务业的应用

随着世界经济一体化和全球信息网络的发展，新技术在金融系统中的应用日益增多，移动支付、网络金融、个性化金融产品、理财结算、综合业务服务等相继涌现。一方面，金融信息化大大提高了对相关信息的收集、处理、存储和发布的能力，成为金融市场交易物质和技术的基础；另一方面，互联网逐渐成为世界金融市场运作的中枢，低成本的网络交易逐步替代传统交易方式，脱离地理位置的限制，可随时上网同步进行金融交易，全球金融市场被更紧密地联系起来。伴随着金融信息化的深入发展，当前金融服务业务系统优化、数据整合集中已初见成效，信息技术不但为金融业务的创新和发展提供了支撑平台，更已成为现代金融业提供高效、安全服务的重要保障。

①传统金融服务业在信息化推进中的困局。信息化技术的快速发展，引领了人们消费行为的巨大改变。互联网的迅猛发展，催生了社交媒体，使人们拥有了更多信息交流的主控权与多元选择。智能收集的出现，让人们可以随时、随地、随需地与外界发生联系。"手机银行""支付宝"等移动金融业务兴起，更将"人人都变成银行"。这些消费行为的巨大改变，对传统金融的零售业务变革和国家监管政策方向产生了巨大影响，银行已不再是一个实体，而是一种"行为"，终端用户借由其认为的最佳方式使用银行的业务，而银行的服务也应需求随时随处提供而变得无处不在。在这种情况下，传统金融业开始重新审视现今的市场趋势以寻求变革。

目前，由于大数据技术广泛应用，数据爆发性增长，典型的非核心应用需要较大的存储空间；伴随着历史数据的累加，数据量庞大、数据差异化大、数据格式不统一、来源复杂等问题逐渐出现，使得数据的存储与处理面临着巨大挑战。虽然基于分布式存储的 IT 基础架构能解决一些问题，但是分布式存储软件多基于开源（Ceph）开发，其可用性、可靠性、安全性、强健度尚待检验。

国内金融市场逐渐放开，国内银行正逐步步入国外市场；各级金融机构数量繁多，但业务水平参差不齐，没有统一的监管报送平台；很多金融机构建立算法模型、评分模型，利用大数据分析手段进行内外部监管，这样的监管模式为系统带来很大压力；金融发展越来越依仗 IT 技术，而对此国家还并没有真正实现自主可控，底层数据仍然存在安全隐患，IT 技术本身还存在着巨大的风险。此外，创新性业务不断涌现，线下转线上的业务模式已成为主流；越来越多的人工智能技术如人脸识别、自动语音智能应答等技术与业务深度融合；"互联网+金融"战略逐步落地，其业务如何开展智能化决策、智能化运维，其开发运维如何实现一体化，实现敏捷开发、快速部署，这些都是传统金融业正面临的难题。

②基于互联网平台的金融信息服务。"互联网+金融"是依托于支付、云计算、社交网络以及搜索引擎等互联网工具而产生的一种新兴金融模式，因其具有资源开放化、成本集约化、选择市场化、渠道自主化、用户行为价值化等优点，对传统银行业务带来巨大的冲击，但同时也为传统及新兴金融机构带来了机遇和挑战。互联网金融行业的发展受到信息网络技术和电子商务发展的驱动，在电子商务体系中，银行为电子商务交易提供电子支付服务是其中关键的关节。随着互联网时代的到来，电子商务彻底改变了人们的生活方式和经济环境，这种改变中，金融业与电子商务的交叉融合是电子商务健康持续发展的重要保障，是迈向未来数字化社会的关键一步。

从科技对金融的变革路径来看，技术对于金融的作用，正在逐步从辅助业务的地位，上升为决定金融未来发展的关键因素，也成为目前互联网金融、传统金融企业竞争的核心支撑。近年来，以科技作为底层支撑的金融科技应用创造出了移动支付、互联网银行、智能投顾、大数据征信等互联网金融业务，但互联网金融仅仅是发展过程中的一个过渡阶段，接下来科技将深入金融体系内部，降低行业成本，从本质上改变经营业态、提升效率，助力创造新型的金融业务模式和业务形态。目前互联网金融服务主要由第三方支付、P2P 网络借贷、金融理财、网络保险和企业级金融等细分领域服务组成。

首先是第三方支付服务。在我国，第三方支付企业通常由银行外包服务企业演变而来，或者依托电子商务平台发展而来，这类企业利用其自身的信息技术或客户群体优势，通过提供支付通道、支付工具等方式，直接为最终用户提供货币资金转移服务。目前，第三方支付企业已经覆盖了支付发起、清算、结算等多个环节，同时逐渐参与资金配置、风险管理等领域，在我国支付和金融体系中扮演着越来越重要的角色。近五年来，第三方支付移动端交易规模保持高速增长，复合增长率高达202.6%，由2013年的13010.8万亿元增长至2017年的1090733.1亿元。① 其背后的原因可以归纳为以下几个方面：第一，智能移动终端的迅速发展和普及，为第三方支付软件的搭载提供了硬件基础；第二，近场移动支付的技术发展迅速，从易得性、快捷性、安全性等多个角度支持多种场景下移动支付的实现；第三，各类电商、团购等消费类平台的移动化，使消费者对近场支付的需求日益提升；第四，随着商业模式的逐渐完善、支付增值业务的吸引力越来越大；第五，监管机构的鼓励创新与风险防范的监管政策为其发展创造了良好环境。

其次是网络借贷服务。P2P网络借贷是一种依托于网络而形成的新型金融服务模式，指从事点对点信贷中介服务的网络平台，其业务包括发现资金、项目和客户，并且提供借贷条款和法律文本服务，还可以帮助贷款人分散借款风险，是对现有银行体系的有益补充。P2P网络借贷市场的交易规模不断攀升，2016年之前一直保持110%以上的年增长率，自2016年开始，网贷行业迎来风险专项整治工作，监管机构先后颁布了规范网络借贷平台的"1+3"制度，对网贷平台的登记备案、业务管理、资金存管、信息披露四个方面提出了要求，但由于P2P网络借贷市场平台数量多、质量参差不齐、地域分布范围广、前期风险积累等复杂性因素的影响，目前制度的贯彻执行并不充分，市场仍旧存在诸多不稳定因素，网贷市场高速增长的发展态势得到一定程度的遏制。

再次是互联网金融理财服务。互联网金融理财是运用互联网思维改造传统金融理财业务，以打造优良的用户体验为首要目标，面向个性化需求、增强客户与产品之间的互动、提供智慧理财服务的创新理财服务模式。与传统金融理财相比，互联网理财具有时间灵活、产品多样化、投资成本低等优点。互联网理财平台可以通过消费大数据和资产管理数据来对用户资金的支出和收入进行合理的分析，并为用户提供合理化配置建议。一个与传统理财服务相比突出的优点是，互联网金融企业不依赖个人的经验和判断，而是利用系统和数据解决问题，为用户提供账户资金安全隔离、透明规范的优良体验。

接着是互联网保险服务。互联网保险在我国发展较慢，近年来电子商务的爆发式增长带动了网络保险市场的发展，互联网保险服务才开始受到关注。与传统保险模式相比，互联网保险服务具有以下优势：一是在线保险产品的更新迭代快且透明程度高，考察企业和产品的真实信息相对容易，有助于促进投保

① 易观数据. 中国金融行业数字化发展专题分析2018 [EB/OL]. [2018-10-29]. https://www.analysys.cn/article/analysis/detail/20018832.

人的消费主动性；二是互联网信息传送和产品推广的成本相对较低，可以覆盖更多样的受众人群，为其提供定制化服务，改善传统保险销售中的硬性推销模式，提升销售效率；三是借助互联网信息技术可以改进展业、投保、承保、理赔和给付等一系列业务流程，实现与客户"一对一"的即时有效沟通，降低客户维护成本，提高企业运营效率，塑造更强劲的竞争力。金融科技正在改造保险业，金融科技型的保险产品和相关技术突破使得目前许多探索性产品开始落地，例如阿里巴巴推出的人工智能车险产品定损宝、平安集团的保险云平台等。人工智能技术在保险业中应用空间广阔，目前已经设计客服、代理、核保、理赔四个重要的方向，未来人工智能在保险行业的应用会延伸到更多的方向，借助大数据、物联网技术，应用的成熟度会不断提升。

最后是企业级金融服务。面向小微企业的企业级金融服务近年来成为金融服务结构的重心之一。一方面，小微企业经营粗放特征明显，在自身经营上长期缺乏依靠数据精细化管理的渠道；另一方面，对于金融机构，在判断目标企业需求真伪、信用是否可靠等方面长期存在痛点。随着互联网金融的快速发展，财税服务与代理记账服务成为解决小微企业接入金融服务的突破口。小微企业在融资上存在周期短、频率高、金额小等特点，这无形中会增加金融机构贷款的管理成本和运营成本，而企业财税服务能够使用场景化作业积累大量真实有效的数据，为市场内企业经营的数字化转型、新用机制提升助力。互联网变革了财税服务的模式，云端技术、人工智能、移动互联等技术应用逐渐成熟，财税服务企业通过多维度的数据采集优化了小微企业画像，其领先的数字化能力有助于进一步激活小微企业的经营效率。而代理记账是诸多小微企业的刚性需求，规范的财务服务不仅是帮助小微企业规范化运营的第一步，而且有助于小微企业获得融资、保险等其他企业级金融服务。2013年开始，代理记账服务在互联网的改造下逐渐得到优化。互联网代理记账公司在营销渠道建设上，一般通过建立线下"分支机构"（直营、加盟等方式）完成线下营销渠道的布局，而在产品和服务上则逐渐向线上发展，通过提供云端产品提升面向 B 端的服务水平和服务效率。

平衡好合规与创新是未来互联网金融行业健康发展的关键。互联网金融在技术驱动下的快速发展对监管提出了严峻的挑战，监管与创新本身存在一定的时间差，监管制度往往滞后于创新业务的发展，创新带来一系列新的商业模式、新的技术、新的产品，原有的监管水平难以快速与之匹配，从而致使新型金融业态难以被有效监管，可能出现风险时间，当前互联网金融市场风险事件频发与政策频出，正印证了这一点。因此，平衡好合规与创新成为未来行业健康发展的关键。

同时，金融科技仍是互联网金融创新的第一驱动力，其应用边界将不断扩大。以移动互联网、大数据、云计算、区块链等作为底层支撑的金融科技的互联网金融应用，已经衍生出移动支付、互联网银行、智能投顾、大数据征信等典型行业。但仍然能够预测的是，科技对于传统金融行业的改造才刚刚起步，以科技为内核的金融行业改革仍然处于初级阶段，银行、证券、保险、支付等传统行业将借助更多的外部科技力量，不断地扩大应用边界，在逐步完善金融科技基础设施的前提下，推出更多有创造性的应用。

(3)信息服务在现代物流服务业的应用

近年来随着网络购物越来越普遍，对物流运输的需求日益增加。作为生产性服务业中的重要一环，物流业在产业经济中的地位稳步上升。物流业是指从供应地向接受地的实体流动过程中，根据实际需要，将运输、存储、装卸搬运、包装、流通加工、配送、信息处理等功能有机结合起来实现用户要求的过程，在国民经济发展中具有基础性、战略性的支撑作用。

①"互联网+"背景下的物流服务升级。商业连锁经营和电子商务的发展推动物流服务的发展上了一个新的台阶，网上订购的物品大到机械设备，小到书籍、化妆品，如何在最短的时间内送到，考验着商家物流的成熟度。"互联网+"战略开始全面实施之后，物流业开始借助"互联网+"解决传统物流运作模式下的弊病：货源稀缺、货价虚高、运送空驶率高等。利用互联网思维打通供应链的上下游供求关系，同时从商品生产端和社会消费端入手，将生产、分销、零售等职能的分工与合作数字化、系统化，优化供应链网链结构，不仅能从消费端降低物流交易成本，提高交易效率，更能提升供应链资源的有效配置，保持物流链、信息链和资金链的协调统一，促进物流产业的转型升级。

以产品的生产过程和销售过程为分隔界限，传统物流的转型升级可分为生产端的物流升级和消费端的物流升级。① 面向生产的产品物流是借助互联网服务平台，实现供应链交易过程的全程电子化，连接物品供应方和销售方，实现快速的物品配送和资金回流；面向市场的消费物流方面，由于电子商务行业的冲击，传统商务零售模式发生改变，连接销售方和需求方的不再只是产品，还有与之捆绑在一起的售后服务，这是消费物流服务中的增值链。传统物流利用互联网信息技术在产品生命线两端争取到了更高的附加值和利润空间。传统物

---

① 李冠艺. 互联网思维对电商物流再创新与传统物流转型——基于价值连接的思考[J]. 科技管理研究，2016(18)：171-175.

流与电商物流创新微笑曲线如图 1-7 所示，传统物流朝产品生产与消费两端的
升级过程类似一条微笑曲线，从中间底部向左右两侧增长。

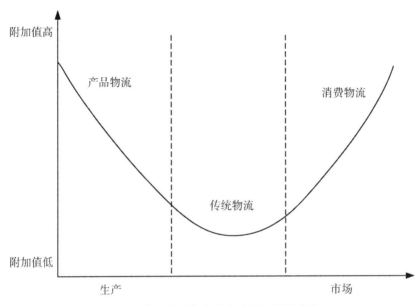

图 1-7 传统物流与电商物流创新微笑曲线

"互联网+"背景下，物流网络信息服务集物流交易信息、车辆调度、资源
整合管理、大数据分析于一身，提高物流运输和管理的效率，帮助第三方物流
企业，构建基于移动互联网的高效运营平台。互联网思维影响下，物流产业价
值创造的差异可归纳为以下三点：

第一，现代物流产业不再是单一价值链。互联网改变了产生物流服务价值
的载体，从传统物流时代的单一静态经济活动，转变为电商生态体系中的动态
参与模式，由单一价值链变为由价值链交织而成的功能网链，上下流企业协作
共同为顾客创造价值。

第二，物流产业价值增值方式更为多样。在传统物流模式中，只有价值链
内部的经济活动才能创造价值，例如采购、生产、存储、运输、零售等。而在
互联网经济中，价值创造与用户体验紧密相关，在价值链的每个环节之间，传
递产品与服务的物流服务将直接影响用户体验，用户对服务的满意程度和口碑
好坏也将成为价值创造的一种方式，会带来更大的增值空间。

第三，物流产业价值创造的逻辑发生改变。"互联网+"背景下，现代物流

产业不再通过物流产品或服务的标准化复制实现价值创造，物流产业集聚化的现状逐步得到改善，冗余的中间商角色被取缔也成为趋势。跨界融合、用户深度体验、去中心化传播成为"互联网+物流"价值创造的新逻辑特征。

②现代物流服务的智能化创新发展。现代物流企业都在朝智能化物流方向发展，这是物流互联网的必然要求。将信息技术应用于传统物流行业中，将会实现物流的自动化、可控化、智能化、信息化，为现代物流企业带来更大的价值，提高资源利用率和附加值。例如，运用传感技术和物联网技术，可以实现对物流企业货物仓储、配送等流程的有效控制；通过应用物联网和配送网络，构建面向生产企业、流通企业和消费者的社会化共同配送体系。"互联网+物流"将会实现物流行业的智能化，产生智慧物流。智慧物流向智慧供应链延伸，通过信息技术实施商流、物流、信息流、资金流的一体化运作，使市场、行业、企业、个人联结在一起，实现智能化管理与智能化生活。现代物流服务的智能化创新发展可能会带来的应用方式如下：

第一，智能仓储技术。现代仓储系统内部货物种类繁多、形态复杂，仓储作业流程包括存储、移动、分拣、组合。若是应用智能仓储系统，在智能仓储中，主要通过传感器、条码、激光、红外等技术，可以帮助物流企业在仓储方面实现感知、定位、识别、计量、分拣、监控等功能。

第二，智能搬运系统。人工搬运是目前物流系统中的主要形式，智能机器人的应用屈指可数，可分为两种类型：一种是从事堆码垛物流作业的码垛机器人，另一种是从事自动化搬运的无人搬运小车 AGV。码垛机器人技术和 AGV 在不断发展，未来可进行高效地堆码垛、分拣和搬运。随着传感技术和信息技术的发展，无人搬运车将成为物流领域的一个重要智慧终端，具有较大的发展前景。

第三，智能分拣设备。物流互联网时代的智能分拣系统，必须具备联网、智能、自动、柔性等特点，能够快速分拣货物，分拣误差率低，全自动分拣系统可以基本实现分拣作业无人化。

第四，智能配送设备。无人驾驶可以促进物流业的创新，推进智能交通管理的顺利运作，衔接物流领域上下游，但在目前交通管制严格的情况下还未得到大力推广。无人机也是一种物流配送的选择，实时更新行进路线，智能提取收货人信息、追踪收货人位置，无人机之间、无人机与收货人之间可以互相联网对话。此外，城市物流系统智能配送终端可以触达最后一公里区域，从而减少终端配送员的配送路程。

(4)信息服务在医疗健康服务业中的应用

老龄化程度和疾病年轻化趋势的加剧，促使人们对自身健康状态的关注日益提升，同时也表现出了更强烈的医疗卫生服务需求。然而受到医疗服务能力不足、医疗资源分布不均、医疗卫生服务体系不健全等因素的影响，传统医疗服务模式已经跟不上就诊需求增加的速度。近年来，"互联网+医疗健康"服务新模式、新业态不断涌现，健康医疗大数据加快推广应用，为方便群众看病就医、提升医疗服务质量与效率发挥了重要作用。互联网医疗是互联网信息技术在传统医疗行业的新应用，是集合健康咨询、健康教育、疾病评估、远程会诊、专业信息检索等多种形式为一体的健康管家服务。这种新兴医疗发展模式，为持续多年的医疗资源供需矛盾提供了一个有希望的解决方案。

①"互联网+医疗"服务的创新发展。2014年互联网医疗开始兴起，市场开始培养用户对互联网医疗的认知度和认可度，服务形式也由在线医疗信息查询、医药检索和预约挂号等延伸至常见病和慢性病的在线服务管理，线上、线下相结合的互联网医院等。相比传统医疗服务，"互联网+医疗"呈现出以下不同特征：

第一，医疗服务内容全面升级。互联网医疗将传统医疗服务的以疾病为中心转变成以患者为中心，针对患者院前咨询、挂号候诊、疾病诊断、缴费、治疗、院后康复等就诊流程的各个环节设计了相对应的辅助应用，应用使用者包括患者、医生、医院、医药公司等主体，以患者需求为核心，以调节医疗资源平衡为目的，全面改善传统医疗健康服务业态。例如在线预约挂号、医药电商等显著提升了就医治疗效率，大数据与可穿戴设备帮助人们更科学地进行健康管理，医院信息系统使得院内信息共享变得轻松，就诊全流程的信息采集为医疗保险公司提供了更精准的服务数据，互联网医院为实现在线问诊、电子处方提供了安全的平台。

第二，医疗服务流程得到优化。"互联网+医疗"通过信息技术的全面应用，打通信息壁垒，连通医疗产业链，就诊流程数字化，在一定程度上实现了医疗资源与患者需求的对等连接和有效融合，优化服务流程，提升服务效率。但依然存在电子处方外流、网售处方药、医保支付等多方面问题，国内互联网医疗服务链上的各个环节还未完全整合成一个动态可调配的生态系统，医院内部与外部的数据共享仍然受到限制，互联网医疗想要改变医疗服务全流程的核心目标还未真正体现。

第三，医疗服务模式积极创新。O2O模式(线上、线下结合)在医疗健康服务领域得到了广泛应用。对于在线互联网医疗企业来说，线下资源是关键，打通线下渠道，完善产业链前后端的服务供应，通过自建、合作或并购等方式完善服务流程，从单一的线上服务向线上、线下相结合的方向转变，提供更流畅的用户体验；对于线下的传统医疗企业，可以通过开展线上服务打开新的业务渠道，例如线下连锁药店与线上电商平台合作，变革医药购买流程，在线问诊购药，一小时内送药上门，实现医药流通闭环。

②"互联网+医疗"的典型应用领域。"互联网医疗"在以美国为首的发达国家已比较成熟，具有代表性的模式主要有：

第一，远程医疗。远程医疗是指使用远程通信技术、全息影像技术、新电子技术和计算机多媒体技术等，发挥大型医学中心医疗技术和设备优势，对医疗卫生条件较差的地区以及特殊环境提供远距离医学服务，包括远程诊断、远程会诊及护理、远程医疗教育、远程医疗信息服务等，旨在提高医疗诊断水平、降低医疗开支、满足群众健康需求。① 远程医疗在国内的发展较为迟缓，美国的远程医疗服务已经取得了巨大的进展，例如美国大型连锁药店运营商Walgreens 与纽约长老会卫生系统(New York-Presbyterian)合作建设远程医疗服务亭，为患者提供视频会诊等紧急护理服务。

第二，在线医疗。在线医疗是目前我国"互联网+医疗"的主要应用领域，指以互联网为载体，应用相关技术进行在线健康教育、医疗信息搜索、在线疾病咨询、电子处方、远程问诊等多种医疗健康服务模式的综合体。以"在线预约及问诊"模式为例，互联网医疗平台通过全国各地的医院、医生合作，打造平台内专业就诊流程，患者足不出户，即可以预约国内知名医生，实现在线问诊就诊。该模式可帮助患者对自己的病情建立初步的认知，更易获得最优治疗方案，尤其在慢性病的治疗与管理上具有重要的意义。在线医疗删减了冗余的就诊流程，提升了就诊效率，赋予了医疗服务资源能动性，能有效调节我国医疗资源不平衡的现状。

第三，虚拟医疗。虚拟医疗是指基于互联网平台实现医疗信息共享，通过应用间的数据连通，实现人—人互联和物—物互联。人—人互联即指医生之间、医患之间的实时链接，而物—物互联则指不同终端设备之间的数据共享和实时协同。② 智能手表、智能跑鞋等可穿戴设备是虚拟医疗应用于健康监测的主要形式，一方面可以帮助患者更好地进行健康管理，筛查、预防疾病；另一方面通过实时收集身体体征数据，医生不用进行"面对面诊疗"，即可为患者

---

① 谢文赵，龚雪琴，罗爱静. 我国互联网医疗的发展现状及面临的挑战[J]. 中华医学图书情报杂志，2016，25(9)：6-9.

② 王文娟，刘洋."互联网+"背景下加强区域医疗信息共享医疗健康服务模式的研究与探索[J]. 智慧健康，2018，4(31)：13-14.

诊断病情、更换治疗方案。对于医疗行业而言，虚拟医疗可以提高诊疗水平、改善预后、增加便利性和患者参与性，同时降低医疗成本。

第四，医药电商。医药电商是指医疗机构、医药公司、银行、医药生产商、医药信息服务提供商、第三方机构等以营利为目的的市场经济主体，借助计算机和互联网信息技术，进行医药产品交换及提供相关服务的行为。我国医药电商主要由 B2B 平台和 B2C 平台构成，B2B 医药电商平台主要为机构服务，其采购方主要为医院、基层医疗机构、零售药店等。B2C 医药电商平台则主要为个人提供药品购买服务，按照是否自营又细分为平台型 B2C 和自营型 B2C。前者引入不同药品商家入驻平台，为其提供药品展示、在线交易、IT 支持、数据分析等服务；后者主要是自行进行药品采购并自建平台进行销售。

（5）信息服务在电子政务服务中的应用

根据国务院办公厅全国政府网站抽查通报，截至 2017 年 6 月 1 日，全国正在运行的政府网站有 36916 家，各类政府网站总体合格率为 94%，国家政府网络框架已初具规模，政务网络平台的覆盖范围不断延伸。《2018 政务指数·微博影响力报告》显示，截至 2018 年 6 月，我国已开通认证的政务微博有 17.58 万个，政务微博的总粉丝数量已经达到 29 亿，总阅读量达到 1523 亿次，政府部门积极运用微博、微信等新媒体工具开展政务信息服务，形成了良好的政务微博矩阵效应，为亲近群众关系、贯彻群众路线、提升执政能力提供了便捷的渠道。

随着新一代信息技术的快速发展，"互联网+政务服务"明确指出要深化政务服务改革，提高政府服务效率，首先要适应创新、协调、开放、共享的政府服务发展新理念，充分利用互联网组织和聚合生产要素的优势，积极推进政务大数据应用，为电子政务综合成效的提升提供动力。① "互联网+"背景下政务服务信息化具体体现在四个方面：一是政务数据存储与交换更加灵活，依托云计算技术提升政务服务实时性；二是政务服务模式更加多元化，利用互联网手段推动政务服务创新；三是政务服务内容通过互联网平台形式一站式集成，政务服务流程简约化；四是政务服务由被动向主动转变，大数据应用逐步深化，提升了政务服务智慧化水平。

①政务云促进政务数据资源共享。随着云计算技术逐渐成熟，以阿里云为代表的云服务企业将云计算、人工智能等新技术与改革结合，有效支撑起了改革数据共享的需求，创新了政务云服务新模式。有研究报告显示，2017 年全

---

① 周星. "互联网+政府服务"初探[J]. 地理信息世界，2018，25（1）：12-17.

球政务云市场规模为 366.3 亿美元，同比增长 19.4%；中国政务云市场规模为 278.3 亿元，同比增长 41.2%,① 可见政务云的急速发展表明云技术已成为提升政务业务能力的重要力量。一方面，政务云集成政务服务器、建设虚拟数据中心，避免政府重复购买硬件资源，降低了设备成本；另一方面，建设政府内部统一平台，保持政务信息系统的可扩展性，整合各部门服务业务，促进了信息资源的流转与共享，实现了政务服务多进程同时进行。政务服务便捷性和处理速度的提升，将会进一步促进政务云系统的迭代和完善，推动政务服务资源的高效利用。

②"互联网+"促进政务服务模式多元化。互联网技术的广泛应用为政府机构的服务创新提供了更多的发展方向，公众可以通过多种途径获得政务服务。依托于移动互联网，各级政府部门利用政务微博、政府微信公众号、手机端应用等多媒体形式搭建互联网政务平台，实时掌握网络舆情、发布官方权威信息、加强与群众之间的互动，提升政府治理能力。② 同时，"互联网+政府"不断创新服务模式，如自助服务、公共支付、社区代办、远程快递等，整合多渠道的信息资源，提供跨区域、跨层级、全面一致的融合服务，满足公众多元化的服务需求，提升公众对政务服务改革的满意度。③

③线上、线下融合促进服务流程简约化。人民群众在政府部门"跑断腿、办事难"的现状为众人诟病已久，究其本质，主要是由于政务服务流程烦琐，服务内容不规范。"互联网+政务"创新提出"一窗式"政务服务，通过整合线上、线下的服务资源，建立"前台综合受理、后台分类审批、统一窗口出件"的政务服务新模式，重塑政府公共部门服务体系，营造审批流程快、服务好、成本低、效率高的政务服务环境。围绕公民"办事质量好、效率高"的主要诉求，一方面大力优化服务流程，取消不必要的审核步骤，整合功能相似的证件执照，做到授权合法、权责明确、依法行权；另一方面，规划政务服务内容和服务标准，编制各部门服务清单和服务目录，统一发布相应的规章制度和工作规范，保证政务平台服务的一致性和连贯性。

④大数据分析推动政府智能化发展。当前互联网的蓬勃发展改变了信息化

---

① 2017—2018 年度中国政务云市场研究报告[EB/OL].[2018-10-29]. http://www.fx361.com/page/2018/0830/4121961.shtml.

② 杨道玲. 我国电子政务发展现状与"十三五"展望[J]. 电子政务，2017(3)：53-60.

③ 宁家骏. 推进"互联网+政务服务"深化信息惠民试点建设[J]. 电子政务，2016(5)：83-88.

建设进程，政务服务不断向数字化、智能化方向发展，各级政府累积了大量公众生活数据，通过大数据分析可以为各部门优化服务资源提供决策支持。作为社会上最大的数据保有者，政府的信息化建设应从分散建设转向集中建设，从大规模业务建设转向数据建设，即从以应用为中心转变为以数据为中心，充分利用政务大数据进行应用创新，打造以数据为中心构建智慧政府的新架构。发挥政府数据的最大价值，还需要开放政府内部的非涉密数据，将"互联网+"与大数据深入融合，打造大数据生态，吸引社会公众智慧创新政府管理。在政府开放数据的基础上，软件开发者可以通过众包开发、App 等新模式，实现应用创新，从而带动更多社会力量参与社会公共服务，在更好地服务公众的同时，聚集大量移动互联网、物联网等方面的新兴产业，使之发展成为政府、企业、个人三方开放、高效、互动的信息和应用服务平台，形成政府主导下的区域数据生态环境。

（6）信息服务在教育服务业中的应用

当前我国教育服务业与"互联网+"思维的碰撞，给传统教育行业带来了深刻的影响。"互联网+传统行业"不仅仅是技术上的革新与应用，更是思维方式和商业模式的创新，两者不是简单地相加，而是利用互联网平台和信息技术促进传统产业与互联网的融合，创造出适应当下环境的新业态。"互联网+教育"可以理解为借助互联网等现代教育技术的力量推动教育变革。① "互联网+教育"是互联网在教育领域的一种新形态，它充分利用互联网信息技术的优势，将碎片化的教育资源引入有机灵活的互联网教育平台，建立"随时、随地、随需"的伴随式和终身式教育模式。它的目标不仅仅是将线下教育资源网络化，更是在组织层面推动教育改革、提升教育效率，增强教育的创新力和生产力。② 种种迹象显示，"互联网+教育"在教育信息化目标的基础上促进了教育行业的自我进化，旨在构建新型的教育生态体系，提供新的组织模式、学习模式和服务模式。

①教育形态信息化演进。作为国家和社会发展的基础，教育行业从古至今一直深受重视。教育起源于社会生活和自身发展的需要，伴随着人类发展的每一步，从原始社会到农耕时代、从工业时代再到信息时代，生产力进步与发展的同时也更新了人类的需求层次与思维方式，教育形态和教育内容也随着社会

①　陈耀华，陈琳. 互联网+教育智慧路向研究［J］. 中国电化教育，2016(9)：80-84.
②　秦虹，张武升. "互联网+教育"的本质特点与发展趋势［J］. 教育研究，2016(6)：8-10.

发展和人类需求升级而产生变化，具体可从学习动机、学习内容、学习方式和学习环境四个维度分析教育形态信息化的演化进程，如表 1-3 所示。

表 1-3　教育形态信息化演进

项目	原始社会	农耕社会	工业时代	信息时代	智能时代
学习动力	顺应环境求生存	改造环境求生活	习得技能成职业	个人终身发展	人类利益共同体
学习内容	生存技能部落习俗	农耕知识道德规范	制造技能科学知识人文素养	信息素养自主发展社会参与	学习能力设计创造社会责任
学习方式	模仿、试错/体验	阅读、吟诵领悟	听讲记忆答疑解惑学习标准化	混合学习合作探究联通学习差异化	泛在学习协同建构真实学习个性化
学习环境	野外，不确定时间	书院等，固定时段	学校/工作场所，确定性时间和学习周期	学校，网络时间/弹性时间	无边界的任意地点、任意时间

目前，社会还处于以个人终身发展为主要目标的信息时代，"互联网+教育"依然是围绕个人发展观念和终身学习理念展开的。信息时代的教育形态决定了人们的学习主要是为了获取职业技能、提升社会地位，学习内容不仅包括工业时代末期看重的科学知识、人文素养，还进一步鼓励学生自主学习和参与社会活动，强调学习的差异化，学习时间不再限制于上课时间，学习地点也不再局限于课堂，而是基于互联网平台自由安排学习内容和学习时间。

②"互联网+教育"的创新发展。尽管社会已经全面进入信息时代，但教育形态还保留着工业时代的基本特征，即在封闭环境中以班级授课的形式学习基础知识和基本技能。随着"互联网+"战略的实施，信息时代的教育特征开始显现，个性化、定制化的学习模式得到推广，信息素养的重要性日益凸显，互联网信息环境促使人们在生活中养成随时学习的习惯。作为教育信息化的新动力，"互联网+"给信息技术与教育的深度融合带来的改变，主要体现在以下几个方面：

　　第一，学习内容与渠道多样化。随着"数字公民"概念的提出，互联网时代要求公民具备一定的信息素养和计算机技能。学生过去只能从课堂和书本上获取知识、寻求学校老师解答疑惑，且受到时间、地点的限制，而互联网在线学习资源日益丰富，学习者可以通过网络获取各种教学课件和全国名师讲课视频，定制个人学习内容，多渠道对比学习，实现学习效率最大化。但是目前由于网络学习资料系统化程度较低以及智能终端设施不够完善，大部分学校仍然以班级授课教育为主，并未充分有效地利用数字资源。

　　第二，学习方式差异化和个性化。与工业时代教育以统一、同质、标准化为主的教学方式不同，信息时代的教育形态以差异化为基本特征。传统的班级授课形式忽视了个体差异，难以帮助学生获得其终身发展所需的品格和关键能力，难以适应社会发展的需要。"互联网+教育"引入现代信息技术，将基础学科教学与学生个性化发展有机融合起来，从班级授课形式向定制化学习形式逐渐过渡。不少富有创新性的教学实践活动已经开展，例如选课走班制、跨学科教学、学科课程与专题实践活动相结合等，力图打破固有的教学结构，形成个性化的教育学习体系。

　　第三，学习环境更加开放和自由。传统的学习环境以"封闭式"为基本特征，学生与同龄人在固定的地方和固定的时间内完成学习任务，这样的教学形态表现出了组织固化、运行机械以及缺乏培养学生创新思维的条件等缺陷。"互联网+教育"在积极创新教育方式的同时，更重要的是在改变人们的教育理念，从物理和精神两个层面同时创造了开放互联的学习环境，而一个能够适应人类学习复杂性、即时性和个性化的学习环境是促进智慧教育发展的重要推动力。目前，"慕课""弹幕教学"等新型教学方式已经开始走入高校，同时课堂之外，学生也可以通过互联网在任意时间、任意地点完成知识的输入与输出，开放自由的学习环境将更好地服务于人们的工作与生活。

　　信息技术进步使得互联网变得"无所不连"，"互联网+教育"服务不只局限于在线教育，还将引发教育全环节产生更加深刻的变革，直至构建出新的教育生态环境。尽管"互联网+教育"具有显著的技术特征，但信息技术的引入和应用都不会脱离教育情境，"技术+教育"的目的不是塑造标准、统一的教学流程，而是通过调节教育资源配置、优化教育模式，不断提升教育的智慧化水平。

1.4.2　信息服务的发展趋势

　　作为信息化发展中的重要环节，信息服务也进入以计算机和互联网为载体的网络信息服务时代，信息服务跨界发展、交叉融合的特征日益突出，向交通、医疗、教育、商务、旅游、餐饮、新闻等各个领域全方位拓展。移动、跨境电子商务交易增长迅速，政务信息服务移动化、细化趋势增强，搜索引擎服务场景不断拓展，网络视频内容质量提升，社交网络与传统媒体持续融合，互联网旅游信息服务、在线教育、在线医疗等领域线上、线下融合趋势增强，网络信息服务取得了长足的发展。

（1）虚拟与现实服务交织叠加

互联网正发生着一系列重大的变革。在最早的互联网门户、网络搜索时代，互联网始终在优化虚拟世界的网络服务。而从 Web2.0 时代开始，互联网便不断拓展自身的边界，开始尝试将虚拟世界与现实世界进行融合叠加。随着移动互联网和智能技术的发展，互联网并没有向更加纯粹的虚拟世界演化，那些意图打造更加完美的虚拟世界，意图模拟人类世界的互联网业务全面衰亡，互联网不断与人们真实的世界进行融合，虚拟与现实的边界不断消亡，从而打造一个虚拟与现实相互交融的空间。

近年来，在各类新兴技术的推动下，虚拟技术对现实世界的感知能力不断增强，超声波传感器、激光、红外线等各类技术的应用极大地提高了虚拟世界对真实物理空间的感知能力；计算机视觉技术、空间定位技术、移动跟踪技术等更是完善了虚拟技术对物理空间的感知精度与速度。机器学习技术正不断弥合虚拟现实的人机交互边界，对人与物体的图像识别更加精确，针对语音与手势体感的语音识别和理解技术不断发展，语音识别、动作识别成为虚拟世界与现实世界进行交互的重要渠道，智能音响、智能聊天机器人等智能融合的虚拟现实产品层出不穷。① 此外，虚拟与现实的服务边界快速消失，特别是移动互联网的发展，促使现实世界中真实的人、真实的环境和真实世界的服务进一步融入虚拟世界中，不仅仅是位置、方向、速度这些真实的环境因素，人类社会中的人际关系、人类行为等也融入了虚拟的世界。在日常生活中，人们通过各类网络终端，享受交易支付、出行打车、酒店订购、团购等真实世界的服务。在工业领域，辅助诊断、远程维修等有效提升了人们的工作效率；在医疗领域，远程诊疗、远程协作手术等手段，降低了医疗培训与试验成本；在文化领域，数字博物馆等拉近了历史文化与人们之间的时空距离。② 新型的服务硬件

---

① CAICT. 互联网发展趋势报告（2017—2018 年）［EB/OL］. ［2018-04-25］. http:// www.cac.gov.cn/2018-04/25/c_1122741920.htm.

② CAICT. 互联网发展趋势报告（2017—2018 年）［EB/OL］. ［2018-04-25］. http:// www.cac.gov.cn/2018-04/25/c_1122741920.htm.

正加快虚拟与现实服务的进程，互联网与传统实体经济的融合更加深入，对众多传统行业进行了变革，线上、线下服务的载体也开始融合，服务的边界逐渐消失，催生了众多新兴的服务形态。

尽管虚拟现实服务已取得初步进展，但其发展轨道还尚未固化。未来虚拟现实的服务终端在很大程度上仍旧是主机式、移动式和一体机式的，而一体机式的服务终端将不断增长成为主流，便携式的虚拟现实服务终端也有望成为新的服务平台。① 虚拟现实的服务内容将成为未来发展的重点领域，除了当前主流的游戏娱乐和影视直播场景外，虚拟现实服务的内容将更加丰富，向零售、教育、文化、医疗健康、工程、军事、服装等各行各业进行拓展，加速渗透人们的日常生活，给人们带来更好的现实体验。

（2）网络信息服务智能化特征日益明显

随着移动互联网进入稳定的增长阶段，互联网呈现出"智能融合"的新特点，互联网信息服务呈现出智能交互，线上、线下融合的趋势。不仅如此，作为智能信息服务的重要载体，智能硬件也呈现出"全维感知"和"自然交互"的特点。智能化和融合化正成为互联网发展的总体方向，进一步解放人脑高级活动的人工智能技术，成为互联网信息产业的重要着力点。

在新兴智能硬件方面，不断成熟的语音交互技术使智能音箱、智能电视等智能家用电器朝自动化方向发展，例如谷歌的 Google Home，亚马逊的 Echo，京东联合科大讯飞、阿里联合思必驰、小米等推出的智能音箱。各类用户家居、办公和管理的智能服务机器人，在模仿人类手势体位、模拟人类行为，甚至表达人类情感上都呈现出显著的进步。但是，人工智能技术的发展尚未达到成熟的水平。以语音识别技术为例，在短距离的空间场景中，语音识别的准确率较高，然而当场景更加复杂、终端距离声源较长的条件下，语音识别以及语义理解的准确率就下降了许多。因此，在物理空间的感知、人类行为的理解和人机交互上，智能硬件仍具有较大的提升空间。②

在智能互联网方面，全球互联网在数据量、数据种类上的海量增长，为人工智能的训练模型提供了丰富的基础资源。深度学习等算法的突破，优化了人工智能的认知水平和学习能力，优化了语音、图像识别和语义理解的准确度。

---

① CAICT. 互联网发展趋势报告（2017—2018 年）［EB/OL］.［2018-04-25］. http://www.cac.gov.cn/2018-04/25/c_1122741920.htm.

② CAICT. 互联网发展趋势报告（2017—2018 年）［EB/OL］.［2018-04-25］. http://www.cac.gov.cn/2018-04/25/c_1122741920.htm.

人工智能技术不仅全面而深刻地变革了互联网信息服务的各个领域，也在不断向其他领域行业融合渗透。例如阿里巴巴基于电子商务、阿里云服务的优势，为企业提供电商、金融和物流服务，将技术成果应用于多领域行业；腾讯基于机器学习技术，辅助疾病诊断和医学影像分析；百度、福特等基于人工智能技术不断推进自动无人驾驶汽车的研发，等等。而在传统互联网服务领域，深度学习增强了语音识别与图像识别的能力，提高了对网络数据信息的深度挖掘与分析的能力。机器学习技术提升了新闻推送和分发的精准度，开创了互联网新闻信息分发的新模式。谷歌的手机指令识别、语言翻译、图像识别，Facebook的全浸式社交，腾讯的智能舆情、智能游戏等均借助计算机视觉、自然语言处理、语音识别、机器学习等技术得到了快速发展。数据是提升人工智能的关键要素，优化人工智能的数据质量将是未来智能信息服务的重要任务。

（3）移动信息服务的跨界融合

移动互联网已经成为全球信息通讯产业发展的重要驱动力量，对全球经济社会的发展贡献巨大，是"互联网+"的重要基础设施。移动互联网在向前发展的同时，也在不断衍生出新的技术，变革了移动信息服务的模式与生态。移动互联网与云服务、智能技术和物联网融合，并向传统领域和行业拓展，造就了互联网信息服务的新业态，各类移动互联网应用层出不穷，移动智能终端等新产品也不断涌现。可以说，移动互联网与实体经济的融合，已经成为推动各行各业变革的颠覆性力量。

移动终端移动化、便捷性和即时性的特点，使得移动互联网快速进入传统信息服务领域，创新了传统信息服务的模式。在人们的日常生活中，人们利用移动互联网进行支付的行为已愈发普遍，通过移动终端购买电影票、订购酒店，进行线上、线下支付，使用移动支付缴纳水电燃气费用，利用移动应用进行打车出行等，有效节省了人们的时间和精力，给人们的生活带来了巨大的便利性。同时，移动互联网也拓展到各类公共服务领域，医疗服务利用可穿戴设备将服务中心转向疾病的预防与康复，教育也基于移动互联网不断扩展自身的服务空间，向农村地区、边远地区不断渗透，政府也开通了各级微信公众号和政务微博，增进与公众的沟通互动，加强外界对政府的监督。在信息服务的各个领域，移动互联网不断推动传统信息服务的变革。

移动智能终端也随着移动互联网的发展而有所突破，除智能手机和平板电脑外，可穿戴设备也应运而生，满足用户对移动化智能终端的多元化需求。可穿戴设备既为移动信息服务提供了充分的数据信息，也是各类移动信息服务的重要服务终端。它通过与人体的链接，采集人体信息数据，在健康、医疗、安全、家居等领域有着广泛的应用。同时，可穿戴设备也可对采集到的人体数据信息进行分析，从而做出相应的反馈。通过链接人、环境和外在设备，可穿戴设备实现了信息与人的交互，在车联网、智能家居、智能车载等领域得到普及。当前，移动信息服务的入口较为分散，缺乏统一的信息聚集入口，数据信息无法实现互通互联，各种移动应用和终端数据形成了巨大的信息孤岛。未来的移动信息服务除了基于操作系统外，还将通过移动应用构建闭合的、跨系统、跨终端的信息服务生态，在此基础上进一步整合各类移动应用的信息资源，发挥信息集成的平台优势，通过对数据信息的集成管理与深度挖掘，为用户提供集成化、个性化的信息服务。①

（4）云服务成为网络信息服务的主要形式

全球互联网的持续发展带来了数据流量的爆发性增长。IDC 数字领域报告显示，截至 2020 年，全球互联网年度数据量达到 44ZB（万亿 G）。物联网、智能设备的普遍应用将进一步催生出海量的数据，4G、5G 技术也将加速数据的流动与转移，支撑海量数据的大规模转移。面对海量增长的数据，各类数字资源的存储将成为互联网信息服务亟待解决的难题。传统的信息资源存储模式在存储容量、存储可靠性和存储性能的扩展上均难以处理海量增长的数据信息，云存储技术应运而生。云存储技术通过虚拟化互联网技术的应用，大大增强了存储空间的可扩展性，有效节省了存储硬件资源，提高了数据的可访问性，整合了各种异构的数据资源，同时也能根据用户的信息需求为用户提供定制化、个性化的信息存储服务。云存储不仅改变了传统信息服务的存储模式，也催生了全新的互联网信息服务商业模式。②

云存储服务已广泛地应用于社会经济发展和公民日常生活的各个领域。无论是在公共云、私有云还是混合云上，国内外亚马逊、微软、Symantec、NetBackup、CloudStart、Nirvanix、百度、阿里巴巴等信息通信企业均提供了各类云存储信息服务产品。在工业云服务领域，相关企业与云计算服务商联合搭建了工业云服务平台，整合工业模型、知识和工具，将各类信息系统向云服务平台迁移，为工业生产提供应用软件、工业数据分析、协同研发设计等云服务，不断丰富工业云服务的内容，提升工业制造快捷化和智能化的发展水平。

---

① CAICT. 移动互联网白皮书（2015 年）[EB/OL]. [2016-09-02]. http://www.cac. gov.cn/2016-09/02/c_1119501263.htm.

② 冯龙. 云存储技术在高校信息化服务中的应用与研究[D]. 天津：天津科技大学，2013.

在政务云服务方面，各类政府部门也在不断引进云计算技术，利用云计算整合改造电子政务信息系统，提升政府的运行效率。此外，针对中小企业和个人的云计算创新创业平台也开始出现，通过云服务平台，整合线上、线下资源，为中小企业设立创投基金、提供创业指导，带动中小企业协同创新。

云服务集中创新了信息服务的模式，将在越来越多的行业领域得到应用。未来，各类企业将进一步运用云服务技术，基于云服务的企业基础设施和业务信息系统将增强企业在大数据时代对海量信息数据的存储、维护和管理能力，提升存储设备的承载能力，整合企业既有的信息存储和网络资源，实现信息资源的集成化建设，并且降低存储硬件对信息系统的故障影响和维护成本，为企业提供更加便捷、安全、可靠的网络信息存储服务，进一步推动企业向数字化、网络化和智能化的趋势转型。①

（5）基于物联网数据的协同交互

万物互联的时代已经到来，技术的进步不仅使得人与人之间通过互联网相联，物与物之间也被互联网紧密地联系在一起。物联网作为信息技术的重要组成部分，通过互联网将终端与人、终端与终端联系在一起，不断接收外界的数据信息，并通过网络传输至云端服务器，同时进一步对数据信息进行分析加工，对人的行为、工作和生活提供服务，形成一个人与物、物与物相连的信息化、移动化和智能化的庞大网络。

物联网在智能终端、车联网和工业生产领域得到了广泛的应用。在家居和健康医疗领域，智能家居、可穿戴设备不仅将人与外界环境进行了广泛的连接，各类终端之间也实现了信息和控制的协同交互，智能手环在对人体的生理信息进行收集分析后，能根据人体体温的生理状况，通过设备主动调节人体体温；② 智能冰箱能对其中的物体承载状况进行监督，通过分析用户的行为习惯，将冰箱调节至合适的温度，提醒用户及时对冰箱进行清理。物联网也使得汽车内的设备和车载系统之间能进行广泛的链接，汽车之间可以共享彼此的数据，对道路车辆状况进行检测分析，找出最佳的驾驶路线，有力提升了交通出行效率和安全。同时，车联网也对用户的开车时间、开车速度、开车路线等开车行为数据进行收集挖掘，从而为用户提供满足其需求的保险方案和驾驶方

---

① 中国互联网协会. 中国互联网产业发展报告（2018）[EB/OL].［2018-01-08］. https://www.xianjichina.com/news/details_97613.html.

② CAICT. 互联网发展趋势报告（2017—2018 年）[EB/OL].［2018-04-25］. http://www.cac.gov.cn/2018-04-25/c_1122741920.htm.

案。在工业生产中，生产流水线与物联网的结合，使得生产流水线能够对生产状况进行实时监测和计算分析，将原料状况、产品状况和生产流程数据即时反映给操作人员，从而提升生产效率，降低成本。此外，物联网也在智慧医疗领域得到了应用，医院通过智能机器手臂等各类医疗智能终端大量收集医疗健康数据，通过大数据分析协助医院的经营管理、医疗服务和决策。RFID、传感器、移动互联网等物联网技术也应用在智能图书馆领域，在馆藏管理、图书借阅、馆藏流通、图书排架等方面取得了较大进展。

随着大数据、5G 通信技术、人工智能、移动互联网和智能装置的不断发展，越来越多的人与设备将被连接在一起，移动通信技术和物联设备将大大提升物联网的数据传输速度和数据量，进一步催生出海量的物联数据。物联网的发展将不再关注其技术本身，而是更多转向对物联数据的分析处理。云存储、云计算等云端服务将有力支撑物联数据的传输与分发，减少设备终端的工作负荷，而海量的物联数据也将为人工智能提供可观的知识基础，将大大提升神经网络的认知能力。

（6）网络信息空间安全治理刻不容缓

新兴技术与互联网在促进经济社会迅速发展的同时，也带来了众多安全隐患和风险，对网络空间的安全与个人信息保护带来了严峻的挑战。近年来，对信息基础设施、云服务平台的入侵，APT 攻击，数据泄露，DDoS 攻击等安全风险频发，恶意程序篡改、网页篡改等网站传统安全风险依旧突出，防范网络信息安全问题刻不容缓。[1] 例如 Cisco、D-line 等无线网络接入设备均被曝光出存在安全漏洞，路由运行信息、路由配置、设备流量等均可被非法获取和更改，严重危害用户的信息安全，可能泄露用户的个人信息。移动智能设备也存在较多的安全问题，例如劫持网络流量、进行非法内容访问和推动等。手机病毒也在不断加速扩张，不仅威胁到用户个人账户的资金安全，如进行恶意扣费，也对用户的身份证号、银行卡号、密码等个人隐私信息进行非法窃取。社交媒体的广泛动员能力和信息传播能力，也对社会的发展产生了负面影响，通过影响社会舆论、操纵社会民意、传播煽动社会对立、传播极端思想，严重威胁了社会和国家稳定，网络秩序、网络内容治理也面临着巨大挑战。[2]

---

[1] CNCERT. 2018 年中国互联网网络安全报告[EB/OL]. [2019-07-17]. https://www.cert.org.cn/publish/main/upload/File/2018annual.pdf.

[2] 中国互联网协会. 中国互联网产业发展报告（2018）[EB/OL]. [2018-01-08]. https://www.xianjichina.com/news/details_97613.html.

安全问题将成为未来互联网信息服务面临的棘手难题，相关行业和人员将从立法、制度、组织和技术等方面全面应对互联网安全风险。要不断提升技术防范能力，对互联网接入设备进行检测，加大对设备漏洞和后门的管控，提高对安全风险的排查能力。信息安全审查制度将强化接入设备的自主可控能力，相关法律机制的完善也能提高对预置高风险后门和安全漏洞行为的惩罚力度，提高安全侵权行为的法律成本。对个人信息的立法保护，也将全面落实用户授权和公开透明机制，规范个人信息管理机构，实现对个人信息的安全管理。此外，相关行业也要加强企业和用户的安全防范意识，通过宣传、教育等手段，提升用户在网络设备安全使用和风险排查方面的能力，培养用户的个人信息保护意识，有效减少安全问题的发生。①

---

① 中国互联网协会. 中国互联网产业发展报告（2018）［EB/OL］.［2018-01-08］. https://www.xianjichina.com/news/details_97613.html.

2 信息服务的战略机遇与战略任务

当前，随着大数据、云计算、人工智能、区块链等技术的不断发展，数字化正在改变用户的生活、工作和学习环境，也促使各行各业进行数字化转型。为了有力推动和支撑网络信息服务的发展，党中央、国务院提出了侧重新一代信息网络基础设施建设的新一轮"新基建"计划，为网络信息服务高质量发展奠定基础。

2.1 信息服务的战略机遇

党的十九届五中全会提出"加快数字化发展"的新要求，把科技自立自强作为国家发展的战略支撑。《中共中央关于制定国民经济和社会发展第十四个五年规划和二〇三五年远景目标的建议》进一步明确了数字化是新一轮科技革命和产业变革加速演进的重要动力。当前，网络信息技术与经济社会的交叉融合正在引发新一轮科技革命和产业变革，将给网络信息服务发展带来深刻影响。近年来，信息化、网络化、数字化在我国发展中的战略性、基础性和先导性作用日益突出，我国网络信息服务正在形成自己的优势，面临难得的机遇。

2.1.1 新一代信息基础设施的逐步完善

2021 年 4 月，国家互联网信息办公室发布了《数字中国发展报告（2020年）》①。报告显示，我国信息基础设施建设规模全球领先，网络普及率大幅提升，我国固定宽带家庭普及率、移动宽带用户普及率增长情况如图 2-1 所

---

① 国家互联网信息办公室. 数字中国发展报告（2020 年）[R]. [2021-10-18]. http://www.cac.gov.cn/2021-06/28/c_1626464503226700.htm.

示。2020 年，我国已建成全球规模最大的光纤网络和 4G 网络，5G 网络建设速度和规模位居全球第一。我国信息基础设施建设加速推进，全国超 300 个城市规模部署 5G SA。光纤通信建设取得新进展，截至 2020 年年底，全国光缆线路总长度达 5169 万公里。光纤宽带正全面从百兆向千兆升级。我国已建成全球最大的窄带物联网(NB-IoT)网络，移动物联网连接数达到 11.5 亿。以云和数据中心为核心的算力基础设施建设加速发展。云网融合持续推进，大型、超大型数据中心直连骨干网比例近 70%。中国科技云汇聚 315PF 计算资源、150PB 存储资源以及数十 PB 的科学数据资源，集成部署综合服务平台 52 个、各类科研软件 400 余款，为国内广大科技工作者提供便捷易用的云服务。

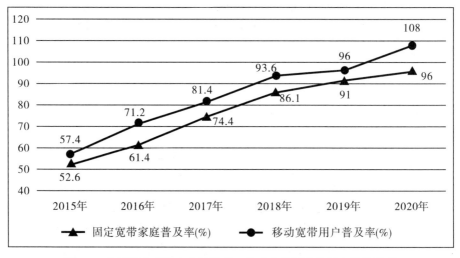

图 2-1　我国固定宽带家庭普及率、移动宽带用户普及率增长情况

随着我国经济社会快速发展，以高速互联、泛在移动、天地一体、智能便捷、综合集成为特征的新一代信息基础设施正在加速形成并不断完善，为我国网络信息服务的进一步发展打下了坚实基础。从图 2-1 中可以反映出我国的信息基础设施在不断完善。以上海为例，2018 年 5 月，中国电子科技集团与上海市政府签署战略合作框架协议，全面布局上海新一代信息基础设施建设。通过一年多的发展，上海初步构建起"物联、数联、众联"三位一体的新一代信息基础设施。

2.1.2 5G 技术的商业化应用

5G 技术的广泛应用，为各行各业个性化服务提供了新的技术手段。5G 有三大应用场景：增强移动宽带、高可靠低时延和大连接。带宽的增强将加大视频内容的需求，视频内容服务将成为用户的首选。5G 的大连接和低时延都是面向新型应用的，为车联网、物联网的应用提供基础。5G 的深度发展将带来手机的更新换代，此外，拉动个人消费的裸眼 3D、虚拟现实等应用在 5G 时代就变得很平常了。

5G 的商业化应用将进一步拓展我国信息技术应用的深度与广度。5G 对经济社会发展和人们的生产生活将产生重要影响，5G 技术高通量低延时万物互联，支持服务业+数字，在智能交通、智能家居、智能个人穿戴、数字学习等方面，5G 应用都获得较快发展。比如在数字健康领域，通过基于互联网连接的医疗监测设备实现对糖尿病和心脏病等慢性疾病患者的监测，及早发现问题，实现有针对性地干预与治疗。再比如在智慧城市领域，通过使用 5G，可以降低安装、维护和更新无线网络的成本，提升网络信息服务质量。

5G 在经济社会的应用已产生巨大的社会价值，如武汉火神山、雷神山医院建设期间，基于 5G 网络的全程高清直播，让亿万网友成为"云监工"。当前，"5G+8K"超高清显示、4K 高清同步课堂、远程医疗等一系列创新应用为人们的数字化生活带来更多便利，形成新的业态，拓展了信息消费，促进了新的商业模式的产生。

2021 年 4 月，三大运营商推出 5G 消息业务，促进信息服务模式演进迭代，提高信息服务的行业应用价值。此外，5G 还为社会治理注入新的信息化、智能化元素，辅助政府决策，提升社会治理效能。

2.1.3 人工智能的深度拓展

2019 年 10 月，国家发展改革委、市场监管总局发布了《关于新时代服务业高质量发展的指导意见》，明确提出要推动人工智能、云计算、大数据等新一代信息技术在服务领域的深度应用，提升服务业数字化、智能化发展水平，引导传统服务业企业改造升级，增强个性化、多样化、柔性化服务能力。

基于海量的数据资源，加上人工智能强大的深度学习算法和计算能力，我国人工智能应用深度拓展，大兴机场、杭州城市大脑等代表性综合应用场景成为应用的典型代表。而在抗击新冠肺炎疫情过程中，人工智能技术在交通、医疗、教育、应急等领域的深度应用取得了明显成效。在电子政务领域，人工智能推动电子政务向感知型方向发展，已逐步应用在人脸识别、智能服务、辅助决策、应急处置、态势感知等各个政务公共服务领域。

当前，人工智能在计算机视觉、语音语义等"感知"层面的应用取得进展，但"认知"层面的应用还需要突破。比如在智慧零售行业，尽管计算机视觉能感知消费者的身份信息、位置信息、浏览信息等，但基于这些数据的认知处理还需要进一步研究。当前，"感知"数据主要用在发放优惠券等精准营销领域，但对产品研发定价、智能选址等"认知"决策方面帮助不大。

人工智能的拓展应用，一方面需要高质量的海量数据，另一方面需要更多的技术支撑，才能进行基于数据驱动的决策。但在现实中，人工智能决策需要考虑更多的伦理道德问题，重点关注安全风险、隐私、算法歧视、监管等问题，避免对其他智能个体造成伤害。

2.2　信息服务面临的主要问题

互联网、大数据、人工智能等新一代信息技术已经不同程度地渗透到社会的方方面面，形成基于数据驱动的新动能，推动整个网络信息服务产业的创新发展，形成以互联网+智慧的新业态，有效提升了网络信息服务水平。面对这一战略机遇期，网络信息服务在发展中也面临一些问题，只有解决好这些问题，才能更好地抓住网络信息服务发展的历史机遇。

2.2.1　信息服务理论的突破

在大数据环境下，网络信息服务在实践中将数据、信息、知识、智能乃至智慧融会贯通，建立起开放协同、多元融合、集成化和个性化的信息采集、组织、存储、分析与服务流程与机制，如面向知识发现的数据智能、融通数据智能的知识发现都是网络信息服务不断探索的体现。实践的应用为网络信息服务拓展提供了新的方向，但这种跨界融合更需要理论的指导。

当前，网络信息服务领域更多地关注利用最新技术、方法、工具开展项目，形成相关的研究成果，而忽略了理论的探讨，导致理论研究发展相对滞后，亟待深化网络信息服务领域的基础理论研究。2018 年 1 月国务院印发的《关于全面加强基础科学研究的若干意见》明确要求基础研究与应用研究融通创新发展。事实上，网络信息服务领域的基础研究、应用研究、技术开发和产业化边界日益模糊，这更要求我们以基础研究为引领，带动应用研究、技术开发实现新突破。

在网络信息服务理论研究方面，有很多新问题值得探索，如数据驱动的网络信息服务模式创新、网络信息服务赋能、网络信息服务的内容治理、网络信息服务标准化、网络信息服务安全、网络信息服务生态等。2019 年年底国家互联网信息办公室发布《网络信息内容生态治理规定》，自 2020 年 3 月 1 日起正式施行。《网络信息内容生态治理规定》强化了网络信息内容服务平台的主体责任，进一步明确了网络信息服务的开放和自主、管理和服务的辩证关系。

2021 年 9 月，国家互联网信息办公室、中央宣传部、教育部、科学技术部、工业和信息化部、公安部、文化和旅游部、国家市场监督管理总局、国家广播电视总局等九部委制定了《关于加强互联网信息服务算法综合治理的指导意见》，提出用三年左右时间，建立治理机制健全、监管体系完善、算法生态规范的算法安全综合治理格局，这为网络信息服务的健康有序发展提供了重要保证。当前，网络信息服务中的算法推荐满足了用户个性化信息需求，实现了用户与信息的精确匹配，有效降低了信息获取的成本。然而，在这一过程中，用户很难自行选择，只能被动接受算法推荐的内容。一旦算法推荐的设计理念"流量至上、利益至上"，诸如"大数据杀熟""饭圈"乱象、劣质低俗信息精准推送等问题就会越来越突出，从而导致算法推荐的滥用，形成"信息茧房"效应。《关于加强互联网信息服务算法综合治理的指导意见》以向上向善的价值观来规范和指引算法推荐的应用，更凸显了网络信息服务理论研究的重要性。

2.2.2　信息服务中的数据安全与治理问题

党的十八大以来，以习近平同志为核心的党中央对数据治理高度重视，提出一系列重要指示。针对大数据发展中存在的数据危机、数据泄露、数据垄断以及数据安全问题，2017 年习近平在中共中央政治局第二次集体学习时强调，要加强国际数据治理政策储备和治理规则研究，提出中国方案。国务院副总理刘鹤也强调，要建立健全治理体系和相关制度，在确保个人隐私和数据安全的前提下，探索实现更精准的数据确权、更便捷的数据交易、更合理的数据使用。党的十九届五中全会明确提出要加快建立数据资源产权、交易流通、跨境传输和安全保护等基础制度和标准规范，推动数据资源开发利用。为此，健全国家数据治理体系成为激活数据要素新价值、培育经济发展新动能、创新社会治理新模式的关键所在。美国和欧盟正在加紧构建符合自身利益诉求的数据治理体系，并力图引领全球数据治理，提升数字经济发展水平。

然而，目前我国的数据状态与数据管理水平并不匹配，普遍存在"重创造轻管理、重数量轻质量、重利用轻增值利用"的现象，在服务创新、数据质量、开放共享、安全合规以及隐私保护等方面面临着越来越严峻的挑战。数据管理中出现的问题，究其根源是由于数据治理体系不健全或缺失。面对这一现实问题，中国科学院院士、大数据产业生态联盟主任委员梅宏认为数字资源的资产性质和生产要素角色日益凸显，应加快构建系统化数据治理体系，从而避免数据治理的碎片化。① 清华大学公共管理学院院长、清华大学服务经济与数字治理研究院院长江小涓认为，数据治理要综合考虑个人隐私保护、数据要素市场、数字产业发展、国家信息安全几个方面的相互制约关系，寻求技术与公民、技术与社会、技术与发展、技术与安全之间的平衡状态。② 因此，网络信息服务中的数据治理作为数据实现预期价值的最重要基础，需要从数据生命周期、数据融合、数据发展与安全出发，建立健全科学的数据治理体系，理顺各方参与者在数据流通各个环节的权责关系，形成良性互动、共建共享共治的数据流通模式，从而最大限度地释放数据价值，为实现治理能力现代化奠定数据基础。

构建科学的数据治理体系，是推进国家治理体系和治理能力现代化的基础性、整体性和长期性的重要工作，应采用战略思维、辩证思维、创新思维和底线思维等科学思维方法，坚持发展与安全的统一，在数据市场治理体系(应用支撑)、数据治理技术体系(技术支撑)、数据治理法律体系(法律支撑)三方面的融合发展中，深入剖析数据经济时代的基本规律，研究数据治理的基本思路，从数据全生命周期视角、数据融合视角、数据发展与安全视角科学构建起政府负责、社会协同、公众参与、市场驱动、技术支撑、法治保障的数据治理体系。

2.2.3　信息服务平台监管

依托大数据、云计算、人工智能、物联网、互联网等技术，用户生产生活、消费社交、购物出行等以数据化方式存在，有利于数据价值的挖掘与释放，但同时也增加了数据开发利用的风险。大数据时代，基于数据挖掘开展的网络信息服务，需要重点考虑国家安全、商业机密和用户隐私问题，在利用新技术进一步做好服务的同时，还需要做到平衡各种信息来源、增强数据的真

---

① 梅宏. 构建数据治理体系　培育数据要素市场生态［N］. 河北日报，2021-06-18.

② 江小涓. 数字服务业和服务全球化（EB/OL）. ［2021-10-19］. https://baijiahao. baidu.com/s? id=1707254027650473886&wfr=spider&for=pc.

实性。

网络信息服务越来越依赖于数据的流动和加工处理，各种服务平台与大数据中心建设为网络信息服务的开展奠定了基础，实现了数据生产要素的聚合。当前，部分互联网平台从用户的大数据分析中获益较多，但在网络安全和数据信息保护方面存在明显不足。中央政治局会议和中央经济工作会议多次强调，要完善平台监管的法律规范，强化平台企业数据安全责任。《数据安全法》《个人信息保护法》的相继出台，为网络信息服务的平台监管提供了制度保证。当然，对网络信息服务出现的新问题，要坚持包容审慎的监管原则。一方面，要积极推进数据资源的开发利用，充分发挥网络信息服务的价值；另一方面，要避免出现网络信息服务平台监管不足，造成监管的失位，力图构建新型监管体系，坚持数据安全与服务发展并重。

此外，网络信息服务机构在信息技术的帮助下，形成平台的垄断地位，也会带来一定的危害。网络信息服务不同于一般的服务，它在为用户提供信息服务时，通过极小的成本收集了大量的数据信息，从而拥有对市场和大众心理进行干预的能力。如果不对网络信息服务进行监管，那么最终损坏的是用户的利益。

网络信息服务的平台监管不仅关系到信息资源、网络和相关服务主体与用户的安全，而且直接影响到国家安全和信息化的全面推进。从国外的发展上看，在全球环境和国家战略框架下，网络信息服务安全在整体构架、体系结构、机制保障和技术支持上全面推进，在理论研究中，形成了相对完整的安全保障构架。与此同时，数字环境下信息治理与生态环境的优化，不仅关系到信息安全，而且直接影响到网络信息服务的质量问题。

2021年年底，国家互联网信息办公室、工业和信息化部、公安部、国家市场监督管理总局联合发布《互联网信息服务算法推荐管理规定》（以下简称《规定》），自2022年3月1日起施行。在互联网信息服务领域出台具有针对性的算法推荐规章制度，是防范化解安全风险的需要，也是促进算法推荐服务健康发展、提升监管能力水平的需要。出台《规定》主要基于以下两个方面的考虑：一是深入推进互联网信息服务算法综合治理的需要。《网络安全法》《数据安全法》《个人信息保护法》等法律和《关于加强互联网信息服务算法综合治理的指导意见》等政策文件先后出台并作出相关顶层设计。在此基础上，及时制定具有针对性的算法推荐规定，明确算法推荐服务提供者的主体责任，既是贯彻落实党中央决策部署的重要要求，也是落实相关法律、行政法规以及加强网络信息安全管理的需要。二是积极促进算法推荐服务规范健康发展的需要。

算法应用日益普及深化，在给经济社会发展等方面注入新动能的同时，算法歧视、"大数据杀熟"、诱导沉迷等算法不合理应用导致的问题，也深刻影响着正常的传播秩序、市场秩序和社会秩序，给维护意识形态安全、社会公平公正和网民合法权益带来挑战，这就迫切需要对算法推荐服务建章立制、加强规范，着力提升防范、化解算法推荐安全风险的能力，促进算法相关行业健康有序发展。

2.3　信息服务的战略任务

增强网络信息服务的发展能力、提升网络信息服务的应用水平、优化网络信息服务的发展环境，是网络信息服务发展的三大战略任务。增强发展能力，重点是实现网络信息服务面向不同行业的赋能。提升应用水平，主要是利用网络信息服务推进数字产业化和产业数字化的发展。优化发展环境，着重强调网络信息服务生态的构建。

2.3.1　面向国家战略和不同行业的信息服务赋能

网络信息服务市场规模巨大、应用场景丰富、技术不断升级迭代。网络信息服务需要面向不同行业信息服务需求，建设重点行业信息服务平台，加强智能化定制化网络信息服务，以工程化的理念推动网络信息服务深度融入行业发展。

首先是围绕人工智能、量子信息、生命健康等战略性新兴领域，利用智能化数据挖掘知识管理工具，为产业创新提供定制化服务，充分发挥行业对网络信息服务的引领作用，提出重点行业的信息需求并集中攻关，面向行业提供精准信息服务。

其次是发挥重大战略性区域的行业信息服务协同作用，面向京津冀、长江经济带、粤港澳大湾区等国家重大战略性区域，聚焦区域发展战略与规划、区域创新体系建设等重大需求，加强网络信息服务机构间的信息共享和协同，共同提升行业信息服务的支撑能力。

当前，网络信息服务业出现新的变化，围绕"一带一路"倡议、长江经济带等重大国家战略开展信息服务已成为网络信息服务机构发展的新常态，顺应国家战略发展，对接国家战略、服务体系转型等方面要求，重点关注国家战略在图情行业中如何实现、发挥效能、取得社会认可等现实问题。如，粤港澳大湾区战略下的广东省科技图书馆与广东省科学院、战略咨询研究院合作搭建粤港澳专利信息分析平台，在专利申请转化、专利大数据、知识产权政策等方面推出面向共性需求和个性需求的优化服务方案。

再比如 NSTL 国家重大战略信息服务平台包含一个综合平台及"一带一路"、长江经济带、京津冀协同发展、粤港澳大湾区、长三角一体化和黄河高质量发展六个子平台(如图 2-2 所示)，主要为六大战略的发展建设提供动态信息跟踪、文献信息保障、产业情报分析、战略决策支撑、重点项目合作、知识产权咨询等服务。

图 2-2　NSTL 国家重大战略信息服务平台的总平台与子平台

NSTL 国家重大战略信息服务平台共包含动态跟踪、政策集萃、信息产品、信息服务、知识地图、可视化分析和线下延伸七大服务板块。平台已实现对战略发展热点、核心问题的研究跟进，为解决地域实际发展问题提供参考咨询、决策支持等智库服务。

①动态跟踪板块主要跟踪战略区域的政策与信息，其中资源类型分为政策规划、项目计划、评论解读、新闻、博文和其他类型。

②政策集萃板块主要发布国务院、国家各部委、地方政府颁布的有关战略发展的政策规划信息。

③信息产品板块由围绕战略核心问题生成的简报、报告、专题文献组成，所有发布在平台上的报告成果均可免费获取。

④信息服务板块由平台联合 NSTL 成员单位及各地服务站、合作机构提供的多类信息服务组成，包括特色资源、信息素质教育、信息保障、战略决策支撑、产业发展支撑、企业发展支撑、知识产权分析与咨询、其他服务。

⑤知识地图板块利用数据可视化技术，以地图形式汇总战略区域内国家或城市的基本信息。

⑥可视化分析板块主要是对"一带一路"沿线国家的综合国力、学科布局、科技合作、专利申请、科技论文发表、论文影响力、学科规范化引文影响进行分析，展现各区域、各国的科研竞争力。

⑦线下延伸服务，NSTL 将战略进程与项目服务相结合，以战略发展热点为指导，依托线上平台和机构基础开展线下战略信息服务，已形成 4 个系列 20 余份情报研究报告。如 2019—2020 年连续召开的"NSTL 支撑国家发展（重大）战略信息服务成果发布会"先后公布了《一带一路沿线国家科技竞争力分析》《长江经济带 11 省市绿色增长态势监测与评估》等成果，如表 2-1 所示。①

平台以 NSTL 科技服务系统为基础，依托地方和行业科技信息机构，通过资源和服务集成，构建面向战略区域内不同类型用户的信息服务体系。NSTL 国家重大战略信息服务平台将战略目标平台、资源涉及区域和产品服务类型一一对应，实现信息资源在时空维度的模块化展示，支持资源全文、类型、地理区域等多样化的检索策略。

当前，面向重大国家战略建设专项信息的平台或服务系统是信息服务业的发展方向，如新华社发布的新华丝路、普华永道组建的"一带一路"全景平台、多地科学技术信息研究所联办的京津冀科技资源创新服务平台等。NSTL 国家重大战略信息服务平台作为一项长期性工程，需要根据不同战略任务，不断丰富产品类型，实现个性化、深度化服务，进一步加强战略特色性智库服务，为政府、企业或社会热点问题的决策提供咨询、数据支撑服务等。

---

① 严格，贾苹，杨雨寒. 图书馆面向重大国家战略的信息服务实践研究——以 NSTL 国家重大战略信息服务平台为例[J]. 图书情报工作，2021，65(19)：61-71.

表 2-1　NSTL 国家重大战略信息服务平台信息产品

战略子平台	简报名称	简报发布频率	专题文献	报告	其他产品
一带一路倡议	《一带一路动态监测快报》《海外农业观察》	月度	《南亚七国水资源专题文献分析》《一带一路基础设施建设专题文献》《一带一路政策汇总概览》等	《一带一路沿线国家科技竞争力分析》《重点国家卫生安全水平与医疗资源分析报告》《一带一路国家风险评估分析报告》系列等	《产业最新情报》《科技发展动态快报》《城市群专题检索》《城镇化与生态耦合专题检索》《前沿技术预测专题文献检索》等
京津冀协同发展战略	《京津冀协同发展信息监测快报》	季度	《京津冀城镇化专题文献》《京津冀大气污染防治专题文献》	《京津冀城市群科技创新发展报告》等	
长江经济带战略	《长江经济带监测快报》	季度	《长江流域湿地保护专题文献》	《长江经济带11省(市)绿色增长态势监测与评估》《长江经济带11省市科研表现监测分析》等	
黄河流域生态保护和高质量发展战略	《黄河流域生态保护和高质量发展动态监测快报》	半年度	《黄河流域生态保护和高质量发展专题文献检索》	《长江经济带与黄河生态经济带科研表现对比分析》等	
长三角一体化发展战略	《长三角一体化发展动态监测快报》	半年度	《长三角高价值专利专题文献》	《长三角城市群科技创新发展报告》等	
粤港澳大湾区战略	《粤港澳大湾区科技动态监测快报》	半年度	《粤港澳大湾区热点专题检索》	《粤港澳大湾区科技创新发展报告》等	

为满足新的需要，网络信息服务应坚持"系统融合、平台共建、资源共享、线上线下"等理念，通过合作创新形成新生态，实现为行业赋能、为数字中国建设助力。

2.3.2　产业数字化和数字产业化的推进

随着网络信息技术的深入发展，数字化与经济社会的融合程度逐步加深，数字化转型已成为各行各业创新发展的主要特征。数字化转型具有四个方面的特征：

① 产业数字化。产业数字化就是利用物联网、移动通信、人工智能、区块链、云计算、大数据、Edge Computing 等技术对传统产业进行连接与重组，驱动生产方式、城市治理和生活的方方面面向数字化方向发展，从而形成新的应用模式，实现价值增值，它是数字经济的融合部分，如图 2-3 所示。当前，数字技术与实体经济的深度融合加速了传统产业的数字化改造与智能化升级，促进了技术、产业和社会经济的变革，智慧城市、智慧政府、智慧社会、智慧社区、工业互联网、产业互联网、车联网等场景不断涌现。

图 2-3　产业数字化图解

　　不同的国家对产业数字化概念的理解存在明显的差异，以英国为例，先后提出多项数字化转型战略，包括连接战略、数字技能与包容性战略、数字经济战略、数字转型战略、网络空间战略、数字政府战略和数据经济战略，为数字化转型进行全面部署；德国则以"工业4.0"为核心，不断完善数字化转型及计划。我国在概念上也没有明确的标准，国家信息中心信息化和产业发展部与京东数字科技研究院联合发布的《携手跨越重塑增长——中国产业数字化报告2020》对"产业数字化"的解释具有一定代表性。该报告认为，产业数字化是指在新一代数字科技的赋能作用下，以数据为要素，以价值释放为核心，以数据赋能为主线，对产业链上下游的全要素进行数字化升级、转型和再造的过程。① 其内容如图2-4所示。

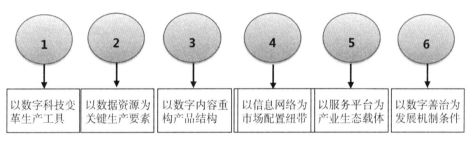

图2-4　产业数字化的内涵

　　在国家战略层面，数字化转型已成为支撑社会发展的核心驱动力，将形成以产业链为中心，产业链与创新链、供应链、要素链、资金链、政策链融合发展的新趋势(如图2-5所示)，从而彻底释放国家数字经济发展的新动能。

　　② 数字产业化。数字产业化就是将数字化的知识和信息转化为生产要素，通过市场的融合应用，形成数字产业链和产业集群。数字产业化是数字经济的基础部分，具体包括电子信息制造业、电信业、软件和信息技术服务业、互联网行业等。《数字经济分类》将数字经济分为：数字产品制造业、数字产品服务业、数字技术应用业、数字要素驱动业、数字化效率提升业5大类。其中，前4大类为数字产业化部分，即数字经济核心产业，是指为产业数字化发展提供数字技术、产品、服务、基础设施和解决方案，以及完全依赖于数字技术、

---

　　① 国家信息中心信息化和产业发展部，京东数字科技研究院.携手跨越重塑增长——中国产业数字化报告2020 [EB/OL].[2021-11-5].https://www.sohu.com/a/405614733_492538.

数据要素的各类经济活动，是数字经济发展的基础。《中华人民共和国国民经济和社会发展第十四个五年规划和 2035 年远景目标纲要》中明确提出要加强关键数字技术创新应用，加快推动数字产业化和推进产业数字化转型。

产业链	创新链	供应链	要素链	资金链	政策链
·基础研究 ·应用研发 ·产品开发 ·市场销售	·高校 ·科研院所 ·企业研发中心 ·协同创新中心	·国内大循环 ·国内国际双循环 ·平台经济	·资金 ·技术 ·数据 ·人才	·社会化资本 ·产业并购基金 ·国家引导基金	·产业扶持 ·人才引进 ·财税政策 ·土地政策 ·区域协同 ·行业监管

图 2-5　基于六链融合的产业数字化协同发展

数字产业化是指数据要素的产业化、商业化和市场化。推动数字产业化能够为产业数字化发展提供数字技术、产品、服务、基础设施、相应解决方案以及完全依赖数字技术、数据要素的各类数字产品和服务，从而引领和推动各行各业的快速发展和数字化转型升级。产业数字化转型的推进，又会产生关于各行各业生产经营销售等的海量数据，为数字产业化提供源源不断的源头活水和数据资源，推动我国数字产业不断做强做大，催生出更强大的数据产业。因此，数字产业化和产业数字化是一个相互促进、协同发展的过程。

当前，以互联网、大数据、人工智能、云计算为代表的新兴技术催生了数字产业化的新业态新模式，面向产业转型、社会治理、政务服务、民生保障等领域的应用软件取得社会化发展，新要素被激活，新动能不断释放。党的十八大以来，全国各地以电子政务和新型智慧城市为抓手，深入推进"互联网+政务服务"，初步构建全国一体化在线政务服务平台。政务数字化建设在新冠肺炎疫情防控方面发挥了积极作用，多地通过大数据分析精准研判，显著提高了应用疫情的敏捷性和精准度。与此同时，传统产业数字化改造效果明显，数字化车间或智能工厂有效降低了企业的运营成果，提高了生产效率。

③数字高效化。当前，世界上越来越多的国家利用数字技术来创新政府治理，推动国家治理体系和治理能力现代化。加强数字社会、数字政府建设，提升公共服务、社会治理等数字化智能水平是"十四五"期间的一大重要目标。近年来，我国以技术创新为驱动、以信息网络为基础，面向高质量发展需要，构建数字转型、智能升级、融合创新等服务的基础设施体系，为数字技术快速

发展提供了有力支撑。基于数字技术打造的数字化新场景，为用户提供了新型数字生活，依托数字化平台，实现了线上线下融合的生活服务、社区治理及公共服务，深化了数字化、智能化技术应用。

数字技术的深入发展，优化整合了各领域信息、数据、网络平台，推动了信息和数据资源的共享利用，打破了信息壁垒，增进了交流互动。在实践中，各种应用 App 的推出，简化了办事流程，提高了办事效率。海量信息的汇聚分析，使各部门建立起数据监测、分析、预警、管理、决策等应急管理机制，这有助于相关部门预测社会需求，从中发现规律、预测趋势、甄别风险，增强数字治理的预见性，提高数字治理的智能化水平。

数字高效化发展的同时，也对其提出了更高要求。比如，随着治理范围扩展到网络空间，治理主体的能力和水平需要进一步提高；数字技术广泛应用过程中，适老化问题需要优先考虑等。为此，数字高效化需要依托社会协同、公众参与、法治保障、科技支撑，还需适应数字社会的新特点新变化，把握科技发展方向，把大数据思维运用于数字化转型实践。

④数据要素化。数据已成为继土地、劳动力、技术、资本后的第五大生产要素。2020 年，中共中央、国务院把数据作为生产要素，纳入了要素市场化配置的范畴。因此，发挥数据资源优势、挖掘数据要素价值，将有助于我国数字经济的发展。

数据要素具有虚拟性、可复制性、离散性等特点，这使得数据要素市场的建立、运行与监管问题需解决数据市场要素确权、数据要素市场定价等问题。数据确权是市场交易的前提和基础，只有对数据要素进行有效的产权界定，才能明确交易市场中各利益相关者的数据权益边界，对数据产权纠纷提供规范化的评价机制，为数据归属提供切实的确权保障。

各行各业需要树立数据要素共享观念，实现数据要素领域"放管服"改革，构建"共建、共享、共治"的数据政策法规环境，加强平台顶层设计，建立逻辑互联、向下兼容、接口统一的大数据共享平台，实现政府、企业与公众三大数据要素利益相关者之间的充分整合，不断创新数据应用场景，发挥数据资源对其他要素的倍增作用，探索数据要素在农业、工业和现代服务业等传统产业的创新应用。

实现数据的自由流通与数据价值的增值实现是数据要素市场发展的最终目标。数据的合理开放利用和数据安全是实现要素分配、运行机制优化，完成有效的反馈闭环的重要保障。

①建立数据开放共享机制是数据要素市场发展的基本前提。数据产生、收

集阶段的数据治理能力得到有效提升后，可以在合规范围内丰富数据量，提高数据质量。政府机构可以利用自身庞大的数据量，建立数据开放共享机制，这是构建数据要素市场的前提条件。数据治理能力的提升能够促进政府以数据共享责任清单为抓手，加快推动政府建立公共数据开放和流动的制度规范。

②健全数据开放的管理制度。现阶段我国应加快统一的政府数据共享开放平台，逐步开放政府层面非敏感数据的使用，鼓励社会各类主体参与政府数据的采集、开发和应用；建立政府与市场数据合作行政垂直化和领域水平化的平台，完善政商数据合作的激励规则；强化开放数据的负面清单管理，在确保风险可控的条件下实现政府开放数据最大可能的开发应用。

③数据保护与共享的动态平衡。在我国，数据保护与数据流通共享的融合发展离不开政府的主导和支持。单纯依赖政府的命令式监管或是单纯依靠经营者的自我管理都不是解决数据保护与共享动态平衡的最优方案。从我国现实出发，构建数据多元共治系统并非不分主次，而是要从经济社会治理的基础和重点入手，充分发挥政府在现阶段数据共享监管中的基础性和主导性作用。

④数据开放利用与安全管理的平衡。《中共中央关于制定国民经济和社会发展第十四个五年规划和二〇三五年远景目标的建议》明确提出，要"推动数据资源开发利用"和"扩大基础公共信息数据有序开放"。为破解这一难题，需要从国家层面界定数据开放内容、范围、程序及具体要求，鼓励社会数据在公共数据平台共享开放，扩展数据清单覆盖面，加强政企数据合作。

2.3.3 信息服务生态的构建

2019 年 12 月 15 日国家互联网信息办公室发布了《网络信息内容生态治理规定》，已于 2020 年 3 月 1 日起执行。该规定以网络信息内容为主要治理对象，旨在形成网络信息服务生态体系，发挥"政府、企业、社会、网民"等多元主体参与网络生态治理的主观能动性，重点规范网络信息内容生产者、网络信息内容服务平台、网络信息内容服务使用者以及网络行业组织在网络生态治理中的权利与义务，这是我国网络信息服务生态治理领域的创举。

这一具体规定的出台不仅有助于提高国家的网络综合治理能力，也对我国的网络信息服务行业带来深远影响。现如今，网络信息服务行业渗透广，类型多样，依托各种信息服务平台，形成了分工合作而相互依存的生态环境。要实现网络信息服务产业健康发展，必须构建稳定的生态体系，防止各种负面问题的滋生。比如，网络信息服务行业的初衷是为受众提供真实可靠的信息，但在激烈的市场竞争之下，信息服务组织受利益驱使，通过流量造假、虚假信息等形式，挤压真实信息的生存空间，伤害整个信息服务行业。要杜绝这些现象，除了呼吁行业自律，更需要依法监管，为治理提供法治依据，遏制信息服务异化行为，从而促使整个网络信息服务行业生态的形成。

（1）网络信息服务生态系统的特征

网络信息服务生态具有参与主体多、角色多、流动性三大特征。当前，网络信息服务参与主体既有企业、个人、政府等，也包含行业协会、产业联盟、媒体、智库、国际组织等机构在内的众多利益相关体，它们同时又担任着不同的角色，既是信息生产者也是信息使用者，彼此关联又相互支撑，在不同服务机构和需求主体间流动。随着网络信息服务生态系统的不断发展，组织的边界日益模糊，为了适应快速变化的环境，需要不断演化，以维持服务主体之间的合作与竞争关系的动态平衡，以达到服务效益最大化，确保生态链的优化与演进。

（2）网络信息服务生态系统的构成

根据信息生态系统理论，本书将参与网络信息服务的信息、信息服务主体和生态环境看作一个相互关联的有机整体，构成用户信息生态系统。其中信息是连接各类信息服务主体的资源纽带。信息服务主体可以划分为信息生产者、信息组织与传播者、信息管理者和信息消费者。信息服务生态环境为信息服务生态链的运行提供技术、制度、文化、政策等方面的支持。网络信息服务生态系统以用户为核心，以用户信息需求为驱动，它作为一个整体在实现知识创新、服务创新的同时，实现服务主体间的价值共创。

（3）网络信息服务生态链的分类

按照服务主体划分，网络信息服务生态链可以分为网络信息服务机构之间的生态链、网络信息服务机构与信息提供商之间的生态链、网络信息服务机构与用户之间的生态链。在网络信息服务生态链中，信息服务机构是核心主体，在用户需求导向下，网络信息服务主体间以链式结构依存共生；网络信息服务主体的信息势能推动网络信息的流转与传递；网络信息的有序流转与传递，需要网络信息服务生态链中各参与主体的协同，与信息服务生态环境相适应，从而实现信息增值、知识创新与服务创新。① 科技信息服务生态链模型如图 2-6 所示。

---

① 刘佳，彭鹏，黄雨微. 面向科技创新的科技信息服务生态链模型构建研究［J］. 现代情报，2019（6）：32-37.

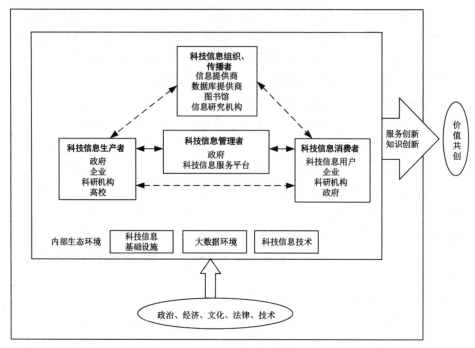

图 2-6　科技信息服务生态链模型

（4）网络信息服务生态链的影响因素

网络信息服务生态链在运行过程中受到诸多因素的影响与制约，如资源整合程度、服务主体能力、服务主体关系、合作模式和治理能力。网络信息资源整合程度越高、对信息的加工程度越深，信息价值就越能不断增值；网络信息服务主体的信息能力越强，其对信息资源的整合、开发与创新能力就越强，对信息的吸收与转化能力也越强；网络信息服务主体间的协同互动影响整个网络信息服务生态链的运行效果，提升协作效果，对于加速信息联合服务能力体系的构建具有积极的作用；网络信息服务生态要求服务主体间打破组织机构的壁垒，以科技创新、知识创新、服务创新为目标共同创造价值；网络信息服务主体的价值追求强化了主体之间的相互依赖关系，因此有必要从标准规范、政策法规、信息增值开发、创新资源优化配置等方面，实现对网络信息服务的管理、处理与控制，以促进网络信息服务生态链的平衡与可持续运行。

2.3.4　信息服务治理体系的完善

在数字化进程中，网络信息服务治理作为数字社会形态下国家治理体系和能力现代化的重要内容,已经融入政府—市场—社会的治理互动之中,这不仅关系到网络信息服务生态发展,还会影响用户行为模式与认知。因此,构建网络信息服务治理体系非常重要。随着新兴技术推动下的网络信息服务新业态、新模式的不断涌现,原有治理模式不再适应网络信息服务的新环境,为进一步解决发展需求与安全需求之间的矛盾,网络信息服务治理与新的发展生态通过相互适应,形成新的共演化的治理体系。①

网络信息服务治理体系的核心治理要素包括治理主体、治理客体、治理工具。治理主体主要包括政府、行业协会、网络信息服务提供主体、社会公众,它是理解网络信息服务治理体系和治理架构的基本要素,不同类型的治理主体体现了不同的治理导向。治理客体包括网络信息服务的提供主体(供给主体)、网络信息服务内容、网络信息服务用户,它是理解网络信息服务治理的重要面向,网络信息治理客体可以揭示不同时期网络信息治理的侧重点。治理工具也称政策工具,是理解网络信息服务治理的关键变量,不同的治理工具会塑造不同的治理实践活动,同样也会引发不同的治理效果。治理主体、治理客体、治理工具在与治理生态的互动作用中发生演化,在不同的治理生态属性下,不同治理主体的参与程度、治理工具的运用情况、治理客体的聚焦点都会有所不同。也就是说,在不同治理生态下,不同主体使用不同工具对不同客体进行治理。

基于以上分析,可以构建我国网络信息服务治理体系及其演化的分析框架,如图 2-7 所示。维度一是治理主体(S 轴),维度二是治理客体(O 轴),维度三是治理工具(I 轴),在特定治理生态基础上,不同治理要素之间具有互动作用。

随着大数据时代的来临,网络信息服务进入快速发展阶段,治理难度加大。在此种情况下,政府主体在应对新形势上的局限性日渐凸显,行业协会、网络信息服务提供主体、社会公众的比重显著提高,多元主体协同治理逐步形成,呈现出以网络信息服务提供主体为核心、以服务内容和用户为两翼的治理特征。

(1)治理生态与治理体系的适应性演化

网络信息服务治理体系与不断变迁的网络治理生态之间不断适应的结果,直接反映政策的变迁情况。在不同的治理生态下,网络信息服务治理的主体呈

---

① 魏娜,黄甄铭. 适应与演化:中国互联网信息服务治理体系的政策文献量化分析[J]. 中国行政管理,2020(12):47-55.

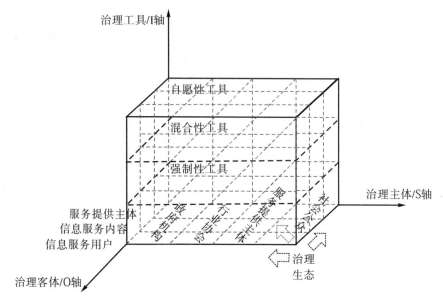

图 2-7　中国互联网信息服务治理体系互动演化分析框架

现不同的侧重点，复杂多样的治理工具也以非均衡的力度指向不同的治理客体。在网络信息服务发展早期，国家层面对于网络治理并无经验可循，治理体系建设也仅仅处于探索阶段。2000 年以后，随着网络基础设施的建设以及互联网的渗透，传统信息服务领域如新闻、医药、文化教育等不断向网络端延伸，网络信息服务提供的主体数量和市场容量不断扩大，由此带来网络信息服务治理的复杂性问题，因此需要创新网络信息服务治理模式。2007 年之后，随着移动信息技术和智能终端设备的普及，网络信息服务向智能化、移动化、交互性方向拓展，带来政府主体的"资源瓶颈"问题，该时期网络信息服务治理处于结构调整与体系优化之中。2014 年之后，随着大数据、人工智能、物联网、云计算等新一代信息技术在信息服务领域的纵向渗透，多元化网络信息服务治理的新格局产生，我国网络信息服务治理进入新的发展时期，朝着"网络强国"的发展要求不断迈进。

（2）治理效能的不断提升

网络信息服务治理体系与治理生态的互动进程在不断演化，治理效能也在不断提升。网络信息服务治理早期，主要从网络信息服务市场秩序、保障用户权益入手，治理任务与治理目标相对单一。随着治理体系的不断成熟，网络信息服务治理主体日益多元化，治理工具也日益多样化，既有强制性工具，也有混合性工具和自愿性工具。此外，治理客体层面通过强化平台建设来规范用户行为，强调用户对信息和行为的自律。综合来看，为了有效提升治理效能，政府、市场、社会等主体不断参与治理过程，通过创新治理方式，实现多主体协同治理，治理成效明显。

(3)治理范式的不断转换

网络信息服务治理范式在不断发生动态转换。在网络信息服务发展的早期阶段，为了实现网络信息服务行为、内容的可控要求，政府机构对网络信息服务发展过程中存在的各种问题进行强制性治理。然而，随着网络信息服务的新发展，应用领域不断拓展，形成网络信息服务产业，推动社会经济不断发展，因此，现阶段网络信息服务的治理需要综合考虑发展与安全之间的关系，平衡这两者之间的冲突。一方面，政府通过准入管理、内容审查、严格追责等强制性工具来管控网络信息服务的安全发展，确保企业行为、内容信息、用户操作在法律政策允许的范围内；另一方面，通过强化网络信息服务行业、提供主体和用户的自我管理与自律，创造有利于网络信息服务产业发展的治理生态。

3 信息服务发展的动力机制

信息服务受用户需求、信息化技术、相关制度的驱动影响，在战术层、战略层和决策层方面存在各种不同的需求；应用于服务业的信息技术主要有云计算技术、大数据技术、移动互联网、物联网，等等；在"互联网+"战略的推动下，业务型服务业、贸易型服务业、基础设施型服务业、社会型服务业、公共型服务业等领域陆续出台了相关的信息化制度，来保障网络信息服务的稳步加速实施，如图 3-1 所示。

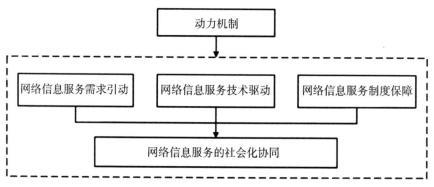

图 3-1　网络信息服务动力机制体系框架

3.1　信息服务的需求引动

本部分从战术层、战略层和决策层三个层面出发，从微观到宏观来论述基于互联网的网络信息服务的需求引动机制。

3.1.1 服务业战术层的需求引动

在服务行业中，企业信息需求是企业各部门和生产流通各个环节信息需求的总和。它既具有企业各个业务环节的结构性需求特征，又具备企业运行上的整体化需求特征。就需求的主体而言，企业信息需求包括企业生产人员、技术人员、管理人员、营销人员和服务人员的需求；就需求的客体来说，企业需要包括政府信息、市场信息、科技信息、经济和管理信息等在内的各方面信息。当企业处于相对稳定的状态时，其信息需求结构相对简单，可以归纳为企业各类人员因不同工种产生的管理、科技和经济等方面的信息内容需求，以及对分工明确的政府信息服务、科技信息服务、商务信息服务等机构的信息服务需求。

信息化促进了企业产业结构的调整。如今，信息化的发展，引起了服务行业产业结构的变化，为经济持续稳定的增长带来了不竭的动力。信息化对产业结构所带来的变化和突破主要体现在：第一，促进了服务业新型产业的形成。比如网络产业、信息服务产业。第二，改进传统产业，信息技术的发展使企业在生产、市场、服务、公司制度等方面不断同其他产业出现交叉，产业边界不断模糊，从而促进产业融合，优化产业结构。第三，实现服务行业资源最大限度地优化配置，提高劳动生产力，降低生产成本，带动经济增长。

信息化是产业创新的基础和条件，可大大提高企业或产业自主创新能力。一方面，从市场因素来看，信息化使企业迅速高效地获得技术信息和市场需求动态，从而使企业及时有效地利用新技术对市场需求做出回应，最终提高产业创新能力。另一方面，从企业内部来看，信息化促进了企业各部门之间的协同，企业不是各个部门相加，而是部门各系统之间的协同合作，从而使工作成果最大化。部门合作信息化加强了企业各部门的联系与配合，提高了工作效率，增强了产品创新转化为实际经济效益的能力。

信息化的进步有助于信息产业的发展、核心竞争力的提高。只有依靠科技创新的力量才能大力推动信息产业的持续稳定发展，科技创新是在市场经济环境下赢得竞争的必要措施，因此，深入挖掘并大力发展信息产业的核心技术至关重要。第一，加强政府的主导作用，加强对信息产业的指导，大力扶持并鼓励信息产业发展。为推动信息产业发展，政府应该加强其核心技术研发，提升信息产业的创新能力。第二，突出企业在科技创新过程中的主体地位。在市场竞争中企业更了解市场需求，明确生产力转化的目标和方向，以企业为科技创新的主体，才能更好地实现从技术到生产力的转变。第三，加强政府知识产权管理，维护创新企业的合法权益。

对传统产业进行信息化改造，可以极大地提高企业生产效益，促进产业经济增长。传统产业的信息化改造必须坚持合理、时效原则，对于服务业进行信息化改造最重要的是降低企业的服务成本，促进企业的服务创新。

3.1.2 服务业战略层的需求引动

国家创新发展中的信息服务与保障战略主要包括四个方面：建立创新信息资源整合体制和完备的创新信息资源保障与安全体系，以便有序地组织创新信息资源；为用户提供全程式服务，通过系统间的协同开展个性化定制服务、互动式信息服务和信息推送服务；建立信息服务与保障机构网络平台，关注、跟踪网络技术的发展，采用优化管理技术和中间件技术；信息服务与保障机构应不断提升拓展业务的核心能力，营造健康的组织文化，保持旺盛的研发、创新和影响力。

信息化提高了产品附加价值。在服务行业，企业通过广泛应用信息技术，既促进了新型产业的形成与发展，也促使传统产业不断地将信息化应用到产品上，利用信息的控制与加工实现产品的信息化改造。各个行业的产品的智能化、信息化推动着整个产业不断向前快速发展。较之以前的产品单一的样式功能，现在的高端产品则集成了更多的高科技含量，利润较以前的产品明显增高。而同时，随着信息化水平的不断提高，带动了产业产品的创新研发以及终端服务和增值服务，直接或间接地提高了产品的价值。

信息化促进了产业之间的融合。首先，随着信息化的发展，产业融合迎来了数字化时代，促使原来分割的产业更加快速紧密地融合；其次，信息化的进步加速了传统产业的融合，推动了传统产业的创新。随着时代的发展和信息技术的不断进步，不同产业在融合的过程中寻求更高的增长点和新的发展方向，从而可以帮助企业在发展中取得更大收益。在服务行业中，各产业间的融合实现了资源整合及优化配置，降低了企业的生产成本。此外，信息化的到来对产业经济增长具有直接和间接的影响。在产业融合的同时产业模式不断重塑、产业结构不断调整，从而促进产业经济的增长。

在信息产业中，信息服务业占据着重要的地位，换句话说，信息服务业对于其他产业发展有重要的支持和支撑作用。信息服务业的进步可有效优化产业结构，推动产业结构升级。现阶段，跟发达国家相比，我国信息服务业发展在服务规模和水平上还有较大的差距。所以，为推动产业发展，国家应该重点调控信息服务业，鼓励和扶持信息服务业的发展，为信息服务业提供良好的发展平台和环境，从而更好地为其他产业提供信息服务，实现信息服务业和传统产业的良好融合。

3.1.3 服务业决策层的需求引动

在社会经济与生活活动中，个体或群体往往会在特定环境中做出对其有利的行为决策。环境依赖与判断是个体选择行为的动机信息及决策基础，其行为只是在特定环境中具有适应性特征。个人、企业或者组织作为把握信息的主体，为确保自身行为能够适应于特定环境，需要充分了解适应于此环境的有效信息，因此信息所表达的知识在知识与行为引导的关系中十分重要。

从组织管理要素来看，网络信息服务的决策流程存在很多问题。比如，第一，引导决策的参与层面较为狭窄、缺乏民主化，决策者个人意志决定决策结果的现象比较普遍，公众缺乏参与决策的主动权。第二，引导决策信息不规范、不完整，缺乏对决策的技术、经济、社会效益等综合数据的评估，导致引导决策的科学化论证不到位。第三，引导决策行为和过程缺乏审计、追踪与有效记录，对决策行为没有技术上的约束，引导决策过程不规范，缺乏透明度，没有良好的监督反馈渠道，因此，引导决策的监督管理稍显薄弱。第四，产业决策的执行过程得不到及时的反馈，执行效果难以准确的评估。

从技术支持上来看，也存在着一些问题。第一，存在知识获取的瓶颈问题。服务业发展与引导决策中的知识包含在知识库以及模型库之中，知识库和模型库中的知识总是有限的，而实际决策的情况有可能千差万别，现有信息采集方式形成的知识库，很难满足不断出现的各种实际决策问题。第二，存在着数据集成问题。在实际应用中，服务业数据通常是分散的，其数据类型各异，有异构数据库数据，也有互联网数据、文本数据等非结构化数据，而决策支持系统需要大量综合且动态集成的数据，是否能有效动态集成这些数据将关系到决策系统能否真正地发挥作用。第三，数据库平台问题。传统的数据库系统面向以事务处理为主的联机事务应用，应用处理的数据量较少，而服务业发展与引导决策需要综合处理大量的历史数据，因此传统数据库平台很难满足服务业发展与决策分析应用的需要。第四，缺乏有效的数据分析手段，决策支持系统需要对数据进行高效多维分析以得到有价值的信息，而现有多数分析工具在应用场景、系统功能、开放性和通用性方面都不能满足要求。

3.2 信息服务技术驱动

在服务业中，信息技术的应用大大提高了劳动生产率、降低了成本、增加了利润，彻底改变了传统服务业的经营方式和运行模式。比如，以物流业为例，全球卫星定位系统、地理信息系统和无线通信技术的运用实现了对货物的全程跟踪，而射频标签技术、条形码与识别系统的普及使得物流管理、物品管理、销售模式以及用户消费群体和特性分析等方面都发生了重大变革，促使传统物流业向现代物流业发展。在投入要素和技术创新方面，服务业与农业、制造业存在本质性差异，除了必需的土地、资金、设备等物质投入，服务业更多地依靠非物质要素投入，即创意、信息、人力资源、知识，尤其是高素质的人力资源。①

3.2.1 云计算技术在网络信息服务进程中的应用

在服务行业中，"云计算"技术的应用范围很广泛，它能够为企业提供强大的处理能力，实现资源共享，并具有经济实惠、方便用户以及整合资源等优势。② 在服务方式上，云服务提供商为中小企业搭建信息化所需要的所有网络基础设施及软件、硬件运作平台，并负责所有前期的实施、后期的维护等一系列服务。在维护管理方面，云计算技术的应用很大程度上缓解了企业在人力、财力上的压力，使其能够集中资金对核心业务进行有效的运营。

信息服务是"云计算"的重要应用，其改变了传统的服务模式，促使信息服务系统更快、更好地发展，其在信息服务领域的应用，已经成为"云计算"当前以及未来发展的重要组成。迈入"云计算"时代，IT 领域发生了诸多重大变化，传统的产品战略逐渐转变为服务战略。而 IT 资源则同数字资源联合组成了云资源中心。其中，网络硬盘以及租赁数据中心等构成了"云资源"的底层服务设施，简称 Iaas；而像在线开发平台以及测试和运营平台等则构成了"云资源"的中层结构，顶端的应用层则由各类软件服务构成，例如，网络邮箱以及在线视频等。除了与网络连接的浏览器，终端的各类软硬件设备则完全转移到云端，而且原来具有的计算以及存储能力亦因为这一改变而大幅度提

---

① 许辉阳. 现代服务业共性服务关键技术研究[D]. 北京：北京邮电大学，2009.
② 赵红. 浅谈云计算技术在服务业中的应用[J]. 信息系统工程，2012(10)：90-91.

升。同时，借助"云资源"的弹性特征，系统的服务能力也变得更加具有"弹性"，进而能够在不增加"额外"成本的情况下，满足广大用户的服务需求。而用户则是完全依靠最小的成本，获取最大的"实惠"，"云架构"既是用户的客观需求，更是运营商的经营需求。双方在"云计算"的加入过程中，实现了信息服务的双赢。

"云计算"时代，用户利用键盘将信息传递到"云端"，而"云端"则借助本身强大的计算以及存储能力，将信息按照用户的要求进行"存储"或"计算"，并借助浏览器将运营结果反馈给用户，进而实现了人机互动。相对于互联网时代，云时代的信息系统架构的部署是动态发展的，当用户需要云端提供服务时，只需要向云端提出请求，云服务器就会根据用户的指令，为其提供动态的、虚拟的存储以及计算硬件，并且，提供的虚拟服务设备是根据用户的需求大小决定的，而对用户自身的系统配置高低不做过多要求，彻底实现了"云计算"用户的按需分配。如此一来，用户无须为运维软硬件投入大量的资金，更不用关心海量数据该如何处理，只需按照自己的需求使用得出的数据即可，同时，在云系统中储存的信息，不会因为更换了联网终端而"无影无踪"。人们只需要购买云服务提供的"计算""存储"以及"宽带"服务。云架构的信息服务不仅成本相比于其他模式大幅度降低，还将更为满意的服务带给用户。

3.2.2 大数据技术在网络信息服务进程中的应用

在数字化时代，企业需要进行精细化运营才能更好地从管理、营销、信息方面提升用户的服务体验。在精细化运营的过程中，大数据起到了非常重要的作用，通过对大数据进行有效的洞察和分析，精准地抓取用户喜好和兴趣，根据所得结果进行精细化运营，就能提升企业的运营效率和转化率。大数据对于企业提供的营销价值是毋庸置疑的，与此同时，面对海量的数据，管理及处理信息安全问题是企业遇到的又一大挑战。当前一些大数据技术服务提供商推出数据中心服务，旨在为企业客户构筑安全、高效、开放的互联网数据中心，能为企业提供多元化，且极具灵活性的托管方案，有了良好的数据托管，企业面临的各种网络安全问题都将迎刃而解。①

大数据服务提供商通过研发的先进智能大数据交换服平台及行业服务解决方案，帮助企业用户从海量数据中获取、加工、挖掘、分析有价值数据信息，

---

① 华凌凌，王炜，刘泽华. 试谈大数据对服务业的影响[J]. 电脑编程技巧与维护，2016(9)：65-66.

为银行、非银行金融机构、互联网金融企业、通信运营商、政府部门等服务行业的企业提供战略、决策、运营所需的关键数据信息服务。大数据服务体系通过投资、战略合作等方式，不断发掘数据应用场景，以数据挖掘为核心、以商业智能和大数据平台服务为主线，以产品创新、技术创新、模式创新及应用场景创新为手段，以云平台为主要服务模式。在数据技术上拥有大数据建模平台，核心引擎可实现毫秒级数据处理能力，模块化、运营化的建模流程帮助服务业企业快速创造价值，为行业提供数据信息服务及行业解决方案，帮助企业用户实现数据价值变现和数据资产化管理。

3.2.3 移动互联网在网络信息服务进程中的应用

移动互联网，将移动通信和互联网二者结合起来，是互联网的技术、平台、商业模式和应用与移动通信技术结合并实践的活动的总称。与之前的互联网相比较，移动互联网的主要优点是，突破对以往信息数据传授过程中受时间、空间等因素的约束，使互联网的共享性与开放性实现高效结合。从移动互联网的运行方法进行分析，其具有较强的多元化、移动性、共享性、实时性、便捷性等特征。其中，实时性主要体现在移动互联网对人们提供全天网络服务的基础上，其提供的各种信息数据都具有较强的及时性。便捷性主要体现为，在无线网络网覆盖的区域中，通过各种移动电子设备终端就可以与移动互联网进行有效连接与应用。

常见的移动互联网技术包括 HTML5、多平台/多架构应用开发工具、可穿戴设备、高精确度移动定位技术、新的 Wi-Fi 标准、企业移动管理、智能对象等，被广泛地应用于服务业中的制造业、商业、体育、娱乐、医疗、健康等多个领域。HTML5 对于移动应用便携性意义重大，但是它的分裂性和不成熟性会产生许多实施和安全的风险。然而，随着 HTML5 及其开发工具的成熟，移动网站和混合应用的普及将更为广泛。因此，尽管面临许多挑战，HTML5 对于提供跨平台的应用机构来说是一个重要的技术。大多数机构需要应用开发工具支持未来的"3×3"平台与架构，即三个主要平台(Android、iOS 和 Windows)和三个主要架构(本地、混合和移动 Web)。工具选择是一个复杂的平衡行动，需权衡许多技术和非技术问题，如生产效率和厂商的稳定性。大多数新机构将需要一些工具组合提供相关的架构和平台。智能手机将成为个人局域网的中心。个人局域网由身体上的健康医疗传感器、智能首饰、智能手表、显示设备和嵌入服装和鞋的各种传感器组成。这些技术设备将与移动应用沟通，用新的方式提供信息，在体育、健身、时尚、业余爱好和健康医疗等方面推出广泛的产品和服务。个人的精确位置是提供相关位置信息和服务的一个关键因素。室内准确定位的应用，一般使用 Wi-Fi、图像、超声波信号和地磁等技术。可以预期的是，使用新蓝牙智能标准的无线信号的应用将增长。从长远看，智能照明等技术也将变得非常重要。准确室内定位技术与移动应用的结合将产生新一代非常个性化的服务和信息。玩具、家用设备、体育设备、医疗设备以及电源插座等家用器物都将实现智能化。这些家庭智能对象是物联网的一部分，其中多数设备能够以某种方式与智能手机或者平板电脑中的应用沟通。智能手机和平板电脑将执行许多功能，包括遥控器、显示和分析信息、与社交网络配合监视能够发微博或者发帖的"东西"、支付订阅服务费、订购更换耗材和更新对象固件等。

3.2.4 物联网在网络信息服务进程中的应用

物联网利用局部网络或互联网等通信技术把传感器、控制器、机器、人员和物等通过新的方式联在一起，形成人与物、物与物相联，实现信息化、远程管理控制和智能化的网络。物联网整合了信息传感设备，如无线辨识系统（RFID）、红外线传感器、全球定位系统、激光扫描仪等种种设备；经由智能芯片如高通（Qualcomm）、英特尔（Intel）的 CPU 运算后，再通过无线传输设备如 Wi-Fi、蓝牙与电信运营商的无线传输网络结合，使各种物品在生产、流通、消费的各个过程，实现物品的自动识别和信息的互联与共享。①

在互联网技术、计算机技术以及信息技术的共同作用下，物联网形成并逐渐成为 IT 行业未来的主要发展目标之一，对服务业的发展具有较大的价值。当前，物联网主要有两种应用模式，一是对象的智能标签。通过 NFC、二维码、RFID 等技术标识特定的对象，用于区分对象个体，例如，在生活中我们使用的各种智能卡，条码标签的基本用途就是用来获得对象的识别信息；此外智能标签还可以用于获得对象物品所包含的扩展信息，如智能卡上的金额余额、二维码中所包含的网址和名称等。二是对象的智能控制。物联网基于云计算平台和智能网络，可以依据传感器网络获取的数据进行决策，改变对象的行为进行控制和反馈。例如，根据光线的强弱调整路灯的亮度，根据车辆的流量自动调整红绿灯间隔等。

现阶段，物联网在服务业行业中得到了全面的推广和广泛的使用。在物联网相关功能逐渐丰富，信息数据传输速度、安全性、稳定性逐渐提高，及移动

---

① 陶冶，殷振华. 物联网在服务业中的应用[J]. 科技经济市场，2010(11)：94-95.

互联网技术普及与快速发展的背景下，将物联网与移动互联网技术进行充分融合是两者之间不断发展的主要趋势之一，在一定程度上也体现了社会的需求。其需要对互联网信息数据收集、移动电子设备终端识别等重要节点进行科学的优化与完善，并对移动互联网技术需要的各种信息数据资源进行科学配置，真正地促进各种信息数据资源的科学使用，同时还可以对移动互联网技术的连接方式进行规划设计。

3.3 信息服务的制度保障

国家制度变迁与信息服务制度的演化不是孤立的，随着社会的进步和发展转型，制度也在不断创新。从制度范围看，国家制度涵盖社会各领域，对所有社会关系和社会成员起到行为规范和约束作用，是维护一定社会性质及秩序的最根本规范。信息服务制度对行业内的基本关系进行规定和约束。在制度演化过程中，国家制度作为信息服务制度制定的前提条件，确定了经济运行与社会交互的行为规则，对信息服务组织起着决定作用。然而，信息服务制度也会对国家制度产生影响。在创新型国家建设中，信息服务已成为影响社会发展的重要基础，在制度层面上推动着信息服务业与其他行业的协同，因此，必然在全局上影响着创新型国家的制度建设。信息服务制度必须与国家制度相匹配。与国家制度一致的信息服务制度，能对国家制度目标的实现起到积极的促进作用。反之，当信息服务制度不完善或与国家制度不一致时，就会影响甚至阻碍国家制度建设。此外，信息服务制度的演化也会对国家制度的局部调整或改善起到促进作用。

针对制约我国新兴现代服务业发展的障碍性因素，总结发展规律，借鉴国际运行模式，发挥国家优势，基于"互联网+"战略下的网络信息服务制度是值得深入研究的课题之一。2016 年 6 月，国家互联网信息办公室发布了《移动跟互联网应用程序信息服务管理规定》，更加规范了移动互联网应用程序信息服务管理，明确了网民在使用移动互联网信息服务中的合法权益，为构建移动互联网的安全、健康、可持续发展的长效机制提供制度保障。① 国家互联网信息办公室有关负责人强调，移动互联网应用程序提供者和互联网应用商店服务提

① 国家网信办. 移动互联网应用程序信息服务管理规定［EB/OL］.［2018-11-20］. http://www.cac.gov.cn/2016-06/28/c_1119123114.htm.

供者应当切实履行管理责任，积极承担社会责任，自觉接受公众监督，为网民提供安全、优质、便捷、实用的信息服务。

3.3.1 面向生活性服务业的信息化制度保障

生活性服务业是指利用一定设备、工具为消费者提供一定服务性劳动的行业总称，按服务属性可划分为社会型服务业和公共型服务业。

（1）社会型服务业

社会型服务业主要包括餐饮、保健等，互联网最初是通过网络营销、增加流量来为餐饮企业带来收入。在智慧餐饮时代，餐饮行业通过互联网延伸会员管理的深度和价值，提升店面坪效，通过互联网科技使用户"智慧点餐"，使商家"智能管理"，从而为餐饮业重新赋能，实现全渠道信息化管理。[①]

新餐饮时代，智能化经营管理已经成为影响餐饮企业竞争的重要因素。餐饮企业信息化及智能化管理难点主要包括了线上线下未打通、会员管理无法全面触及、外卖运营如何提升效率和订单量、餐饮企业难以形成完善的供应链管理系统、餐饮 SaaS 运营管理不成熟，等等。SaaS 餐饮管理软件可以帮助餐饮企业在移动互联网时代改善商业模式、运营模式和管理模式，从而让餐饮企业全面拥抱互联网。通过使用 SaaS 餐饮软件系统，逐步引导商户的商业模式向自助化方向转变。将收银岗位兼并以后，服务员和收银员合二为一，将餐厅的收银岗位空间节省出来，把人工成本省下同时增加一两桌经营面积，从而提升结构效率。帮助餐饮企业消灭现金，减少对账工作量，大大节省企业的管理成本，实现商业模式转型升级。用 SaaS 餐饮软件，让顾客自助点单结账，通过大数据对排班、采购订单、库存数量、采购指数、餐品搭配、促销手段组合运用实行有效管理。智能餐饮管理系统的出现，为连锁餐企的轻松管理提供了捷径。智慧餐饮通过软硬件一体、云端结合的 SaaS 模式，为餐饮商家提供一体化解决方案。从产品功能来看，SaaS 系统涵盖从点餐、收银、预订、排队到后厨管理、连锁管理及供应链管理等一系列餐饮服务工具，对接团购、外卖等多种线上平台，通过对全渠道全流程的数据分析，生成维度丰富的统计报表。在拥有巨大的信息数据基础后，为企业自身定制一套合适的智能餐饮系统和智能收银系统，借助信息数据使其真正实现餐饮智能管理。

当前，餐饮企业通过数据分析、精准推送、利用合适的 ERP 系统、CRM

---

① 李伟亨. 基于 SaaS 和 SOA 的餐饮管理平台的研究与开发[J]. 计算机光盘软件与应用，2010(3)：109-110.

系统帮助实现餐饮企业信息化和智能化管理需求。餐饮行业市场体量大，10亿级的消费者一日三餐所产生的数据十分庞大，加上餐饮行业的消费数据维度广，如进店时间、同行几人、是男是女、坐几号桌、消费品类、用餐时长、消费金额等，数据分析的链条极其复杂。获取最全面的数据源，填补数据断层的缺陷，建立一套金字塔式的分析架构显得十分重要。数据量越大，越能够实现精准营销。餐饮软件服务商做推荐算法也是如此，必须获取足够多的顾客数据，才能保证营销更精准。餐饮是大数据应用并产生颠覆价值最大的一个品类，推荐算法又是数据分析领域当中顶级的部分。餐饮 ERP 系统的打通不仅能够大幅提升用户的餐饮消费体验，解决用户此前的体验痛点，并且有助于商家提升自己的服务水平和效率，诸如口味研发、卖品定价、精准营销等方面都能够提供更深入服务，从而在后台高效完成团购验券、闪惠支付、外卖订单管理、门店管理。CRM 既是一套管理制度，也是一套软件和技术。它的本质是吸引客户，留住客户，实现客户利益最大化。CRM 系统通过分析餐厅的顾客来源、消费偏好、消费周期等指标，给顾客一张详细的消费画像。通过消费排名找出企业的高价值客户，并借助社交平台粉丝营销策略维护好每一位老顾客，这就是 CRM 管理真正要帮助餐饮企业实现的。为了确保餐饮企业数据营销池的落地和数据正确性，通过餐饮 CRM 系统建立多维度的数据挖掘管理模块。通过线上与线下的结合，来同步数据。线上可通过美团外卖、微信、饿了么等平台的订单来获取会员信息，线下端可通过 CRM 系统中的 POS 模块挖掘接入者信息、店面停留时间等数据，建立正确的客户数据库，为客户需求、消费习惯分析等提供全面支持。

（2）公共型服务业

公共型服务业主要包括教育、公用事业、政府等，其中，教育信息化的核心内容是教学信息化。教学是教育领域的中心工作，教学信息化就是要使教学手段科技化、教育传播信息化、教学方式现代化。教育信息化，要求在教育过程中较全面地运用以计算机、多媒体和网络通信为基础的现代信息技术，促进教育改革，从而适应正在到来的信息化社会提出的新要求，对深化教育改革，实施素质教育，具有重大的意义。《教育信息化十年发展规划（2011—2020年）》对我国教育信息化十年发展提出两个阶段的构想。① 2018 年 4 月，教育

---

① 教育部关于印发《教育信息化十年发展规划（2011—2020 年）》的通知［EB/OL］. ［2018-11-20］. http://old. moe. gov. cn/publicfiles/business/htmlfiles/moe/s3342/201203/xxgk_133322.html.

部印发《教育信息化2.0行动计划》通知，提出要到2022年基本实现"三全两高一大"的发展目标。其中，"三全"指教学应用覆盖全体教师、学习应用覆盖全体适龄学生、数字校园建设覆盖全体学校；"两高"指信息化应用水平和师生信息素养普遍提高；"一大"指建成"互联网+教育"大平台。教育信息化从1.0时代进入2.0时代。具体来说，教育信息化2.0要实现从专用资源向大资源转变；从提升学生信息技术应用能力、向提升信息技术素养转变；从应用融合发展向创新融合发展转变。关于如何实现教育信息化2.0，《教育信息化2.0行动计划》主要提到三点：①"三通"提效增质、两平台融合发展。"三通"包括"宽带网络校校通""优质资源班班通""网络学习空间人人通"。两平台包括教育资源公共服务平台和教育管理公共服务平台。②教育信息化从融合应用向创新发展演进，全面提升师生信息素养。将信息技术和智能技术深度融入教育全过程，推动改进教学、优化管理、提升绩效；推动师生从技术应用向能力素质拓展，使之具备良好的信息思维，适应信息社会发展的要求，应用信息技术解决教学、学习、生活中问题的能力成为必备的基本素质。③构建一体化的"互联网+教育"大平台。引入"平台+教育"服务模式，整合各级各类教育资源公共服务平台和支持系统，逐步实现资源平台、管理平台的互通、衔接与开放，建成国家数字教育资源公共服务体系。充分发挥市场在资源配置中的作用，融合众筹众创，实现数字资源、优秀师资、教育数据、信息红利的有效共享，助力教育服务供给模式升级和教育治理水平提升。①

2017年7月，《"十三五"国家政务信息化工程建设规划》的正式发布，标志着我国政务信息化在新的起点开始了新的征程。该规划明确指出政务信息化已经成为通往现代治理之路不可或缺的重要依托，成为推进国家治理体系和治理能力现代化建设的重要手段、政府高效履职行政的重要支撑。②"十二五"以来，国家政务信息化工程建设无论是以国家电子政务专网、国家基础信息资源库为代表的国家重大基础设施建设，还是生态环境保护信息化工程等重大工程建设，都取得了长足进步和丰硕成果，这为"十三五"期间更进一步快速发展和提升打下了坚实基础，积累了丰富经验。随着社会经济的发展、技术的进

① 教育信息化2.0行动计划［EB/OL］.［2018-11-20］. https://baike. baidu. com/item/%E6%95%99%E8%82%B2%E4%BF%A1%E6%81%AF%E5%8C%962.0%E8%A1%8C%E5%8A%A8%E8%AE%A1%E5%88%92/22501991? fr=aladdin#1.

② 国家发展改革委关于印发"十三五"国家政务信息化工程建设规划的通知［EB/OL］.［2018-11-20］. http://www.ndrc.gov.cn/zcfb/zcfbghwb/201708/t20170824_858612.html.

步，新时期、新任务对国家政务信息化要求也在不断提升，以往的部门各自独立建设的、互不联通的系统，互不共享的信息和数据，不向社会开放的数据等都不符合党和国家的要求，也无法满足社会公众的诉求。为了适应新形势，满足新要求，该规划的主要目标是通过大平台、大数据、大系统和大服务的建设，基本形成满足国家治理体系与治理能力现代化要求的政务信息化体系，并总体满足国家治理创新需求和社会公众服务期望。充分发挥以云计算、大数据等为代表的新技术优势，以大平台为核心，加快推进政务信息系统整合共享，充分发挥大平台的作用，深入推进政务信息化建设集约整合与共享共用，使大平台成为数据的存储、交换、共享、使用和开放的核心枢纽，消灭孤岛，实现整合，是政务信息化城市全面支撑统筹推进"五位一体"总体布局和协调推进"四个全面"战略布局，及贯彻落实创新、协调、绿色、开放、共享的发展理念强有力的技术保障。大数据已经成为国家政务的重要信息资源，深入开展大数据应用可以有效地促进政务决策科学化、大幅度提升精细化治理能力和提高精准化社会公共服务水平。众多政务部门都不同程度地开展了大数据的应用，并积累了丰富经验，"十三五"期间大力推进大数据应用，建成国家政务信息资源管理和服务系统，形成大数据慧治新能力。创新、改革、统筹、整合、共享、协同、共治、集约和高效等是《"十三五"国家政务信息化工程建设规划》的关键词，大平台、大数据、大系统、大服务是规划的特色，同时也是努力奋斗的目标。

3.3.2　面向生产性服务业的信息化制度保障

生产性服务业是促进技术进步、提高生产效率、保障工农业生产活动有序进行的服务行业。生产性服务业按其功能可划分为业务型服务业、贸易型服务业和基础设施型服务业。

(1)业务型服务业

业务型服务业主要指咨询、财务金融、银行、房地产等行业。在这些行业中，加强制度体系建设是企业实现科学化管理、提高企业执行力、企业管理创新的关键。制度体系建设是企业围绕管理工作的科学化、规范化、程序化、标准化和系统化等进行的一系列活动的总称，是现代企业科学化管理的重要内容。制度建设既能固化企业已有的成功经验模式和优秀管理方法，为实现真正意义上的规范管理创造条件，又能凝练企业优秀文化，保持企业高度协调的发展动力和应变能力，对企业经营管理具有重要的意义。通过系统化与集成化流程规划，能实现组织整体效能的最大化，保证企业战略落地；可以解决各业务体系之间、部门之间存在的系统性接口问题，显著提高组织整体效能；可以保证流程对管理制度的无缝衔接和落实，切实提高企业执行力。在高度信息化的今天，随着业务管控要求程度越来越精细，必须通过信息资源规划，理清业务管控与信息化的关系，加强信息系统的建设，通过信息化将业务管控细化到岗位、细化到节点、细化到人员，从而加强管控，细化管理。

在咨询类行业中，通过信息化手段，一方面将制度流程表象、明晰，提高流程的应用价值，形成管理与信息的一体化、数字化、智能化，实现制度管人、流程办事，促进管理效率大幅提升；另一方面，通过信息系统管理方和制度执行方建立联动，确保各项规章制度的落地执行，达成整合资源、协同共享，强化管理、保障安全，提升执行力。基于"制度、流程、岗位、内控、标准"一体化数据库，开发了"我的工作、我的流程、我的活动"等功能模块，明确每个岗位需遵守的制度、遵循的办事流程、内控权限、标准依据，实现按制度管人、按流程办事。员工可随时查看与本人的岗位以及业务相关的制度、流程、内控权限、管理标准等，并以此开展工作。管理层能够及时掌控各项业务的进展和工作质量，让管控更精细，决策更及时。

在财务金融类行业中，信息化是金融管理职能的转变需求、金融企业职能转变的需要、健全金融管理机制的需求。金融管理信息化建设不仅可以降低金融企业的运营成本，还可以提高金融企业的服务水平，满足不同客户的需求。如今，金融管理正向着信息化和数字化方向发展，金融企业必须具备收集能力、分析能力、处理能力和应用能力。信息化建设实现了金融企业一体化发展，促进金融改革，健全金融管理制度，进而实现金融企业的发展目标。

在房地产行业中，随着房地产产业的快速发展，信息化管理在房地产管理中的作用越来越重要，比如，财务管理、合同管理体系建设、档案信息化管理等方面都需要信息化管理和相关信息技术的应用。随着人们法律意识的不断增强，房地产领域方面的纠纷、诉讼等各种民事案件也在逐渐增多。目前我国房地产档案管理相关法律法规和制度还不够完善，房地产档案信息在被使用时总是容易与他人的利益产生冲突。而且现在房地产档案管理事业出现高速发展的趋势，要求对土地资源、房地产等相关方面的法律法规，以及相关制度作出必要的修改与完善，以适应我国当前经济社会发展的需要和满足人们对相关方面的诉求要求。因此要完善房地产档案管理制度，加强实物档案与电子档案同等标准的管理，重视档案信息化管理制度建设，从法律制度上保障档案的功能作用的充分发挥。房地产档案管理的信息化建设应建立和完善有效的档案管理信息系统。信息归集系统收集房地产相关信息，并且保证信息可以在房地产信息变动时及时更新，便于检索、咨询、查询。便捷、实用的检索系统可以应用房地产的相关信息，如地址、面积和方位等作为检索的条件，提高检索服务质量。信息安全系统的功能是确保权属信息全面、精准、安全，不被非法分子篡改、盗取等。数字档案的保存涉及很多信息技术上的问题，必须做好信息技术保障，才能确保相关权利人的隐私不泄露。此外，要建立档案数据库，加强软硬件系统维护，实现档案数据资源共享和档案隐私保密工作，提高房地产档案利用的信息化水平。

（2）贸易型服务业

贸易型服务业主要指零售、维修等行业。近年来，工商总局先后制定出台了《网络交易管理办法》《流通领域商品质量抽查检验办法》《侵害消费者权益行为处罚办法》《流通领域商品质量监督管理办法》以及《关于加强和规范网络交易商品质量抽查检验的意见》，有针对性地规范商品交易秩序，维护线上线下消费者合法权益，并定期开展专项抽检工作，目的是发现问题商品，净化市场环境，保护消费者权益。网购产品质量问题一直是大众关注的焦点，《中华人民共和国电子商务法》（简称《电子商务法》）于 2019 年 1 月 1 日实施，其宗旨不仅仅是为了保护平台、商家或消费者其中一方单独的利益，而是要保证电子商务各方主体的合法权益，规范电子商务行为、维护市场秩序、促进电子商务持续健康发展。①《电子商务法》制定实施后，各方对零售行业的制度、跨境电商标准、商品质量、服务质量有了一个新的认识。制度流程化、流程信息化建设，使制度具备显性化、可视化属性，澄清了制度的模糊地带，使得业务路径清晰可见，达到工作标准化、明晰化、快速化。目前，贸易型服务业管理流程已固化入 OA 办公系统中，如物资采购流程从业务单位需求计划提报、需求计划审批、采购计划生成、采购计划审批、采购订单生成、采购订单审批、合同生成并审批等一系列流程涉及 OA 办公系统、ERP、EC 采购平台、合同管理系统等多个系统。经过设计，均已实现固化为工作流程，通过信息化，大大提高了工作效率，有效提高管理水平。

（3）基础设施型服务业

基础设施型服务业指交通运输等行业。智能网联汽车测试技术与信息安全问题、智慧城市交通系统构建及网络安全对策、航运企业的信息化建设和网络安全治理、大数据驱动的智能时代安全等都是交通运输行业的重要前沿话题。

---

①　中华人民共和国电子商务法［EB/OL］.［2018-11-20］. http://www.npc.gov.cn/npc/xinwen/2018-08/31/content_2060172.htm.

目前，智能网联汽车的测试与信息安全问题，已成为智能汽车发展和应用的瓶颈。传统的基于"人-车"二元独立系统的汽车安全与综合性能测试方法，已经无法适应基于"人-车-环境-任务"强耦合系统的智能网联汽车测试的复杂需求。因此，面向智能网联汽车开发高精度、可靠、综合性的测试系统，研究测试方法与技术、网络信息安全问题成为智能网联汽车产业发展的重要基石。根据智能化、网联化、共享化、电动化的汽车发展趋势，必须研究全新的测试理论、设计全新的测试方法，建立完整的测试标准体系，对智能网联汽车的功能、性能与信息安全进行分级测试，做到由易到难，由简入繁，建立多尺度、多层次的智能网联汽车测试理论体系和制定智能网联汽车功能、性能、可靠性量化评价系统与安全防护策略，以保障智能网联汽车的行驶安全。

民航企业需要重视安全服务和优化，其网络数据安全直接关系到航班数据和旅客信息安全。提升业务系统安全防护和监测预警能力，建立联动安全防护体系，实现信息安全的自主可控，是民航企业必须考虑的问题。为保护企业信息安全，民航企业需从安全研究和建设、安全服务和优化的角度，实现运维终端环境隔离。在安全运维的基础上，更重视安全服务和安全优化，加强对关键基础设施的保护，提升安全漏洞检测能力，强化安全管理。

进入经济发展新常态，经济增长动力发生转换，要素驱动、投资驱动转向创新驱动。交通运输要实现从传统产业向现代服务业转型升级，根本出路在于创新。面对新一代信息技术引领的科技革命浪潮，交通运输创新驱动的主战场便是智慧交通的建设。要大力提升交通运输信息化智能化水平，推动京津冀、长三角等重点区域率先实现交通一卡通，积极推进移动互联网、物联网、大数据等现代信息技术在智慧公路、智慧港口领域的应用。交通运输系统科研教学单位，要围绕交通运输创新主战场和主攻方向，加大创新人才培育培养力度，加快完善科技创新体制机制，着力构建企业为主体、市场为导向、产学研相结合的创新体系，促进科技成果产业化、市场化，提高科技创新对交通运输发展的贡献率，使科研真正成为创新驱动的重要推动力量。

3.4　信息服务的社会化协同驱动

本部分研究网络信息服务与创新一体化发展中，基于价值链的网络信息服务需求、技术和制度的协同机理和效应，探索基于互联网的网络信息服务需求、技术和制度之间的社会化协同模式。行业、企业和用户各方的需求驱动着服务业整体的信息化发展，国家政府的相关政策制度与战略方针是网络信息服务发展的强大推动力，同时，技术的革新为网络信息服务的发展奠定了坚实的技术基础，需求、技术和制度的不断完善，三者之间的协同效应共同为网络信息服务创造了有利的条件。

3.4.1 信息服务社会化协同的内涵

协同的概念是 20 世纪 70 年代由德国物理学家哈肯提出来的。哈肯在著作中系统阐述了协同理论，该理论主要研究的是不同系统间的共同特征和协同机理。协同理论认为，在整个空间范围内，部门、产业以及地区等系统间存在着相互影响以及协同合作、竞争的关系。哈肯的协同理论可以概括为三方面：一是协同效应，二是伺服原理，三是自组织原理。早期的杜能的孤立国和韦伯的工业布局里考虑的三个因子都包含了协同的思想。之后在此基础上发展的不平衡发展理论开始强调产业的集聚和扩散效应，推动整个区域产业的协同发展。成本学说同样是产业协同理论的基础，成本学说利用比较成本优势来解释国际分工，亚当·斯密的绝对成本和李嘉图的比较成本学说构成了古典贸易理论的核心内容，各地区和各行业要依据相对优势进行区域间分工和合作，促进资源的合理配置。在服务业领域，企业信息化的进程需要社会需求、信息科学技术和不断完善的国家战略制度的推动，才能实现资源更加合理的利用，实现信息的互流互通，从而促进服务行业更好更快的发展，让用户获得更好的服务体验和满意度。

普遍的社会需求为网络信息服务提供了社会基础。随着人们对信息重要性认识的深化以及信息利用水平的提高，在社会、经济、军事等各个领域，政府、企业、公众不同层次的行为主体，对信息和信息技术的需求都有了很大的增长。在政府方面，不少国家为了适应全球经济一体化的趋势，在世界经济贸易活动中争取主动地位，提高竞争能力，纷纷把获取信息资源、在信息化潮流中抢占有利位置作为一个重要的战略目标。在服务业行业中，企业和用户需求是信息化的核心推动力量。信息技术及手段是最具活力、最为先进的一种生产力，它在改造传统产业和激活现代工业活力中发挥的作用已经逐步为人们所认识。对社会公众而言，信息化的影响正在使人类社会的思维方式、工作方式、学习方式和生活方式发生巨大的变革。在社会经济领域，针对服务业行业，用户和企业各种潜在的信息需求正在变为日常生活工作中现实的信息需求，这种对信息和信息技术的普遍的社会需求构成了网络信息服务的社会基础。用户和企业的需求不断驱动着网络信息服务的发展。网络信息服务能够帮助企业和用户、用户与用户之间实现信息有效的流通，消除了企业内部信息流通不畅的问题，促进了企业内部人员的有效沟通，提高了员工的合作意识，增强了企业的凝聚力，也有助于及时解决和反馈用户提出的问题。网络信息服务能够帮助企业实现资源和知识共享，将员工的经验与技术转化成企业内部资源，既提高了员工的学习和创新能力，又避免了因人员的流动而导致的工作延误。网络信息服务大大提高了工作效率，使得资源能够得到更加充分的利用，降低企业管理成本，帮助企业实现有效管理，有效监管工作人员的工作情况，实现实时工作任务的监督与催办。

信息技术有助于提升服务业的发展质量和竞争力，有助于催生新兴服务业，改造传统服务业，促使企业的服务观念发生重大变革，更加注重人性化和个性化的发展。信息技术的发展与应用催生了一批新兴的服务业。一方面，在信息化的作用下，社会分工越来越细，专业化程度越来越高，以信息技术为核心和为信息产业提供服务的大量行业迅速崛起，成为服务业发展的一股重要力量，如计算机和软件服务、网络通信、数字影视、网络传媒、信息服务、现代物流、远程教育、电子商务等。同时，由于上述服务业产业链延伸和专业化分工的需要，出现了多种类型的信息咨询服务业、信息内容服务业等。另一方面，随着信息技术渗透的日益加深，一些传统服务部门逐渐发生更新与产业创新，形成新型服务业。如现代物流业就是从批发零售贸易业、运输业、仓储业等传统流通服务业演变而来的新型产业。信息技术的长足发展为网络信息服务奠定了技术基础，为提升服务业水平创造了有利条件，随着服务业中知识技术含量的不断提高，信息技术设施已经成为各类服务业提升竞争力的必不可少的平台。信息技术提高了城市通信的效率，改善了居民生活环境，加快了物流的发展，增强了城市的公共服务能力和应急反应能力，改变了企业竞争的基础，降低了企业的管理成本与交易成本。信息技术的这些发展有利于推进服务业科技进步与创新，有利于科技在现代服务业中的渗透以及现代经营方式、服务技术和流动组织管理手段的运用，推动了传统服务业的改造，全面提升了企业素质、管理水平和经济效益，加快了网络信息服务的进程。

3.4.2 信息服务的协同演化

当前，随着大数据、人工智能等技术的发展，在信息需求、技术与制度的协同驱动下，网络信息服务的协同演化表现在内容、数据和伦理三个维度。

①内容生产与制度创新的协同驱动。技术的不断创新为网络信息服务内容生产提供了源源不断的动力，基于互联网平台的内容生产呈指数增长。用户新

的信息需求不断催生新的技术应用。在内容生产过程中，不仅技术创新全方位介入，制度创新也不断跟进。技术创新既会带来技术进步，又会带来安全问题。内容创新也有两面性，如果没有制度规范，技术和内容的发展都会给用户带来灾难。① 由此可见，技术创新、内容创新与制度创新三者是相互促进、螺旋上升的协同过程。

②大数据驱动的智能技术与制度的协同创新。大数据的海量积累和算法的发展是网络信息服务不断提升的技术基础。网络信息服务智能化发展过程中，微观层面的大数据包括用户性别、年龄、职业、文化水平及个人兴趣、爱好、文化消费习惯等；宏观层面的大数据包括各个领域的行业数据、国家统计数据以及各种数字化资源等。大数据成为人工智能介入网络信息服务行业，及在生产环节进行内容创新与运营模式优化的重要依据。正是大数据产业所提供的海量数据量，使得深度学习算法成为可能，并带来计算机视觉、语音技术、自然语言处理和规划决策系统等在信息服务产业领域的应用与发展。目前大数据管理与应用领域存在的数据治理问题亟须从制度层面跟进与协同驱动。

③技术创新与伦理制度的协同演化。技术创新过程中必须要坚守伦理道德，避免对用户数据的滥用，保障用户已公开数据的安全。围绕人本主义原则和技术主义原则，网络信息服务亟须厘清发展的边界，加快人工智能时代的科技伦理制度设计。2019 年，中国颁布了《新一代人工智能治理原则——发展负责任的人工智能》，强调人工智能发展应遵循"和谐友好、公平公正、包容共享、尊重隐私、安全可控、共担责任、开放协作、敏捷治理"等原则。智能时代的技术创新引发了一系列伦理问题，而伦理制度的相继出台则在一定程度上规范了服务创新活动；技术创新和伦理制度的协同促使智能化信息服务的边界不断调适，保障网络信息服务健康发展。

---

① 解学芳，高嘉琪. AI 技术与制度协同驱动的文化产业演化机理及进阶模式[J]. 社会科学研究，2021(2)：104-114.

4　信息服务的可持续发展战略与规划

近年来，能源短缺和环境恶化问题已引起全世界的广泛关注。目前信息技术和服务领域所排放的二氧化碳约占全球二氧化碳总排放量的2%，并呈逐年上涨趋势。① 中国政府在联合国大会上明确表示，为保证全球经济和环境的可持续发展，截至2020年，我国将实现40%~45%的节能减排目标。由于信息服务已渗透到各个行业和领域，国家和政府都高度重视信息服务的绿色化及其可持续发展。绿色信息服务是指将传统的信息服务与可持续发展理念相结合，实现从信息产生到访问、使用和处理的整个生命周期中的环境友好及可持续利用。绿色信息服务致力于以经济和环境可持续的方式生成输出信息，以支持具体的学术研究或决策活动，满足个体用户以及政府、学校、企业等组织的具体信息需求。②

可持续发展指既能满足当代人的需要，又不对后代人满足其需要的能力构成危害的发展。所以，网络信息服务的可持续发展是指通过技术手段，使互联网的各类信息资源以更经济、更便捷、更环保的方式集成的发展形式，并可以分为经济、社会以及环境三个维度。从经济角度看，网络信息服务的经济可持续发展可以使人们以更低的成本获取服务，从社会角度看，网络信息服务的社会可持续发展可以使社会各阶层的人们普遍平等地获取和利用高质量的信息资源，从环境角度看，网络信息服务的环境可持续发展可以在提供信息服务的同时，减少环境污染和温室气体排放，实现绿色信息服务。

---

① The Climate Group, SMART2020: Enabling the low carbon economy in the information age [EB/OL]. [2020-10-28]. http://www.theclimategroup.org/what-we-do/publications/SMART2020-Enabling-the-low-carbon-economy-in-the-information-age/.

② Chowdhury G. Building environmentally sustainable information services: A green is research agenda[J]. Journal of the Association for Information Science and Technology, 2012, 63 (4): 633-647.

4.1 信息服务可持续发展战略的内涵

实现信息服务的可持续发展旨在利用网络手段快速集成互联网信息资源，能够随着时代变化和信息量的激增持续满足所有人类源源不断的信息需求，以便宜、便捷、高效的方式让所有用户平等享受更好的信息服务，提升用户体验，同时不损害自然环境，实现绿色发展。实现网络信息服务的可持续发展功在当代、利在千秋，不仅能以更低的成本为更多的人提供需要的信息资源，也有利于保护自然环境，实现人和自然和谐相处，符合全面建设小康社会的要求。

4.1.1 信息服务可持续发展的定义

可持续发展是指在满足当代人需要的同时，也不损害后代人满足需求的能力的发展方式，有经济可持续、社会可持续和环境可持续三种类型。网络信息服务是指通过技术手段，让用户获得更便宜、更公平、更优质的信息资源的绿色发展方式。

（1）可持续发展的由来

1980 年国际自然保护同盟的《世界自然资源保护大纲》，提出了必须研究自然的、社会的、生态的、经济的以及利用自然资源过程中的基本关系，以确保全球的可持续发展，这是"可持续发展"一词的第一次出现。1981 年，布朗（Lester R. Brown）出版《建设一个可持续发展的社会》一书，提出以控制人口增长、保护资源基础和开发再生能源来实现可持续发展。1987 年，世界环境与发展委员会出版《我们共同的未来》报告，将可持续发展定义为既能满足当代人的需要，又不对后代人满足其需要的能力构成危害的发展方式。它系统阐述了可持续发展的思想。1992 年 6 月，联合国在里约热内卢召开的"环境与发展大会"，通过了以可持续发展为核心内容的《里约环境与发展宣言》《21 世纪议程》等文件。

类似的定义由美国环境保护署提出，强调保持自然、生产力和企业之间的平衡：可持续发展创建和维护人类与自然和谐共处的状态，履行和满足当代和未来的社会、经济和其他方面的需求。随后，中国政府编制了《中国 21 世纪人口、资源、环境与发展白皮书》，首次把可持续发展战略纳入我国经济和社会发展的长远规划。1997年的党的十五大把可持续发展战略确定为我国"现代化建设中必须实施"的战略。2002年党的十六大把"可持续发展能力不断增强"作为全面建设小康社会的目标之一。

经济学家、社会学家等对可持续发展做出了不同的解释，即可持续发展意味着今天的使用不应减少未来的实际收入的发展，是在不超出维持生态系统涵容能力的同时改善人类的生活品质的发展，是不超越环境、系统更新能力的发展。所以根据可持续发展的不同定义，可以将其分为三类，即经济可持续、社会可持续以及环境可持续。

（2）网络信息服务可持续发展的内涵

网络信息服务是指以提供信息内容为主要手段的因特网信息业务。网络信息服务以网络信息查询为基础，属于信息服务业的分支，当前基于因特网的信息服务可以划分为两种类型：一类是基本信息服务，即电子邮件、文件传输、远程登录以及基于电子邮件的各项服务；另一类是网络信息检索服务，包括名录、索引、交互式服务以及数字图书馆服务等。现如今，人们在信息需求上对互联网的依赖程度越来越高，网络信息服务已经成为现阶段信息服务主体进行信息服务的重要途径。网络信息服务不仅能够提高信息服务的便捷性，而且能够为服务对象提供丰富的网络信息，满足服务对象的信息需求。

对于网络信息服务而言，可持续发展则指网络信息服务提供者利用技术手段，创新发展模式，使人们能够以更低的成本平等地获取更全面的信息服务，满足自身日益增长的网络信息需求的发展，同时不损害环境的可持续发展，实现人与自然和谐相处。近年来，我国互联网基础设施建设不断优化升级，网络信息服务正朝着扩大覆盖服务范围、提升响应速度、降低使用费用的方向发展。在未来，随着5G、云计算等计算机技术的发展，网络信息服务将成为信息服务业的主流，服务对象更加多元化，服务方式更加多样化，服务内容更加个性化，技术手段更加经济环保，进而全面实现可持续发展战略。

4.1.2 信息服务可持续发展战略的内容

由于信息服务渗透到各个行业和领域，国家高度重视信息服务的可持续发展。信息服务的可持续发展是指将传统的信息服务与可持续发展理念相结合，实现从信息产生到访问、使用和处理的整个生命周期中的环境友好及可持续利用。信息服务可持续发展致力于以经济和环境可持续的方式生成输出信息，以支持具体的学术研究或决策活动，满足个体用户以及政府、学校、企业等组织的具体信息需求。①

　　网络信息服务的整个生命周期都在广泛地利用信息基础设施和设备，这些设备在使用过程中不仅需要使用能源，同时也产生大量废弃和电子垃圾。以图书馆为例，其信息服务能耗主要有三种形式：生产能耗、使用能耗以及建筑和装饰材料能耗，如图4-1所示。

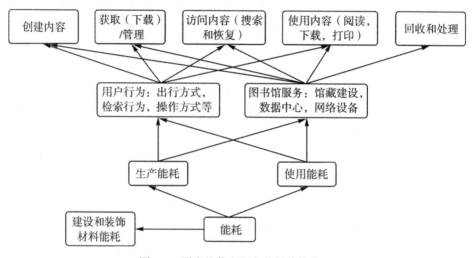

图4-1　图书馆信息服务能耗估算模型

　　该模型分析了实体图书馆和数字图书馆在信息创建、获取、访问、使用和回收处理等不同阶段所产生的能源消耗，进而计算其能耗总量。由此可见，为了准确估计图书馆的生产和使用能耗，必须先确定图书馆需要提供的所有功能和服务以及用户所要进行的与信息服务相关的活动。

　　国外政府高度重视图书馆等信息服务机构中可持续发展战略的施行，对图书馆信息服务可持续发展建设已经形成了较为完整的评价体系。从建筑装饰材料能耗到水电资源利用，从图书馆日常管理到环境素养教育开展，都有相应的规章制度和操作流程。国外评价体系的重心是图书馆可持续发展信息服务标准和能耗监控体系的完善，这样规范化的管理有助于图书馆查漏补缺，明确自身

　　①　Chowdhury G. Building environmentally sustainable information services：A green is research agenda[J]. Journal of the Association for Information Science and Technology，2012，63（4）：633-647.

努力方向。与此同时，将图书馆信息服务可持续发展建设与其他行业的发展紧密结合。与图书馆运营有关的不仅包括图书馆工作人员，还有图书提供商、硬件设备供应商、政府机构和信息技术人员等。国外各个行业从自身角度出发做到了以下几点：提供商提供使用环保纸张和油墨打印的图书，这种书本可降解且对环境友好；硬件设备供应商提供可自动升级的客户端，减少数字图书馆的内容存储和维护开销；技术人员通过数据挖掘技术实现针对不同用户人群的查询机制，减少能源浪费等，在整个社会中形成了绿色环保、节能低碳的改革浪潮。

网络信息服务包括网络信息情报搜集、网络信息检索、网络信息收集整理、网络文献检索服务、网络信息咨询业务等，一方面，随着信息量的增大，网络信息服务需要不断利用现有技术满足更高要求的信息需求，也需要更快的反应速度和更低的使用成本，才能维持现有用户，扩大用户群，实现可持续发展；另一方面，随着环境问题的日益严重，自然资源不断被消耗，网络信息服务同样需要在信息的生命周期中考虑环境的可持续问题。根据可持续发展的定义，可以将网络信息服务的可持续发展分为经济可持续发展、社会可持续发展以及环境可持续发展。

（1）信息服务经济可持续发展

网络信息服务的经济可持续发展是指在可持续商业模式下，用户可以用最低的成本、最便捷的方式获得最好的信息资源的发展。实现网络信息服务的经济可持续，就需要在信息资源的产生、传递、聚类等过程中尽量降低成本，在向用户提供服务时，需要降低用户的学习成本和筛选成本，以最快、最简洁的方式向用户提供高质量的信息资源，避免浪费用户的精力和时间。

网络信息服务的经济可持续发展的目标，是确保用户能够更便宜、更便利和更好地获取生活或工作所需要的信息资源。实现经济可持续发展，可以通过建立可持续的商业经营模式以及采取技术措施减少信息资源的创建、分发、存储甚至销毁的成本，并且减少用户搜寻、选择和利用信息资源的时间和努力。经济可持续发展是网络信息服务可持续发展的大前提，也是可持续发展的重大挑战之一。对于网络信息服务提供者（如高校的数字图书馆）而言，可以通过寻求政府资金支持、改变传统商业模式、采用新技术在信息的生命周期中降低成本等方式，实现经济可持续发展。

我国目前信息资源、计算机设备、信息系统的采购、建设并不是经济可持续性的，而也对自然环境产生了不利的影响。数字资源与计算机设备采购和配置既要满足用户的信息需求，又要实现资源利用效率的最大化，降低用户的使用成本，同时采购数字设备要考虑节能指标和环保要求，硬件设施具备良好的节能减排性能，在不影响生态环境的前提下实现经济的可持续发展，这对经济可持续发展而言是巨大的挑战。

（2）信息服务社会可持续发展

可持续发展是人类发展观由传统的工业文明向现代的生态文明的一次历史性跨越，它不仅要求人们的经济意识和环境意识发生根本的转变，还要求人类的发展观发生转变，不仅需要经济及生态环境的优化，还需要社会人文环境的优化。党的十六大报告明确指出了文化建设的发展方向——发展各类文化事业和文化产业都要贯彻发展先进文化的要求，始终把社会效益放在首位。党的十六届三中全会也提出了"坚持以人为本，树立全面、协调、可持续的发展观，促进经济社会和人的全面发展"的指导思想。

社会可持续性可以定义为"维持并改善当前和未来几代人的福利"的发展方式。但是，幸福的概念在不同的环境下有不同的定义，获得幸福、健康的生活方式、公民基本权利的平等、公民民主、知情权、积极友好的人际关系和共享的社会文化等都可以保障社会可持续发展。

随着互联网的普及，网络信息服务的用户群体也越来越广泛，从社会角度考虑，网络信息服务的社会可持续发展就意味着需要让更多的人接触到网络信息服务，并能够利用互联网满足各种各样的信息需求。网络信息服务扩大了信息服务的服务范围、增加了服务时间长度、满足了用户的个性化需求，但其同时需要更加完善的信息资源存储系统以及信息资源管理系统作为支撑。

网络信息服务的社会可持续发展目标是确保社会上的每一个用户都可以拥有平等且方便地使用信息资源的权利，保证用户信息平等获取的权利，满足个性化信息需求，弥合数字鸿沟，减少社会排斥，提升全民文化素养，构建和谐信息社会，最终促进社会的可持续发展。社会可持续的信息服务应该是无处不在的，即它应该嵌入人们的工作和生活中，用户无须主动访问某些互联网资源便可获取所需的信息。要促进网络信息服务的社会可持续发展，需要完善相关法律法规，建设网络基础设施，扩大网络覆盖率，同时统一各种网络资源的标准，并加强信息素养教育。

（3）信息服务环境可持续发展

环境可持续发展是可持续发展的第三个维度，指的是在网络信息服务发展的过程中，减少不可再生能源的使用和温室气体排放量，实现环境友好、生态和谐的发展。网络的产生让很多信息资源以数字化的形式展现，减少了纸张等不可再生资源的使用，但是使用互联网的同时也不可避免地需要消耗能源，气候集团的"智能 2020"报告显示,信息通信技术(ICT)行业本身的碳排放量,目前已经占到了全球排放量的2%,到2020年,这一数字将会翻番。使用当前的信息通信技术越来越难以实现可持续发展的目标,因此,急需寻求可供借鉴的实用性对策实现网络信息服务的环境可持续发展,但同时又不影响网络信息服务的经济和社会可持续发展。

环境可持续发展的主要目标是确保在网络信息服务的每个阶段减少温室气体排放和环境污染,降低对生态环境的影响,实现绿色发展。网络信息服务的价值不仅在于保障和满足全体公民普遍以低成本均等自由地获取和利用更高价值的信息资源,还要考虑在网络信息服务提供、获取和利用过程中对环境的影响和对生态的破坏,必须突破传统的思维方式,推动网络信息服务的发展是可持续性的,促进经济的发展、社会的公平和对环境的保护。

研究表明,适当使用新的信息通信技术可以有效减少温室气体排放量。此外,一方面合理使用 IT/IS(信息技术/信息系统)和云计算技术,可以最大程度利用计算和网络基础设施,共用和优化计算与网络资源,包括硬件、软件和网络设施,减少 ICT 基础设备的投资,通过向用户提供更好地获取资源的途径,从而减少经济成本,实现更好的社会经济效益。另一方面,云计算技术还可以减少 ICT 设备的使用,大大节约信息存储成本,减少设备维护的支出,避免计算资源和网络资源的浪费,从而减少能源消耗,达到节能减排的效果,降低不利的环境影响。同时,也通过推广使用云计算技术,有效实现信息资源的社会化,合理配置信息资源,实现在信息服务过程中的节能减排。

4.1.3 信息服务可持续发展战略的重大意义

网络信息服务从宏观上能够促进社会各行业的改革和信息化发展,微观上可以提升网络用户体验,促进经济、社会和生态的全面协调可持续健康发展,具有重大意义。

(1)宏观意义

近年来,随着移动互联网的普及以及大数据、云计算的广泛运用,互联网引发了新一轮的产业革命。这项革命不仅培育出一个巨大的市场,同时还催生了一系列新技术、新产品、新业态和新模式。中国作为世界上最大的发展中国家,一直是全球可持续发展理念的坚定支持者和承诺践行者。回顾过去,中国改革开放 40 多年的伟大历程,为推进全球可持续发展提供了可资借鉴的经验和模式。

信息服务业是电子信息产业的核心产业之一,是信息化与工业化融合的必要技术支撑，也是改造提升传统产业和提高各行各业技术水平、效率、竞争力的重要手段。电子信息产业调整振兴规划把信息服务业作为重点产业进行支持和培养，正是体现出工业化与信息化融合的迫切需求。而网络信息服务作为新兴的互联网产业，是信息服务业的重要分支之一，是以用户需求为中心的信息时代的关键。推进网络信息服务的进一步发展也有助于国家信息化和工业化协调发展，需要加快推进信息通信技术创新和行业应用，对我国摆脱经济危机，实现平稳较快发展，提升国家的综合实力具有重大意义。

国务院出台的十大产业振兴规划，其核心内容是通过技术创新和重组，促进产业结构调整和升级，提高国际竞争力。网络信息服务三个维度的可持续发展，能够促进钢铁业、能源工业、机械制造、服务业等众多产业生产方式和管理流程转变，能够促进产业重组、机构调整和升级，因而对国家十大振兴规划具有基础化推动作用。

（2）微观意义

可持续发展的三个维度中，经济和生态的可持续性是驱动力和前提，实现社会可持续发展和人与社会的全面发展则是不可或缺的必要保证。网络信息服务的经济可持续发展是推动可持续发展的基石和根本动力，有利于促进信息服务业进一步发展，推进科技进步和经济社会的发展；网络信息服务的社会可持续发展是推动可持续发展的社会保障，只有将发展成果惠及所有人，才有继续发展的空间和力量，推动社会可持续发展有助于促进科教事业的发展，实现社会和谐；网络信息服务的环境可持续发展是推动可持续发展的前提，任何发展都不得损害生态环境，不得超出自然的承载力推动环境可持续发展有利于减少温室气体排放，促进生态和谐，保障经济社会稳定发展。任何的信息服务提供者都以经济获益为最终目标，在实现经济利益的同时，也要保障用户权益和生态环境不受损害。

从用户角度而言，网络信息服务的可持续发展可以为用户创造更便宜、更方便的服务，有效降低了在信息搜寻、获取、选择、利用等方面的成本，提升了用户的生活质量和工作效率；从企业和行业角度而言，网络信息服务的可持续发展有助于企业降低经营成本，创新经营模式，同时增加用户数量和用户忠诚度；从社会的角度而言，网络信息服务的可持续发展惠及了更多的社会群体，提升了社会福利，使互联网的普及率有所增长，也有助于促进社会经济增长。

推动网络信息服务的可持续发展，为信息社会、信息经济、生态环境以及信息服务业的发展开辟了一个可持续的健康发展的道路，为用户、信息行业、社会和生态环境都作出了巨大的贡献。

4.1.4 信息服务可持续发展中存在的问题及挑战

可持续发展问题历来都是发展过程中的重要挑战，对于网络信息服务更是如此，现如今网络信息服务还处于新兴阶段，尚未形成非常完善的发展模式，很多政策和法律法规也有待补充，信息技术还需要进一步创新，用户的信息素养和信息技能还存在不足之处，推进网络信息服务的可持续发展仍然面临着很多的问题和挑战。

（1）网络信息服务模式没有统一标准

由于用户信息需求和所需服务方式的不同，网络信息服务模式在当前环境下没有统一的标准和唯一方式。这就导致用户在不同的网络信息服务模式下的转换需要花费大量的精力和时间成本，而且由于不同用户的信息素养和信息技术水平不同，网络信息服务的发展方式需要更加个性化、体验化，满足不同的需求，服务模式需要统一的模式和标准，以此有效缩小因用户知识能力的差异而出现的数字鸿沟，继而平等开放地获取信息资源。

由于社会层次的落差、互联网技术的差别、社会文化环境以及年龄等因素的差别，用户的信息需求也有差别，为了保证所有用户在网络信息服务的协助下都能够平等便利地获取所需的信息资源，网络信息服务需要建立一个高适用性的服务模式，以满足各种不同的信息需求。

（2）信息技术应用水平不均衡

我国现在的信息技术应用水平在整体上落后于国民的实际需求，信息技术的潜能尚未得到充分挖掘，在部分领域和地区信息技术的应用效果不够明显，信息技术应用水平与先进国家相比存在较大差距。国内不同地区、不同领域、不同群体的信息技术应用水平和网络普及程度很不平衡，用户的信息素养和信息能力也有很大差距，国内的网络基础设施建设也有待进一步发展。

目前，城乡、区域和行业的差距有扩大趋势，网络信息技术的不均衡发展已经成为影响可持续协调发展的阻碍之一。实现信息技术和应用水平的均衡发展，用户才能够用更便宜的价格平等地获得优质信息资源，继而推动网络信息服务的经济和社会可持续发展。

（3）当前网络技术无法承载过大的数据量

随着网络信息服务的继续发展，必然会涉及更多的用户，数据的吞吐量也将呈指数级增长，这会产生网络技术与数据量不匹配的问题，现有的网络技术只能满足现有的数据量，同时还存在有价格高昂、速度较慢的问题。如果技术的更新跟不上数据量的增长速度，将会导致频繁的网络瘫痪，甚至导致用户流失。因此，推动网络信息服务的可持续发展，必须促进网络技术的进步。网络技术的发展不仅仅是为了让用户可以更方便、更便宜地获取更多的资源，更重要的是保证在数据量较大时也能保持稳定的运行速度。

现代 5G 通信、云计算等技术的出现，保证了互联网能以稳定或者更快的速度处理用户信息需求，存储和处理更多的数据，这些技术的普及也将进一步降低网络信息服务的成本，促进经济和社会可持续发展。

(4)信息安全问题比较突出

在全球范围内，互联网的发展带来了信息服务业的繁荣，也引发了信息安全问题。计算机病毒、网络攻击、垃圾邮件、系统漏洞、网络窃密、虚假有害信息和网络违法犯罪等问题日渐突出，成为网络信息化的首要挑战。保障用户享受低廉、便捷、绿色、优质的信息资源，首先要保障网络环境的安全，这是提供可持续的信息服务的前提。

一方面，用户作为网络信息服务的享受者，可以获取到系统提供的各种良莠不齐的信息资源，为了确保网络信息资源不会趁机侵害用户计算机并威胁其信息安全，除了用户需要仔细甄别信息来源外，网络信息服务的提供者也需要建立完善的安全系统，提前将危险拒之门外。另一方面，网络信息服务提供者需要注意维护服务器系统安全，合理收集和利用用户个人信息，防止信息系统被攻陷，防止个人信息被不法分子窃取导致泄露。

(5)法律法规有待完善

推动网络信息服务的可持续发展需要提高信息资源的易获取性，但信息资源的易获取性就会导致一些社会问题，网络信息服务的提供者无法确定提供的信息资源被如何利用，所以需要完善相关法律法规，以制约不合理的利用行为。当前，我国网络体制机制改革相对滞后，受到各种因素制约，信息化管理体制尚不完善，电信监管体制改革有待深化，信息化法制建设需要进一步加快。

与此同时，"时滞期"也很重要。时滞期是指学术资源从存储到知识库到通过知识库开放获取的时间，网络信息服务包含了各种信息资源，当然也包含了重要的学术信息资源。针对不同行业领域，由于保密制度的差异和知识产权的问题，管理者需要有规划地设定不同的时滞期长度，从而在保证信息公开的同时，不损害研究人员的知识产权，也能保护国家利益。

除了对学术资源的约束外，一些机密信息的传播也需要有效制约，防止国家或组织的各方面利益受到侵犯，造成不必要的损失。

（6）知识产权问题

信息服务与知识产权的生产与发展息息相关，密不可分。知识产权的核心内容，如专利权、版权和包括信息网络传播权在内的相关权，都源自信息与知识的传播与利用。实现知识产权有效保护的关键因素之一就是在信息与知识服务中加强对知识产权权利持有人利益的保护。信息服务中的主要知识产权问题在不同程度上涉及版权和相关权、专利权、未披露信息的保护、计算机软件保护、工业商品外观设计等，其中主要是版权和相关权。在数字化、网络化的信息环境中，信息与知识传播和服务的方式、途径和速度发生了根本变化。网络信息服务的产生，导致知识产权问题变得更为复杂，侵权行为变得易于实现、难以防范和不易控制。

在网络信息服务过程中，下载网络信息资源是一些信息服务机构经常利用的搜集途径，更是许多网络服务商最为常见的信息搜集方式。网上信息资源多数会有信息提供商的"版权所有，未经许可不得使用"的声明。这意味着该信息的版权归信息提供者所有，不得随意整体、大量下载。未经许可的下载、传播、提供服务，并从中获取利润和荣誉的做法，属于侵犯版权的行为。很多用户法律意识淡薄，或者缺乏相关的法律常识，也会不经意间地下载或上传未获得授权的信息资源，侵犯相关权利人的知识产权。

我国颁布的《信息网络传播权保护条例》对相关问题做出了明确规定：信息机构提供网络服务时需要避免因转载他人享有版权的作品而侵犯版权，也要防止因"通过网络参与他人侵犯著作权行为，或者通过网络教唆、帮助他人实施侵犯著作权行为"，和"明知网络用户通过网络实施侵犯他人著作权的行为，或者经著作权人提出确有证据的警告，但仍不采取移除侵权内容等措施以消除侵权后果"而承担共同侵权责任。

（7）资金支持

目前，很大一部分信息资源的获取都是以用户支付模式为基础的，这个"用户"不仅指使用信息资源的普通用户，也可以是高校的数字图书馆、数据库、搜索引擎公司等具有较多子用户的机构和组织。近几十年间，在政府或者大学等组织机关的经济支持下，已经有部分数字图书馆开始向全部或者一部分特定的人群提供免费的学术资源。但是，随着网络信息服务免费化的发展，提供免费或价格低廉的信息资源需要花费越来越多的成本，不利于网络信息服务的经济可持续发展。

近年来，随着人们信息需求和数据量的大量增加，计算机设备和基础设施的性能要求越来越高，经费需求也在不断上涨。有报告显示，2012年，由欧洲21个国家提供的经费很好地满足了Europeana这个在线免费数字信息资源提供组织的经济需求。但是，2013年，Europeana需要额外的数十万欧元来维持开销。按照这样的发展趋势，近年来提供网络信息服务的组织，需要设法获取更多的资金资助，找到一个可持续的发展道路和发展模式，使得信息资源的价格维持在较低的水平，来维持和发展经济可持续的网络信息服务。

（8）生态和能源问题

网络信息服务可持续发展的三个维度并不是独立存在的，它们相互影响，相互促进，相辅相成。为了促进经济可持续发展和社会可持续发展，需要大力引进新技术，加强信息设备和基础设施建设，也要大力普及互联网和网络信息素养教育，在这个过程中，不可避免地需要消耗生态资源，增加温室气体排放。在当前，还没有办法完全用可再生能源作为动力，所以在网络信息服务发展的同时，也需要消耗大量煤炭、石油等不可再生资源。虽然对于传统的信息服务而言，网络信息服务因为减少了纸张、油墨的使用和浪费因此而更加环保，但是网络信息服务中的终端设备使用和硬件消耗、电子垃圾等的存在成为新的问题，这也给环境的可持续发展带来了不利的影响。因此，对于网络信息服务对环境造成的影响要加强研究，以开发出更加低碳的终端设备和硬件，以实现低投入、低能耗、低污染、高效益的绿色化信息服务。

4.2　信息服务可持续发展战略的影响因素

网络信息服务可持续发展的首要理念是协调发展理念，也就是在促进三个方面可持续发展的同时，也要注意每个维度之间的协调发展，不能顾此失彼，注意在经济和社会可持续发展的同时促进环境的可持续发展。

网络信息服务可持续发展的每一个维度（经济可持续发展、社会可持续发展、生态可持续发展）都受到很多不同的因素的影响，比如新兴的基础设施和政策；快速变化的网络、社交网络和信息通信技术；用户能力和素养的差异逐渐增大等。这些因素往往在可持续发展的各个领域都发挥重要作用，通过影响三个维度中的一个或几个，从而影响网络信息服务的整体的可持续发展。当然，这些影响因素之间，并不是互相孤立的，而是形成了一个复杂的体系，如图4-2所示。

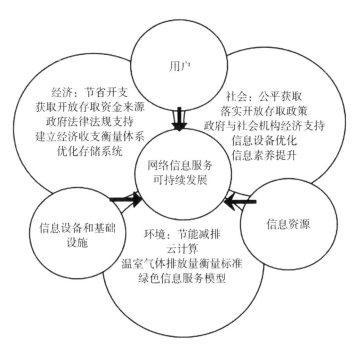

图 4-2 网络信息服务可持续发展的影响因素

4.2.1 经济可持续发展的影响因素

网络信息服务经济可持续发展受到网络信息服务本身的经济价值和服务提供者商业模式的双重影响。

（1）网络信息服务的经济价值

网络信息服务通常不会提供直接的资产或有形资产，它的主要贡献是创造了"无形"的商品，如政府、卫生、教育等方面的发展与进步，以及整个社会和知识经济的发展与进步。世界银行集团的报告曾经提出，促进服务业经济可持续发展的间接措施之一就是增加人力资本，使其能够使用更少的自然资源，替代并创新技术和资源从事可持续发展。所以对于网络信息服务而言，决定其经济可持续发展的关键因素就是在服务中创造了多少经济价值，而其经济价值的测量也是通过其社会贡献体现出来，例如优质的信息服务对社会健康、教育等问题的贡献。

（2）网络信息服务提供者商业模式的选择

网络信息服务经济可持续的目标是为了给用户提供价格低廉的优质信息服

务，但是由于计算机设备、信息技术等费用持续上涨，网络信息服务提供者需要寻找新的商业模式和更可靠的资金支持，以降低成本，实现经济效益。这涉及不同机构和机关对于网络信息服务的支持（包括资金支持、技术支持、人才培养等），也会影响网络信息服务免费化的情况，决定用户能否获得更便宜甚至完全免费的信息资源和服务，从而影响网络信息服务的经济可持续发展。

4.2.2　社会可持续发展的影响因素

在促进经济可持续发展的同时，顾及更多用户的切身利益，不忘保护环境和节约资源，是实现网络信息服务可持续发展的基本方法，只有三个方面同时兼顾，协调统一发展，网络信息服务才能实现整体可持续发展。

用户信息行为（Human Information Behaviour，HIB）和用户信息检索（Information Seeking and Retrieval，即 IS & R）问题在过去的几十年里仍然是信息科学中最广泛研究的两个领域。信息行为和信息检索能力主要通过影响用户在使用网络信息服务的过程中的获取信息和处理信息的能力，从而影响网络信息服务的社会可持续发展。

信息素养也是信息科学的主要研究领域，与之相关的还有数字素养、数字鸿沟、社会包容等。信息资源的获取和有效使用可能会受到信息资源贫乏和人们信息素养的显著影响。英国广播公司的一则新闻曾经报道，英国有 1600 万人（即英国人口的 1/4，或成年英国人口中的 1/3）没有基本的互联网技能。这并不是一个罕见的事情，世界上还有很多国家有类似甚至更严重的信息技能缺失现象，这将导致社会出现数字鸿沟、社会排斥等问题。

一个社会中，用户的信息素养越高，对计算机设备、数字信息系统使用越熟练、获取信息的能力越强，就越有可能利用现有的网络信息服务系统，获取更多的有效信息资源，平等便利地获取优质信息资源，从而促进网络信息服务的社会可持续发展。

人们对于数字化信息使用行为会受到个人、环境、社会、文化等多种因素的共同影响，是这些因素的集中体现。不同的社会与文化背景，会影响用户对互联网的熟练程度和信息技能，也会影响用户对信息资源的获取方式、需求种类等，从而影响网络信息服务的社会可持续性。

4.2.3　环境可持续发展的影响因素

网络信息服务环境可持续发展受技术的合理使用以及数字信息存储系统的影响，其能源消耗对环境可持续发展影响较大。

（1）信息通信技术（ICT）的合理使用

ICT 主要用于提升效率、减少距离、降低成本、减少时间，但最重要的一点是节能。当前很多企业都开始了对智能建筑、智能电网、智能城市的研究，同时也在跟进利用互联网创新服务，即智能创新。这些智能产品和服务因使用互联网，可以大大减少不可再生能源的消耗，同时也会增加碳排放。互联网每年大概会有 3 亿的碳排放，利用计算机处理数据的时候，需要消耗大量的电力，所以整个互联网所需要的电力非常巨大，据统计现在互联网消耗了全世界电力的 2%，相当于整个航空行业消耗的电量。所以，需要对信息通信技术进行合理利用，保证既不损害环境，又提升服务效率和质量，促进网络信息服务的可持续发展。

（2）数字信息存储系统的完善

数字信息存储系统可以通过影响数字信息的存储时间、存储方式、数字垃圾处理方式等因素，来影响网络信息服务的效率和效果，是网络信息服务必备的设施。由于互联网数据量庞大，采用纸质方式存储会大大增加对木材的浪费，不利于环境保护，而不合理的存储方式也会造成存储空间浪费，增加信息设备的消耗成本。所以对于大量互联网信息的存储，数字信息存储系统的完善可以减少用于存储的信息设备的温室气体排放量，减少不可再生资源的消耗，促进网络信息服务环境可持续发展。

4.2.4 共同影响因素

网络信息服务可持续发展的三个维度并不只受到上述因素的影响，有些因素可以从不同角度分别对这三个维度造成正面或负面的影响。

①网络基础设施建设。网络信息服务依赖互联网进行服务，因此互联网的基础设施建设就显得至关重要。第一，网络基础设施建设的完善，可以通过减少用户在信息获取和利用中的支出来促进网络信息服务的经济可持续发展。第二，建设环保节能的网络基础设施，也可以有效减少温室气体的排放和环境污染，促进网络信息服务的环境可持续发展。第三，网络基础设施的完善，也可以帮助更多的用户更方便地获取所需的信息资源，减少信息素养的差异带来的数字鸿沟，从而促进网络信息服务的社会可持续发展。

②相关政策和法律法规。政府出台的相关政策与法律法规包括经济资助、环境保护、技术扶持、人才教育等多个方面，在很大程度上影响网络信息服务的质量、价格、效果，信息资源的质量，以及用户获取与利用信息资源的能力、成本等，从而从经济、社会、环境三个维度影响网络信息服务的可持续

发展。

4.3 信息服务可持续发展战略规划

党的十九大报告指出,可持续发展战略是以保护自然环境为基础,以激励经济发展为条件,以改善和提高人类生活质量为目标的发展战略,主要体现在经济发展、社会进步、生态环境保护三个方面。其主要内涵包括:一是强调发展的全面性,区别于简单追求经济增长;二是强调发展的可持续性,发展不能超越资源和环境的承载能力;三是强调人与人关系的公平性,包括代内公平和代际公平;四是强调人与自然的协调共生。

在互联网时代,每个人都是信息的使用者和提供者,从国家高级决策者到基层和个人,人人都有信息需求,因此,源源不断地满足各种各样的信息需求,是网络信息服务可持续发展的重要挑战。网络信息服务可持续发展是在经济、社会、生态三个维度全方位多角度的综合可持续发展,三者缺一不可,最终目的是使用户能够平等地获得更便宜、更便捷、更优质的信息资源。推进网络信息服务可持续发展是一项庞大而复杂的系统工程,需要制定合理的战略规划,落实计划并组织实施。

4.3.1 战略指导思想与战略任务

党的十八大以来,以习近平同志为核心的党中央加强对网络安全和信息化工作的领导,统筹推进网络安全和信息化各方面工作,提出了一系列新思想、新观点、新论断,形成了内涵丰富、博大精深、科学系统的网络强国战略思想。习近平总书记关于网络强国战略的重要论述,为推动网络信息服务的可持续发展指明了方向,提供了根本遵循。用习近平总书记关于网络强国战略的重要论述和可持续发展理念武装头脑、指导实践,是推动网络信息服务的可持续发展的唯一道路。

为了实现网络信息服务的可持续发展,需要全面贯彻党的十九大方针政策、习近平新时代中国特色社会主义思想和网络强国战略,把发展以网络信息服务为主流的信息服务业作为中国特色社会主义经济社会全面数字化、信息化、智能化的战略引擎,坚持技术自主创新、促进数据信息消费、壮大信息经济规模、加强信息素养教育、扩大互联网覆盖率,坚持以改革开放和科技创新为动力,大力推进网络信息服务的可持续发展。

要以习近平新时代中国特色社会主义思想为统领，以改革开放为动力，努力实现网络、应用、技术和产业的良性互动，促进网络融合，实现资源优化配置和信息共享。要以需求为主导，充分发挥市场机制配置资源的基础性作用，探索成本低、绿色环保并且用户体验好的商业模式。要以人为本、惠及全民，创造广大群众用得上、用得起、用得好的发展环境。要把制度创新与技术创新放在同等重要的位置，完善体制机制，推动原始创新，加强集成创新，增强引进消化吸收再创新能力。同时要高度重视信息安全问题，正确处理安全与发展之间的关系，在信息开放与信息安全中寻求平衡点，以安全保发展，在发展中求安全。

网络信息服务可持续发展的战略任务是以可持续发展理念和习近平新时代中国特色社会主义思想为指导方针，从宏观角度确定未来发展的方向，指引未来发展的道路。

（1）坚持党的集中统一领导

党的领导是中国特色社会主义制度的最大优势，也是我国信息服务业持续快速发展的根本保证。网络信息服务的发展涉及面广、技术更新迭代速度快，对经济发展、社会和谐和生态环境带来的影响日益深远，必须坚持党对网信工作的集中统一领导，确保网信事业始终沿着正确的方向前进。

要加强顶层设计、总体布局、统筹协调、整体推进和督促落实。要统筹中央和地方，统筹社会各界力量，统筹发挥市场和政府作用，统筹阶段性目标和长远目标，统筹安全和发展协调一致、齐头并进，确保网络信息服务从三个维度上实现全面协调可持续健康发展。要加强统筹协调，加强调查研究，协调解决可持续发展中的各项问题和挑战。

（2）坚持以用户为中心的服务大局

随着信息服务和技术的发展，网络信息服务的开展已越来越突出以用户为中心的服务理念。网络信息服务可持续发展要坚持从经济、社会、环境三个维度同时出发，全面支撑信息化事业发展，促进经济社会均衡、包容和可持续发展，以服务为主体，以用户为核心，重视用户信息素养和信息技能的差异，做好个性化、体验化、全方位的信息服务。

网络信息服务可持续发展的总体目标是在为用户提供更好的服务的同时不损害生态环境，所以网络信息服务可持续发展的核心和基础是用户。用户是信息服务体验的主体，而为其提供个性化服务和高质量用户体验是网络信息服务可持续发展的关键因素。要把提升用户体验作为网络信息服务可持续发展的出发点和落脚点，要适应用户的期待和需求，加快网络信息服务的普及工作，降低使用成本，为广大用户提供用得上、用得起、用得好的绿色信息服务。

(3)加强技术创新和网络基础设施建设

网络信息服务的发展需要依赖强大的信息技术，信息技术和产业发展程度决定着网络信息服务发展水平，要加强技术创新和基础设施建设，提升信息采集、处理、传播、利用、安全能力，更好地服务广大用户。推进网络信息服务可持续发展，要有过硬的信息技术；要有丰富全面的信息资源和繁荣发展的网络文化；要有良好的信息基础设施，形成实力雄厚的信息经济；要有高素质的网络安全和信息化人才队伍；要积极开展双边、多边的互联网国际交流合作。

实现网络信息服务可持续发展的目标要从技术上落实，降低服务成本，扩大网络覆盖率，减少温室气体排放，向着为用户平等地提供便宜全面优质的信息资源和服务的目标不断前进。

(4)鼓励科技人才培养和信息教育

21 世纪将会是人机对话的时代，人们获取信息的主要方式是人机合作，主要的手段是智能终端。因此，网络信息服务人员将成为"信息工程师"，他们的信息观念和文化修养将变得十分重要，需要具备非常专业的信息素养和信息技能，同时，在开发和采用新技术提升网络信息服务的质量时同样需要专业的信息技术人才，将科技成果转化成实践成果，创新信息技术，以降低网络信息服务的成本，促进社会公平，减少环境污染。

当代国与国之间信息产业的竞争，实际上是智力与人才的竞争。信息人才的培养、智力资源的开发，关键还是取决于教育事业的发展。中国教育基础薄弱，发展信息教育事业是一项十分紧迫的任务。信息素质教育不仅是为了培养信息专业人才，更是为了提高全民的信息素养，增强信息技能，减轻因用户自身素质差异而产生的网络信息服务的工作量，培养信息人才还可以直接有效地促进网络信息服务的社会可持续发展，提高信息服务的效率和质量。

4.3.2 战略实施

推动网络信息服务可持续发展是一项长期的工作，需要制定合理详细的规划并推进落实，促进经济、社会和环境的全面协调可持续发展。

(1)可持续发展的制度保障

政府主要通过促进基础设施和信息通信技术发展，完善政策和相关法律法规，改善治理模式和治理体系，为信息服务提供资金和政策支持，鼓励信息服务企业加强创新，公平竞争，加强国际交流合作，保障网络安全，促进网络信息服务的可持续发展。

①加强基础设施政策和法律法规建设。要加强技术建设、网络基础建设，加强网络技术的发展，确保网络安全，建立一个网络政府平台，抓紧制定立法规划，完善互联网信息内容管理、关键信息基础设施保护等法律法规，依法治理网络空间，维护公民合法权益；要制定全面的信息技术、网络技术研究发展战略，努力解决科研成果转化问题。

②支持网络信息服务企业创新和发展。要出台支持企业发展的政策，让它们成为技术创新主体，成为信息产业发展主体；着力完善信息化发展的制度环境，优化市场环境，更好地释放各类创新主体创新活力，培育公平的市场环境，强化知识产权保护，反对垄断和不正当竞争。

③完善政府治理体系。当政府的体系得到完善时，就可以给人民带来更多的便利，政府要通过电子政务提供相应的服务，连接社区，发挥模范作用；政府要构建智慧政务，推动治理模式创新，带头推进政府信息服务的网络化、数字化，给予网络信息服务企业资金支持，保护并促进培育智慧产业，推进智慧管理，实施智慧民生，以增强经济发展动能，提升社会治理效能，提高城乡居民获得感；加快各行业信息资源整合，加强各领域公益性信息基础设施建设，完善公共信息服务体系，将信息服务送到千家万户，保证更多用户的信息需求得到满足。

④积极参与世界信息服务领域交流和合作。密切关注世界信息服务的发展动向，建立和完善信息化国际交流合作机制；坚持平等合作、互利共赢的原则，积极参与多边组织，大力促进双边合作；准确把握我国网络信息服务发展的新动态，统筹国内发展与对外开放，切实加强信息技术、信息资源、人才培养等领域的交流与合作。

⑤促进信息资源共享开放。进一步深化改革，着力解决信息资源共享开放难题；完善信息资源共享开放的政策措施，建立健全国家关键数据资源目录体系，构建国家互联网大数据平台，构建统一高效、互联互通、安全可靠的国家数据资源体系；建立健全国家数据资源管理体制机制，建立健全有关数据开放、产权保护、数据交易、隐私保护等的政策法规和标准体系；加快政府信息系统互联互通，打通信息孤岛。

⑥确保网络安全。完善信息安全基础设施建设，进一步提升网络安全保障能力；要树立正确的网络安全观，强化网络安全顶层设计，完善网络安全法律法规体系，完善国家网络安全相关制度，健全完善国家网络安全信息通报机制，健全国家网络安全标准与认证体系；深入贯彻落实国家网络安全等级保护制度，加强信息基础设施网络安全防护，加强网络安全事件应急指挥能力建

设，积极发展网络安全产业，做到关口前移，防患于未然。

（2）技术保障

推动网络信息服务可持续发展，技术是关键问题，要加强信息通信技术进步和发展，降低服务费用，开创新的信息服务领域，建立数据信息共享平台，促进信息资源开放获取，完善各个信息系统和各类信息服务的建设，发展低碳科技，实现可持续发展。

①构建完善的信息网络基础设施体系。构建信息网络基础设施体系是重要的公共基础设施项目，是信息服务发展的载体和支撑。在网络大环境的推动下，政府需要加快构建完善现代公共信息服务体系，促进社会信息资源的深度融合。与之相对应，网络信息服务机构必须把网络基础设施列入首要任务，推动网络资源融合，优化网络结构，提高网络性能，推进综合基础信息平台的发展，为用户选择运行稳定、性能良好的网络系统，提供与国际持平的网络环境，实现基本公共信息服务均等化，带动现代信息技术的发展、应用、创新与融合；加快商业模式改革，从业务、网络和终端等层面推进"三网融合"，让用户实现便宜、均等地获取全面优质的网络信息资源；发展多种形式的宽带接入，大力推动互联网的应用普及；应用光电传感、射频识别等技术扩展网络功能，发展并完善综合信息基础设施，稳步实现向下一代网络的转型。

②大力发展信息科技。深入推进"宽带中国"战略，加快构建高速、移动、安全、泛在的新一代信息基础设施；大力推进高速光纤网络建设，加快构建新一代无线宽带网，加快构建下一代广播电视网；推动"互联网+服务"取得实质性突破，发展面向用户需求的信息技术服务，大力推广智能服务、网络资源融合、个性化定制等新业态、新模式；大力发展基础软件和高端信息技术服务，面向重点行业需求建立安全可靠的基础软件产品体系，支持开源社区发展，加强云计算、物联网、工业互联网、智能硬件等领域操作系统研发和应用，加快发展面向大数据应用的数据库系统和面向行业应用需求的中间件，支持发展面向网络协同优化的办公软件等通用软件；推进绿色计算、可信计算、数据和网络安全等信息技术产品的研发与产业化，加快高性能安全服务器、存储设备和工控产品、下一代网络设备和数据中心成套装备、信息安全产品的创新与应用；加快人工智能支撑体系建设，推动类脑研究等基础理论和技术研究，加快基于人工智能的计算机视听觉、生物特征识别、新型人机交互、智能决策控制等应用技术研发和产业化，支持人工智能领域的基础软硬件开发，开创个性化服务。

③促进数据信息资源开放共享平台建设。网络信息服务机构着力拓宽网络信息服务领域，范围上扩大，层次上深入，包括文献检索、参考咨询等一般的信息服务，也包括论文查重、小组无领导讨论、新媒体运营等创新型信息服务。网络信息服务领域的拓宽，带来了海量的数据资源，但同一领域不同机构之间拥有的信息资源无法实现共享，给用户造成了不便。

随着信息技术的发展和现代远程信息服务能力的形成，可以在多个信息服务机构内建立统一的、规范的、全面的数据信息共享平台，数据信息资源的共享与统一、规范、全面的共享平台息息相关，也是在操作层面首先需要解决的问题。一方面，各项数据信息资源的统计和采集需要统一的标准，而共享平台则是标准的载体；另一方面，数据信息资源的共享需要畅通的渠道，而共享平台则可以很好地链接各个机构大量的数据资源，作为机构之间共享关系的载体，通过共享平台实现数据信息的录入上传和查询应用。

加强网络信息服务机构之间的联合和合作，建立在网络平台上的信息资源共建、共享，以及网络信息服务人员的共享。任何一个机构的信息资源都不可能完全满足用户的所有需求，信息机构间建立互相开放和资源传递共享的协作关系，加大信息资源开放获取的范围，弥补本信息机构拥有信息的不足，以用户至上为原则，最大限度地满足网络大环境下用户的信息需求。

④建设独特的数据库和信息系统。信息系统的开发是实现信息资源价值和提升自我价值的重要环节，每一个独立的信息服务机构都需要注重并加强信息系统的开发建设。信息系统的建设在网络时代更加重要，由于用户差异较大，用户的信息需求也存在差异，需要建立一个适合所有用户的信息系统，实现信息资源的融合和开放存取。

数据库是在计算机中长时间存储的有组织的和可共享的数据信息的集合，是为众多用户所共享其信息而建立的，不同的用户可以同时存取数据库中的数据信息。这不仅满足了各用户对信息内容的要求，同时也满足了各用户之间信息交流的要求。相较而言，信息服务机构最紧缺的就是为用户信息需求做出贡献的数据库建设和信息处理技术方面的人才。与整个互联网相比，数据库提供的信息质量更可靠、更稳定，也更具有专业性。比如，对于高校来说，其信息服务对象主要是在校的科研人员、教师、大学生、硕博士研究生等，高校要根据自身的条件，图书馆、档案馆优势以及特定学科用户的信息需求，建立一般系统的信息检索数据库。另外，选择一两个本校特色专业，通过系统分析和设计，重点建设专题文献信息数据库，更好地满足用户的信息需求。

（3）人才培养

可持续发展最大的动力和源泉，来自不断地培养更多的人才。这个"人才"不仅指网络信息服务的从业人员，也指掌握了充分的信息技能和具备较高的信息素养的用户。人才培养需要对信息服务人员和用户加强信息教育，一方面培育更专业更独特的服务人员，满足用户多种需求；另一方面加强信息知识和技能的教育，缩小数字鸿沟，降低用户与服务人员沟通的难度，促进用户自主服务。

①建立人才培养体系。人才是发展壮大战略性新兴产业的首要资源。要加快推进人才发展政策和体制创新，保障人才以知识、技能、管理等创新要素参与利益分配，以市场价值回报人才价值，全面激发人才创业创新动力和活力。加大力度培养和吸引各类人才，弘扬工匠精神和企业家精神。

国家要研究和建立信息服务人才统计制度，开展信息服务人才需求调查，编制信息服务人才规划，确定信息服务人才工作重点，建立信息服务人才分类指导目录；确定信息服务相关职业的分类，制定职业技能标准；尊重人才成长规律，以信息服务项目为依托，培养高级人才、创新型人才和复合型人才；发挥市场机制在人才资源配置中的基础性作用，吸引海外人才，鼓励海外留学人员参与网络信息服务建设。

②注重信息服务人员和用户信息技能的培养。网络信息服务从业人员应不断地充实自我，调整自身的知识结构，积极开拓进取，成为一名合格的信息服务人员。加快信息人才的培养步伐，培养"通""专"兼备的信息服务的领路人，吸引高素质强能力的复合型人才加入网络信息服务机构，提高行业乃至国家的信息化水平。要学会利用计算机等现代化技术来延伸和拓展信息服务的范围，营造良好的信息服务环境，实现人机的有机结合；学会利用信息技术对多信息源、多媒体、多格式的信息进行综合处理；学会帮助用户在网络中寻找信息，在网络中进行调研和咨询，满足信息用户深层次的信息需求；信息服务机构要稳定专业队伍，广泛吸纳技术人才，营造一种求知上进的技术氛围，制订合理的培养计划和培养目标，使信息服务人员成为具备良好的专业背景知识和外语基础的、适应计算机网络信息服务的、高层次复合人才，进一步适应未来社会网络化、数字化、信息化发展的需要。

网络环境下，用户可以更加便利地利用计算机自行查找和使用信息，如果不懂或略懂信息检索知识，则无法很好地掌握数据、信息、情报、知识等内容，从而无法顺利地满足生活和工作的需要。相反，如果用户拥有很强的信息素养和信息能力，掌握了信息检索方法，在社会生活和工作中就能更懂得如何利用自己检索到的信息提高自身价值，因而用户的培养尤为重要。比如，以高校为例，高校的信息服务机构(图书馆、信息中心、档案馆)要加强对用户的网络信息检索能力的培养，定期开展用户信息需求培训，包括专业的计算机检索、数据库检索、光盘检索、下载及处理文献的方法。

③加强信息素养教育。强化各行各业的信息知识和技能培训，普及广大用户的信息技术技能培训。配合现代远程教育工程，组织志愿者深入"老少边穷"地区从事信息化知识和技能服务。普及中小学信息技术教育。通过开展形式多样的信息化知识和技能普及活动，提高国民受教育水平和信息能力。

教育行业要加快教育体制的改革，提高教育质量和办学效益，要优化配置和充分利用现有的教育资源，积极发展各个层次、各种类型的信息教育事业，培养出一大批既广博又精深、既懂理论又会实践的复合型人才；构建以学校教育为基础，在职培训为重点，基础教育与职业教育相结合，公益培训与商业培训相补充的信息化人才培养体系。鼓励各类专业人才掌握信息技术，培养复合型人才。

在全国中小学普及信息技术教育，建立完善的信息技术基础课程体系，优化课程设置，丰富教学内容，提高师资水平，改善教学效果。推广新型教学模式，实现信息技术与教学过程的有机结合，全面推进素质教育。

加大资金投入及政策扶持力度，吸引社会资金参与，把信息技能培训纳入国民经济和社会发展规划。依托高等院校、中小学、邮局、科技馆、图书馆、文化站等公益性设施，以及全国文化信息资源共享工程、农村党员干部远程教育工程等，积极开展国民信息技能教育和培训。

与传统信息服务相比，网络信息服务具有服务对象社会化、服务内容多元化、服务手段网络化、服务资源共享化等特征，要想实现网络信息服务的可持续发展，需借助现代信息技术，以引导自主服务为基础、整合共享服务为核心、以个性化服务为重点开创新的网络信息服务模式，从经济、社会、生态三个方面实现可持续发展，从政策、技术和人才培养的角度落实可持续发展规划，保障用户在不损害环境的基础上，以便宜、平等、便捷的方式获取更加全面、开放的信息资源。

5 信息服务的平台化发展战略与规划

随着众多互联网企业平台化的全新运营方式，信息服务平台化运营已渗透至社会各行各业。信息服务平台化发展，即按照打造平台商业生态系统的方式来运作和管理企业的信息服务。为了打造成功的信息服务平台生态系统，需要实施平台化发展战略，从用户需求、服务模式、平台架构三个维度对传统信息服务进行改造，从而实现平台生态系统的优化。

5.1 信息服务的平台化发展

网络信息服务指在网络环境下信息机构以网络信息技术为依托，以计算机硬件和应用软件为手段从事采集、处理、存储、传递和提供利用等一切活动，为用户提供所需网络信息数据、产品和快捷的服务，帮助人们更便利、高效地解决问题。① 网络信息服务是依托网络化信息技术开展的，因此，信息技术的发展必然会直接导致网络信息服务发生改变。在当前环境下，移动技术(移动设备、5G 蜂窝网络等)、大数据技术等信息技术的发展，都对网络信息服务的发展提出了挑战。近年来，战略管理理论中"平台战略"概念十分流行，平台战略的精髓在于打造一个完善的、成长潜能巨大的"生态圈"，依赖规范和机制系统，有效激励多方群体互动。以亚马逊、腾讯、阿里巴巴、百度、Google、Facebook、支付宝等为代表的一大批平台的兴起与发展，标志着平台化是网络信息服务的发展趋势。

现代信息技术、通信技术和大数据应用技术的发展，使得远距离登录、即

---

① 网络信息服务 [EB/OL]. https：//baike. baidu. com/item/% E7% BD% 91% E7% BB% 9C%E4%BF%A1%E6%81%AF%E6%9C%8D%E5%8A%A1.

时存取等成为常规技术。在这一综合技术背景下，各国正致力于建设基于网络的信息资源中心，使之成为可供社会共享的信息资源服务平台。单一机构提供的信息服务难以适应和满足大数据环境下用户动态的全方位信息需求，因此国家对网络信息服务提出系统性变革，要求建设以用户需求为导向的平台化网络信息服务。

5.1.1 信息服务平台化的内涵

目前国内外关于平台化的定义，不同领域有不同的观点，Kelkar 认为："MOOC 不仅将教育资源融合在一个平台，而且教授们用它来创建、构建、执行课程，科学家们还可以通过分析 MOOC 的数据，对学习主题进行研究与把握，这种数据驱动分析不仅改进了教学和评估过程，还重新定义了机构内部、机构之间的关系，这就是平台化。①"冯笑笑认为："将专业市场视为一个为买卖双方提供交互的平台，平台的一方是市场内的商家，即专业市场内部的商品提供方；平台的另一方是客户，即专业市场内商品的终端购买方。为了能够快捷地满足买卖双方的交互需求，通过构建一个专业的电子商务平台，对专业市场交易流程进行再造，集交易市场的交易功能和物流、咨询、人才招聘、投资融资等各种衍生功能于平台上，除此之外，还要将这些服务的提供商企业的业务系统与专业市场电子商务系统实现对接和集成，使商家客户在专业市场电子商务平台上实现一站式操作，这就是专业市场的平台化。②"Helmond 认为："Facebook 作为一个社交信息服务平台，从社交网站向社交媒体平台转型，这就是平台化，也可以说，平台作为社交网络的主导基础设施的崛起，是平台经济作用的结果。平台化需要将社交平台延展到 Web 的其他部分，并推动 Web 数据的获取与利用。③"Bygstad 等认为："平台化是一个过程，Facebook 通过插件或集成服务，扩展其边界，这就是平台化过程。④"段文奇认为："专业市场平台化强调以专业市场自身及互补企业(物流、金融、人才中介等第三方服务提供商)的信息化建设为基础(涉及交易流程、市场管理模式、商家经营模式

① Kelkar S. The MOOC as laboratory：The implications of A/B testing in higher education [J]. American Anthropologist，2014，116（4）：834-835.

② 冯笑笑. 基于电子商务融合的浙江专业市场平台化发展战略研究[D]. 杭州：浙江师范大学，2014.

③ Helmond A. The platformization of the web：Making web data platform ready[J]. Social Media，2015，1(2)：205.

④ Bygstad B，Hanseth O. Transforming Digital Infrastructures through platformization [C]//ECIS，2018：74.

等方面），推进专业市场商业生态圈整体的信息化水平。①"

　　结合以上分析，本书认为网络信息服务平台化是指以互联网为平台，一方是信息服务提供者，另一方是信息需求者，即用户。为了更好地满足用户信息需求，集基础设施、服务流程、信息技术等于平台上，使信息服务提供者和用户在平台上直接交互，同时还通过接口等拓展服务边界，通过网络信息服务平台化运作，创新和拓展信息服务平台的功能和服务，横向集成和延伸网络信息服务的类型，如信息搜寻、信息检索、信息利用、信息反馈等一站式配套服务，纵向整合跨系统、跨部门，以网络信息服务的平台化发展为重点，打造一个功能完善、机制规范、运作高效、成长潜能巨大的网络信息服务生态系统，构建一个由多方主体利益共享的稳健的商业生态系统。

5.1.2　信息服务平台化发展的驱动因素

　　信息服务平台化发展受资源因素、技术因素、环境因素驱动。

　　（1）网络信息资源因素

　　首先，随着网络交互技术的发展，"用户参与"观念深入人心，用户通过信息服务平台创建 UGC（User Generated Content），其内容包括碎片式的评论等文本型信息、视频类信息、音频类信息等多种形式，而智能手机、平板电脑、智能手表等便携式智能终端的普及，更是促进用户广泛创建 UGC。中国互联网络信息中心 2020 年 4 月发布的《第 45 次中国互联网络发展状况统计报告》指出，截至 2020 年 3 月，我国网民规模达 9.04 亿，较 2018 年底增长 7508 万，互联网普及率达 64.5%。② 用户生成内容类型多样、媒介多样，信息内容是用户需求的体现，也是网络信息资源的重要来源。其次，互联网技术快速发展时期，信息资源结构多元化、信息传播渠道多维化、信息系统开放化、信息时空虚拟化，以网络为平台的信息获取与交流机制已经形成，网络技术的发展，使得人们可以跨时跨界获取信息资源，但是大多数信息服务平台给用户提供的是一个复杂和具有差异性的公共界面，用户往往需要使用不同的检索工具获取不同的资源，因此，急需一个平台化的信息系统对网络信息资源进行整。

　　（2）技术因素

　　①新一代无线移动通信网络。虽然目前用户多是通过 3G、4G、WiFi 接入

———————————

　　①　段文奇. 专业市场与电子商务融合的平台化发展战略研究［M］. 北京：中国社会科学出版社，2014：7.

　　②　http://www.cac.gov.cn/2020-04/27/c_1589535470378587.htm［EB/OL］.

互联网，但是未来 10 年，5G 网络将会极大地扩大用户接入互联网的能力①。5G 进一步拓展我国信息技术应用的深度和广度，不仅在通信传输效率上得到极大的提升，而且极大地缩短了人与物的距离，其核心网由控制云、接入云、转发云组合而成，是历史上第一张全面云化的网络。5G 的新兴应用如 VR、AR 等会产生海量数据，要想解决数据计算问题，更好地满足应用场景需求，就必须实现平台化发展，这是对信息服务变革提出的新要求。②大数据技术的发展。从技术角度来讲，大数据技术是分析各种各样的大数据，快速获得有价值信息的技术。大数据技术已经渗透到各行各业中，激发各行各业进行创新，改变着各行各业的商业模式。如通过对海量交易数据进行分析，可以了解用户购物偏好，进而进行智能推荐。大数据技术的发展，是网络信息服务平台化发展的促进因素，网络信息服务平台只提供信息资源已远远不够，要能利用大数据分析对海量、异构的数据进行收集、加工、存储、深层次挖掘和可视化呈现，发现更有价值的信息帮助用户实现决策，② 大数据技术为平台化发展提供了技术支撑。③物联网的发展。物联网是通过信息传感设备，按照约定的协议，把任何物品与互联网连接起来，进行信息交换和通信，以实现智能化识别、定位、跟踪、监督和管理的一种网络。③ 2010 年，"物联网"正式写入我国政府工作报告，正式提到国家战略层面。在信息技术领域，物联网已经被看成一种必然的发展趋势，而平台化是物联网发展的关键环节。一方面，物联网可以为平台化网络信息服务提供大数据来源，保证数据的广泛性。另一方面，随着物联网规模的扩大和采集数据的累积，需要新的跨专业融合、深度共享和精准用户服务技术，可见，物联网既对平台化发展提出新要求，也是平台化建设的一部分。

（3）环境因素

平台化发展已经是各个领域未来发展的最主要趋势之一，平台化运营已渗透至医疗、家政、政务、交通、教育等各行各业。在传统企业领域，传统企业面临经济结构调整、新经济业态兴起等多方面的挑战，尤其是电子商务的冲击，使得现有的发展模式难以为继，亟待转型升级。很多传统企业自发地使用

① 欧洲正式展开 5G 网络计划[EB/OL].［2018-07-28］. http://51cto.com/art/201907/445682.html.

② 袁红，朱睿琪. 用户信息搜索行为大数据分析框架及其关键技术[J]. 图书馆学研究，2016(24)：39-46.

③ 胡吉明. 社会网络环境下基于用户关系的信息推荐服务研究[M]. 武汉：武汉大学出版社，2015：15.

平台思维进行市场运作与管理，逐步向现代化的综合性服务平台转变。在数字政府领域，尚存在一系列问题与挑战，如需求侧资源分散化，导致资源调配能力不足；供给侧生产"作坊化"，导致技术供给能力不足，对此，北京大学公共政策研究中心课题组指出，平台化才是解决这些问题的有效方案。在经济领域，平台化将成为未来经济社会最主要的发展趋势之一。作为网络经济的重要组成部分，信息产业尤其是信息服务业也必然面临平台化改革。

5.1.3　信息服务平台化发展的必要性

移动互联网技术、大数据分析技术、可视化技术的发展影响着网络信息服务，尤其是平台经济的出现，促使网络信息服务出现融合与提升的趋势。作为网络信息服务良好持续发展的重要举措，网络信息服务向平台化趋势运作尤为必要。①网络信息服务平台不仅是用户创建与分享信息的媒介，更是用户获取信息的重要渠道，新的信息环境下，信息过载已成为影响用户有效获取所需信息的主要障碍之一，网络信息服务平台应从数据阶段对信息资源进行充分挖掘与研究，发现信息资源的价值，提升信息服务水平。②网络信息服务平台作为面向信息服务的参与主体的一个统一空间，有利于拓展信息服务的空间维度，降低交易成本，使各信息服务主体获得网络信息服务平台化发展所带来的好处。同时，大力推进网络信息服务平台发展，打造的是基于信息资源的信息服务市场，能够加快信息服务的协同健康发展。③网络信息服务平台化发展，致力于以平台化的视角，将信息服务依托于信息技术与数据分析技术，与传统信息服务相比，更加注重对科技的应用，可以使网络信息服务更加自动化、智能化、智慧化，从数据资源阶段一直到用户利用阶段，使信息提供者均可以实时了解用户信息需求，为此促进平台经济、数据分析、人工智能等实现转型正当其时，这也正是网络信息服务转型变革的方式。

5.2　信息服务的平台化发展战略

信息服务的平台化发展战略是以用户需求为导向的，基于平台思维和生态思维，与其他信息服务主体、信息技术、用户构建信息服务生态圈。平台化搭建了生态圈模式，从而形成了更高效的市场交互，通过加强参与主体间的交互，不仅为信息资源提供了有效的匹配平台，还积累了大量的用户数据，全方位、深层次地满足用户需求。

5.2.1 信息服务平台化发展战略的总目标

信息服务平台化发展战略强调以当前网络信息服务网站及互补企业(如咨询企业、数据挖掘企业等第三方服务提供商)的信息化建设为基础,集成各信息服务网站并通过物联网相关的感知设备收集大数据,结合数据挖掘、人工智能、可视化、人工神经网络等大数据分析技术,对用户相关信息和大数据资源进行挖掘,借以减少重复信息,净化网络信息服务环境,合理整合与分配信息资源,减少企业成本,优化资源利用率,推进网络信息服务生态圈整体的服务水平;以数据资源的集成和大数据分析技术的应用为重点,目标在于打造一个功能完善、运作良好、服务高效、价值潜能巨大的网络信息服务系统,构建一个互利共赢的信息生态系统,从而推动网络信息服务向平台化持续发展。

5.2.2 信息服务平台化发展面临的问题

在平台化发展进程中也存在一些问题,这些问题的解决有助于网络信息服务平台化建设。

(1)全面规划和统筹问题

当前的网络信息服务系统基本是分系统设置的,造成各种信息分离,必须改变条块分割的信息服务模式。一方面,系统缺乏统一管理,造成信息资源共享存在障碍,同时信息服务机构的资源存在重复、冗余现象,影响用户对信息的利用。另一方面,无法实现信息资源共享,不能实现服务的互操作性,从而使信息资源共享效率降低。

(2)跨系统合作问题

不同机构的信息服务系统缺乏统一的标准,系统之间缺乏互操作性,不能实现协同服务。各合作机构主体在利用彼此的系统平台时,难以实现跨系统操作。① 从提高信息资源共享效率的角度看,需要建立跨系统的科技基础平台,打破系统之间的壁垒,优化服务网络结构及服务资源配置,打造新型信息资源枢纽。

(3)信息服务环境建设与系统建设不协调问题

平台化网络信息服务系统建设主要体现在外部环境建设和平台内部建设两

---

① 胡昌平. 国家创新发展中的信息服务跨系统协同组织[M]. 武汉:武汉大学出版社,2017:96-97.

方面。外部环境建设主要体现在硬件基础设施的加强、大数据技术的应用上；平台内部建设，应注意与外部环境变化相适应。为了充分发挥信息资源的价值，在进一步优化外部环境的同时，也要注重内部功能的创新与升级，提高网络的稳定性，进一步实现环境与平台的互联互通，使整个网络信息服务系统得以健康持续发展。

（4）用户信息需求的深层次挖掘问题

我国网络用户的信息需求有待进一步深度挖掘与满足。用户的信息需求分为显性信息需求和隐性信息需求，显性信息需求的发掘方式可以通过用户注册等行为方式获取并发掘；用户隐性信息需求的发掘需要借助数据挖掘技术对用户的浏览信息、评价信息等信息进行挖掘来发现，而且通过挖掘用户隐性信息需求能够发现用户信息需求的变化趋势。① 目前对于用户隐性信息需求的发掘还不够。

（5）缺乏标准化问题

信息系统建设标准包括系统的接口标准、文献格式的描述标准、元数据规范标准等，但是各信息服务系统采用的标准不统一，造成跨系统之间无法实现互联互通和资源共享。因此，应考虑制定一个动态化的标准体系，在一个较高层次上逐步解决标准不统一问题。

5.2.3 信息服务生态系统的完善

网络信息服务系统不是单纯的网络平台，它不是单一地提供信息，也并非传统信息服务的网络化，而是建立在对用户信息需求深入挖掘分析和信息服务发展趋势的准确把握上，注重现代信息技术的运用，寻求基于当前网络信息服务理念上的全新信息服务体系，对各类针对性的信息资源进行聚类整合和细粒度分类，以一站式服务的理念将知识化信息资源和服务集成化，采用可视化技术展示给用户，满足用户个性化需求，最终实现信息服务的战略性转型和可持续发展。

当前信息服务的关系图如图 5-1 所示。首先，用户可以借助互联网和移动设备等直接与信息服务主体进行交互，信息服务主体提供用户获取与分享信息的媒介，同时与信息资源相关的一些服务由信息服务主体组织完成，这无疑

---

① 刘艳. 信息时代的用户信息需求与网络信息服务创新［J］. 河北科技图苑，2011，24（6）：56-58.

增加了信息服务主体的负担和责任。除此之外，各类信息服务主体的差异性和同质性，使得各类信息服务网站上的信息资源海量增长，导致重复信息、冗余信息大量存在，若各类信息服务主体不能协同管理，必然会造成信息过载现象，影响网络信息服务的有效性和准确性，给信息服务主体带来巨大损失。其次，用户与各类信息服务主体之间是单向关系。围绕不同的用户需求与服务类型，信息服务主体需要提供相应的服务，各类信息服务主体不能对信息资源进行差异化管理，从而带来经济的损失。最后，由于不同信息类型的用户其需求也有所差异，但是也存在一些共性需求，但是由于缺乏综合的平台管理，使得信息服务的实施和维持需要多个信息服务主体各自付出较高的信息资源整理成本、服务管理成本、时间成本和经济成本。从信息服务的有效性来看，无法实现信息的有效管理与匹配，这种服务主体与用户之间的关系是有缺陷的。

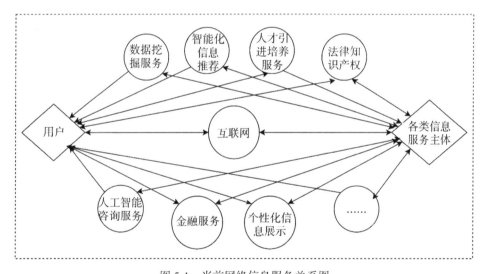

图 5-1　当前网络信息服务关系图

为了提高信息服务的效率，改进当前信息服务模式，需要按照平台思维将网络信息服务朝着平台化的方向发展。网络信息服务平台化运作后的关系如图5-2 所示。网络信息服务平台化，意在构建一个网络信息服务平台，利用现代信息技术集成网络信息资源，将信息咨询服务、可视化展示服务、人工智能咨询服务、智能化信息推荐服务等纳入网络信息服务系统，用户与信息服务主体之间的关系就发生了质的变化。如腾讯通过开放系统与外部公司共享资源，腾讯为外部内容提供者（如软件开发商）选择合适的终端用户和广告商，帮助终端用户选择合适的产品，帮助广告商选择合适的开发者和终端者，平衡了各方的需求和供应，从而实现价值共创活动。

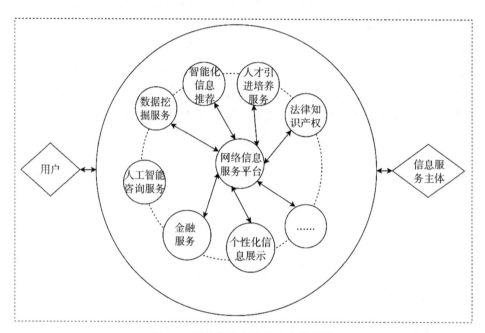

图 5-2　网络信息服务平台化关系图

（1）信息服务平台功能的集成与创新

当前网络信息服务网站的信息服务多是基于信息数字化拓展的，且各个服务功能没有发挥出最大效用，如不同类型的知识服务网站用户对反馈渠道的需求各不相同，学术类网站用户更偏好"电话反馈"，当前知识服务网站提供的反馈渠道与用户期望的反馈渠道存在较大差异①。即使可以提供部分的信息咨询服务、信息推荐服务，但是这些服务比较分散，没有系统化结合，无法发挥服务功能的最大价值。

实施平台化发展战略后，网络信息服务系统关系如图 5-2 所示。可以看

---

① 王娜，童雅璐. 网络知识服务平台用户反馈体系的构建[J]. 图书情报工作，2016（3）：90-98.

出，一方面各类型的信息服务都与网络信息服务平台紧密联结；另一方面各类信息服务都基于先进技术进行了改进，且服务上将实现系统上的互联互通。网络信息服务平台化系统改变了现有网络信息用户与信息服务主体之间交互的关系，网络信息服务平台为用户和各类信息服务主体提供了一个无缝衔接的一体化信息资源平台，由于各类信息服务的最终目的是向用户提供所需信息，因此将以用户服务为中心的各类信息服务，如人工智能咨询服务、数据挖掘服务、智能化信息推荐服务、个性化显示服务等集成在一起，同时保持各项服务之间互联互通，在提高信息服务效率的同时也降低了各类信息服务网站的运营费用。此外，各项信息服务的互联互通可在更大范围内实现信息共享和服务匹配，可以大幅度缩减各信息服务提供网站和用户的信息搜索成本。

目前，各类信息服务主体也开始探索信息服务的集成，自发地运用平台化思维推动网络信息服务业向一体化信息服务提供者转型。如城市圈信息共享平台，通过集成用户反馈、资源推荐、专题咨询等一系列服务功能，旨在将不同地理位置的信息服务机构的资源与服务功能进行整合，根据用户需求，发现、分配、解析和调用所需要的资源和服务，最终实现信息提供者与用户的交流合作①。

（2）网络信息服务模式升级

将集成化信息服务融合在网络信息服务平台化系统内，必然会引起网络信息服务模式的改变，影响用户信息获取行为和用户体验。网络信息服务平台化系统是对集各类信息服务平台于一体的信息服务模式的改造。根据平台化思维，由于用户和信息提供者在网站上实施无缝连接，实现信息资源共享，因此，用户和信息服务提供者可以通过网络信息服务平台一站式地实现信息搜寻、信息获取、信息展示等一系列服务。如网络信息服务平台与大数据技术相结合，从大量异构数据中收集不同类型的信息，利用数据挖掘方法深度挖掘用户需求，为用户进行精准画像，提供给网络信息服务平台，信息服务网站则向用户提供更加精准的信息内容，并以可视化的方式呈现给用户，既可以满足用户自身日益复杂的信息需求，又可以提升用户体验，强化用户忠诚度。

（3）网络信息服务平台管理模式的改变

网络信息服务平台化发展不可避免地对管理模式提出新的变革要求。当前一些网络信息服务机构仍是管理层在事无巨细地进行管理，导致各部门条块分割，信息交流延迟，信息服务能力减弱。也有一些网络服务机构开始尝试新的

---

① 胡潜，赵杨，严炜炜. 城市圈信息共享的平台化实现——以武汉城市圈为例［J］. 情报科学，2013（5）：37-41.

管理模式——平台化组织模式。目前平台化组织还没有统一的定义，但是在战略管理咨询领域被公认为先驱的波士顿咨询公司（BCG）基于丰富的组织管理知识，结合多家行业公司的访谈结果，发现平台化组织的四大重要特征：大量自主小前端、大规模支援平台、多元的生态体系、自下而上的创新精神①。在企业管理领域，已有学者开始提出大数据环境下企业的管理创新②，如表 5-1 所示，这与平台化组织模式相似。网络信息服务实施平台化发展战略，目的是要构建一个集各类信息服务机构于一体的生态系统，各参与主体包括信息服务提供者和用户及其他第三方机构均为生态成员，生态系统内生态成员越多，意味着体系越复杂，问题越层出不穷。必须创新管理模式，使生态成员之间可以自由沟通，协同服务于用户。如在阿里巴巴的生态体系内，既有大量商家也有为商家提供服务的专业供应商（软件、快递、营销等）。阿里巴巴通过商业事业部，借助信息技术实现各生态参与者之间的沟通与协作，商家只需关注产品本身，其他职能外包给更加专业的团队来承担。

表 5-1　传统企业管理创新与大数据环境下企业管理创新对比

	传统企业管理创新	大数据环境下企业管理创新
驱动因素	问题驱动	创新问题及数据驱动
环境	组织内资源	组织生态内的大数据
创新途径	自上而下	自下而上、自上而下、网络式协同
创新方法	德尔菲法、决策树法	云计算、数据挖掘、统计分析等
成功关键因素	专家经验知识	数据分析结果及解读的准确性

（4）网络信息服务生态系统构建

网络信息服务平台化的目的是建立一个可持续发展的信息生态系统，因此本书基于信息生态理论构建网络信息服务平台化系统。信息生态系统指在一定的信息空间内，信息、信息人与信息环境三者在信息交流循环过程中形

---

① 平台化组织：组织变革前沿的"前言"［EB/OL］．http://image-src.bcg.com/Images/BCG_Future_Platform_Oganization_Sep_2016_CHN_Final_tcm9-124495.pdf.
② 文跃斌．大数据时代背景下企业管理模式创新研究［J］．现代商业，2017（25）：104-105.

成的相互作用、相互统一的整体。信息生态系统的构成要素包括信息、信息人、信息环境①，而信息生态链就是信息生态系统中不同类型信息人之间信息流转的链式依存关系。韩刚等认为信息生态链是存在于特定的信息生态中的、由多种要素构成的信息共享系统，是信息生态的集中体现，信息生态链中包含了信息、信息人和信息环境这些构成信息生态的基本要素②。李北伟等认为网络信息生态链是将网络信息环境、网络信息和网络用户看做一个有机整体，运用系统论的观点揭示其内部各要素之间及系统内部与外部环境之间的相互作用和规律，明确发展方向，实现网络信息生态平衡③。这与网络信息服务平台化发展的理念相吻合。

从信息生态链的三个构成要素出发，本书结合大数据环境特点和网络信息服务平台化特征，在信息生态链三要素的基础上增加信息技术要素，从基础设施层、数据资源层、大数据分析层、智能服务应用层对网络信息服务平台化系统进行构建。网络信息服务平台化系统就是一个依赖于各信息服务主体信息协作的动态链环境。信息是存在于互联网环境下的网络信息资源，包括文本型、音频型、视频型等类型信息。信息是网络信息服务生态系统有序运转的关键，是信息人与信息环境交互的纽带。信息环境是与信息服务相关的基础设施、信息技术系统资源等；信息人包括各服务主体，以及与之进行信息传递、信息交流的服务客体，即用户，不同信息人之间通过信息流转紧密相连。网络信息来源于网络信息服务平台中的任一环节、任一主体，信息内容中又包含了用户需求，网络信息服务平台化的目的是为了更好满足用户需求，同时网络信息服务平台化又能直接影响网络信息服务流程，推动多个产业甚至是全社会资源进行开放重组和融合再造，促进业务创新，可见，信息在网络信息服务平台中的流转是网络信息服务平台化的实质。

如图5-3所示，该系统主要包括基础设施层、信息资源层、大数据分析层和智能服务应用层四个层次。①基础设施层是实现网络信息服务平台化的基础和支撑；②信息资源层是开展平台化网络信息服务的核心资源；③大数据分析层是实现网络信息服务平台化的技术支撑；④智能服务应用层是网络信息服务

---

① 靖继鹏. 信息生态理论研究发展前瞻[J]. 图书情报工作，2009，53(4)：5-7.

② 韩刚，覃正. 信息生态链：一个理论框架[J]. 情报理论与实践，2007，30(1)：18-20.

③ 李北伟，靖继鹏，王俊敏，等. 信息生态群落演化机理研究[J]. 图书情报工作，2010，54(10)：6-10.

平台化的交互端口，为用户提供更有效的信息服务。设计多层次结构，目的是使网络信息服务系统可以在遇到大数据环境和信息技术冲击或者其他环境变化时，具有较强的适应能力和拓展创新能力。

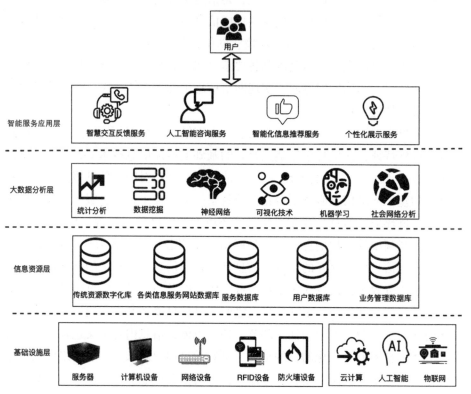

图 5-3　网络信息服务平台化系统

　　在该体系中，用户为了信息需求进行信息搜寻，网络信息服务基础设施层将捕获、识别、收集并上传用户信息获取过程中产生的信息数据、用户数据、服务数据、业务管理数据；数字化、网络化环境的发展，已经有一些传统信息资源被数据化，因此，网络信息服务平台化系统内也包含这部分数据，除此之外，还包括用户在各类信息服务网站上创建的信息内容以及利用网络爬虫等数据挖掘技术捕获的物联网信息资源，这些构成了网络信息服务平台化发展的大数据资源。网络信息服务平台利用机器学习、社会网络分析等技术对网络信息服务平台的数据资源进行分析，可以实现各种类型的信息服务。各类信息网站数据库、服务数据库和用户数据库相结合可以针对不同用户实现智能化信息推荐服务；业务管理可以对各信息服务网站进行优化组织与管理，为用户提供高效率的体验。此外，深入分析用户咨询相关数据，利用人工智能技术，可以向用户提供人工智能信息咨询服务，减少人工客服的工作量。总之，网络信息服务平台化在为用户提供更快更准的信息服务的同时也丰富了用户数据库，为下次更加精准的信息服务做好准备，如此循环往复，形成了网络信息服务循环发展的生态链。

基础设施层。Bowker 等对基础设施进行定义，认为基础设施指涉及信息创建、处理和分发的社会技术系统和设备[①]。平台化网络信息服务提供的信息，必须依赖稳定的基础设施构架，基础设施层包括硬件设施和技术两方面。平台化网络信息服务的硬件设施包括服务器、计算机设备、网络设备等基础硬件设备以及 RFID 设备和防火墙设备等感知设备。感知设备可以帮助网络信息服务平台实时进行物体识别和信息采集。高性能的网络硬件设施是平台化网络信息服务进行数据存储、分析与应用的基本前提，为网络信息服务平台实现信息良好传递等提供保障。实现网络信息服务平台化还要依赖于物联网、云计算、人工智能等信息技术，可以为数据资源的广泛性、准确性提供技术支撑。基础设施层是网络信息服务平台化的关键层，决定着网络信息资源的数量和质量，直接影响到数据的分析与挖掘。

信息资源层。信息资源层负责收集和管理网络信息服务平台的信息资源，帮助网络信息服务平台存储大规模数据集和对重复信息进行检测并消除冗余信息以增加存储空间，维护信息服务环境。网络信息服务平台化必然会产生大量的管理数据和业务数据，根据数据来源不同，可将数据分为五个部分：传统资源数字化库、各类信息服务网站数据库、服务数据库、用户数据库、业务管理数据库。①传统资源数字化库，包括印刷型纸质资源等。②各类信息服务网站数据库。实现网络信息服务平台化，应集成各类信息服务网站，收集分析各网站的相关信息。③服务数据库，包括用户查询信息、咨询记录、信息反馈等。④用户数据库，包括用户基本信息和用户行为信息。用户基本信息即用户在注册网络信息服务平台时的个人基本信息；用户行为信息包含用户在使用网络信息服务平台时留下的行为数据，包括用户利用网络登录平台发布(图片、视频、评论)信息、下载相关资源等行为信息。⑤业务数据库，包括物联网终端设备数据如 RFID 数据。不同信息服务网站之间使用的硬件设备、操作系统、

---

① Bowker, Geoffrey C, et al. Toward information infrastructure studies：Ways of knowing in a networked environment[J]. International handbook of internet research, 2009：97-117.

数据库软件及数据存储标准各不相同，导致数据结构存在差异，影响平台化信息资源的集成及后续的数据分析与挖掘，因此在信息资源层需要制定统一的标准来有效管理数据。

大数据分析层。大数据分析层是利用大数据分析技术充分挖掘信息资源层的信息价值，发现用户潜在需求，为实现精准服务和营销作好准备。大数据分析(Big Data Analytics，BDA)指对海量、类型多样、增长快速且内容真实的数据进行分析，从中找出可以帮助决策的隐藏模式、未知关系以及其他有用信息的过程①。袁红等将大数据分析定义为：是对海量、异构、高并发的数据进行收集、加工、存储和可视化呈现，从中提取有价值的信息以辅助决策的过程，并将大数据分析划分为数据收集和预处理、数据存储与处理、数据分析、结果呈现四大部分②。大数据技术通过挖掘数据之间的内在联系并将这些规律呈现出来，这也是将数据转变为知识来帮助用户做出决策的过程。典型的事件有沃尔玛后台数据挖掘专家发现了尿布与啤酒事件；另一个大数据经典事件为超市的销售经理比某父亲更早发现其未成年女儿怀孕的事实，且进行孕妇产品推介。早在2011年，咨询行业顶级公司麦肯锡在《大数据：创新、竞争和生产力的下一个前沿领域》报告中指出，数据已经渗透到每一个行业和领域，逐渐成为重要的生产要素。Stacey Shindelar指出，以用户为中心的服务方式是基于对用户需求和诉求的充分挖掘。只有将大数据应用建立在用户需求挖掘的牢固基础之上，并以用户所熟悉的方式提供给用户，政府信息服务才会真正有效③。因此，网络信息服务要想实现平台化发展，就必须借助大数据分析技术，深度挖掘有价值的信息和用户需求，为用户提供高效信息服务。如采用文本挖掘、知识图谱、语义分析深入挖掘和预测海量异构信息，帮助研究者对所需数据进行统计，探索不同数据之间的关系，使信息服务更加科学④；采用社会网络分析法分析用户行为数据，借以发现用户行为之间的规律性。综上所述，网络信

---

① Big data across the federal government [EB/OL]. [2019-08-07]. http://www.whitehouse.gov/sites/default/files/microsites/ostp/big_data_fact_sheet_final.pdf.

② 袁红，朱睿琪. 用户信息搜索行为大数据分析框架及其关键技术[J]. 图书馆学研究，2016(24)：39-46.

③ Stacey Shindelar. Big data and the government agency: A look at how three federal agencies manage big data in the wake of a white house document outlining a four-layer digital structure through which data can be amassed, organized, and presented[J]. The Public Manager, 2014，43(1)：56.

④ 吴丹，陆柳杏. 智慧信息服务大数据分析框架[J]. 图书与情报，2018，180(2)：7-13.

息服务平台化要充分利用统计分析、数据挖掘、机器学习、神经网络、可视化技术等大数据技术，最终实现平台化发展。

智能服务应用层。智能服务应用层是网络信息服务平台化系统的顶层端口，直接与用户交互。首先网络信息服务平台对用户输入的信息进行语义分析，其次通过数据挖掘、机器学习对数据资源进行分析，发现相关信息，并将信息传递给用户，还可以通过社会网络分析对用户进行分类，向用户推荐可能感兴趣的信息；用户在访问网络信息服务平台的过程中产生了检索记录等数据，此外还在各信息服务网站上产生了设备记录、登录时间、查阅的内容等行为数据，通过文本挖掘技术对用户数据库进行分析，可以知道用户的基本信息，如年龄、身高、专业，结合社会网络分析技术分析用户行为数据，可以刻画出精准的用户画像，为用户提供智能化信息推荐服务。最后可以利用大数据技术、可视化技术为用户提供个性化的服务结果展示界面。

智能服务应用层体现了平台化网络信息服务的智能化、智慧化。使用数据挖掘、人工智能、机器学习等大数据分析技术对信息资源、信息服务者、用户反馈等方面进行深入研究，可以挖掘与发现用户的信息需求，与各信息服务机构共享数据，帮助用户获取、利用、分享信息资源，实现对信息资源的有效管理，为用户提供健康的信息环境，最终实现智能化信息服务。

5.2.4 信息服务平台化发展的方向

通过上述对网络信息服务平台化系统的描述可以发现网络信息服务平台化的发展方向。由于大数据环境，网络信息服务网站存在信息反馈服务不完善、信息过载严重、UGC 数量类型多样、质量参差不齐等现象，因此网络信息服务平台化发展更多的是需要服务创新、功能拓展、业务重组，如信息存储、数据分析、数据开放化等。

（1）集成式的大数据存储

平台化网络信息服务提供的信息来源就是大数据，大数据包括结构化数据、半结构化数据和非结构化数据三种类型，要求海量数据存储、高并发请求、高扩展性等。传统的关系型数据库只能集成有限的具有固定模式的结构化信息资源，且存储速度慢，对硬件要求高，不能满足大数据存储需求。目前使用最多的就是非关系型数据库，其是一种分布式存储模式，具有处理速度快、高扩展性、高可用性、对硬件限制要求低等优点[①]，可以帮助各信息服务网站

---

① 孙中廷. 基于 NoSQL 数据库的大数据存储技术的研究与应用[J]. 计算机时代，2014(7)：7-9, 13.

实现信息沟通和信息交换，增强信息流通。

（2）服务创新拓展

2011 年，谷歌公司前 CEO 埃里克·施密特提出"四大金刚"概念，即谷歌（Google）、亚马逊（Amazon）、脸书（Facebook）和苹果（Apple），它们的成功并不仅仅是因为公司推出了独特的技术和产品，更因为采用了平台化的架构与服务理念①。同年 10 月，菲尔·西蒙在其著作《平台的时代》（*The Age of the Platform*）中对平台化作了解释，西蒙将平台视为一个极有价值且强大的生态系统，平台可以快速扩张、转型，并且能将新的功能、使用者、客户、供应商与合作伙伴融入其中。也就是说，平台不再是一个单一的信息化服务系统，而是一个信息化服务的平台环境，这个平台将创建者、服务提供商与用户整合在一起，通过基础数据与应用服务接口的开放，提供给用户或第三方使用，从而使平台产生强大的生命力②。平台化网络信息服务一方面可以结合数据挖掘、机器学习、人工智能、可视化技术向用户提供更加智能化、精准化的信息服务，如人工智能中的深度学习与推荐系统相结合，可以掌握用户和产品的深层非线性表征，还能处理非结构化数据，机器学习可以对不同类型的用户反馈进行分析，让用户得到更好的推荐结果。另一方面，平台化服务的特点是能够吸纳用户贡献的知识，让信息流通并产生新价值③。如可以将线上旅游服务与电子商务网站数据关联，当用户选择某地点去旅游时，如果对当地不了解，平台可以直接推荐旅游可能需要准备的食品、用品，并由用户选择地点与物流方式完成购买，还可以根据用户历史行为数据发现用户兴趣，提供用户关联，形成社交网络，为未来旅游信息发布提供信息依据。如将百度文库线上服务与培训机构数据相结合，当用户搜寻与雅思有关的信息时，可以推荐相应培训机构的信息。

（3）产业融合

产业融合是指不同产业或同一产业内的不同行业，通过相互渗透、相互交叉，最终融为一体，逐步形成新产业的动态发展过程。这些新产业成为经济发展的新增长点，它加快了产业结构升级，也使企业获得更多的商机和市场，从

---

① Fried I. Google's Eric Schmidt on Privacy, Politics and Facebook[EB/OL]. [2015-07-05]. http://allthingsd.com/20110531/googles-executive-chairman-eric-schmidt-live-at-d9/.

② Simon P. The Age of the Platform：How Amazon, Apple, Facebook, and Google Have Redefined Business[M]. Las Vegas：Motion Publishing, 2013：22.

③ 夏翠娟, 吴建中. 从门户到平台——图书馆目录的转型[J]. 图书馆论坛, 2015, 35(7)：1-7.

而带动整个经济的持续繁荣①。产业融合中无论是通过高技术渗透、产业功能延伸和拓展，还是通过采用资源整合进行不同产业或同一产业不同行业之间的融合，都会产生产品创新、服务创新、管理创新、市场创新，最终是产业创新。网络信息服务平台化发展，最终形成一个以服务为中心的综合性服务系统。平台化发展可以实现产业链整合，推动跨界融合发展，如腾讯企业已纷纷将视频、网络文学、体育、游戏等产业融合，丰富平台的综合化服务。

2019 年波士顿咨询公司（BCG）联合阿里研究院和百度发展研究中心发布报告《中国互联网经济白皮书 2.0——解读中国互联网新篇章：迈向产业融合》。报告指出，中国互联网发展的新趋势是产业融合②。网络信息服务平台化发展，除了为用户提供高效信息服务，还要保证协同盈利，创新产业，为整个信息生态圈创造价值。如微信一开始只是加了语音通话的 QQ，后来增加了语音通话、视频聊天、朋友圈、微信支付等，逐渐实现产业融合。网络信息服务平台化发展，大数据资源是其进行产业创新的数据基础，可以与电子阅读设备的数据相结合，可以发现用户在什么时间段看什么书，一般会花多长时间，这些数据表面上看反映了用户阅读习惯，实质上提供了产业创新的机会。如网络信息服务平台可以发展休闲游戏产业、知识付费产业，在这些时间段向用户推荐一些小游戏，或者付费文章，这样又可以创造新的商业价值。

（4）移动端网络信息服务

随着移动技术发展和产品普及，移动设备和生活融为一体。移动 App 功能越来越丰富，从网上购物、电子阅读、移动支付、网络社交到移动学习，移动应用无所不能，形成了学习、生活的移动环境，用户越来越习惯从移动终端获取信息和服务。小程序是实现平台化网络信息服务的一种创新方式，小程序的主要目标，是针对多样化的需求、各种细分人群开发出各类应用，如微信上出现的美团、猫眼电影、小游戏等满足用户不同生活需求的小程序，这样就形成一个生态产业链，用户利用小程序产生的服务数据和用户数据又进一步丰富了微信数据库，微信再进行数据挖掘和大数据分析，可以循环提高网络信息服务质量，这便形成了一个价值生态链。

---

① 厉无畏，等. 国际产业发展趋势研判与理性思考[J]. 中国工业经济，2002（4）：5-11.

② Helmond Anne. The platformization of the web：Making web data platform ready[J]. Social Media Society，2015（1）：2.

（5）数据开放

平台化就是数据的开放，以及为第三方提供在此之上构造创新应用的接口，例如 API（应用程序接口）。目前已经有一些信息服务机构通过数据开放探索平台化发展方向，2007 年扎克伯格认为社交网络太过封闭，因此提出全球任何开发者都可以基于 Facebook 的社交图谱——2400 万用户，构建一个完全属于自己的应用程序。著名分析师 Ben Thompson 曾定义 Facebook 的商业模式：超级聚合器。即 Facebook 搭建了非常好的广告空间，在这里用户、供应商和广告商都能深度参与，数据开放不仅增加了 Facebook 的信息流通，用户和其他服务提供者的参与也推动了整个网络生态化发展。网络信息服务平台化，数据开放是趋势，只有向外部应用提供数据开放，才能吸引更多应用进入信息生态系统。

（6）智慧交互反馈服务

交互反馈是交互式信息服务的重要特征，可通过使用各种各样的互动渠道和前端服务应用系统以低成本、自动化手段对信息服务进行提升。如借助互联网向用户发放调查表了解用户满意度，用户通过书面形式提交反馈信息单。如用户通过 E-mail 投诉信息服务的质量，信息服务系统在了解问题后向用户回复解决方案①。平台化网络信息服务更加注重与用户之间的交互作用，以帮助用户获取真正需要的知识，提高其解决问题的能力。陈红梅认为反馈机制是知识服务系统良性运作的保障，也是知识服务过程的一个重要环节，对于提高服务水平有直接的指导意义，认为应该建立明确有序的信息反馈渠道，连续搜集和分析数据，了解用户对服务的需求和满足程度及未来可能的发展变化，以此客观准确地反映服务的效率②。王娜通过实证分析发现知识服务平台在反馈方式和反馈渠道方面的设置与用户需求有差异；反馈服务响应方式的设置与用户期望存在不一致，反馈流程的方便性和易用性与用户期望相差较大，而且多数用户并未注意到反馈服务。陈远等认为智慧图书馆的智慧服务层应包括智慧反馈交互服务③。交互反馈是用户对网络信息服务质量的直接评价，是用户需求的体现，是信息服务质量改善的依据。网络信息服务平台化发展中，物联网的

————————

① 邓胜利. 交互式信息服务的构成要素与定位分析[J]. 情报理论与实践，2009，32（1）：18-21，13.

② 陈红梅. 试论图书馆知识服务评估与反馈机制的建立[J]. 情报探索，2005（1）：91-92.

③ 陈远，许亮. 面向用户泛在智慧服务的智慧图书馆构建[J]. 图书馆，2015，34（8）：4-9.

应用及人工智能的发展，使得网络信息服务平台可以通过采用数据挖掘技术深度分析用户反馈需求，再结合深度学习技术，向用户提供符合用户偏好的反馈渠道和反馈方式。

唐晓波等认为知识服务的智慧性还体现在解决"How"和"Why"的问题上，如 Google 检索目前只能实现简单的"Why"和"How"的自动反馈，通过反馈提供的知识服务可以直接为用户解惑(图 5-4)，无须用户大脑的思考，类似一个专家坐在用户对面，直接回答用户的问题，这就是智慧反馈①。平台化的网络信息服务也可以对用户反馈的问题进行收集，并进行机器学习训练，当用户进行线上直接反馈"How"和"Why"的问题时，信息服务平台可以直接向用户提供解决方法并展示出来，既节约网络信息服务平台和用户的时间，又可以减轻工作人员的工作量，让其在其他方面实现价值，还可以提高用户体验，增强用户忠诚度。

图 5-4　"为什么太阳会发光"Google 检索结果

(7)人工智能咨询服务

智能咨询服务(Intelligence Consulting Service)融合了人工智能的理念和信息咨询的方法和技术，基于构建的知识库，设计合理有效的推理机制和算法，通过友好的人机接口和解释系统，为用户提供智能化知识咨询服务②。

①　唐晓波，李新星. 基于人工智能的知识服务研究[J]. 图书馆学研究，2017(13)：26-31.

②　张玉峰，等. 智能信息系统[M]. 武汉：武汉大学出版社，2008：499-514.

Teodorescu 通过对人工智能的自然语言理解和信息检索范式的进展进行比较，分析了人工智能在问答咨询系统中的适用性①。唐晓波等针对传统信息咨询服务客户满意度低、自动化程度不高，难以满足个人需求的不足，通过对文本与Web 语义分析的特征进行阐述，提出将文本与语义分析方法和人工智能技术应用在咨询服务中，构建了基于文本与 Web 语义分析的智能咨询服务模式及体系架构②。对于文本和图片的语义分析，卷积神经网络（CNN）、循环神经网络（RNN）等神经网络分析方法的效果已超过传统方法。平台化的网络信息服务蕴含着丰富的知识，运用各种机器学习方法、卷积神经网络挖掘文本、图片等信息资源的深层次概念，对资源进行深度的组织和利用，可为用户提供高效的人工智能信息咨询服务。

（8）智能化信息推荐服务

推荐技术自提出以来，近几年在 Amazon、eBay、Youtube、Facebook、淘宝、京东、微博、微信等互联网服务业得到极大的关注与应用，目前常用的有基于内容的推荐、基于紧邻的推荐、基于模型的推荐、混合推荐，以及近几年兴起的基于社会网络分析方法推荐等。这些推荐方式都有一定的局限性。如基于内容的推荐应用范围受到推荐对象特征提取能力的严重限制，难以推出新领域的推荐结果，不同语言描述的用户模型和推荐对象模型兼容困难③。而协同过滤推荐需要大量的用户数据，但是随着系统用户数量的增大，又不能胜任巨大用户量的要求，且在最初准确度低。云计算、大数据、人工智能等技术的兴起对推荐技术的发展起到强有力的促进作用。神经网络学习是近几年来的热点，卷积神经网络是最有代表性的深度学习模型之一。大数据和云计算为深度学习提供了基础，对知识图谱进行深度学习，利用蕴含在知识图谱中的知识指导神经网络模型的学习，可以在问答、推荐等任务中得到有效应用。

（9）个性化展示服务

个性化展示服务是根据用户的使用情境和习惯来实现的，依据各种渠道对信息资源进行收集、筛选和挖掘，向用户提供、推荐并展示相关信息，以满足

---

①　Teodorescu Ioana. Artificial intelligence and information retrieval［J］. Canadian library journal，1987，44（1）：29-32.

②　唐晓波，魏巍. 基于文本与 Web 语义分析的智能咨询服务模式及体系架构研究［J］. 情报科学，2016，34（11）：111-114.

③　王国霞，刘贺平. 个性化推荐系统综述［J］. 计算机工程与应用，2012，48（7）：66-76.

用户的多样化需求。从整体上说，个性化展示服务相较于传统的个性化展示服务更加精准，能够充分利用各种资源优势和技术优势，优化产业链，主动开展以满足用户个性化信息需求为目的的全方位展示服务。服务过程和服务结果都要能根据用户个性情境进行"私人订制"，平台发布信息的数量和内容可结合用户的接受能力以使用户的信息诉求得到快速的响应①。物联网感知设备的发展与应用为情境感知创造了技术支撑。在个性化展示服务领域，比较广泛认可的情境定义是 Dey 给出的，即情境是描述实体状态的任何信息，其中实体可以是人、位置或是人与某种应用交互的对象（包括人与应用）。常见的情境类型包括：环境、用户、物理、时间、社会、服务情境等②。网络信息服务平台具备提供基于情境感知提供个性化展示服务的技术基础和数据基础。情境感知（Content Aware）是指在用户需要时利用情境信息向用户提供适合于当前情形（如任务、地点、时间和人物等）的信息或服务，结合用户情境自动地获取和发现用户需求，实现信息服务的动态变化，并提高信息服务的准确性和可靠性，是协助信息服务系统的重要支持手段和方法③。赵慧琴等提出基于情境感知的个人学习空间的框架结构，根据感知到的用户情境，可以自动地向用户提供个性化服务，包括学习内容个性化、学习路径个性化、呈现方式个性化④，如通过无线传感器感知当前环境亮度很高不适合使用投影仪展示时，系统会自动推荐使用电子白板或其他流明度更高的显示系统。网络信息服务环境下，为了保证个性化推荐质量，情境是不可忽略的因素，目前在个性化阅读领域中已经开始将情境信息与界面展示结合起来，如移动阅读服务能自动感知用户所在的空间、环境，情境服务通过整合来自移动设备上的不同情境数据，追踪用户的生活、工作信息流，然后根据特定的情境向用户推荐特定的信息，并根据情境动态调整展示界面，如自动提供基于地理位置的历史文化知识阅读服务等。

---

① 王德禄. 知识管理的 IT 实现——朴素的知识管理[M]. 北京：电子工业出版社，2003：3.

② Dey A K. Understanding and using context［J］. Personal and Ubiquitous Computing, 2001, 5(1): 4-7.

③ Yang S J H, Shao N W Y. Enhancing pervasive Web accessibility with rule-based adaptation strat egy[J]. Expert Systems with Applications, 2007, 32(4): 1154-1167.

④ 赵慧勤, 张天云, 王丽. 泛在学习环境下基于情境感知的个人学习空间研究[J]. 中国电化教育，2016(7): 36-42.

5.3　信息服务的平台化发展规划与实施

基于互联网的信息资源开发和利用是网络信息服务的核心内容①。为落实贯彻《国家中长期科学和技术发展规划纲要（2006—2020 年）》《"十三五"国家科技创新规划》和《国家创新驱动发展战略纲要》，加快推动现代服务业创新发展，明确现代服务业领域在"十三五"时期的科技创新任务、方向与目标，科技部发布了《"十三五"现代服务业科技创新专项规划》，强调了信息化对现代服务业发展的重要性，并指出了发展现代服务业的平台经济，其中信息化驱动下的现代网络信息服务平台构建更是重要一环②。

5.3.1　信息服务的平台化发展规划

网络信息服务业是多资源需求和能力整合的行业，其服务质量和市场效果往往取决于资源能力的供给程度。当前，服务业对于信息资源的开发、运用和分享模式的发展严重落后，其开发、运用和分享能力严重受到社会等各方面环境的约束。因此，基于信息平台的汇聚功能，扩大信息资源供给范围，对于提升服务业的水平具有重要作用。针对当前服务业的平台化发展，探讨平台的协同、服务生态等创新发展方式和过程，有助于推动服务业现代化。《"十三五"现代服务业科技创新专项规划》指出要积极发展与培育新兴服务业，推动新兴服务业和新一代信息技术的深度融合，探究"互联网+"在服务业应用的新机制和新业态，进一步实现数字化生活、数字化教育、健康养老、智能设备服务等新兴服务业的进步，构建现代服务业的新型平台化经济模式，以满足用户消费结构升级的需要，构建国民经济创新性发展的新动能。

（1）加强基础设施和支撑服务体系的建设

泛在先进的基础设施是平台化发展的基石。网络信息服务平台化发展面临大数据的存储以及数据挖掘、人工智能等先进技术的应用、各信息服务网站的

---

① 　梁向东，潘杰波，吴艳. 信息化与现代服务业发展：测度、协同和融合的研究视角［J］. 系统工程，2013(11)：121-126.

② 　刘绍宇. 论互联网分享经济的合作规制模式［J］. 华东政法大学学报，2018(3)：72-82.

跨系统协作运行等问题，根本还是要通过加强基础设施建设、改善硬件条件来加以解决，必须加强加大性能稳定、大容量、高扩展性的基础设施建设，加速完善普遍服务。可见，在此方面的大量投资是不可或缺的，网络信息服务平台化的发展离不开大数据技术支撑服务体系，一方面应注重改造优化 RFID、监控器、传感器、网络设备、机器人等基础服务配套设施；加快移动互联网、5G 的发展；进一步加强互联网宽带用户比例、带宽水平、手机普及率等支撑服务体系建设，实现与网络信息服务平台化共同发展的态势。另一方面要注重大数据基础设施（BDI）建设。大数据基础设施是面向数据采集、数据分析和数据应用的创新性系统工程。包括①支撑大数据应用和大数据产业的基础设施，即通过云计算、SDN/NFV、分布式数据中心以及人工智能等领域的技术整合创新、标准发布创造一系列高效率、智能化的数据产业云网一体化支撑平台。②用大数据和人工智能的方法解决基础设施运行过程中的问题，保证数据产业的安全运营①。

（2）重视信息技术的开发与应用

平台技术的进步与发展可以有效地将平台化信息资源和平台化网络信息服务进行有机整合。大数据环境下，对于网络信息服务平台化建设而言，大数据技术，尤其是数据挖掘、人工智能、可视化、人工神经网络等大数据技术的开发和应用处于至关重要的位置。支撑平台的技术应具有技术兼容、易于重复使用、可管理性的特征。从平台化信息资源整合和信息服务集成的角度看，信息技术是平台化网络信息服务的基础和支撑。在技术开发与发展中，需要在当前网络信息服务系统建设的基础上，以系统优化和资源重组为目标，通过集成信息服务和协同合作，提高网络信息服务的水平和能力，围绕网络信息服务平台化发展目标，构建多层次、个性化的服务支持技术系统。

（3）建立平台化协同治理体系

互联网平台的最大优势就在于其可以成为一个生态圈的土壤，对平台治理的研究，需充分认识到互联网平台的价值，并在此基础上展开讨论。以电商平台为例，需要多方共同参与平台治理，只有基于开放的治理平台，政府、网民、教育等角色才能参与到治理过程中，逐步建立起治理的生态系统。网络信息服务平台化发展需要多方参与主体的协同治理，网络信息服务平台化的最大

---

① 大数据基础设施研究［EB/OL］．［2019-08-04］．http://www.ids.tsinghua.edu.cn/index.php/jichusheshi.

优势就是消除了信息鸿沟，加快了信息资源的流通和利用，激活了供给和需求。要实现网络信息生态系统的健康发展，一方面要做到各信息服务机构之间的公平竞争和协同共享，打造良好的信息环境，释放平台发展活力。另一方面要把创新作为平台发展的出发点，营造宽容的创新环境。政府部门也要担任起监督的责任，以开阔的胸襟促进平台自治，担任起重要的治理角色，在平台生态系统的维护上发挥主导作用。

(4)创新平台发展思路，推动网络信息服务产业升级

当前的网络信息服务往往聚焦于产品和服务的终端，而平台则追求自循环的生态系统。对于网络信息服务平台而言，要想实现平台化发展，必须进行服务拓展和创新。以支付宝为例，正是由于提供了将生活类服务和行业应用延伸到网络金融的服务，才从交易工具发展为交易服务平台。支付宝还可以对用户信息进行再次整合与分析，为商家提供更多商机，为用户提供更多金融服务。因此，网络信息服务平台要立足长远，不断创新服务和发展思路，打造生态化的服务平台，向平台立体化服务转变，并利用平台系统的信息资源和服务数据不断探索新需求，创新新服务，进而催生新业态，推动网络信息服务产业创新升级，实现平台化建设与发展。

(5)注重保护个人隐私

个人隐私是指公民个人不愿被他人窥视、收集、复制、篡改、加工利用的信息。主要包括①个人注册信息中的隐私，包括电话、头像、电子邮件、个人照片等。②网络活动中的隐私，如发布的信息、私聊信息等。③用户登录位置信息。位置信息容易暴露个人行动轨迹，是隐私信息。④网络关系信息。网络信息服务机构采用社会网络分析法可以获得用户的社会网络关系信息，如谁跟谁关系亲近等。在大数据环境下，云计算、物联网的共享性，用户的泛在接入都有可能导致隐私数据的泄露①。大数据时代，数据挖掘、数据开放过程都会导致用户隐私泄露，人们也越来越意识到用户隐私的安全性。网络信息服务平台为了实现个性化推荐服务，需要采用数据挖掘技术等分析用户数据，包括上网的记录、用户信息、传感器数据和监视数据等，这种用户数据的整合和共享容易造成隐私泄露，使得不法分子掌握用户喜好和信息，给用户推荐假商品或者进行金融诈骗。如轰动一时的 Facebook 隐私泄露事件，约超过 5000 万用户

---

① 马晓亭，李凌. 基于大数据的图书馆用户个性化隐私保护策略［J］. 现代情报，2014，34(3)：60-62.

信息在用户不知情的情况下，被政治数据公司"剑桥分析"获取并利用，向用户精准投放广告。因此，在实现网络信息服务平台化进程中一方面需要制定一套关于用户隐私保护的法律条例，做到有法可依，才能提高企业对用户个人隐私保护的重视。另一方面，需要一套安全测评系统，有一些个人应用软件，开发人员相关技术水平和安全意识淡薄，如不经周密细致的安全测评就直接上线，软件漏洞百出，易被一些专门利用软件漏洞进行非法入侵的攻击者发现，导致个人隐私泄露。

（6）重视人才队伍的建设

人才是第一资源。大数据时代，海量的数据信息中蕴藏着巨大的价值，为了更好地挖掘大数据信息价值，需要利用统计分析、数据挖掘、人工神经网络、可视化技术、人工智能等大数据分析技术，因此需要大量的专业人才进行操作与实施。大数据技术作为新兴领域需要专门的工作人员，大数据人才紧缺，必然影响大数据的挖掘与分析。网络信息服务平台化发展更加需要挖掘与发现大数据中潜藏的规律和有价值的信息、用户行为信息中蕴含的潜在需求，大数据人才的缺乏直接影响网络信息服务平台化发展。大数据包含半结构化、非结构化和结构化数据，所以需要培养专业的大数据人才，为网络信息服务的发展提供有力的人才支撑。可以开展大数据教学，包括理论教学和技术教学。可以与企业联合培养大数据专业人才，这种方式有两方面的优势，一是企业有大量数据可以帮助学生提高数据分析技能；二是学校有目的地培养大数据专业人才，也为企业的大数据人才培养提供了捷径。如北京航空航天大学计算机学院、软件学院与百度、淘宝、腾讯等企业合作，联合创办了国内首个大数据专业工程硕士培养项目。国外也同样注重通过大学进行大数据专业人才培养。如亚利桑那州立大学已经围绕元数据、数字格式和数据迁移等项目开设了数据馆藏课，伊利诺伊州立大学香槟分校开设了数据监护方向的硕士学历教育项目。

（7）完善信息服务法制建设

信息服务的法制建设是保证信息服务发展、提升服务质量、促进平台化健康发展的重要保障。对于网络信息服务平台化建设而言，法制建设一方面是明确信息服务机构的法律地位和服务组织中的法律关系。一些观点认为互联网平台应为其用户承担连带责任或补充责任，但面对海量用户，互联网平台如果为用户行为承担过多责任，将难以生存和发展。因此，欧盟各国对互联网平台服务商的责任边界，基本都确立了"避风港"原则，即民事法律责任有条件的豁免制度。中国《侵权责任法》第 36 条也确立了"避风港"原则，但当前在现实生活中，却仍然存在加大平台责任的倾向。另一方面在法律制度规范下，对信息服务的管理、调控与监督做出规定，可以推进信息服务的标准化，包括信息服务技术的标准化和业务标准化，从而保证网络信息服务平台的健康发展。

5.3.2 "互联网+"战略下信息服务平台构建

国家科技部在发布的《"十三五"现代服务业科技创新专项规划》中指出，积极发展与培育新兴的服务业，探究"互联网+"在服务业应用的新业态与新模式，发展平台经济以推动新兴服务业和新一代信息技术的深度融合。信息化驱动下的现代服务平台技术的开发，直接关系到服务质量和效率。在平台建设中，应从技术实现和建设方式两个层面进行研究，在技术实现上，可探索云计算、物联网和移动终端等"互联网+基础设施"与现有实践平台技术模块的融合，构建基于"云、网、端"的智能平台架构，根据面向信息资源、数据流程和服务技术的推进原则，研究平台建设的技术方案、技术实现路线。

"互联网+"战略下现代网络信息服务平台构建对于现代服务业的发展有重要的推动作用，其前期建设和后期维护都需要大量资金和知识等的投入，同时现代服务信息化平台又具备极强的公共产品的属性，所以为了保证现代网络信息服务平台的健康可持续性发展，应该建立"互联网+"战略下的信息化的现代网络信息服务平台以及其投资、建设和运营资金的科学合理的机制。首先，政府应该鼓励大型服务业企业对信息化平台进行投资建设，信息化平台应以"互联网+"环境下最新的技术为基础，为"互联网+"战略下现代服务业提供信息的生产、传播、存储、检索、获取和利用的综合性服务，是以网络技术、数据库技术、多媒体技术等为基础，为现代服务产业提供信息等综合性服务为目的的建设，以取得社会效益与经济效益的最大化。其次，要推进现代网络信息服务平台和"互联网+"的融合，信息化平台与最新的信息技术的融合是一个"互联网+"新业态下的旧命题和新问题，既要与时俱进，在新的历史背景下思考如何通过信息化平台与信息技术的融合，以更好地服务于现代的服务产业生产，创新更多的服务产业价值，同时，"互联网+"战略下现代网络信息服务平台构建要从更高层次上服务于用户的成长。在"以人为本"的发展观下，现代服务产业和"互联网+"战略的融合不仅是现代服务产业资源与"互联网+"模式手段的嫁接融合，而应该内化到日常现代服务业建设中去，融入普通现代服务业的变革中。简言之，就是现代服务业与"互联网+"战略融合应该更加平民化、生活化，成为"人"全面发展的一部分。对于现代服务业，"互联网+"模式应继续发挥着超强的"吸金"和"吸睛"效应。对于"互联网+"战略下现代网络信息服务平台的构建，高新科技元素的加入，无疑会对现代网络信息服务平台的构建起到加速和推动作用。

（1）"互联网+"战略下现代网络信息服务平台的构建路径

"互联网+"战略下现代网络信息服务平台构建原则主要包含提高现代服务业聚集辐射能力、聚合现代网络信息服务资源等。

①发展现代服务业科学体系。随着"互联网+"模式的日益完善，现代服务业得到新的发展机会，现代服务业的科学体系亦得到进一步发展。根据《国务院办公厅关于推进线上线下互动加快商贸流通创新发展转型升级的意见》，国务院明确指出要加强现代服务业线下与线上的互动创新式发展，加快现代服务业的升级转型和发展创新，推动现代服务业中实体经济的发展。根据《国务院关于深入推进新型城镇化建设的若干意见》，国家要求推动农村电子商务等现代服务业的发展，以此加强城乡的公共服务水准和经济发展质量。同时，根据十九大报告，党中央明确提出坚持新发展理念，推动实体经济和互联网、大数据、人工智能等现代信息技术的深度融合①。因此，探讨现代服务业科学体系的发展问题对于新时代推动"互联网+"战略下现代网络信息服务平台建设和现代网络信息服务发展具有现实意义。

首先是"互联网+"战略下现代网络信息服务平台建设能够推动信息经济与实体经济的深度交融，从而实现"互联网+现代服务业"的信息化发展新模式。截至2020年3月，根据中国互联网络信息中心（CNNIC）发布的第45次《中国互联网络发展状况统计报告》，国内互联网普及率达到64.5%，网民数量规模达到9.04亿。农村网购、线上旅行服务购买等用户年增长率达到24.1%、41.3%。因此，"互联网+"战略下现代网络信息服务平台的建设是实现现代网络信息服务发展的关键步骤。其次是"互联网+"战略下现代网络信息服务平台能够推动服务业的绿色环保发展，实现现代服务业发展过程中的可持续与低碳发展，为美丽中国建设和环保型社会注入新的活力。最后是通过构建"互联网+"战略下现代网络信息服务平台，能够加快城乡居民消费观念的转变，实现城乡居民生活方式的同步发展。

一方面，"互联网+"战略下现代网络信息服务平台的发展模式更加信息化、精准化和数据化，"互联网+现代网络信息服务平台"的现代服务业发展模式能够为其发展注入内生动力，为现代服务业发展提供更加便捷的优质平

---

① 何瑾，葛宝山，杜小民. 吉林省工业化与信息化深度融合的模式及路径[J]. 情报科学，2018，36(4)：64-68.

台。同时，通过构建现代网络信息服务平台，能够实现现代服务业市场秩序的规范，构造健康有序的现代服务业环境。在"互联网+现代网络信息服务平台"的依托下，现代服务业能够依照现代服务业的行业规范参与到信息化建设中，完成现代服务业发展过程中虚拟经济和实体经济的交融发展，促进现代服务业企业完成从"物化"到"信息化、数据化"的跨越，实现现代服务业的创新式发展，这也有利于信息化平台对现代服务业企业信息化的审查职能的履行，推动现代服务业科学体系的发展①。此外，现代网络信息服务平台的建设在一定程度上也能满足消费者不同的分类需求，从而不断优化现代服务业的信息化建设。

另一方面，伴随新时代开放发展、创新发展等最新发展构想的提出，现代服务业在信息化建设过程中亦会实现进一步的创新与升级，现代服务业在和大数据、云计算、人工智能等最新信息技术的深度融合发展过程中，能够有效实现现代服务业的建设质量。此外，在"互联网+"战略下现代网络信息服务平台的发展过程中，国家能够不断完善和补充现代网络信息服务平台的数据库，为现代服务业的发展提供决策和分析依据，并且"互联网+"战略下现代网络信息服务平台的发展需要以人为本，贯彻集约和高效的可持续建设道路。但是现代网络信息服务平台建设本质是为了满足用户不断增长的现代服务业需求，通过"互联网+"战略下现代网络信息服务平台建设能够实现现代服务业发展方式的转变，推动现代服务业的高质量发展。同时，通过"互联网+"战略下现代网络信息服务平台的构建，有助于现代服务业相关理论的发展，如物联网优化和设计理论、物联网服务价值链优化理论、物联网服务系统协同和聚集理论、移动互联网和物联网的信息交换及互操作等，推动基于物联网的服务价值链协同、物联网服务、物联网体系结构的规范等，构建物联网的技术和理论体系。

②聚合现代服务业信息资源。通过构建"互联网+"战略下现代网络信息服务平台，有助于集合信息化资源，为现代服务业的信息化提供保障。"互联网+"战略下现代网络信息服务平台作为现代服务业电子商务及行业信息披露的基础设施，是现代服务业运营的关键要素。同时，"互联网+"战略下现代网络信息服务平台应定位为公共服务，平台所需构建的功能是一个复杂的过程，需要在众多可拓展的功能中找到核心与重点，如现代服务业的行业经济运行预

① 白君贵，王丹. 大数据视角下企业信息资源整合与价值提升研究[J]. 情报科学，2018，36(9)：73-76.

警和预测、现代服务业信息公开，以及具体服务业类别的网上办公等。"互联网+"环境下的现代网络信息服务推进是现代化管理的关键。"互联网+"环境对于信息资源运用和聚合的要求不断提升，现代服务业的管理和运营需要紧跟"互联网+"环境发展的特性。通过对现代服务业信息资源的聚合，可以准确、有效和及时地分析和取得现代服务业领域最具有价值的数据或信息，能够推动现代服务业综合管理的成效与治理，推动现代服务业领域信息的价值创造，强化现代服务业大数据利用能力的加强。

现代服务业对于"互联网+"环境下的各类信息资源呈现出时效性、丰富性与多样性等多方面的需求。"互联网+"环境下现代服务业运营及管理都需要结合大数据时代与"互联网+"的信息资源新特征及需求。特别是在现代服务业的信息化过程中，现代服务业信息资源的聚合价值尤为重要，信息资源聚合所创造的价值已然成为现代服务业管理和发展的关键一环。现代服务业信息资源的聚合满足了"互联网+"环境下的信息利用和优化、信息采集和整合、信息萃取与价值创造，通过对现代服务业信息资源的聚合能够高效、准确、及时地采集和分析最具价值的信息资源。现代服务业信息资源的聚合能够不断促进现代服务业运作过程中的信息高效利用、信息整合以及信息获取，同时依托现代服务业信息资源的聚合，可以尽量避免低质量的信息、噪声数据等对现代服务业高效和政策运作的影响，削弱信息不准确所生成的负面影响，以得到更高价值的信息。现代服务业信息资源的聚合可从大数据和"互联网+"环境中分析和梳理有关信息，能够将分散在现代服务业中的信息资源聚集起来，通过对大量的数字资源与信息碎片进行序化编排，能高效采纳与运用有利的数字资源。

"互联网+"环境下现代网络信息服务平台能够有效地实现现代服务业的信息聚合，从而使得现代服务业能够较为及时地获取信息资源的价值。在不违背现代服务业市场竞争规范，以及不涉及现代服务业商业机密的条件下，能够依靠现代服务业运作过程中的有关组织节点以及客户信息的多方位需求，结合"互联网+"环境下的管理和运作要求，对现代服务业运营过程中的大量信息资源开展有组织、有针对性和有目标的采集和梳理。"互联网+"战略下现代网络信息服务平台通过对现代服务业用户和自身管理运营所涉及信息需求的有效对接，能够综合实现对信息资源的优化利用、信息资源整合和信息萃取，推动"互联网+"环境下现代网络信息服务平台的创新发展。通过"互联网+"环境下现代网络信息服务平台实现信息聚合，能够有效满足经济社会整体信息化趋势的需求。在与日俱增的现代服务业市场经济的竞争过程中，信息的组织节点和用户的多维信息需求在体现现代服务业市场经济发展的同时，也能反向促进现代服务业市场经济的运作和发展。现代服务业中的信息的组织节点和用户的多维信息需求能够创造十分强劲的市场动能，从而产生较强的现代服务业市场驱动力，推动现代服务业市场管理运作的信息化。现代服务业市场中用户信息需求聚合产生的消费市场聚合需求是信息聚合的核心动力。因此，对于"互联网+"环境下现代服务业创新不能仅仅依赖于现代服务业整体流程的管理和运作，以及对于现代服务业中用户和行业信息的被动获取，而需要通过"互联网+"环境下现代网络信息服务平台的构建，结合大数据环境，以及当前市场信息经济建设新的需求，对现代服务业运营管理过程中的运行节点，以及现代服务业的市场需求进行多方位的收集、筛选、共享、分析与利用。结合现代服务业发展的战略需求，"互联网+"环境下现代网络信息服务平台实现了信息资源聚合在大数据时代现代服务业管理和运作中的价值萃取，从而通过信息聚合取得现代网络信息服务过程中信息价值创造能力的提升。

③提升现代服务业信息辐射能力。"互联网+"环境下现代网络信息服务平台能够辐射现代服务业四个层次，即第一层次的流通部门(商业饮食业、交通运输业、仓储业、邮电通信业和物资供销等)；第二层次的生活与生产服务的部门(信息咨询服务业、保险业、居民服务业、金融业、旅游业、公用事业以及各种技术类服务业等)；第三层次的科学文化和为居民素质服务的有关部门(生活福利事业、文化事业、科研事业、教育事业、电视广播事业等)；第四层次的社会公共需要服务的部门(警察、军队、社会团体以及国家机关等)。"互联网+"环境下现代网络信息服务平台能够通过网络辐射现代服务业各个所需监管区域或城市，以及全国范围内的服务业相关企业，从而使得现代服务业信息辐射能力得到极大提高。

构建"互联网+"战略下现代网络信息服务平台，有助于提升现代服务业的聚集辐射能力。"互联网+"战略下现代网络信息服务平台构建能够聚集现代服务业发展所需的各类信息资源，包含现代服务业发展进程、现代服务业管理运营所需的生产制造、原材料供应、服务业销售情况等信息，从而提升现代服务业的信息辐射能力。在"互联网+"环境下现代服务业的信息需求以及网络平台需求不断变革，现代服务业有关企业更倾向于综合多方位信息而做出决策。在此背景下，"互联网+"环境下的现代网络信息服务平台能够全面为现代服务业有关企业提供相匹配的信息资源解决方案，实现现代服务业的企业和用户间信息共享利用，提高"互联网+"环境下现代服务业的信息辐射能力。

"互联网+"环境下现代网络信息服务平台能够涵盖大量的网络信息资源，是提升现代服务业信息辐射能力的基础与保障。在大数据时代背景下，"互联网+"环境下现代网络信息服务平台能够高效依靠线上信息资源，对现代服务业的多维数据进行充分重组和利用。同时，为提高现代服务业信息辐射能力，"互联网+"环境下现代网络信息服务平台应当包含大量线上信息以外的现代服务业信息资源，平台资源的收集不应该局限于线上信息资源的获取，而应多平台、多渠道、多时段地采集现代服务业运营和管理过程中的大量信息资源。在多方位信息资源采集的基础上，对现代服务业的模式进行多角度分析和设计，特别是对于现代服务业的组织节点、现代服务业客户等信息行为模式的探究，以实现"互联网+"环境下更大面积的现代服务业数字资源融合，实现信息化平台采集信息渠道的扩展，从而实现"互联网+"环境下现代服务业更强的信息辐射能力。

"互联网+"战略下现代网络信息服务平台构建能够加快新兴服务业和最新信息技术的高度融合，有助于进一步推动智能设备服务、数字生活、数字教育、健康养老等现代服务业的发展与转型①，能够促使体验性经济、平台性经济、共享性经济与跨界性经济的发展，充分满足用户对现代服务业消费结构升级的需求，打造经济发展的新动能，提升现代服务业信息辐射能力。如现代物流业结合"互联网+"环境，采用最新的物联网、云计算、人工智能等方面技术，有助于推动与优化物流网点的逆向布局。而推动"互联网+回收"等模式的创新与运作，有助于实现物流仓储包装和配送的绿色化发展。

（2）"互联网+"战略下现代网络信息服务平台构建内容

"互联网+"战略下的现代网络信息服务平台化发展需要以"互联网+"环境下新兴技术为基础，在运营管理、产品开发、风险管理等层面，增强物联网、大数据、云计算、人工智能、虚拟现实、移动互联网、生物特征识别等新兴与前沿技术的研发、运用以及推广，提升现代服务业的信息化及现代化的综合发展与管理成效。当前我国"互联网+"战略驱动下的现代服务业平台化发展的研究和应用推广的主要方向包括面向生产性服务业的技术研发和示范应用、面向新兴服务业的技术研发和示范应用、面向科技与文化融合的服务技术研发和示范应用、面向科技服务业的技术研发和示范应用。本书对上述四个方向所针对的主要内容进行具体阐述：

①面向生产性服务业的技术研发和示范应用。面向生产性服务业的技术研发和示范应用主要包含"金融+"平台的技术研发和应用推广、跨境电商体验平

---

① 赵佳寅，袁毅，崔永军. 我国虚拟养老院的信息化服务模式建设研究[J]. 情报科学，2014(2)：118-121.

台的技术研发和应用推广、智能物流终端服务平台的技术研发和应用推广，以及网络交易服务、网络定制服务等方面技术的应用推广。具体而言：

首先，对于现代服务业中的电子商务，增强电子商务领域新型技术的集成、研发和推广，探究消费服务技术与网络化生产经营的发展。通过对包含3D内容的个性化创作与创意、通关协同、电子商务云服务、网络交易业务集成，以及自适应流通等重要核心技术的发展，推动最新一代电子商务信息化平台架构的实现，增强电子票据、系统研发、网络市场智能检测和安全交易保障技术，完善电子商务平台环境下可信交易的实现，从而在居民社区、城乡贸易、跨境商贸等电子商务的现代新型服务领域实现突破和创新，构建面向体验经济的电子商务示范平台①。

其次，对于现代服务业中的现代物流，需要着力于面向智慧物流平台的有关技术研究、应用以及推广。结合当前最新的物联网、云计算、人工智能等方面技术，针对现代物流服务业的多式联运、国际物流等关键领域，积极对信息交换与表征、现代物流网络升级与优化、智慧交通服务、智能标签的自动识别功能、供应链信息系统②等方面开展转型与集中突破攻关，着力于最新的车辆自动引导、不停车的收费系统、交通管网的通信信息系统等核心技术的运用与推广。同时，构建信息化驱动下的现代物流服务业平台系统的发展，增强大数据、云计算、物联网、移动互联、北斗导航等国内核心技术的运用，创新现代物流的追溯系统、产品质量认证和指挥系统的跨越式发展，实现异构信息交换和集成等方面核心技术的突破，以建设高效、绿色、智能的现代物流服务平台体系。

最后，推动最新信息技术在现代金融服务业中的应用。现代金融服务业需要以新兴的"互联网+"环境下的信息技术为基础，在现代金融服务产品的运营管理、研发推广、风险管理等各个环节中，增强大数据、物联网、云计算、人工智能、虚拟现实、移动互联网、生物特征识别等新型技术的应用、开发及推广，努力通过"互联网+"战略下的现代服务业平台化发展，提升与增强金融服务业的现代化及信息化管理水平。同时，各级政府与部门应当支持和鼓励"互联网+"环境下现代金融服务业模式的可计算、量化及建模等方面的理论基础

① 成晨，丁冬."互联网+农业电子商务"：现代农业信息化的发展路径[J].情报科学，2016，34(11)：49-52.

② 蒋宁，张亮亮，陈永平.基于消费体验需求的供应链信息溯源及其系统构建[J].情报理论与实践，2018(7)：123-128.

性研究，推动保险、信托、银行、基金、证券以及金融消费等现代的金融服务业依靠"互联网+"环境下的新型技术，研发"互联网+"战略环境下所延伸的新型服务、新型供应链、新型模式及新型产品，推动"互联网+金融"模式的发展。现代金融服务业应当依靠"互联网+"环境下的核心技术，在大型位置信息服务平台、现代电商服务平台等的支撑下，加快构建"互联网+金融"的创新型现代信息服务平台，提供供应链金融、快捷支付等多元化"互联网+服务"，发展新一批"互联网+"环境下的第三方征信服务、金融信息技术研发与服务、大数据分析与服务等金融信息科技服务部门与企业①。

②面向新兴服务业的技术研发和示范应用。面向新兴服务业的技术研发和示范应用工程主要包含机器人及汽车后市场服务平台的开发和示范应用、健康医疗跨界服务平台的开发和示范应用、数字教育众创众筹平台的开发和示范应用等。当前国内面向新兴服务业的技术研发和示范应用主要面向数字生活、健康医疗、数字教育、智慧交通四个层面。具体而言：

首先是"互联网+"战略下数字生活信息化平台构建，增强有关数字生活核心平台技术的研发、试点与攻关，通过平台构建，以满足和丰富公众日常生活中的个性化需求。在此基础上，增强数字社区/家庭互联网数据共享与信息互通核心技术的集成、开发、应用及推广，推行数字社区/家庭的试点工作，以推进物业、家政、商贸、社区互动、社区管理等在内的多维集成的"互联网+"数字生活信息化平台，建设工业互联网App，探索互联网+环境下线下与线上相结合的智慧生活服务新形式。同时，加强面向移动安全与支付的核心技术、面向移动商贸平台的框架设计、面向多源异构服务数据融合的解析技术、面向移动图形的检索技术和图像处理的集成及研发和应用，推动移动消费服务业的进步。"互联网+"战略下数字生活信息化平台的构建也有助于缩小城乡差距，推进城市的现代生活性服务业模式向农村推广。应选择重点区域推行面向农村生活的"互联网+"战略下数字生活信息化平台试点工作，以期推动农村数字生活性服务业网络的培育②。

其次是"互联网+"战略下健康医疗信息化平台构建，开发以智能化、规范化、标准化为基准，以云计算、大数据、人工智能等技术为核心的移动健康医

---

① 耿丽华. 我国金融信息化管理存在问题及对策研究[J]. 情报科学，2015(6)：54-57.

② 熊春林，张亚岚，田语. 农村农业信息化综合服务平台评价与改进对策研究[J]. 图书馆学研究，2018(16)：17-25.

疗服务业。具体而言，支持面向移动健康医疗服务业的移动云计算、互联网、物联网、可穿戴设备等新型技术的研发、集成、应用和推广。设立科学基金重点进行个人健康隐私保护、标本数据共享与全流程监控、实时监测等移动健康医疗服务业核心技术的突破。通过设立移动健康医疗服务领域内各个学科的远程管理规范及健康服务标准，实现智能医疗、区域医疗、新兴移动医疗等"互联网+健康医疗"新模式的发展。加快智能诊断、基因检测、疾病预测、图像识别在移动健康医疗服务业中的推广与应用。探寻跨区域、跨医疗机构、跨部门的健康医疗信息交换和共享规范、激励机制。鼓励有实力的第三方健康护理机构、健康影像中心、健康检测中心，在单位影像分析、检测报告、健康数据等信息的基础上构建"互联网+健康服务"平台，积极开发涉及疑难杂症的网络联合会诊、慢性病实时监控的"互联网+服务"新模式，推动健康医疗资源的均等化。通过"互联网+"战略下健康医疗信息化平台的构建实现对健康医疗机构服务质量、效率与成效的实时评价，用户可以通过平台对健康医疗服务质量进行实时评估①。同时，支持和鼓励第三方机构在健康医疗市场调研的基础上，对"互联网+健康管理"服务开展评价。

再次是"互联网+"战略下数字教育信息化平台构建。各个部门及机构应增强数据驱动下的核心技术研发、推广与应用。同时，在云计算、物联网、深度学习、可穿戴设备、人工智能等关键技术的支撑下，创建"互联网+"环境下的智慧教育环境。在建立跨平台、跨区域的教育核心信息交换共享标准的基础下，对教育基础数据进行分类收集，推动教育教学有关的基础数据的共享互通，为"互联网+"战略下数字教育信息化平台下的教育大数据运用提供基础，并为数字教育相关的众创众筹平台的研发和示范提供基础。在此基础上，加快众创众筹商贸形式、生态系统信任体系和模型、CDM技术以及平台标准等核心技术的开发，以优化"互联网+"战略下数字教育信息化平台的功能。

最后是"互联网+"战略下智慧交通信息化平台构建。通过推动网络和车载信息深度融合技术、智慧交通和综合运营管理技术等核心技术的发展，加快面向智能网联汽车为核心的交通网络信息服务平台的构建，实现交通服务业向智能智慧化变革演化。同时，推进车联网、云计算和大数据在智慧交通信息化平台中的应用，努力提高交通服务业的服务水平与成效。通过"互联网+"战略下智慧交通信息化平台的构建，提升智慧交通服务业领域数据资源的共享、集成

---

① 刘永军，顾英立，李子扬，等. "互联网+"分级诊疗信息化体系构建[J]. 中华医学图书情报，2018，27(1)：72-75.

和利用开发，保障交通服务业的标准化治理水平与综合治理水平。

③面向科技与文化融合的服务技术研发和示范应用。当前国家面向科技与文化融合的服务技术研发与示范应用工程主要包含面向专业内容知识服务平台与应用形式变革、面向文化数字资源的数字化技术的集成和示范应用、面向旅游与文化的综合服务云平台及服务示范、艺术品鉴定和认证服务平台的开发应用与示范、数字出版产业服务平台、文化创意集成技术及产业化平台等。结合"互联网+"环境，主要包括"互联网+民间民族文化资源"网络信息服务平台、"互联网+内容知识"网络信息服务平台、"互联网+影视媒体"网络信息服务平台、"互联网+文化创意设计"网络信息服务平台，具体而言：

——"互联网+民间民族文化资源"网络信息服务平台。利用该平台，可进行我国非物质文化遗产与民间民族资源服务平台的研发和示范推广，攻克有关非物质文化遗产与民间民族资源的信息化核心技术。通过"互联网+民间民族文化资源"网络信息服务平台的构建，融合丰富的传统民间民族艺术文化信息资源，创新性地构建我国非物质文化遗产与民间民族资源的数据中心，为我国非物质文化遗产与民间民族资源的研发与运用，提供民间民族传统文化资源标准管理和标识规范服务。通过构建面向民间民族等传统文化资源的数字化公共服务信息化平台，创造传统文化资源保护及公益服务与商业开发利用的并行文化服务模式，实现我国非物质文化遗产与民间民族资源的精准信息服务。

——"互联网+内容知识"网络信息服务平台。"互联网+内容知识"网络信息服务平台的构建旨在推动面向专业知识内容的服务模式和应用变革，在跨媒体情境下推动内容知识信息的数据共享、访问透明化、标识统一、跨平台管理协同和虚拟调度。而"互联网+内容知识"网络信息服务平台能够推动开放式内容专业数据体系的构建，提供有关专业知识管理、专业知识服务、专业知识制作，推动"互联网+"环境下内容知识的服务业实现快速稳健发展。

——"互联网+影视媒体"网络信息服务平台。"互联网+影视媒体"网络信息服务平台旨在推动"互联网+"环境下的影视媒体服务业的推广与发展。"互联网+影视媒体"网络信息服务平台主要集成了虚拟摄影、立体3D、表演实时捕捉、可视化预演等应用，推动虚拟现实电影、全景电影、增强现实电影等方面核心技术和系统的研发集成。"互联网+影视媒体"网络信息服务平台能够提供基于统一标准认证的电影放映发行服务，从而实现电影产业放映发行技术服务、监督管理、市场运营水平的提升。同时，构建视听内容聚集、业务研发授权和认证、版权监督与管理等方面的云平台，以适应"互联网+"环境下娱乐智能终端、家庭多功能交互、媒体融合终端，最终提升影视媒体制作过程中的质量与效率。

——"互联网+文化创意设计"网络信息服务平台。"互联网+文化创意设计"网络信息服务平台旨在推动文化创意产品创作和设计过程中的网络化、特色化发展。"互联网+文化创意设计"网络信息服务平台需要积极开发国内传统民俗与民族文化产品库，努力将优秀的传统文化资源导入文化创意的设计和生产过程中，以此提升文化产品制作与创作领域的成效和质量。"互联网+文化创意设计"网络信息服务平台可对中华传统民俗元素进行提取、收集和分析，并建设国内传统民俗和文化数字符号服务子平台。同时，面向"互联网+"环境下文化产品的创意开发和设计需要，构建有关文化产品的智能制造和创意设计的支撑子平台，主要为个性化创作创意、智能化设计制造等服务提供基础。面对公众逐步提升的对文化创意产品的需求，应大力进行文化创意产品开发平台的研发、推广与应用，积极培育"互联网+"环境下文化创意产品制作的新业态。在此基础上，结合国家自贸区与"一带一路"的建设，创新面向文化创意产品商贸的电子商务信息化平台，为文化创意产品跨境贸易提供服务。

④面向科技服务业的技术研发和示范应用。当前国家面向科技服务业的技术研发与示范应用工程主要包括：面向集成化检验监测和标准化服务应用的信息化平台、面向创业孵化综合服务的信息化平台、面向区域科技整合利用服务的信息化平台、面向科学技术转移服务的示范应用的信息化平台、面向科技咨询专门服务的信息化平台、面向知识产权服务的示范应用的信息化平台等。结合"互联网+"环境，主要包括"互联网+研究开发"网络信息服务平台、"互联网+技术转移"网络信息服务平台、"互联网+创业孵化"网络信息服务平台、"互联网+知识产权"网络信息服务平台、"互联网+科技咨询"网络信息服务平台。具体而言：

——"互联网+研究开发"网络信息服务平台。"互联网+研究开发"网络信息服务平台旨在提升面向研究开发的服务质量，革新针对研究开发的服务形式，信息化平台主要集成精准研究资源服务、研究资源池创建、开放式研究云服务体系、研究资源信息分析、分布式科技资源空间配置和优化等技术，并实现分布式的信息化服务平台体系。同时，"互联网+研究开发"网络信息服务平台还应积极探究为科学研发单位提供支撑服务，实现众筹、众包等科研服务的新模式。

——"互联网+技术转移"网络信息服务平台。"互联网+技术转移"网络信息服务平台旨在逐渐推动技术转移服务业向市场化、信息化、国际化、专业化转型变革。作为"互联网+"环境下跨区域、大规模的技术交易服务信息化平台的解决方案，"互联网+技术转移"网络信息服务平台能够提供成熟的线下技术研发和线上技术交易之间的对接机制和模式，提供科研成果的评价和分析，实现"互联网+"环境下的技术交易整个流程的服务支持，最终提升和优化技术转移服务。"互联网+技术转移"网络信息服务平台需要重点突破在线交易服务技术，提供拍卖竞价、并购融资、咨询辅导、信息发布、公开挂牌等线下与线上相结合的专业化技术转移服务。在此基础上，"互联网+技术转移"网络信息服务平台需要集成跨区域范围内的技术交易服务平台，为全国的技术转移信息提供服务、共享与利用，从而通过资源整合提升科技与技术生产力。同时，在全国范围内联网的基础上，"互联网+技术转移"网络信息服务平台可围绕最新的以及国家最为需求的医药生物、半导体、信息技术等核心产业领域，分行业分领域构建专业性较强的技术转移网络信息服务子平台，以支撑专业领域内的技术转移，推动技术转移服务产业化，加快国内科技创新更新换代，为《中国制造2025》提供基础。

——"互联网+创业孵化"网络信息服务平台。"互联网+创业孵化"网络信息服务平台旨在实现面向创业的全链条、全覆盖、全过程的创新与创业孵化体系。"互联网+创业孵化"网络信息服务平台需要以创业者的需求为导向，针对创意创新和市场需要，实现创业孵化服务在技术、模式、理念上的多维创新，推动创业信息资源、创业支持与创业机会的无缝连接。"互联网+创业孵化"网络信息服务平台可提供创业辅导师服务，为创业者提供创业团队搭建、创业项目诊断、创业产品改进、创业咨询、创业市场拓展、创业财务顾问等创业指导服务。"互联网+创业孵化"网络信息服务平台还可提供产品监测和试制、产品成果评价、科技情报、科研实验数据等多方面的创业支持服务。同时，"互联网+创业孵化"网络信息服务平台还可提供如下服务：众包、众筹、"创业创新互联网+平台"以及创业指导教育；管理队伍的职业化建设，针对创业孵化服务人员的培养和教育；创业资金链分析部署、投资和融资服务增强，提供"投资+创业孵化"组合；高校创业协同服务，高校创业孵化园区支撑；跨区域高校的科技信息共享、区域性高校创业联盟。同时，"互联网+创业孵化"网络信息服务平台需要提供有关各种创业与创新项目展示、创业集训营、创业大赛等活动的信息，为创业者之间的沟通与展示提供线上平台。"互联网+创业孵化"网络信息服务平台还需不断结合国外先进的创业孵化先进经验，提高信息化平台的孵化能力。"互联网+创业孵化"网络信息服务平台能够完善创业孵化的整个服务链条，推动创业服务机构的发展转型。

——"互联网+知识产权"网络信息服务平台。"互联网+知识产权"网络信息服务平台旨在推动面向知识产权的管理、创造、运用和保护。"互联网+知识产权"网络信息服务平台需要整合与知识产权服务有关的核心技术和理论成果，实现知识产权线上的运营管理与服务，提供线上面向知识产权的智能检索、智能组合分析、深度挖掘、大数据自动收集、预警等核心技术，优化互联网环境下知识产权服务体系。"互联网+知识产权"网络信息服务平台能够推动有关知识产权的公共数据资源的共享与开放，进行知识产权服务的示范和应用。"互联网+知识产权"网络信息服务平台能够构建知识产权服务的系列品牌，构建知识产权服务的规范和体系，是提升知识产权服务的新模式。对于"互联网+知识产权"网络信息服务平台线下经营，需要以产业园区和高新区等知识产权核心区域为基础，集中对国内外核心和重点版权、商标、专利等进行引进，加快知识产权服务业的聚集，着力构建面向知识产权的社会信用框架，实现知识产权的合理保护与利用，并通过"互联网+知识产权"网络信息服务平台实现以产业聚集区、科技园区为核心的知识产权服务。

——"互联网+科技咨询"网络信息服务平台。"互联网+科技咨询"网络信息服务平台旨在提升科技咨询的服务能力，为科技咨询提供模块化的规则和标准，规范科技咨询的运营流程，为科技咨询提供支撑技术。"互联网+科技咨询"网络信息服务平台需要提供线上的科技咨询专业服务，提供科技咨询专业服务的应用示范，并在大数据基础上提供精准的科技咨询服务，以打造高端新型的知识服务平台。同时，"互联网+科技咨询"网络信息服务平台需要集成化、网络化的知识服务与科技咨询，创新科技咨询服务模式，推动"互联网+"环境下的外包科技项目管理、科技众包等科技咨询服务业新业态的发展。

(3)"互联网+"战略下现代网络信息服务平台的保障

现代服务业作为社会发展的关键性产业，对于社会城镇化建设具备重要的战略意义，"互联网+"战略下现代网络信息服务平台在发展过程中亟须系列措施的保障。"互联网+"战略下现代网络信息服务平台的保障涉及信息化人才队伍的建设、现代服务业企业信用体系的构建、政府机构政策保障举措的完善、用户和企业参与积极性的调动四个方面。

①信息化人才队伍的建设。首先，现代服务业企业能够同高校和职业技术学院等签订信息化人才培养协议，依托高校和职业技术学院联合培养"互联网+人才"，采用实践与理论相结合的路径培育"互联网+人才"，使得信息化人才在网络信息服务平台发展过程中发挥作用，不断提高现代服务业的发展质

量，提升现代服务业的建设脚步。其次，现代服务业应该不断加强"互联网+人才"的引进与培育。通过不断建设"互联网+"环境下的人才队伍建设，为现代服务业提高后备人才，以不断实现现代服务业的发展。在新时代背景下，不断使"互联网+人才"的优势得以发挥，促进现代服务业的升级转型与创新，为现代服务业的供给侧结构性改革提供全新的动力。

②现代服务业企业信用体系的构建。一方面，通过现代服务业和金融组织机构合作的加强，推出信用消费模式，推动服务企业和用户间得以实现信用信息的共享，规避信息不对称所造成的用户和企业的负面影响。同时，政府相关执法部门应当加强监管和审查的强度，对失信的企业采取对应的惩处措施。通过构建企业的信用审核体系，对失信的企业采取黑名单惩处，从而使得现代服务业企业能够诚信合法经营。在此基础上，通过有序健康的现代服务业发展环境，加快现代服务业的发展速度与治理速度。同时，在新时代发展理念的指引下和"互联网+"环境的助推下，加快"互联网+"与现代服务业的融合发展。另一方面，通过构建现代服务业企业信息数据库的平台创建，依托云计算、"互联网+"、人工智能、大数据等方面技术，采取权威和专业的第三方信用评级机构对现代服务业企业开展综合的信用评级，政府为信用评级较高的企业提供相关政策支持与补贴。现代服务业企业信用体系的构建能够实现现代服务业市场的规范化发展，为现代服务业企业的发展提供保障。

③政府机构政策保障举措的完善。一方面，政府有关部门应当促进电商等互联网服务企业的发展创新，实现现代服务业体系的完善，创建高效的现代网络信息服务市场架构。首先，要鼓励创新型"互联网+现代服务业"企业的进一步发展，实现示范效应，激发现代服务业的发展活力。同时，通过推广与宣传现代网络信息服务平台，实现现代服务业企业的平台进驻，实现现代服务业信息资源的综合整合，从而进一步提升社会的经济建设质量。其次，要不断推广与增强实体经济和互联网企业的深度融合发展，为现代服务业企业的信息化建设提供完善的政府政策支撑。另一方面，政府机构还应当对现代服务业信息基础设施建设加大投资力度，为"互联网+"战略下现代网络信息服务平台构建提供底层保障，从而加快现代网络信息服务平台发展体系构建步伐。

④用户和企业参与积极性的调动。一方面，需要在现代网络信息服务平台的构建过程中促进用户的参与。首先是实现用户消费观念的转变，促使用户实现线上与线下消费相结合，推动数据化和网络化消费的繁荣；其次是在微商与电商的经营活动中促进用户的参与，为现代服务业的发展注入新的经济发展动

力，促进现代服务业的多路径发展；最后是不断提高用户对现代网络信息服务建设的理解和认可程度，促使用户更好地加入现代网络信息服务平台的建设。另一方面，更需要促进现代服务业企业参与到现代网络信息服务平台的建设中，首先是要实现现代服务业企业和互联网企业的融合发展，开发与推广现代服务业企业的移动平台应用，开发与维护现代服务业网站，实现现代服务业企业发展过程中虚拟经济和实体经济的深度融合。其次是加快现代服务业在网络基础建设领域的投资比重，以实现现代服务业"线上下单—产品设计—服务提供—物流保障—售后保障"的高效供应链。

6　信息服务数字包容战略

近年来，随着大数据、人工智能等信息技术的快速发展，人类社会进入了数字化时代，许多国家发布了数字化战略。我国在"十三五"规划中正式提出了"实施国家大数据战略"的顶层设计。2017 年，习近平总书记在中央政治局第二次集体学习时强调，要"加快完善数字基础设施，推进数据资源整合和开放共享，加快建设数字中国，更好服务我国经济社会发展和人民生活改善"①。如今，数字化基础设施建设不断推进并深刻改变着人们的生活方式，与此同时，由于人们的社会地位、经济水平、受教育程度和自身状况等存在较大差异，随之带来了信息获取障碍、数字贫困和数字排斥等"数字鸿沟"问题。部分老年人、残疾人、低收入者等信息弱势群体因为不会用、不能用智能手机，出现了扫码难、就医难、购物难、出行难等诸多不便，"数字鸿沟"问题日益严重。如何消除数字鸿沟，让所有人能平等地享受数字红利，是各国政府应当重视的一个问题。在减小"数字鸿沟"的实际行动中，数字包容政策进入了各国政府的视野并引起了较大关注。数字包容是相对于数字鸿沟的概念，其目标是采取各种措施来让低收入者、失业人群、残障人士、老年人等信息弱势群体了解和使用信息和通信技术。② 早在 2006 年，"数字包容"一词就被正式地纳入了欧盟的政策话语体系。③ 在这之前，虽然各国政策中没有明确使用"数字包容"等词汇，但其政策目标明确指向消除数字鸿沟、促进数字包容。由此可

---

① 新华网. 习近平：实施国家大数据战略 加快建设数字中国［EB/OL］.［2020-11-28］. http://www.xinhuanet.com/2017-12/09/c_1122084706.htm.

② 曾粤亮. 城市数字包容项目要素及公共图书馆参与策略分析——以美国数字包容领导奖项目为例［J］. 图书馆建设，2018(8)：67-74.

③ Mendonca S, Crespo N, Simoes N. Inequality in the network society：An integrated approach to ICT access, basic skills, and complex capabilities ［J］. Telecommunications Policy, 2015, 39(3-4)：192-207.

见，数字包容政策是从政策层面为减小数字鸿沟提供的措施和保障，是数字时代推进社会包容性发展不可或缺的举措之一。早期我国数字包容政策对象偏重于残疾人和低收入人群，近年来开始关注老年人群体，因此本书以老年人、残疾人和低收入者等信息弱势群体为研究对象，收集和分析我国现有的数字包容政策文本，从内容层面发现政策制定的特点和规律，以期为政府的数字包容政策体系建设提供参考。

随着全球数字基础设施的发展与完善，全球信息化发展进入一个新阶段，国内外学者对数字包容的关注度不断增加。国外学者对数字包容进行了较为全面的研究。Madon 分析了印度、南非、巴西三个发展中国家的数字包容项目；① Ali 等以澳大利亚家庭水平的纵向数据集为基础探究了数字包容与生活质量之间的关联，发现为了促进数字包容，政策制定者不仅应强调供给方面的问题，还应强调需求方面的战略；② Olsson 等从社会学的角度出发，对老年人如何才能成为一个银发网民提出批判性的见解；③ Tomczyk 等采用定性研究和解释范式方法研究数字素养教育以及如何看待数字鸿沟现象。④ 国内学者对数字包容的研究还处于探索阶段，从现有的研究成果来看，张静等⑤、李春卉⑥、张毓晗等⑦分析了国外高校图书馆数字素养教育实践；王子寒等⑧基于数字包容社区框架的视角分析国外公共图书馆数字包容的理论和实

---

① Madon S, Reinhard N, Roode D, et al. Digital inclusion projects in developing countries: Processes of Institutionalization [J]. Information Technology for Development, 2009 (2): 95-107.

② Ali MA, Alam K, Taylor B, etal. Does digital inclusion affect quality of life? Evidence from Australian household paneldata [J]. Telematics and Informatics, 2020(51): 101405.

③ Olsson T, Viscovi D. Who actually becomes a silver surfer? Prerequisites for digital inclusion [J]. Javnost-The Public, 2020(3): 230-246.

④ Tomczyk L, Mroz A, Potyrala K, et al. Digital inclusion from the perspective of teachers of older adults-expectations, experiences, challenges and supporting measures [J]. Gerontology & Geriatrics Education, 2020: 1-16.

⑤ 张静, 回雁雁. 国外高校数字素养教育实践及其启示[J]. 图书情报工作, 2016, 60(11): 44-52.

⑥ 李春卉. 英国高校图书馆数字素养教育实践及启示[J]. 图书馆建设, 2017(8): 78-82, 89.

⑦ 张毓晗, 刘静. 英国白玫瑰大学联盟图书馆数字素养教育实践与启示[J]. 图书情报工作, 2018, 62(8): 54-59.

⑧ 王子寒, 李宇佳. 国外公共图书馆数字包容研究进展：基于数字包容社区框架视角的分析[J]. 情报科学, 2018, 36(1): 172-177.

践；曾粤亮①分析了美国公共图书馆的数字包容实践特点；丁敬达等②对芝加哥公共图书馆的数字包容实践进行分析；朱明等③探讨了澳大利亚数字包容指数对我国公共图书馆促进少数民族数字包容的启示；闫慧等④探讨了数字包容的内涵、影响因素与公共政策。整体而言，国内现有的数字包容研究更多关注公共图书馆的数字包容实践。

综上所述，国外研究主要关注数字包容项目、数字包容政策、数字素养教育等方面，国内研究更多关注数字素养、图书馆数字包容实践及数字包容内涵等方面。从中可发现，目前国内研究中未见以数字包容政策为主题的研究成果。对于国家发展而言，"数字鸿沟"是推进数字化转型过程中必须解决的问题之一，被视为社会治理问题，并成为政府当前面临的一个政策挑战。党的十九届四中全会提出了"建设人人有责、人人尽责、人人享有的社会治理共同体"⑤的治理理念，这意味着我国社会治理要充分满足人民群众对美好生活的追求，特别是要关注社会弱势群体的需求，以构建一个全面共建、共享、共生、共荣的和谐社会。因此，数字包容政策在社会治理进程中十分重要，能够有效推进国家治理体系和治理能力现代化发展。

6.1 我国数字包容政策分析维度及文本选择

我国数字包容政策分析基于现有成熟的工具，从环境、需求、供给三个维度展开。

6.1.1 政策工具维度

政策工具在本质上属于政府推行政策时所使用的方法和手段，⑥ 因此政策

① 曾粤亮. 公共图书馆促进数字包容的实践与启示——以美国公共图书馆为例[J]. 图书与情报，2018（1）：88-95.

② 丁敬达，黄彩怡，鲁莹. 芝加哥公共图书馆数字包容实践及启示[J]. 文献与数据学报，2020，2（2）：49-58.

③ 朱明，周倩，廖熙铸. 澳大利亚数字包容指数对我国公共图书馆促进少数民族数字包容的启示[J]. 新世纪图书馆，2020（1）：72-77.

④ 闫慧，张鑫灿，殷宪斌. 数字包容研究进展：内涵、影响因素与公共政策[J]. 图书与情报，2018（3）：80-89.

⑤ 环球网. 党的十九届四中全会《决定》（全文）[EB/OL]. [2020-12-22]. https://china.huanqiu.com/article/9CaKrnKnC4J.

⑥ 孙科技. 教育精准扶贫政策执行中政策工具应用偏差及其矫正——基于省级政策实施方案的文本分析[J]. 教育与经济，2019（3）：3-10.

工具的组合是否得当在很大程度上决定了政策执行的效果。在选择数字包容政策的分析方法时，既要考虑政策工具与数字包容政策的特点，又要考虑不同政策工具的分类标准及适用范围。近年来，Rothwell 和 Zegveld① 政策工具分类模型被我国学者广泛应用，②③④⑤ 其特点在于：一是操作简单，应用成熟；二是淡化了政府的强制作用，更加关注供给面和需求面的作用，这个视角符合我国政府强调的供给侧改革。Rothwell 和 Zegveld 的政策工具理论将政策工具分为供给型、环境型和需求型三类，其中供给型和需求型政策工具主要发挥显性的推动与拉动作用，而环境型政策工具则主要发挥隐性影响作用。本书基于Rothwell 和 Zegveld 的分类方法并借鉴我国已有的相关研究，将我国数字包容政策工具分为 3 类 15 种，如图 6-1 所示。

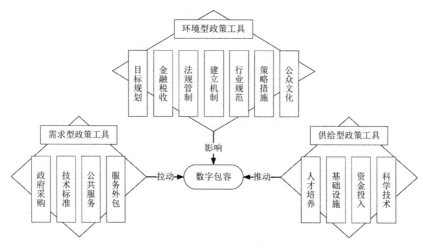

图 6-1 我国数字包容政策工具的分析框架

① Rothwell R, Zegveld W. Innovation and the smalland medium sized firm [J]. Social Science Electronic Publishing, 2009, 62(11): 3734-3743.

② 黄新平，黄萃，苏竣. 基于政策工具的我国科技金融发展政策文本量化研究[J]. 情报杂志，2020，39(1)：130-137.

③ 马续补，吕肖娟，秦春秀，等. 政策工具视角下我国公共信息资源开放政策量化分析[J]. 情报理论与实践，2019，42(5)：46-50.

④ 赵雪芹，李天娥，董乐颖. 网络生态治理政策分析与对策研究——基于政策工具的视角[J]. 情报理论与实践，2021，44(4)：23-29，39.

⑤ 白全民，崔雷，朱运海. 我国科技型中小企业发展政策演进及特征分析——基于内容分析法的研究[C]//第九届中国科技政策与管理学术年会论文集. 北京：中国科学学与科技政策研究会，2013：10.

环境型政策工具主要指政府为了促进数字包容而营造出有利的政策环境和发展空间的政策手段，通过目标规划、金融税收、法规管制、引导机制和策略性措施等政策间接影响数字包容的发展；需求型政策工具主要指对促进数字包容起到拉动作用的政策，政府通过采购、推动技术标准制定以及提供公共服务和服务外包等措施，促进数字包容治理体系建设；供给型政策工具主要指发挥直接推动作用的政策，政府通过提供人才培养、资金和技术投入以及推动基础设施建设等方式，直接促进数字包容的快速发展。

6.1.2 政策文本选择

数字包容政策工具分析框架所涉及的 3 类 15 种政策工具构成了本书的政策样本内容分析对象，样本是关于减小数字鸿沟、促进数字包容的政策文献条款。为保证政策文本检索收集的查全率，政策主要有两个来源：一是以"数字包容""信息惠民""网站无障碍""信息无障碍""信息公平""智慧老龄化""数字乡村""数字红利""数字鸿沟""信息贫困""数字排斥""数字贫困"和"数字不平等"等关键词在"北大法宝""北大法律信息网""北大法意"等数据库检索；二是源于百度等搜索引擎以及中央政府官网和中国残疾人联合会、工业和信息化部、公安部等部门官网和各个地方政府及相关部门的官网。

本书政策收集时间截至 2021 年 4 月 20 日，政策收集范围较广，力求全面，在经过人工整理和筛选后，符合本书研究主题的数字包容政策共有 103份，其中国家层面的政策 57 份，地方层面的政策 46 份，地方层面政策多为贯彻执行国家层面的政策而制定的相应政策。本书编码方法主要采用人工编码，由两人完成编码工作。为了避免人工编码的主观因素造成的偏差，保证研究的信度，事先对编码人员进行训练，使其熟悉数字包容政策文献，减少个体认知差异。另外，本书采用政策内容分析的信度检验方法对编码结果进行检验，即由两人分别完成全部编码，若出现偏差随即由第三人编码，然后根据信度检验公式 $R = 3C/(C1 + C2 + C3)$ 对编码结果进行验证，如果最终信度分析值超过 80%，则编码结果被认可。[①] 经过计算，本研究编码的信度分析值为 91.85%，编码结果达到认可标准。

---

① 白全民，崔雷，朱运海. 我国科技型中小企业发展政策演进及特征分析——基于内容分析法的研究［C］//第九届中国科技政策与管理学术年会论文集. 北京：中国科学学与科技政策研究会，2013：10.

6.1.3 政策工具编码

本书对每条涉及数字包容的政策条文进行编码，为保证研究的严谨性与有序化，按照"政策文本序号—政策条款编号"的方式依序编码，对 103 份关于数字包容的政策进行文本编码，以便从政策工具视角对数字包容政策进行分析。见表6-1。

表 6-1 数字包容政策编码表示例

序号	政策名称	内容分析单元	编码	政策工具
1	《国务院关于批转中国残疾人事业"十二五"发展纲要的通知》	加强残疾人组织和人才队伍建设，提高残疾人事业科技应用和信息化水平。……	1-1	人才培养
		坚持党委领导、政府负责的残疾人工作领导体制。将残疾人工作纳入政府重要议事日程和目标管理。……	1-2	目标规划
		坚持社会化工作方式。鼓励和引导社会各界参与、支持残疾人社会保障和服务，培育理解、尊重、关心、帮助残疾人的社会风尚。……	1-3	策略措施
……	……	……	……	……
35	《国务院办公厅印发关于切实解决老年人运用智能技术困难实施方案的通知》	加强督促落实。各地区、各部门要明确时间表、路线图，建立工作台账，强化工作落实，……	35-26	法规管制
		保障信息安全。规范智能化产品和服务中的个人信息收集、使用等活动，……	35-27	法规管制
		开展普及宣传。将促进老年人融入智慧社会作为人口老龄化国情教育重点，加强正面宣传和舆论监督，弘扬尊重和关爱老年人的社会风尚。……	35-28	策略措施
……	……	……	……	……

序号	政策名称	内容分析单元	编码	政策工具
103	《浙江省公安厅关于印发全省公安机关加强和改进老年人服务管理15项措施的通知》	推进公安政务服务向基层村居(社区)、警务室(站)延伸，有条件的地方按需配备自助服务设备，为老年人提供就近办理、预约办理服务。……	103-2	基础设施
		60岁(含)以上老年人申办普通护照、往来港澳通行证、往来台湾通行证时，可直接复用5年内曾办理过的出入境证件照片或居民身份证照片，无须现场重新拍照或提交照片。……	103-6	策略措施
		开展对违法违规收集个人信息等专项执法整治，严厉打击针对老年人非法集资、网络传销、购买保健品实施诈骗、民族资产解冻类诈骗犯罪、电信诈骗等违法犯罪，有效保护老年人合法财产权益。……	103-14	法规管制

6.2　我国数字包容政策文本分析

为把握我国数字包容政策的整体情况，这里主要从发文时间、发文主体、主题分布三个角度进行总体分析。

6.2.1　政策文本总体分析

经过对政策发文时间的统计，发现第一份与数字包容相关的政策发布于2011年，是国务院颁布的《国务院关于批转中国残疾人事业"十二五"发展纲要的通知》，其中提到"提高残疾人事业科技应用和信息化水平……"等内容，初步体现了数字包容的内涵，也充分说明我国对信息弱势群体数字鸿沟问题的重视。

（1）政策发文时间

如图6-2所示，数字包容政策的峰值出现在2016年，主要原因是当年国家提出了"十三五"规划，指出"十三五"时期是我国全面建成小康社会的决胜阶段，而残疾人、老年人等信息弱势群体既是全面小康社会的受益者，也是建设过程中必不可少的参与者和建设者，因此国家为促进残疾人使用网络掌握信息、摆脱贫困，颁布了多项政策法规，如《国务院关于印发"十三五"加快残疾人小康进程规划纲要的通知》。但此时国家还尚未足够重视老年人的信息获取障碍以及老年人的"数字鸿沟"问题。

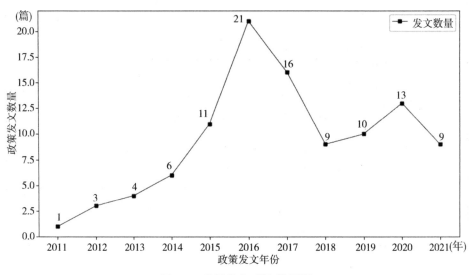

图 6-2　政策发文时间-数量图

（2）政策发文主体

政策主体即直接或者间接参与公共政策的制定、执行等各个环节的行动者，是指直接或间接参与政策制定、实施、评价等环节的个人、团体或组织。如图 6-3 所示，国家层面的政策发文主体主要由国务院及其各部门构成，如民政部、教育部、国家统计局等；各地方政策多为在响应国家政策要求的基础上发文执行。从发文数量来看，国务院与国务院办公厅发文最多，且多为独立发文，说明国务院及国务院办公厅在消除数字鸿沟问题中起到领头作用。

政策主体的独立或合作关系是政策制定和实施过程中的重要一环，主体间的联合发文体现了政策网络化的特征，同时反映了政策背后所存在的利益诉求的多样化、社会问题的复杂化以及参与主体的多元化。① 因此，分析政策主体

① 王恺乐，熊永兰，韩文艳，等. 基于文本分析的人才政策研究——以四川省为例[J]. 农业图书情报，2019，31（8）：47-53.

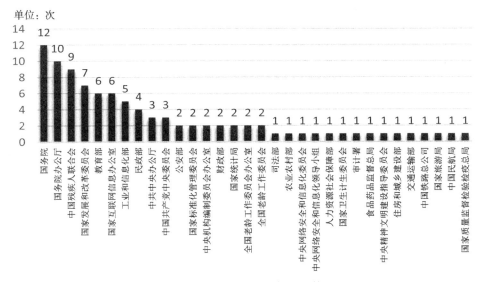

图 6-3 国家层面政策机构发文数量

的合作关系有利于完善政策主体间的协同机制。本书利用 Gaphi 分析国家层面政策发文主体间的合作关系，如图 6-4 所示，连线表示机构间存在联合发文关系，连线数量表示两节点间联合发文的次数。可以发现，中国残疾人联合会与

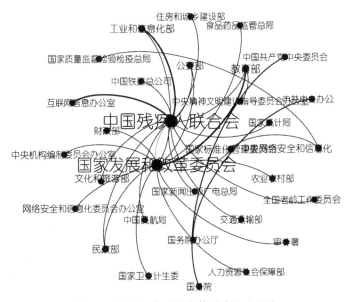

图 6-4 数字包容政策主体联合发文网络

国家发展和改革委员会是联合发文最多的两个机构，其中中国残疾人联合会与教育部、公安部、民政部、交通运输部、中国铁路总公司、文化和旅游部、中国民航局等机构均有合作发文关系，反映了国家对信息弱势群体的全方位的扶持和关注。同时，国家发展和改革委员会与财政部、人力资源和社会保障部、国家卫生计生委、食品药品监管总局等机构有联合发文关系，说明财政工具和资源保障是推进社会数字包容建设的重要手段。

（3）政策主题分布

本章对 103 份数字包容政策文本进行编码，剔除与数字包容无关联的政策条款后，最终得到 639 条政策条款。利用 Nvivo12 质性分析软件进行词频统计分析，得到 639 条政策条款中出现频次最高的 1000 个字符数大于等于 3 的关键词，对这些关键词进行词语云图构建，得到如图 6-5 所示的词语云。

图 6-5　数字包容政策词语云

如图 6-5 所示，"残疾人""信息化""互联网""老年人"这四个词的出现次数最多。根据分析显示，"残疾人"共出现了 351 次，"信息化"出现了 284 次，"互联网"出现了 236 次，"老年人"出现了 209 次。由此可见，数字包容政策的主题是解决残疾人和老年人群体的数字鸿沟问题，其目的是推进信息化发展，提高互联网的应用普及率。

为研究政策主题之间的联系，选取前 50 个关键词进行层次聚类分析，聚类结果如图 6-6 所示。从图中可以发现，"互联网""老年人""残疾人""信息

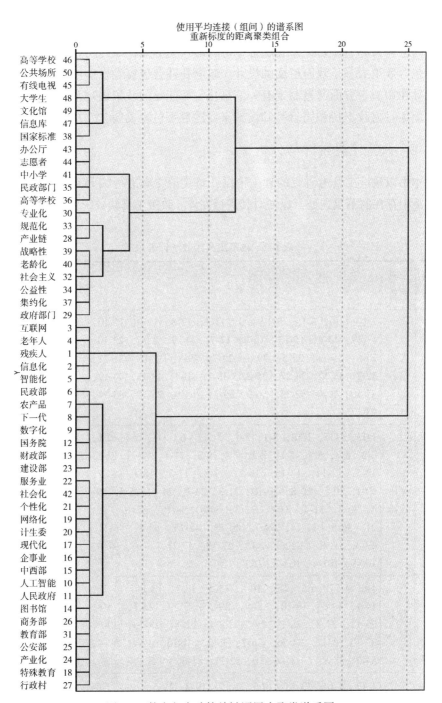

图 6-6 数字包容政策关键词层次聚类谱系图

化""智能化"是一类且距离很近，说明它们更容易出现在同一政策文本中，而其作为整体又和"民政部""国务院""财政部""建设部"等词同时出现，这说明数字包容政策大多是政府层面的设计，政府在社会包容性发展中起到目标管理与主导作用。一方面通过制定有关信息化、智能化的政策去规范市场环境；另一方面通过财政支持和完善基础设施来促进数字包容发展。

6.2.2 政策工具统计与分析

本书以政策工具为研究的理论依据，对政策文本进行编码并分析，可以发现政策中存在的不足之处，以便对其进行完善。政策工具频数统计表见表6-2。

表6-2 政策工具频数统计表

工具类型	工具名称	政策编码	小计	占比	占比
供给型	人才培养	1-1、1-16、3-18、5-1、8-9、11-7、12-8、12-9、12-10、13-17、14-4、15-13、16-9、17-7、20-29、22-5、22-10、24-6、25-11、29-5、29-6、29-7、29-8、31-15、31-21、32-2、33-12、34-27、35-22、38-7、40-4、43-15、44-19、47-10、49-6、52-15、56-9、59-14、67-9、73-19、83-14、93-12	42	6.6%	28%
	基础设施	1-13、1-15、1-18、3-1、3-4、3-5、3-6、3-7、5-4、6-1、6-2、6-3、6-4、7-1、7-2、7-8、9-3、11-1、12-3、12-4、12-5、12-14、13-15、16-2、17-3、17-5、18-1、18-3、19-1、20-5、20-8、20-10、21-3、23-1、24-1、25-5、29-4、30-5、31-4、31-6、32-3、34-5、34-15、35-19、35-21、36-5、37-14、39-7、40-11、42-15、43-8、46-11、49-8、51-9、53-10、54-13、57-19、57-21、……、97-6、100-9、101-4、103-2、103-3	74	11.6%	
	资金投入	1-6、4-17、6-5、7-9、10-8、11-5、13-1、13-14、13-21、14-1、14-5、16-10、20-9、20-20、22-9、24-7、25-8、25-12、27-3、28-1、28-2、28-4、28-8、28-10、30-8、33-10、34-7、34-26、36-7、39-3、41-16、47-4、50-4、54-7、58-5、64-3、67-16、72-11、81-6、89-5	40	6.3%	
	科学技术	1-17、3-10、13-18、14-7、16-7、19-2、19-5、22-1、26-3、29-1、31-7、32-1、34-9、34-11、34-14、35-20、38-11、47-6、56-7、62-4、67-5、79-3	22	3.4%	

工具类型	工具名称	政策编码	小计	占比	占比
环境型	目标规划	1-2、1-14、4-2、4-4、4-5、4-6、4-7、4-8、4-9、4-10、4-11、4-12、4-13、4-18、6-10、7-3、8-1、9-1、9-2、9-5、9-6、12-1、12-2、12-7、12-13、15-1、15-8、15-10、16-1、20-1、21-1、25-1、31-1、31-3、33-1、33-3、34-3、35-3、37-4、38-3、40-3、43-5、45-2、48-3、54-3、……、83-4、86-6、90-4、93-2、95-3	56	8.8%	60%
	金融税收	3-15、3-16、3-17、8-8、13-2、18-6、19-9、20-27、20-28、28-5、29-9、29-10、41-9、46-8、52-6、55-13、56-14	17	2.7%	
	法规管制	1-4、1-5、1-7、1-12、3-13、3-14、4-15、6-8、7-5、7-6、7-10、8-3、9-4、10-4、10-6、10-7、13-6、13-8、13-10、13-13、13-16、14-2、15-2、15-4、15-6、15-7、16-4、17-2、17-6、19-3、19-6、19-8、20-16、20-17、20-25、20-26、21-2、21-4、21-5、22-2、22-6、22-12、23-2、24-4、25-2、25-3、25-4、25-10、25-13、26-4、26-6、28-3、30-6、30-7、31-2、31-17、31-20、32-4、33-2、33-4、33-5、33-7、34-1、34-2、34-4、34-19、34-24、35-1、35-2、35-4、35-6、35-13、……、98-7、101-9、101-13、102-10、103-14	119	18.6%	
	建立机制	2-1、2-3、2-5、3-12、4-14、6-11、7-7、8-5、8-6、9-12、9-13、10-3、10-10、12-6、12-11、15-3、17-4、20-11、22-7、22-11、24-5、27-2、28-9、31-19、35-24、39-5、40-13、43-9、45-17、53-7、54-18、57-11、60-5、64-10、69-7、74-9、77-4、82-12	38	5.9%	
	行业规范	13-9、15-5、15-9、19-4、19-7、20-14、20-15、26-1、26-2、29-2、31-18、34-8、36-11、44-8、50-7、53-4	16	2.5%	

续表

工具类型	工具名称	政策编码	小计	占比	占比
环境型	策略措施	1-3、1-9、1-11、2-2、2-4、3-2、3-3、3-9、3-11、4-1、4-3、4-16、6-7、8-4、9-7、9-14、10-1、11-2、11-3、11-4、12-16、12-18、13-12、13-20、14-7、15-14、15-15、16-5、20-2、20-4、20-7、20-12、20-13、20-18、20-19、20-22、20-23、22-8、23-3、24-8、25-6、25-9、26-7、28-6、30-3、30-4、31-5、31-8、31-10、31-12、31-14、31-16、31-22、34-6、34-12、34-13、34-16、34-21、34-22、34-23、34-28、35-7、35-8、35-9、35-10、35-11、35-12、35-17、35-18、……、96-12、97-16、99-15、101-10、102-9、103-6	107	16.7%	60%
	公众文化	1-8、1-10、3-8、5-2、5-3、12-12、12-15、13-4、13-5、20-21、20-24、22-3、26-5、29-3、30-1、30-2、31-9、31-11、31-13、35-15、35-16、35-23、39-17、41-12、48-9、51-12、54-9、57-9、65-7、68-9、76-5	31	4.9%	
需求型	政府采购	10-9、13-3、13-11、14-6、15-11、19-10、22-4、25-7、27-4、28-7、33-8、33-11、34-25、36-21、38-13、50-14、57-5、66-8、70-12	19	3.0%	12%
	技术标准	6-9、7-4、8-7、9-9、10-2、14-3、16-3、16-8、24-2、24-3、34-18、34-20、37-13、46-5、51-6、53-3、57-2	17	2.7%	
	公共服务	6-6、8-2、9-10、10-5、11-6、12-17、13-19、16-6、17-1、18-2、18-4、20-3、20-6、27-1、33-6、34-17、35-5、38-19、44-13、56-13、61-9、69-5、73-11、75-14、79-10、87-9、91-13	27	4.2%	
	服务外包	9-8、9-11、12-19、13-7、15-12、18-5、19-11、33-9、34-10、46-15、55-16、61-12、72-15、80-14	14	2.2%	

从表 7-2 可以看出，环境型政策工具在整体政策工具中占比最大，比例为 60%。其中，数量较多的政策工具是法规管制（18.6%）与策略措施（16.7%），

如工业和信息化部与中国残疾人联合会要求各级部门和相关部门配合，制定相关政策，以推进信息无障碍产品应用，进而提高本地网络的无障碍服务能力；强化信息无障碍规范与标准落地实施、鼓励其他网站支持信息无障碍功能、营造信息无障碍的社会氛围等一系列举措，显示出政府倾向于采取强制与非强制相结合的手段来推进信息无障碍建设，逐步消除"数字不平等"问题。虽然金融税收(2.7%)以及行业规范(2.5%)工具数量较少，但其在数字包容进程中具有稳定市场消费环境、规范行业行为的重要作用。

在供给型政策工具中，政府利用人才培养、基础设施、资金投入、科学技术四个政策工具促进数字包容的实施。其中，基础设施(11.6%)所占比例最大，国家在宽带建设、电信基础建设、网站建设等方面供给力度最大，最大限度地实现了网络全覆盖，为实现信息化和智能化服务奠定了坚实基础。

需求型政策工具(12%)在整体工具中占比最小，其中政府采购(3.0%)与公共服务(4.2%)政策工具使用最多。政府采购工具主要通过政策规定各级政府部门通过购买服务方式来支持无障碍关键技术研发及产业发展，以吸引社会力量广泛参与数字农村及信息无障碍环境建设。公共服务工具有助于提升政府的综合服务信息化水平，如根据老年人、残疾人的需求，建设社区便民消费服务中心、便民服务站等设施，为老年人、残疾人提供生活用品代购、餐饮外卖、家政预约等基本生活服务；推进公共交通、金融服务和医疗服务系统的信息无障碍改造等。这些都可以有效解决老年人、残疾人等群体因无法使用智能技术导致获取线上服务的困难。

6.3 信息服务数字包容战略的对策

研究中，对数字包容政策工具进行量化分析，发现在推进数字包容战略发展的过程中，政策工具的选择与应用存在以下不足。

6.3.1 信息服务数字包容政策的不足

信息服务在数字环境下得到空前发展，但针对特定人群的政策还有较大提升空间，需要考虑技术与人员更好的结合。

(1)数字包容政策可操作性有待增强

目前数字包容政策的可操作性有待增强。本章共分析了103份政策文本，结合政策文本分析单元的具体内容，出现了较多的策略性、规划性内容，如编码为 35-20、35-8 的分析单元中的"鼓励企业将无障碍改造纳入日常更新维护""支持具备条件的社保卡增加交通出行功能"等政策内容，鼓励、支持等内容具有一定的政策导向作用，但政策中很少将鼓励、支持等内容具体细化，并未出台配套的实施细则或实施方案，没有一个统一的指导标准，这会导致各个地方的执行力度和效果各不相同，进而影响政策工具发挥作用，降低了其操作性。究其原因有两个：第一，策略性政策是兜底性政策，其实施主要依赖地方政府，国家层面只能以政策加以引导；第二，国家层面的政策是纲领性意见，而不同地区的经济发展和社会结构各有不同，因而政策在各个地区的可操作性也各不相同。

（2）环境型政策工具使用过溢

数字包容政策中环境型政策工具存在使用过溢的问题，环境型政策工具在整体政策中占比高达 60%，其内部策略措施与法规管制工具使用较多，分别占比 16.7%、18.6%，其余的目标规划、金融税收、建立机制、行业规范、公众文化等工具比例分别为 8.8%、2.7%、5.9%、2.5%、4.9%，说明政府更多是通过间接影响的方式来保障和促进数字包容的发展。目标规划与策略措施工具体现了政府的顶层设计与规划，大多较为模糊；金融税收工具体现了政府对数字包容的财政支持，建立机制的目的是实现数字包容的规范化、有序化。然而，政府对环境型工具的过分依赖，导致出现目标规划的模糊性、金融税收和公众文化不完善、行业规范的操作性不强等问题。环境型政策工具的大量使用不仅不利于长期规划推进，也反映了具体操作细则缺失的问题，使政策未能准确地在各个地方实施。

（3）数字包容政策工具结构失衡

总体来看，当前数字包容政策工具体系中，需求型政策工具与供给型政策工具存在结构失衡问题，有的政策工具使用频次较高，有的政策工具却很少提及。在供给型政策工具中，基础设施工具比重过高，侧面体现出缺乏完善的科学技术和人才培养机制的问题。技术的缺失不符合人工智能时代的发展趋势，会导致信息弱势群体的数字鸿沟越来越大。而人才培养机制的不完善则制约了数字包容的后续发展和推进；在需求型政策工具中，公共服务和政府采购是主要的政策工具，这两个工具都很好地促进了数字包容的进程。然而，资本一般追求短期利益，导致市场上的电子和信息化产品多适合年轻人使用且更新换代较快，而老年人、残疾人等群体缺乏市场资本及技术支持，使得数字不平等现象日益严重。目前，我国数字包容政策主要针对老年群体和残障人士，在对比针对不同群体的政策工具后发现，对老年群体运用较多的是环境型政策工具，以策略措施、机制、管制类政策为主；而对于残障人士则更多地运用供给型政策工具，以基础设施、资金投入类政策为主。针对这两类群体的政策工具的失衡也是政策工具使用不合理的具体体现。

（4）数字包容政策前瞻性较差

政策的目标之一是防患于未然。然而，目前的数字包容政策在老年人群体使用智能技术方面缺乏一定的前瞻性。随着我国正快速迈入老龄化社会，老年人群体逐渐庞大。一方面，智能化服务已深入生活的方方面面，国家也在极力推动人工智能、大数据等信息技术的发展和升级；但另一方面，老年人是我国人口的重要组成部分，年轻的一代人是伴随着手机、电脑等产品成长起来的，而多数老年人则对电子产品感到陌生。因此，为促进社会的包容性发展，提升老年人群体的幸福感、安全感，应当切实维护老年人在信息时代下的合法权益，制定具有前瞻性的信息保障政策，大力倡导并建立终身学习机制，为老年人学习信息技术提供更多机会，发展"互联网+智慧老龄化"服务，开发符合老年人需求的信息化产品，推动老年服务一体化、便捷化和智能化，进而帮助老年人跨越"数字鸿沟"。

6.3.2 信息服务数字包容战略的建议

由于我国各地区信息技术发展水平不均衡，再加上各地区之间经济发展水平也不平衡，所以在落实数字包容政策过程中存在一定障碍和困难。因此，本书结合现实环境与未来发展趋势提出以下政策建议，以期为政府在消除数字鸿沟、推进数字包容的过程中提供参考。

（1）完善政策实施细则

根据研究发现，部分数字包容政策工具集中在规划和策略层面，没有出台具体的实施细则和实施标准，103 份政策样本中有 85 份政策文本的内容涉及目标规划与策略措施，占比超过 80%，然而只有规划与措施是远远不够的，如果没有切实可行的实施细则，规划将变成一纸空文。因此，需要完善相关政策的实施细则，对数字包容过程中的有关主体进行精准施策，规范信息化服务机构的服务意识和行为，加强政策的针对性及执行力度。例如，对于拒收现金现象，首先，应该针对现金收付主体、现金收付服务主体及现金生态主体三个主体制定不同实施力度的政策；其次，要明确每个主体应当履行的义务和责任，以有效规范个人与机构的意识和行为；最后，要考虑到当前使用现金的多为老年群体，但在现实的某些特定支付环境中，只能使用电子支付，因此，要进一步明确拒收现金的行为边界。此外，中央政府及各地方政府应积极落实法规管制、策略措施、目标规划、建立机制等环境型工具的实施，可规定每项政策的实施及审查时间，并对政策实施过程进行全过程监督和管理。

（2）优化政策工具结构

优化政策工具的结构，首先要降低环境型政策工具的比重，一方面要降低其数量；另一方面要增加供给型和需求型政策工具的使用，使数字包容政策工具结构均衡，深化国家供给侧结构性改革。其次，优化环境政策工具组合结构，政府和相关部门要及时出台与数字包容相关的规划措施，确保工作分阶段、分步骤有序开展。为发挥环境型政策的主导作用，政府要注意在数字普惠工作中运用财税金融等手段，引导市场投资趋势，带动适老化及无障碍技术和产品的开发与升级；环境政策工具的选择与优化，减少策略性工具的使用，增加对公众文化、建立机制、行业规范等工具的选择，加强社会保障和信息安全保障，促进数字包容可持续发展的环境政策制定，保护老年人、残疾人等信息弱势群体的合法权益，明确各方的权利与义务，规范行业、企业的意识和行为；优化供给型工具的使用，适当减少政府直接的资金投入，要合理地应用科学技术和人才培养工具；增加需求型工具的数量，重塑社会观念和市场结构，以适应当前的社会发展需求；根据老年人、残疾人等不同群体的特点，优化环境型和供给型政策工具比例，调整政策工具整体结构，构建和完善主体多元的数字包容政策体系，最终使政策工具的效果达到最优化，以改善信息弱势群体的"数字鸿沟"问题。

（3）构建各方协同治理政策体系

数字包容属于社会治理领域，关注的是社会边缘和弱势群体的"数字不平等"及"数字鸿沟"等问题，其目标是促进社会的包容性发展。因而，为有效推进社会包容性治理，应当建立各方协同治理的政策体系。在政策的制定主体上，由于数字包容涉及面广，既包含对公众数字素养的培养，又包括对行业、机构等的规范。因此，应建立纵向和横向的管理体系，国家层面，中央政府的各个部门之间应联合制定相关的法规与标准；地方层面，地方政府应在贯彻执行国家层面的政策基础上，鼓励多部门协同配合，联合出台有力举措；社会层面，要调动社会多方力量建立和谐、统一的治理体系，如以行业规范、资金投入等形式鼓励并支持科研院所、图书馆等公共服务机构对信息弱势群体提供个性化、专业性的信息内容和服务，以提高他们的数字素养，进而缩减不同群体间的"数字鸿沟"。

（4）建立数字包容治理的长效机制

在优化政策工具结构的同时，要重视环境型政策工具的外部影响和间接渗透作用，扩大其影响作用范围。除了合理运用目标规划、法规管制和策略措施等政策工具外，还要适当增加体制机制建设、行业规范和公众文化政策工具的使用频次，始终坚持以人为本的原则，通过数字包容的体制机制和行业规范建设，形成我国数字包容治理的长效机制。另外，国家还应加大对数字包容的重视，完善社会包容性治理的长效机制：一是要实现政策的全方位覆盖，根据社会发展趋势制定具有前瞻性、针对性的制度体系；二是要强化日常的管理和监督，实时审查政策的实施情况，整治其中的问题与不足。最后，在发展数字经济、建设智慧城市的同时，还要积极倡导全社会的数字包容性发展，在各行各业树立以人为本的理念，让老年人、残疾人、低收入者等信息弱势群体享受到平等的数字化服务。

进入 21 世纪以来，我国经济和技术高速发展，在全球化和信息化的过程中，不可避免地出现了数字不平等、数字鸿沟加剧等包容性发展问题。社会治理可以推动政府治理能力现代化，而数字包容政策则是政府缩减"数字鸿沟"、推进社会治理的一个重要途径，不仅有利于增强公众的数字素养，而且还可以促进全社会的包容性发展。因此，本书以政策工具为理论基础，在收集、梳理国家层面数字包容相关政策的基础上，对政策样本进行内容分析。目前我国数字包容政策工具类型以环境型为主，需要优化各类型政策工具的选择与使用，并使政策工具的效果达到最大化，以改善"数字鸿沟"问题。同时，各地区有关部门要积极响应中央的政策号召，部门之间相互配合，形成工作合力，共同推动社会的包容性发展。

7 信息服务供给侧改革与战略布局

近几年来，网络信息服务的市场环境发生了巨大变化，信息终端从电脑、手机发展到可穿戴设备、VR/AR 等智能化产品；信息服务内容从语音、数据接入等传统通信获取向视频直播、自媒体推送等多样化的信息服务内容转变。这对信息服务的供给能力与水平提出了更高的要求，一方面要鼓励企业发展面向定制化应用场景的信息产品和服务，另一方面要不断丰富信息服务的内容。网络信息服务供给侧结构改革就是要根据用户的信息需求变化，推进网络信息服务类型与形态结构的调整，增强网络信息服务供给对需求的适应性和灵活性，扩大网络信息服务的有效供给。

7.1 信息服务供给侧改革的动因

"供给侧结构性改革"贯穿于经济社会的各个领域，是近年来学界的关注热点。"供给侧结构性改革"不仅可应用于经济领域，也可应用于公共信息服务领域。当前，网络信息服务供给总体不足与需求不断增长之间的矛盾依然突出，网络信息服务领域发展与经济社会发展的协调性有待增强，需要从国家战略层面统筹解决关系信息的重大和长远问题，推动网络信息服务领域的供给侧结构性改革。在"数字中国"上升为国家战略的今天，网络信息服务的供给侧结构性改革对推进数字中国战略具有现实意义。

7.1.1 网络信息内容的结构变化

当前，网络信息媒介呈现多样化趋势，用户通过网络社区、App、自媒体等线上媒介，以及广播、电视频道、视频光盘、图书、报纸、教育课程等线下媒介获取信息。移动端正成为获取网络信息服务的主要媒介。同时，新媒体社交分享超越纸质媒介，成为网络信息的主要来源之一。新媒体中口碑、形象、权威成为影响信息采纳的关键因素，相较于权威性，较好的口碑更易获取用户信任。新媒体等线上平台在丰富信息供给时，由于信息内容缺乏监管，官方或权威机构发布的信息得不到重视，谣言易通过新媒体广泛传播，平台端与监管机构应加强对线上信息服务供给的审查力度，严把信息服务的供给质量关。信息媒介变化改变着用户的信息行为，从用户层面驱动着信息服务供给侧结构性改革。

大数据时代的网络信息内容涉及面广，包括新闻网站、社交网站、自媒体平台等。虽然国内已在供给端建立了包含信息检索、咨询与管理等在内的完整服务体系，但与国外网络信息服务相比，还存在较大差距。在向用户提供可靠信息的同时，通过内容细分满足用户个性化需求，用户既可访问在线信息资源，也可获取线下咨询渠道。国内信息服务领域还处于细分阶段，特定用户的潜在信息需求还未得到有效释放。同时，用户信息需求中个性化需求占比明显提升，而网络信息服务中却存在过多低端与无效的供给，无法满足日益增长的个性化需求。

7.1.2 网络虚假信息泛滥

优质、可靠的网络信息是人民群众获得高质量服务的基础。在当前复杂智能环境下，网络信息供给也显现出质量低下、信息异化等问题，难以满足人民群众日益增长的对高质量信息的需求，严重阻碍了数字中国建设。大数据及"互联网+"带来的数据革命，使企业、社会媒体、机构乃至个人都参与到信息发布与传播的过程中，宏观社会生态下的利益关系更趋复杂，各主体间的网络信息资源共享和竞争呈现出无序化特点，使得网络信息的发布和传播越发难以得到有效监管。面对当前严峻的网络信息质量挑战，传统的由政府主导的层级化监管模式弊端日益凸显，需要加强顶层设计，从国家治理体系和治理能力现代化角度出发，采用战略性的指导思想和综合性的治理手段，调动多元行为主体的积极性，构建协同治理体系，发挥各主体在综合性治理中的职能效用，充分整合信息资源、整肃信息内容、规范信息传播、提升信息素养，从而实现对不实、低质网络信息的长效治理，全面推进数字中国建设。

互联网的发展和各种技术手段的进步促使网络虚假信息多元化、复杂化，通常体现在文字、图像、音频、视频等相互融合，仅靠人眼并不能识别出虚假信息，从而让用户产生"眼见为实"的错觉。因此，防止此类利用技术手段合成的虚假信息流入用户视野势在必行。对所有含"敏感词汇"的虚假信息，先通过大数据、人工智能技术等进行一次审查，根据数据库中的虚假信息案例筛选、识别出虚假信息，对虚假信息进行自动屏蔽和删除，对疑似虚假信息进行标记，密切追踪该类信息相关的发布人、传播者以及浏览用户，由专业人员进行二次审查后再采取相应措施。将所有经过审查的虚假信息建立数据库，根据数据分析对浏览过虚假信息的用户进行信息推送调整，将更正后的信息推送给该类用户，以降低虚假信息造成的错误影响。

社交媒体的用户受众广泛，普及率高，是极易产生和传播疫情虚假信息的平台，但它也极易成为防范网络虚假信息的平台。目前，各大网络公司都在积极行动，加强自净能力，强化内容认证。通过内容认证过滤掉虚假信息，可以从源头上掐断网络虚假信息的传播。同时，还要重视用户自查，利用评论纠错。社交平台可采取各种激励措施，激励用户积极参与虚假信息的识别、举报，这样可减轻平台识别虚假信息的巨大压力。

此外，建立一个公共的、专业的、权威的辟谣平台对防范虚假信息四处传播十分有效。公共辟谣平台要与各社交媒体紧密联系，能够及时采集各大社交平台的信息进行比对、识别和标记，然后将信息及时反馈给各大平台并进行强有力的干预策略。借助公共信息识别平台与各大社交平台的交互，可以对那些已经传播出去且对社会安定有危害的虚假信息进行重复纠正，加深网民的印象，以使其对以后将会出现的网络虚假信息产生类似记忆。建立公共辟谣平台将会纠正网络用户脑中已经产生的错误信息，而反复强调虚假信息的特点可使网络用户对部分类别虚假信息"免疫"，从而起到防范作用。

虚假信息治理方式是图情和信息领域国内外学者广泛关注的虚假信息核心问题之一。Lazer 等提出了两种虚假信息传播的干预措施，即个人评估遇到的潜在虚假信息，或最大限度地减少潜在虚假信息的曝光。① Asr & Taboada 对此更进一步细分为 4 种方式：对公众进行教育、分析和减少传播、进行人工检查、执行自动事实检查和分类。② 王雁和田丽总结了美国 5 所高校图书馆虚假

---

① Lazer D, Baum M, Grinberg N, et al. Combating fake news: An agenda for research and action [J]. Harvard Kennedy School, Shorenstein Center on Media, Politics and Public Policy, 2017(9): 2.

② Torabi Asr F, Taboada M. Big Data and quality data for fake news and misinformation detection[J]. Big Data & Society, 2019, 6(1): 2053951719843310.

新闻治理的主要手段,即向用户提供识别虚假新闻的资源、识别虚假新闻的技术和培养媒体素养的方法。①

图书馆采取合作方式共同治理虚假信息的研究中,蒋金艳介绍了美国伊利诺伊大学 iSchool 虚假信息研讨会以及西雅图湖滨学校图书馆"数字生活"打击网络虚假信息的实践,认为美国图书馆充分发挥了图书馆协会指导和协调职能,② 虚假信息治理成效甚佳。Barclay 认为图书馆可以与 Google 或 FaceBook 等技术巨头合作开发搜索引擎,利用算法实现可信赖和可靠的信息检索。③ 李晓蔚等提出图书馆要辨别真相,借助区块链技术保存真相,直至实现系统知识到互动知识的转变以超越真相。④ 张宇欣提出图书馆应当从社交媒体和平台两个方向实施干预,与媒体开展更强有力的合作。⑤ 周颖斌提出建立舆情实时监控机制、深入调查还原事实、搭建图书馆与读者沟通平台等方式,发挥图书馆网络舆情导向功能,树立正面形象。⑥

7.1.3 网络用户信息素养的提升

随着技术发展与社会变革,用户需求正从信息素养向包括数据素养、健康素养、环保素养、金融素养等在内的多元素养转变。一直以来,国家非常重视网络用户信息素养教育,除了传播正确的信息知识外,还包括信息行为教育以及信息评估教育,从知识传播、知识判断到知识利用、知识创造的综合教育体系。与此同时,应不断优化信息环境,包括国家相关法律法规、信息服务和技术以及信息传播的渠道和方式。加强信息法律法规建设,规范信息的传播渠道和传播方式,提升信息的可读性和服务的可用性,提升信息的利用能力和利用

---

① 王雁,田丽. 美国高校图书馆虚假新闻治理研究及启示[J]. 图书馆建设,2020,301(1):61-67.

② 蒋金艳. 美国图书馆参与打击网络虚假信息研究[J]. 图书馆建设,2018(12):52-56,62.(Jiang Jinyan. Study on Libraries' Practice of Fighting Fake Network Information in America[J]. Library Development,2018(12):52-56,62.

③ Barclay D A. The Fake News Phenomenon-An Opportunity for the Library Community to Make a Splash?[J]. Against the Grain,2019,29(3):40.

④ 李晓蔚,张盛强. 后真相时代图书馆的困境、机遇与责任——基于 IFLA"反图书馆"的思考[J]. 图书馆建设,2020(1):55-60,67.

⑤ 张宇欣. 后真相时代图书馆打击假新闻的作用研究[J]. 传播与版权,2019(1):20-21,24.

⑥ 周颖斌."后真相"时代图书馆网络舆情危机治理探析[J]. 河北科技图苑,2019,32(3):69-73.

水平，能够有效激发公众对提升自身信息素养的主观能动性，从而提高个人的信息素养水平。

①网络用户信息素养和信息服务的内在关联。网络用户信息素养的提升有助于其信息需求的准确表达，从而促进信息服务的规模发展与升级，提升网络用户意识及水平。当前的网络信息服务是网络用户信息素养发展到一定阶段的产物，两者之间表现为相互作用、相互依赖、共同发展的动态内在联系，任何一方滞后发展均会制约另一方的发展，两者之间的关联关系集中在信息、技术、渠道等载体上。随着用户信息需求与数字战略的融合，网络用户信息素养的提升速度与信息服务的优化进程不断加快，信息素养与信息服务并非单独存在，而是逐渐高度关联、互补共生，以达到无障碍咨询交流、资源交换的目的，最终实现个性化、智慧化的精准信息服务。

②网络用户信息素养和信息服务的同步实施。同步是指两个或两个以上随时间变化的量在变化过程中保持一定的相对关系，出现一致性和统一化的现象。网络用户信息素养和信息服务相辅相成，任何一个变化都会影响两者之间的关系，在网络用户信息素养提升和信息服务优化的发展过程中呈现出同步机制。在一定程度上，网络信息服务依赖于用户的信息素养，服务供应商需要根据用户信息素养的高低来提供相应的信息服务；同时，信息服务也能促进信息素养的进一步提升。当出现较高程度的信息服务时，用户需要及时提高自己的信息素养来加强对信息服务的有效利用。充分认识二者的同步，保证二者的匹配，其同步作用才会愈加显著。

③网络用户信息素养和信息服务的深度融合。互联网是用户获取信息的主要途径，用户对于方便、迅速、高效的信息服务需求驱使信息服务供应商更新服务理念、转换服务方式，同时也驱动了网络信息服务战略的推进以及用户需求和战略环境的融合。网络用户信息素养与信息服务的深度融合有助于为用户营造一个包含信息检索、咨询服务、数据交换和信息处理等的优质环境。在数字战略背景下，网络信息资源的提供和网络信息处理服务的结合、信息服务平台的构建和面向用户的嵌入服务的开展，对网络用户信息素养提出了新要求。服务产业层面而言，素养与服务的融合需把握信息素养提升、信息服务优化乃至战略发展的需求，将已有的技术及产品拓展到信息服务产业中，从而衍生出可推动网络用户信息素养提升的新服务。

④网络用户信息素养与信息服务的协调发展。网络用户信息素养和信息服务的深度融合要求持续满足网络用户的信息需求，探索适合网络用户信息素养和信息服务协调发展的战略模式。在用户信息需求导向下，网络用户信息素养

和信息服务具有不同的属性。网络用户信息素养具有渗透性，其对信息服务具有加强作用；而信息服务具有支配性，其对网络用户信息素养能力的发挥具有重要的支配和协调作用。信息服务致力于聚合大数据中的优质信息，构建完善的知识库，解决网络用户表达出的信息需求，帮助用户快速获取有效信息，实现对网络用户的个性化、智能化信息服务，从而提升网络用户信息素养，形成信息服务与网络用户信息素养的良性循环。网络用户信息素养的提升促使信息需求准确表达，从而使其能够和信息服务人员进行有效互动，进而能够有效实施服务过程并及时回应过程中存在的问题，为服务人员的技术采用和服务优化奠定基础。

7.2 信息服务供给侧改革的基本路径与具体措施

供给侧结构性改革的核心是在识别供给侧结构及其失衡的基础上，研究如何通过改革来提高总供给的能力与质量，改善总供给结构。面对新的信息需求环境，当前网络信息服务供给侧调整明显滞后于需求结构的升级。网络信息服务供给侧结构性改革就是要根据网络信息需求的变化，推动网络信息服务形态和类型结构的改革，增强供给对需求的灵活性与适应性。

7.2.1 信息服务供给侧改革的基本思路

供给侧改革的根本目的是更好地满足市场需求。供给侧改革并非仅仅专注于供给而忽略需求，而是应该以需求为着手点。网络信息服务供给侧改革不是为了创造需求，更不能脱离需求，用户的需求始终是推动网络信息服务不断发展的根本动力。随着数字技术的不断发展，海量信息的不断生产、传播、交流与利用，使得传统网络信息服务功能难以满足用户的信息需求。再加上用户信息消费不断升级，消费分层的特征日渐凸显，用户不再满足于有限的信息，而是希望得到更加全面的信息资源、更加个性化和多元化的网络信息服务。因此，如何更全面地、更高效地满足网络信息服务市场需求，提升供给侧效率，优化供需关系，是网络信息服务供给侧改革的目的。

开展网络信息服务的基础是拥有高质量的信息资源，作为网络信息服务提供商，无论是政府、企业、机构还是个人，都应具备供给侧改革的发展意识：从供给侧出发，整合线上线下的信息资源，不断提高自身的网络信息服务能力，深入挖掘网络信息服务资源，优化网络信息服务质量。①

首先，网络信息服务提供商应深入挖掘用户的信息需求，根据用户的特征、用户的使用习惯、用户的信息搜索记录和对用户以往的信息需求的深入调查，进一步判断用户的现有信息需求、挖掘其潜在的信息需求；以此为出发点，为用户提供更加智能、更加个性化的网络信息服务。在供给侧改革的过程中，网络信息服务提供商只有真正了解用户的网络信息服务需求，才能根据用户的需求提供更优质的服务。其次，网络信息服务提供商应提升网络信息服务意识，重视网络在信息服务中的重要作用，积极采用网络信息服务的方式，勇于尝试网络信息新兴技术，开发新型网络信息服务模式，不断提高网络信息服务的水平。同样，网络信息服务提供商应注重供给侧的服务质量提升，力求从网络信息资源的广度、深度、时效性和有用性等各个方面改善供给侧生产要素效率。最后，网络信息服务提供商应着眼大局，配合政府调控，致力于构建完善的网络信息服务产业体系，调整网络信息服务战略，使网络信息服务在新媒体技术的支持下做到平台化、市场化、专业化和个性化，优化网络信息服务结构。

政府在网络信息服务的供给侧改革中则扮演着服务商和管控者的双重角色。一方面，政府可对公共数据或网络信息资源的加工从以政府为主的独立开发变为多主体参与的社会共治合作开发，以促进产业结构调整与服务模式创新，提升公共信息服务的供给质量。② 另一方面，政府作为宏观调控的干预方，应在政策上对网络信息服务的供给侧改革给予一定的支持。政府应鼓励网络信息服务提供商积极探索供给侧改革道路，积极开发新型网络信息服务供给模式，提升网络信息服务质量，提升产业效益，带动产业发展。同样，政府作为政策的颁布者和执行者，应肃清网络信息服务的市场环境，保障供给侧改革下的信息资源供给方的权益，完善网络信息服务的相关法律法规，促进网络信息服务提供商进行产业供给侧改革。

网络信息服务产业的供给侧改革，需要政府、企业的相互配合，需要用户、市场的协调发展；需要以政府宏观调控为方向，以企业发展为动力，以市场需求为引导，以用户选择为保证。网络信息服务的供给侧改革必将促进网络

---

① 李琳. 网络信息服务的发展趋势与动向探析[J]. 电脑编程技巧与维护，2017（24）：66-67，72.

② 周毅. 公共信息服务的供给侧结构改革研究[J]. 情报理论与实践，2017，40（5）：1-9.

信息服务产业的可持续发展，提升网络信息供给的质量与效率，增强网络信息服务供给的灵活性、适应性，扩大网络信息服务的有效供给，构建适应市场需求的网络信息服务供给体系。

7.2.2　信息服务供给侧改革的基本路径

网络信息服务供给侧结构性改革是一项复杂的系统工程，在厘清网络信息服务供给侧结构性改革驱动因素的基础上，需遵循以下基本路径：

（1）面向信息传播链的供给侧结构性改革

基于信息传播链的供给侧结构性改革即立足于供给侧，兼顾需求端，在政府主导下统筹用户、行业与社会三个层面，推进供给侧的结构性改革。首先，政府在遵循"使市场在资源配置中发挥决定性作用和更好发挥政府作用"发展逻辑的基础上，推动相关部门主动参与到网络信息服务供给侧改革中，加强跨部门协作，提供良好的政策环境；其次，强调责任意识，用户应主动提升信息素养，有意识地寻求网络信息服务，养成符合自身网络信息需求、自律自主的生活方式；再次，网络信息服务业需构建合理的资源体系，通过推动服务差异化发展，满足用户个性化需求；最后，社会应营造良好氛围，通过树立正确理念，普及信息素养教育等方式，以有效控制影响改革的社会环境因素。

（2）基于供给侧结构性改革的需求提振

当前网络信息服务市场呈现出需求增长快、服务质量要求提高的趋势。尽管多数网民对网络信息服务关注程度较高，但网络信息服务的细分领域发展还处于探索阶段，特定用户的潜在需求得不到有效释放，网络信息服务业需加大对商业模式与行业应用的探索，以提振网络信息服务需求。需求对于服务产业发展具有极大的推动作用，在贡献率中占比很大。网络信息服务供给侧结构性改革要求在着力加强供给侧改革的同时，兼顾供给体系效率与质量的提高，适度扩大总体需求。用户需求在促进国内网络信息服务升级发展过程中仍起关键性作用，因此需进行用户需求结构方面的潜力挖掘，以发掘供给侧结构性改革的动力。

（3）数据驱动的供给侧结构性改革

网络信息服务目前已经历四个阶段，即用户生成内容阶段、用户平台互动阶段、信息服务改革阶段、数据驱动决策阶段。我国正从用户平台互动与信息服务改革阶段步入数据驱动决策阶段。为提升网络信息服务供给侧结构性改革成效，应善于利用大数据。为促进大数据应用，政府在"数字中国战略""十四五"发展规划中均强调了大数据在网络信息服务中的作用，印发有关大数据应用规范等指导文件。相关部委也在组建信息服务大数据平台，建设大数据产业园，探索"互联网+"信息服务模式，从政策、平台以及产业等方面采用大数据驱动信息服务供给侧结构性改革。

7.2.3 信息服务供给侧改革的具体措施

2015 年 11 月 10 日，习近平总书记在中央财经领导小组第十一次会议上首次提出了"供给侧结构性改革"这一概念。供给侧结构性改革是指在保证市场需求的适度增长的同时，调整产业经济结构，从提高供给侧质量出发，用改革的办法推进供给结构调整，提高全要素生产率，更好地满足广大人民群众的需要。由此，供给侧改革在我国各行各业依次展开，从产业结构调整开始，逐步提升产能效益，刺激业态发展，取得了卓越成效，促进了经济社会的持续性健康发展。"供给侧结构性改革"的提出，传递出一个明确的信号：中国宏观调控的思路正在发生重大转变，从以往的偏重需求侧调控转为偏重供给侧调控。①

供给侧改革不仅是国家政策的转变，也是市场发展的需求。随着网络信息技术的不断发展，移动互联网、云计算、VR 技术等信息技术喷涌而出，促进了网络信息服务的新业务形态和商业模式，迅速形成了一个产品丰富、受众广泛的新型信息服务市场。网络信息服务市场在这样的技术变革中迅速地深入人们的生活，逐渐改变了人们的消费模式，激发了民众巨大的信息消费潜力。在经过了多年的快速发展后，网络信息服务市场在需求端、供给端呈现出新的发展特征，逐步进入提质升级的发展新阶段，供给端的升级与结构调整正在成为信息服务行业不断发展的新一轮驱动力。为迎合广大人民群众对网络信息服务不断增长的多层次、多样化需求，网络信息服务供给侧改革已是网络信息服务行业的必经之路。网络信息服务供给侧改革应从需求入手，以市场为主，根据人民群众的网络信息需求变化，提升网络信息供给的质量与效率，增强网络信息服务供给的灵活性、适应性，着力"提质量、强弱项、谋创新、促发展"，优化网络信息服务的市场环境，扩大网络信息服务的有效供给，推进网络信息服务模式与类型的结构调整，构建能够迅速适应变化迅速的市场和新兴信息服务需求的供给体系。

---

① 张英杰. 供给侧改革视角下对科技信息服务的几点思考[J]. 中国科技资源导刊，2016，48(1)：14-18，25.

网络信息服务问题的解决是需要全社会参与的复杂工程，要求社会部门各司其职、步调一致。用户信息需求内容与结构变革要求实现政府主导与调动社会、个人积极性的有效结合，以推进信息服务供给侧的全面改革。改革牵涉各个层面，措施如图7-1所示。

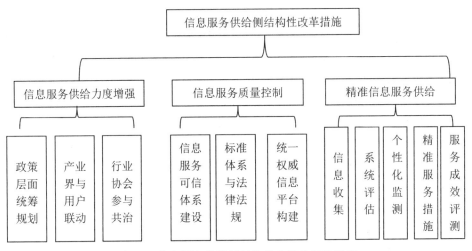

图7-1　信息服务供给侧结构性改革的具体措施

（1）信息服务供给力度增强

在信息化推动过程中，用户日益增长的信息服务需求要求增强供给力度，以丰富信息服务内容。国家相关部门也强调应加强政府职能部门、产业界与用户、行业协会联动，从而系统提升信息服务供给力度。

①强化政府部门统筹规划服务供给。国家应从政策层面做好信息服务的统筹规划，结合服务供给现状与用户动态信息需求，构建信息热点问题应答机制，推动核心信息定期发布的制度化。同时，制定信息服务管理条例，组织编写相关信息教材，面向信息服务全生命周期开发信息供给工具，增强信息服务供给能力。政府部门还应牵头建设信息服务领域的知识库与专家库，结合各地差异化的信息需求，以及当地突出的信息服务问题，指定信息服务专家和机构，基于不同人群的信息需求差异与搜寻特点，采取新媒体等线上媒介与传统纸质媒介相结合的方式进行信息传播。

②推动产业界与用户参与服务供给。政府在统筹信息供给的同时，应鼓励产业界与用户积极参与信息服务供给的内容建设。国家鼓励服务业的所有领域

向社会资本开放，不设置禁入领域，并不断提升服务供给的开放度。调研发现，产业界与用户已有效参与到了信息供给中：如万达信息与上海市卫健委合作推广的"上海健康云"便是健康信息服务领域政企合作的新模式，"上海健康云"的数据使用权归万达信息，所有权归上海市政府，政企合作对"上海市健康信息网"中市区两级的健康大数据进行整合与挖掘。

③发挥行业协会的纽带与桥梁作用。行业协会是行业治理的有效组织形式，政府一方面应鼓励行业协会参与供给侧改革，另一方面应规范行业协会的发展，发挥其在政府与服务业中的纽带与桥梁作用。国内信息服务领域的行业协会还处于起步阶段。2015年，由健康领域和移动互联网的企事业单位发起的北京移动互联网服务协会便是积极尝试。作为非营利组织，该协会致力于将移动互联网技术运用于健康信息供给中，提高健康信息的利用效率，改善健康信息资源分布不均等问题，从而推动健康信息服务业的发展。而中国信息协会医疗卫生和健康产业分会以信息化促进健康事业现代化为宗旨，旨在基于健康大数据、远程诊疗、生物信息技术、体征和体外数据采集、人工智能，以及智能硬件和可穿戴设备等健康信息与技术增强健康信息服务供给。

（2）信息服务供给质量控制

在信息发布前对信息质量进行多维风险评估，能够确保用户不因信息的质量问题对其决策产生误导，也杜绝了一般信息与权威信息、社会规范、法律法规、道德伦理的冲突。在国家层面，国务院发布了关于促进大数据发展行动纲要的通知，指出大数据的运用有助于扩大信息服务供给，但是必须控制信息服务供给质量。信息服务供给质量的控制可采用如下方式：

①信息可信体系建设。信息可信体系建设可通过实名认证、身份管理、责任追究、评价工具开发等方式，保障信息服务可信度。实名认证与身份管理能有效增强用户的网络诚信度，提升用户在发布信息时的社会责任感。责任追究制度主要是为了规范企业的市场主体行为，加强企业道德建设，使企业提供信息服务在追求市场效益的同时，也需保障其信息服务的可信性，而评价工具的开发有助于信息服务质量的审核与控制。

②标准规范设立。网络信息服务的供给必须强化标准规范建设，而加强标准体系与法规建设，设定信息服务应用领域的准入标准，严格规范信息挖掘、开发、应用行为，建设信息应用诚信机制与退出机制等，则能有效控制信息服务供给质量。

③信息服务平台构建。相较于美国，国内信息服务覆盖面有限，个性化信息服务供给不足，信息服务服务质量整体较低，用户缺乏权威信息的获取

渠道。在国家信息化战略下,美国、英国、加拿大、澳大利亚等均建立了在线信息服务官方平台——通过政府部门官网单设信息服务网站,为公众提供权威的信息,以保障信息服务的供给质量。当前我国在线信息服务平台大多由企业建立,急需官方建立权威的信息服务平台,控制在线信息服务供给质量。

(3)精准信息服务供给

精准信息服务是指在传统信息服务的基础上,依托现代信息技术,并结合个体特征差异,采用数据驱动提供精准的评估、监测(督导)、干预、效果评价,构建的精准信息服务闭环如图7-2所示,以满足用户个性化信息需求,实现精准的信息管理。精准信息服务是增强信息服务供给力度,提升信息服务供给质量,推动信息服务供给侧结构性改革的有效途径;而以移动互联网为代表的网络技术发展,为精准信息服务供给的搭建和发展奠定了基础。

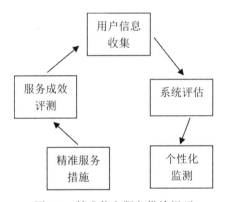

图 7-2 精准信息服务供给闭环

推进精准信息服务的供给,前提是精准识别信息服务需求。一方面应通过各种网络渠道获取用户信息需求信息,另一方面也要建立畅通的需求、表达、反馈机制,多方面结合。精准信息服务供给是一个包括需求识别、服务规划制定、服务产品生产和服务内容提供等环节在内的完整过程,其中每个环节都对信息服务的质量和效率产生作用。全面提升信息服务供给的精准化水平,需要对信息服务供给的全过程采取精细化的管理,通过对服务供给侧结构性改革的战略和目标进行分解、细化和落实,让服务供给侧结构性改革战略规划有效贯彻到每个环节并发挥作用。

7.3   信息服务供给侧改革的战略选择

以供给侧改革为主线,推进供给侧与需求侧并进,是我国应对国际经济形势变化的客观需要,也是我国经济新常态下的内在选择。网络信息服务需求侧导向为供给侧改革奠定了良好的基础,供给侧改革战略是需求侧导向战略的丰富与升级。要推动网络信息服务供给侧改革,就必须建立在创造新需求的前提之上,优化调整网络信息服务产业结构和资源要素配置,培育壮大新的数据赋能,增强网络信息服务的发展活力。

7.3.1   基于供给侧结构的信息服务体系重构

构建网络信息服务体系是指从用户角度出发,不断了解用户的网络信息需要,调整网络信息服务的供给侧产业结构,致力于更全面地满足用户信息需求变化的信息服务体系。具体实施包括以下几个方面:网络信息服务集成化、网络信息服务市场化、网络信息服务的产业融合与网络信息服务市场环境的优化。

(1)网络信息服务集成化

网络信息服务的集成化是满足用户信息需求的必然趋势。在信息爆炸的当今社会,人们的注意力已经成为一种稀缺资源,那些单一的、零散的信息内容已经很难引起人们的关注。只有把诸多分散的网络信息资源最大限度地归纳、整理、挖掘,深层次地加工,使之有序化、浓缩化、精细化、专业化,成为一个信息集合体,才能体现出网络信息资源的真正价值,才能够真正符合当下信息用户的需求。而除了信息内容的集成化,网络信息服务也要同步做到集成化和平台化,才能够更好地体现集成信息资源,更全面地满足用户的信息需求。因此,以统一的服务平台建设为核心,推动网络信息服务的信息开发与服务组织方式创新,是网络信息服务集成化的重要途径。

搭建网络信息服务平台是实现网络信息服务集成化的重要途径。在现代化的信息服务理念中,以用户为中心的个性化服务、以资源为中心的集成化服务都需要以开放式的平台为依托,建立网络信息服务体系。对于网络信息服务来讲,数字资源的开放与网络化共享是最鲜明的特点。为实现网络信息资源的开放共享,作为供给方,网络信息服务提供商应搭建网络信息服务平台,将我国数量巨大的宝贵文化资源、图书资源数字化,开发整合已有的网络信息资源,打造信息资源覆盖面广、资源重组的网络信息服务平台。例如文化和旅游部全国公共文化发展中心建设的国家数字文化网，即为一立足于全国文化的综合性公共数字文化新媒体服务平台。该平台展示了文化新闻资讯、文化资源与文化宣传相关内容，实施了网络文化信息资源共享工程。虽然该平台远没有达到构建集成化网络信息服务平台的目标，仅仅在网络信息资源集成上迈出了第一步，但依然是一个较好的新媒体服务平台的范例，是一次网络信息服务供给侧改革的踊跃尝试。另一个例子是百度平台所开发的"城市百科"网站，就是利用百度平台充足的信息资源，打造介绍中国城市的智能服务门户：用户可以通过该网站找到自己想要了解的城市，"城市百科"网站则会向用户展示该城市的历史文化、相关人物、当地美食、旅游景点等各个方面的信息，向用户集成化地展现一个城市的全方位风貌。作为中国最大的搜索引擎，百度还打造了许多类似的网络信息集成化栏目为用户服务，充分利用了其所拥有的海量信息资源，为用户打造了一个集成化的网络信息服务平台。

整合多样化信息资源，利用新媒体打造集成化网络信息服务是实现供给侧改革的重要手段。由于我国汉语言文字的独特性，国外的许多网络信息资源难以引进、难以被群众接受，但其中所包含的信息内容和信息价值却是不容被忽略的。随着网民国际化意识的不断觉醒，国际化的网络信息资源需求也在不断扩大。网络信息服务提供商需要做的，正是将国外的外文网络信息资源引进乃至翻译至自身平台，同时做好国际网络信息资源的净化与集成，以此来拓宽平台的网络信息资源覆盖面，弥补这一拥有巨大市场需求量的供给漏洞。同样地，随着网络信息资源的类型逐渐多样化，网络信息服务平台所能提供的服务也应随之变化，以满足新时代用户的网络信息需求。搭建网络信息服务平台，不应拘泥于普通的文字类型的数字化资源或是数值型的网络信息资源，而是应该利用新媒体、新技术，发展集网站型、软件型、新媒体型等多种信息服务形式相结合的集成化网络信息服务模式。正如近年来一跃成为"网红"的故宫博物院，就开发了故宫博物院官方信息服务网站，其中包含文物展览信息和相关资源、文物教育资源、文物学术资源和文化创意产品宣传等故宫相关的网络信息资源。同时，故宫博物院还开发了"每日故宫""故宫展览"等手机应用来宣传故宫文化，提供游览故宫的相关信息，开设了故宫博物院的相关微博、公众号向民众展示故宫藏品、故宫景色和故宫故事。在提供网络信息服务前，故宫博物院作为一个传统的古代文化艺术博物馆，其本身带有的历史距离感和空间距离的限制性并不能很好地吸引民众关注和参观；而故宫博物院利用现代新媒体资源和信息技术，将文化资源数字化，将信息资源集成化，开发集成化的网络信息服务模式，打造了故宫特有的文化资源品牌，从供给侧变革了服务方式，进行网络信息服务的开发和提供，满足了民众在数字文化资源上逐渐增长的需求，打响了故宫博物院的鲜明招牌，一定程度上促进了故宫本身文化产业的收益。可以说，它是网络信息服务供给侧发展变革的成功案例。

另外，网络信息服务提供商可以开展合作，共同搭建网络信息服务平台，促进网络信息服务的产业交流，推进网络信息服务的集成化。网络信息服务的集成合作可以多向开展，也可以在服务机构之间搭建网络，如网络信息服务机构可以向非网络信息服务机构采购信息资源，将实体信息资源数字化；同种类网络信息服务机构之间可以加强交流，促进网络信息资源共享，如图书馆信息服务等；不同行业、不同领域的网络信息服务机构也可进行合作，针对各个网络用户的特点及其网络资源的优势，整合、优化网络信息资源配置，形成具有专业特色的服务内容；政府作为公共信息服务的主体，也可发展多主体参与的社会共治合作开发模式来共建网络信息服务平台，促进公共信息服务的公开透明化与电子化。

（2）网络信息服务市场化

信息服务市场化是建设有效市场、维持可持续发展的重要保障。信息服务的市场化是指将信息服务成为市场上的一种商品，信息工作者在信息市场上通过各种商业活动进行信息资源与信息服务的交流互通，进一步使信息资源得到有效的调节与合理的配置。由于网络市场的开放性和共享性，加上目前人们薄弱的专利意识和固有的消费习惯，"网络信息服务是免费的"这一概念已经深入人心。然而，没有消费带动的市场很难成为一个有序而有效的市场。正如管理混乱而被用户控诉的百度文库和百度搜索引擎所提供的网络信息服务，前者因为没有良好的网络信息资源版权管理而破坏了市场秩序，后者则因为收费广告的插入而降低了网络信息服务的质量，甚至提供了错误的信息资源。市场的发展规律告诉我们，只有正规的市场才能够促进供需双方的平衡发展，让网络信息服务产业积极健康地发展下去，就需要从供给侧出发进行革新：只有网络信息服务供给商将信息资源、信息产品、信息服务当成商品，网络信息服务才能够坚持市场化、形成健康有效的市场并积极地发展下去。

信息服务的市场化，需要发扬和坚持信息服务有偿的理念。信息是有价值的，利用信息手段获取信息应该是有偿的，相应地，信息服务则也应该变成有偿服务。在供给侧，网络信息服务提供商应主动将网络信息服务商品化，逐步将网络信息资源有偿化，倒逼用户接受有偿信息服务，促进网络信息服务市场消费升级。正如中国知网的建设，根据不同的信息来源，中国知网将文献的下载设置为有偿服务，但部分文献的浏览设置为免费服务，并且在成为数字文献平台的同时，提供相关的数据库服务和网络咨询服务。虽然目前中国知网的市场化进程还没有做到尽善尽美，但其对数字化信息资源的尊重和对网络信息资源有偿化的坚持，是网络信息服务提供商在供给侧的一大革新，同样也使得信息服务也可以有偿化这一理念逐渐深入人心，为推动网络信息服务市场化作出了巨大贡献。

信息服务市场化，需要版权意识的树立。正如前文提到的，百度文库曾被数十位作家联名声讨——百度文库收录了这些作家的作品，却打着"免费分享"的名义侵犯作者的权益，使作者的作品资源外泄；同时，因为百度文库对网络信息资源的管理混乱不堪，很多盗版书籍混入其中，既影响了用户的信息服务体验，也损害了原著书籍作者的权益。其实，版权或专利的重要性和其所带来的权益在近年来已逐渐被民众认可，而网络信息资源则因其扩散性和可复制性，被人为忽略、混淆了著作权的正当维护。然而，如果要将网络信息服务市场化，就要从供给侧做到有版权才有信息、有版权才有服务，从源头减少因版权而引起的市场混乱，提升网络信息服务的供给侧质量，促进网络信息服务的市场化、有偿化、秩序化。

（3）网络信息服务的产业融合

为推动信息服务的业务拓展，加速供给侧改革，信息服务提供商应推进产业融合，使信息服务产业渗入各个行业。信息服务与其他产业的融合，也将擦出新的火花，为产业注入新的生命活力。

信息服务产业与医疗产业相融合，可以拓展信息服务业务范围，更好地满足民众医疗需求。医疗产业作为基础的民生产业，用户和市场需求是巨大的、持续的，信息服务与医疗产业的相互融合，可以推进医疗服务现代化，同时加强信息服务的应用性。目前，网络平台上已经有许多在线医疗信息服务，包括在线挂号、在线诊疗咨询、医患在线沟通等。比较著名的如春雨医生 App，该 App 属于软件型"互联网+智慧医疗"健康信息服务平台，为用户提供线上诊疗、快速购药、医生咨询、健康信息科普等医疗信息服务。据统计，春雨医生 App 已拥有超过 6500 万用户 7000 万条健康信息数据，每天有超过 11 万个健康问题在该平台得到解答，是世界上最大的移动医患交流平台之一。春雨医生 App 是医疗产业与网络信息服务产业融合发展的一个成功案例，也代表了网络信息服务产业的产业融合在供给侧对产业发展的推动作用。然而，在线就医服务并未改变医疗服务本身，其本质上只是通过网络信息服务手段，将医院业务引导分流。目前，医疗行业信息化程度不高、医院资源难切入，在线医疗多是围绕医疗本身利用互联网做信息化服务，距离网络信息服务产业与医疗产业的真正融合、医疗信息的开放与互通，仍有较大差距。医疗产业的建设发展紧紧依靠线下实体医院的医疗设备和医生资源，医疗信息资源共享将是一项充满挑战的工作。

因此，为弥补这一短板，信息服务与医疗产业的进一步融合发展应致力于网络医疗信息的开放共享。为加快网络医疗信息服务建设，信息服务提供商可开发网络医疗资源共享，利用网络基础设施建设的不断推进，依托实体医院建设互联网医院，搭建全国性的医疗信息沟通平台，拓展业务范围和服务半径，让偏远地区的医护人员能够与一线城市的医护人员进行医疗信息交流。目前政府、医疗机构等都在积极探索并大力推动医疗信息的标准化和网络化，努力消除医疗孤岛、信息孤岛，共同促进网络医疗服务行业的标准化建设。对医疗产业而言，病情的验证和研究都需要大量标准化的数据，只有提升医疗数据质量，依靠互联网和远程通信技术实现医疗信息资源共享，深度开发利用医疗数据，才能解决医疗资源不均衡的问题，使老百姓真正享受到便利可及的健康服务。网络信息服务产业与医疗产业的融合仍处于未成熟的发展阶段，还有很大的市场可以开发，作为一种新兴的服务产业，网络医疗服务必会与传统模式的医疗产业进行互补，推进产业发展，

信息服务产业与金融产业相融合，可以为信息服务产业注入新的活力，促进信息服务市场化。网络金融信息服务产业是网络平台发展下金融信息服务业的新生力量，由三大板块组合而成：金融资讯、第三方支付、网络信贷。网络金融信息服务具体包括金融产品交易平台、分析平台和投资理财渠道等，这些平台给用户提供最专业与即时的金融资讯信息，并以此在金融活动中创造更高的价值，也因此促进了网络信息服务的市场化。金融资讯平台作为金融和财经信息的信息服务提供商，通常会为用户提供股票、基金、国债等财经信息，并根据数据分析推出智能化建议，有些也会推出有偿的专业化信息咨询服务，为用户提供理财方案等。而网络信贷作为网络金融信息服务中的新兴产业，具有良好的发展前景，是网络信息服务产业与金融产业进行融合发展的途径之一。以融资平台新新贷为例，它有效实现了互联网的便利性与金融信息服务的衔接，使网络信息服务渗入金融产业，为网络信息服务的发展开拓了新业务、新市场。随着图像处理技术的提升和二维条码的广泛应用，第三方支付平台逐渐在人们的生活中普及：支付宝、微信等第三方支付平台致力于提供"简单、安全、快速"的网络支付服务。此外，各大银行也搭建了自己的网络信息服务平台，通过开发银行 App 客户端为用户提供更加即时、更加个性化的网络信息

服务。网络信息服务与金融产业的融合发展，是建立在金融市场之上的服务业的发展，是借助于互联网技术对金融服务业的业务拓展，也是对网络信息服务产业供给侧的市场开拓和质量提升。

信息服务产业与文化产业相融合，可以加强我国文化强国的战略建设，满足民众日益增长的精神文化需求。要从供给侧提升网络信息服务的质量，促进网络信息服务产业与文化产业的融合发展，就应该注重文化信息服务的特色开发。当前网络信息服务市场上与文化产业相融合的信息服务，大多以文化信息数字化平台、视频服务平台、新闻资讯平台等集成化平台模式对文化信息进行网络化展示。这种平台化的网络信息服务只能够做到基础的信息资源聚合，并没有结合文化产业特色进行深入的融合挖掘，其服务效果与展现其他产业的网络信息资源并没有根本性的不同。如著名的中国非物质文化遗产昆曲艺术，中国非物质文化遗产网仅仅向用户展示了昆曲的相关政策、资讯、学术研究以及关于昆曲的发展历史、曲艺介绍和经典曲目的基本信息介绍。这种单一的信息展示并不能使用户很好地了解昆曲艺术是一种什么样的戏曲种类，也无法体会到昆曲作为我国非物质文化遗产的独特性与艺术性。作为网络信息服务提供商，网站的开发者应考虑为这些独特的文化遗产打造更加全面的信息服务产品：加入音乐作品、影视作品、非遗传承人采访、文化特色小游戏等多种形式的文化信息资源，引入其他平台或产品中对该艺术遗产的介绍，将相似的、同类型的艺术遗产归纳到一起并进行比较，利用新兴技术打造互动式信息服务或沉浸式信息服务，等等。随着信息形式和信息服务模式的不断发展，文化产业的网络信息服务也应随之创新探索。

同样地，信息服务的理念也应该深入文化产业。以旅游文化产业为例，传统的旅游文化产业因时间、空间上的限制，用户只能在旅游的同时进行文化体验、购买文化产品。如果网络信息服务与旅游文化产业融合发展，旅游文化将不再是固定在旅游景区的"固定产业"，而是可以通过互联网技术，为用户提供远程的旅游文化信息服务，向用户展示旅游文化的民风民俗、景色、特产以及相关资讯。网络信息服务还可以应用到文化旅游产业的细微之处，如实时语音讲解、当地特色导航、旅游体验推荐等服务都可以成为网络信息服务提供商的开发项目，为用户带来更好的信息服务体验。我国拥有广阔的文化资源，网络信息服务提供商应对文化信息服务进行深入挖掘，以文化资源本身为根本、互联网技术为手段、信息服务为目的，开发具有文化内涵与艺术价值的网络信息服务产品，发展具有艺术特色的网络文化信息服务产业。

信息服务产业与科技产业融合，可以开拓信息服务新市场。一方面，高科技产品可以与网络信息服务相结合，利用智能家居、智能机器人等科技产品，"加持"互联网技术，融合网络信息服务，使网络信息服务寄托于科技产品，融入市场。目前已有多个品牌开发了诸如智能音箱、智能灯具、智能机器人等家居用品，这些智能家居能够通过互联网，为用户提供诸如信息检索、天气预报、音乐播放等服务。网络信息服务与科技产品的结合，使网络信息服务更加贴近人们的生活，更加智能化和个性化，进而利用高效便捷的服务方式提升用户体验。另一方面，新兴科技技术可以与网络信息服务结合，打造不一样的网络信息服务。网络信息服务提供商可以利用 VR 技术，结合打造用户沉浸式体验，推出沉浸式 VR 演出、VR 旅游、VR 装修等以网络信息资源为核心、VR 技术为载体的新型网络信息服务。同样地，网络信息服务提供商可以利用 AR 技术，将实物模拟、虚拟交互界面等应用到网络信息服务中去。正如近些年引领电子设备潮流的穿戴式设备，网络信息服务提供商将信息服务装载于设备内的同时，以手势识别、语音识别等智能化技术辅助网络信息服务的基本功能。科技产业的渗入融合使网络信息服务变得更加智能化、生活化，这样的产业融合能够促进网络信息服务提供商开发新的网络信息服务模式，提升网络信息服务的供给质量。

总体来看，网络信息服务与其他产业的融合发展，能够帮助网络信息服务产业创新创造，开拓新的业务和服务模式，在拓展信息服务市场的同时，改善供给侧质量和产业结构，促进网络信息服务的多样化发展。

(4)网络信息服务市场环境的优化

互联网的发展使得信息飞速地产生和传播，在当下这个信息爆炸的时代，信息过剩、信息污染等问题给人们在选择信息时带来了巨大困扰和负担。首先，信息无秩序地泛滥，不仅给网络信息服务提供商带来了巨大的成本负担，也给网络信息服务用户带来了不好的体验。单就网络信息检索服务来看，目前大多数搜索引擎由于缺乏有效的信息过滤机制，检索结果往往带有大量的无关信息，其查准率和查全率均存在问题，严重影响了检索效率。其次，由于管理机制问题，信息服务中的信息资源可信度也同样良莠不齐。国内第一大搜索引擎百度，曾因为以广告费用排序搜索结果、搜索结果为虚假信息等问题收到了来自网友的"信息服务差评"，几度陷入舆论漩涡。同样地，相同的信息大量复制、信息管理杂乱无章、有害信息侵入、无用信息造成信息梗阻等问题，都使得网络信息服务市场混乱不堪。只有对网络信息服务的市场环境进行优化，打造规范、和谐有序的市场环境，从供给侧提升服务的质量与用户的体验，才能够更好地促进网络信息服务产业健康发展。

优化网络信息服务的市场环境，需要政府、企业和用户之间的共同努力。政府部门作为监管机构，要建立对网络信息服务的规范和约束机制，以一定的产业规范和行业条例，去整改信息污染的严峻问题，要让网络信息服务市场有法可依、有例可循，从制度方面为构建一个良好的网络信息服务市场环境而努力；而网络信息服务提供商作为新兴服务企业，要调整企业服务理念，完善企业管理模式和运作机制，致力于从供给侧为用户提供优质的网络信息服务，塑造一个优质、高效的网络信息服务市场；而用户则应该在使用网络信息服务的过程中，行使监督权和产品选择权，通过对网络信息服务的检测和淘汰，从需求侧倒逼网络信息服务市场的优化与供给侧改革。只有政府、企业、用户三方共同革新，才能肃清网络信息服务市场，做到网络信息的规范化、有序化。

7.3.2 精准信息服务提供

随着网络信息服务相关技术和服务理念的不断变革、引导，现代网络信息服务逐渐走向以用户为中心的发展模式，更加注重用户体验。提高供给侧质量，打造网络信息服务精品路线就成为推动网络信息服务产业发展的重要途径。网络信息服务作为一种服务类产品，其供给侧改革主要应围绕产品的内容、品质、内涵等内在本质因素，以及服务的便利性、易得性、可用性、可理解性等外表象因素同时展开。[①]

（1）信息服务质量的提升

网络信息服务质量的提升，首先在于网络信息资源的全面性。用户对网络信息服务的需求根本在于对信息资源的需求。有局限性的网络信息资源会限制用户所能得到的服务内容，降低网络信息服务的有效性、精确性和实用性，也会增加用户使用网络信息服务时的时间成本；而更为全面的网络信息资源则有利于网络信息服务提供商为信息用户提供更加贴合用户需求、更加智能的网络信息服务，在使网络服务提供商在吸引用户、提升用户使用体验的同时，一定程度上降低了运营成本，提升了生产效率。

为此，网络信息服务提供商应开发拓展信息资源的覆盖面，一方面扩大自身的信息资源来源，将非数字化的信息资源数字化、文字化的信息资源可视化、国际化的网络信息资源本土化；另一方面，网络信息服务提供商应加强网络信息资源的流通，积极与其他平台进行信息交流和资源共享，增强网络信息

---

① 周毅. 公共信息服务的供给侧结构改革研究[J]. 情报理论与实践，2017，40(5)：1-9.

服务的全面性。覆盖面更广的网络信息资源可以为网络信息服务提供更充分的信息支持，为网络信息服务提供商提供更广阔的操作空间，保证网络信息资源能够满足用户的网络信息需求，① 从供给侧提升网络信息服务的质量。

网络信息服务质量的精品化，是指发展网络信息的浓缩化、精细化，以高质量的网络信息内容向用户提供综合性的高质量网络信息服务。改善网络信息服务质量，应致力于网络信息服务的精品化。在当下网络大环境下，网络信息用户可获得信息量和信息种类随着技术和媒介的不断发展而大幅度增加，面对分散、无序、瞬息万变的信息海洋，用户的注意力变得分散，承载能力迅速下降。因此，网络信息用户不再一味追求信息的"量"，而是想要信息更有用、更有序，用户更加重视网上信息的"浓度"。精品化的信息服务，能够提升网络信息服务的质量，从供给侧满足用户对网络信息服务的新要求，是网络信息服务提供商增强用户黏性的一大保证。

为提升网络信息服务的精品化，网络信息服务提供商应主动开发信息评判标准体系和工具。第一，提升信息资源的质量。网络信息服务提供商应积极利用人工智能算法等信息技术手段，对网上的数字信息资源进行分析，判断信息的时效性、有用性和真实性，从而筛选出符合用户信息需求的信息资源，并将这些网络信息资源按照合适的方式整合、排序，以"精选"的方式为用户提供精准的网络信息资源。第二，网络信息服务提供商应在提升网络信息有序化的同时，加强网络信息的规范化、标准化。这样不但能够减少后期网络信息资源维护时的管理成本、降低数据丢失的风险，还能够为用户提供更规范、更高质量的网络信息服务体验。第三，网络信息服务提供商还可以向用户提供网络信息导航服务，即将网络信息进行筛选、分类、综合，形成各类的专题目录，并通过对信息的深层次加工、开发与挖掘，生成满足用户需求的序列化网络信息。网络信息导航服务意味着信息资源的有序化和可视化，能够减轻用户的接收负担，提升信息服务效率。

信息服务的精品化是提升信息服务质量中一个重要的步骤，浓缩加工之后的高质量网络信息服务，能够使用户在所选业务之中得到更加整洁高效和完善的信息服务，使用户无须再消耗额外的精力和时间成本，去寻找其他的网络信息资源或网络信息服务作为替代物和补充品。网络信息服务质量的提升，既能保证用户的忠诚度，也能够从供给侧促进产业的良性发展。

---

① 李琳. 网络信息服务的发展趋势与动向探析［J］. 电脑编程技巧与维护，2017（24）：66-67，72.

信息服务的质量改革，必将走向智能化的道路。随着网络信息服务的不断发展和市场环境中竞争的愈演愈烈，用户不再满足于接收基础的数据资源或信息资源，而是希望能够减少自主理解和分析的过程，直接收到智能化的结果和建议。由此，网络信息服务的智能化也逐渐被应用到多个领域，成为网络信息服务市场的主要趋势和研究方向。如何在已有的网络信息资源中挖掘出更多的信息，向用户提供智能化信息服务，已经成为目前网络信息服务提供商重要的战略领域。供给侧对于网络信息的挖掘，应从"用户需要什么"和"能够提供给用户什么"开始，从需求的变化带动供给的变化，最终提升网络信息服务产品的质量，促进网络信息服务产业的平稳发展。随着各类信息的网络化和数字化，用户的需求也不再满足于可实时获取的网络化信息资源，而是偏向智能化的结果和可视化的内容。

随着相关技术的革新和探索，网络信息服务提供商也不再仅仅是信息资源的"搬运工"，而是可以做到智能分析、实时更改、语音播报和传递等。一个典型的、已经被市场普遍接受的案例是电子地图，如高德地图、百度地图等品牌作为同类型产品的代表，开发了智能化的地图信息服务功能：路线规划、实时导航、公交查询、打车服务、路况显示等一系列以电子地图为基础，根据用户生活中多样化需求所定制的服务构成了整个应用。电子地图将地理信息资源、交通信息资源等相关资源整合重组，将信息资源可视化，利用网络迅捷、及时的优势，为用户提供了导航和位置服务解决方案，是网络信息服务智能化成功发展的成功案例。网络信息服务提供商为更好地做到信息服务供给，应利用用户提供的个人信息和以往的使用习惯，分析总结用户已有的需求、挖掘用户的潜在需求，全面了解用户需要什么样的信息服务，以此开发新的信息服务产品和新的信息服务模式。同时，网络信息服务提供商应积极发展人工智能和大数据分析，充分利用计算机科学技术对网络信息资源进行深入挖掘，为用户提供更加智能化的服务，使用户在提出信息服务的要求之后，网络信息服务提供商能够迅速、准确、智能地给出策略性建议和服务，并以此为拓展点为用户的潜在需求提供网络信息服务，从而激发用户新的网络信息服务消费。

信息的及时性和精确性也是网络信息服务质量提升的重要部分。对于一些特殊情况，如灾难性事件、突发事件、舆论危机或重大变革等，网络信息收集与传递的速度决定了领导层做出决策的时间，而网络信息的质量则决定了决策的正确性和准确性。信息资源作为决策和信息服务的基础，错过就失去价值。网络信息服务依托于网络通信技术，如何让用户在有限的时间内得到有用的信息，也是提升网络信息服务质量必不可少的途径之一。为从供给侧提升网络信息服务时效，网络信息服务提供商应着力数据库规范化、算法智能化、信息精简化，在源头上剔除冗余的网络信息资源，在过程上简化服务流程、充分利用新兴技术，在结果上做到美观有序、简单易懂，为用户提供高效高质的网络信息服务。

网络信息服务产业发展的生命力主要在于网络信息资源的质量。为实现供给侧改革，促进网络信息服务产业的健康发展，网络信息服务提供商应从供给侧提升信息服务质量，整合网络信息资源，拓展网络信息资源覆盖面，深度挖掘网络信息内容，提升网络信息服务效率，为用户提供更加全面、更加精准、更加智能化的网络信息服务。

(2)信息服务的个性化与交互

在当代以用户为中心的服务理念引导下，网络信息服务逐渐体现出个性化的特征。数据获取及时、信息资源精细化的个性服务将成为改善用户体验的主要突破口，个性化服务成为热门的服务模式。[①] 个性化网络信息服务指针对用户个体的不同需求，不仅仅为网络信息用户提供丰富的信息资讯，而且还能够根据用户的信息需求对网络信息资源进行筛选，定制满足用户信息需求的网络信息服务，为用户提供针对性的信息资源，提高网络信息服务的精准性。

网络信息服务的个性化，可以从供给侧改善网络信息服务产业的产品结构和市场走向。提供个性化的信息服务能够让网络信息服务提供商将客户分层划分，对信息服务产品的开发与销售进行再创造，使信息服务产品呈现出多种类型和形态，强化了其独特性和多样性。另外，个性化信息服务还是一种能够培养用户消费个性与消费习惯、引导和刺激用户信息需求的网络信息服务。个性化网络信息服务可以通过用户的分流和服务的细化刺激用户信息消费，激发用户的潜在信息需求，促进网络信息服务产业的多样化和多元化发展。

首先，网络信息服务的个性化，要从服务方式的个性化入手。在网络环境下，个性化的信息服务能够按照用户的信息需求，突破时间和空间的限制，以各种方式为用户提供服务。目前，大多网络信息服务提供商采用了基础的分类定制的服务方式——用户按照自己的目的和需求，设定信息资源的类型、表现形式，选择特定的服务功能等。网站会根据用户所给的信息需求和限制条件查询出用户所需的信息资源，并利用动态网页生成用户定制的动态页面，向用户呈现网络信息服务。但这种个性化的信息服务方式是粗制的，由于技术原因很

① 张英杰. 供给侧改革视角下对科技信息服务的几点思考[J]. 中国科技资源导刊，2016，48(1)：14-18，25.

难达到对用户需求的真正细分，或是由于信息资源有限而产生了过度划分的问题，如"美团""百度糯米"等生活服务类信息平台，有时就会出现设定分类下没有相关商户信息的情况。

在用户信息个性化定制分层这方面，做得较好的一个例子是房屋出租信息服务平台爱彼迎。爱彼迎根据用户的需求对房屋资源进行了细致的分类，加上其拥有的充足房屋信息资源，使得用户能够迅速地在平台上找到符合自己要求的房源信息。爱彼迎通过对用户的个性化分层，成为同行业信息服务类平台中个性化网络信息服务的佼佼者。而网络信息服务提供商如果想要在基础的分类定制上做得更好，就要使网络信息资源的划分方式更智能、信息资源更充足，才能更好地促进信息服务的个性化发展。

除了普通的分类定制的个性化网络信息服务方式，RSS 订阅（简易信息聚合）的信息服务也逐渐被用户所接受：用户根据自己的兴趣在网站提供的内容中订阅栏目内容，订阅后该栏目内容的更新将会按照用户希望的格式、地点、时间和方式传送到用户端设备上。RSS 订阅实现了用户的自主选择，其方便快捷的信息服务方式提升了网络信息服务的效率，但同时也助长了信息的重复性和封闭性。

其次，在信息咨询等网络信息服务上也很容易实现个性化定制。例如自由行信息服务平台马蜂窝旅游网，就在提供景点攻略、用户游记分享的同时，为用户提供"私人定制"的旅行计划的咨询服务。用户在马蜂窝平台登记旅行的相关需求信息，平台会分配专业人员来为客户定制自由行计划，提供个性化定制的网络信息服务。这样的定制式网络信息服务是个性化信息服务的良好开端，但其效率仍需要进一步提升，管理成本也需进一步优化。此外，如智能代理、个性化搜索引擎、定制信息咨询等多种形态的个性化网络信息服务方式也逐渐进入市场，网络信息服务提供商应根据已有业务对信息服务模式进行开发，如对信息资源的整合推送加入个性化标签标记，对数据与信息的加工也可由网站的构建与呈现转变为内容推送与搜索引擎拉动并重等。

最后，个性化的网络信息服务系统应根据用户的信息消费行为，对用户的习惯、偏好、人际圈子、兴趣等相关信息进行搜索、分析和挖掘，从需求的角度为用户开发个性化的信息服务，从供给侧提供"量身定制"的网络信息服务。目前，很多网络信息服务网站或软件会为用户提供类似"猜你喜欢""推荐"栏目的信息资源推送服务，如淘宝网、网易云音乐等，都是根据用户以往的浏览记录、收藏信息、消费习惯等推算出用户对信息资源和信息服务的偏好，从而给用户推荐更适合用户需求的网络信息资源。另外，交互式体验应注重用户对网络信息服务的反馈。用户满意是个性化网络信息服务的出发点和目的地，无论是正式的网络信息服务还是推荐的网络信息资源，及时反馈对服务结果的评价都是用户释放出的新的信息。用户对网络信息服务做出的评价一定程度上代表了其需求的变化和取向，网络信息服务提供商只需要对这些服务反馈信息进行收集，并结合之前对用户的个性化分析，将给用户提供的个性化网络信息服务进行调整，就能够及时地提供契合用户需求的新网络信息服务。这种信息服务的反馈和信息服务产品的调整之间的互相影响是循环递进的，能够促进网络信息服务提供商更好地维持用户忠诚度，提升网络信息服务供给侧质量。

此外，网络信息服务个性化，应重视用户的交互式体验。网络信息服务具有体验化的特征，个性化的网络信息服务是用户和服务提供商之间的互动式服务，它是动态的、递进的、主动的，而不是像普通商品交易一样。个性化信息服务将传统的"我提供什么，用户接受什么"改变为"用户需要什么，我提供什么"，实现了从"人找信息"到"信息找人"的转变。网络信息服务提供商为更好地实现信息服务个性化，应提供智能化、友好的交互式网络信息服务界面，以便用户准确、简洁、方便地描述自己的信息需求，网络信息服务提供商则可以由此来定制相应的网络信息服务和信息资源。

总体来说，网络信息服务的服务方式个性化主要是如何更好地迎合用户需求。如果用户在某些网络信息服务上更注重时效性，网络信息服务商就应该主动开发更加迅速、及时的网络信息服务方式，做到服务让用户触手可及；如果用户在部分网络信息服务上更注重专业化，网络信息服务提供商就应该注重提供更符合该领域的智能引导，或是专业人员的引导，以此来定制个性化的网络信息服务。网络信息服务提供商应通过数据挖掘和数据分析，了解用户的信息需求，考虑服务供给方式的多样性和差异化，为用户提供针对性信息，满足用户的个性化信息需求，提高用户满意度。①

(3)信息服务的安全与规范

为扶持和保证网络信息服务产业的稳步发展，对网络信息服务进行供给侧改革，提升产业供给侧质量，不但要对网络信息资源质量进行强化，提升信息服务的个性化，还要保证网络信息服务市场的安全性和稳定性。信息的安全是网络信息服务的根本，保证信息安全，就是保证网络信息服务市场的根基不动摇，是对信息用户的负责和对知识产权的保护。净化信息市场，保护网络信息

---

① 李琳. 网络信息服务的发展趋势与动向探析 [J]. 电脑编程技巧与维护，2017 (24)：66-67，72.

安全，是网络信息服务市场健康发展的最好保障。

网络信息服务的安全性，首先在于信息资源所寄生系统的安全性。作为信息资源的存放系统，计算机系统、数据库、云平台等数据存储设备的安全性是信息资源安全的基础，保证这些设备和系统不被损毁侵害，是网络信息服务提供商保证网络信息服务环境安全的首要任务。遗憾的是，由于系统漏洞、管理不善、权限混乱等种种原因，数据的泄露、信息的遗失和病毒的侵袭成为一直存在的潜在风险。2017 年，一种新型高传染性电脑病毒在欧洲爆发，引发大面积感染，之后席卷了上百个国家的电脑用户，影响了超过 20 万台电脑及其所承载的信息数据资源，受到侵害的电脑用户也因此损失惨重。除了计算机系统、数据库和云平台也会受到病毒和恶意攻击。网络信息服务提供商要保证信息资源所寄生系统的安全性，应提升信息安全意识，定期梳理系统漏洞，严格管理系统使用权限，最大可能地避免信息资源寄生系统被侵害。

维护网络信息服务的安全性的重中之重，是严防信息泄露。信息是网络信息服务的根本，无论是网络信息资源还是用户信息，信息泄露都代表了商业失信，既会对当下的网络信息服务提供商造成巨大的经济损失，也会降低服务提供商的信誉、口碑，造成客户流失，影响企业的未来发展。然而在当下的网络环境中，商业企业机密泄露、用户的个人信息泄露、密码泄露则是经常发生的事情，用户的个人信息甚至会被转卖盈利，以至于用户经常收到诸如广告、诈骗等虚假信息的推送。2018 年 8 月，有一网友发帖声称要售卖华住集团旗下所有酒店的数据信息，其中包括上亿条酒店交易记录和用户的个人信息，虽然最后公安机关将试图售卖非法使用信息的嫌疑人依法捉拿归案，但该事件造成的用户隐私侵犯和社会恐慌不可小觑。有报道称此次信息泄露是工作人员处理不善导致，而无论是工作人员的"一时失误"还是其他途径的有意泄露，诸如此类的信息泄露事件数不胜数，这其中的原因包括非授权访问、人员不慎、物理侵入、窃取等。然而无论信息泄露事件的规模大小，信息的非法泄露都对用户的信息安全造成了权益侵害。尤其是在网络环境下，信息传播速度极快，商业信息资源或用户的个人信息一旦泄露，所造成的危害是传统信息服务下所发生的信息事故无法比拟的。

因此，为了保证用户的信息权益，网络信息服务提供商应提高网络安全意识，严把安全关，通过建立相应的网络安全管理办法和安全机制，加强内部管理、用户管理和授权管理，设立合适的网络安全管理系统，加强建立安全审计和跟踪体系，做好数据加密和风险评估工作，维护网络信息服务的安全性。

维护网络信息服务的安全性，还要保证信息资源的真实性。信息资源作为网络信息服务的根本，其真实性同样会影响到网络信息服务的安全性。网络信息服务以信息资源为基础，如果信息是虚假的、错误的，那么信息服务给用户带来的后果是巨大的。如电子地图导航服务，用户可根据获得的信息服务前往目的地，但错误的路线信息或指引信息会使用户耽误时间、增加行程成本，甚至走向错误的目的地。又如搜索引擎信息服务，如果用户搜索一个医院的信息，但搜索引擎给出了错误的医院信息，或是不具备行医资格的假医院的信息，对用户带来的伤害就不只是时间、精力和经济上的损失，而是直接影响到人身安全。网络信息服务提供商作为信息资源的提供者、加工者，应对网络信息资源的真实性做出保证，对不能确定真实性的信息资源做出标注，让用户对信息的真实性有一定的辨别度，能够行使信息知情权，以此来维护网络信息服务的安全性。

7.3.3 信息资源的优化配置与创新

网络信息资源是网络信息服务的主要载体，网络信息资源的优化配置与创新是网络信息服务的供给侧改革重要途径。信息服务内容的深度开发、信息资源的整合利用可以从供给侧出发，提升用户体验，挖掘和满足用户深层次的需求，从而赋予网络信息服务新动能。

（1）信息服务内容的深度开发

网络信息服务的核心是内容，只有内容才能真正吸引用户。网络信息服务供给侧的主要要素就是信息资源，而只有信息内容丰富、有价值，才是真正对用户、对网络信息服务提供商有效的网络信息资源。因此，对信息内容进行挖掘，以内容开发促进网络信息服务发展，能够更好地迎合市场需求，吸引用户参与，也是目前优化供给侧配置的良好选择。

网络信息服务的内容开发可以提升产业效益。网络信息服务提供商通过对网络信息资源内容的深层次开发，创造出新的信息产品和信息服务，以满足用户对信息服务市场不断变化的需求，提升产业效率和收益。近年来，广受欢迎的知识产权开发就是一种新的内容开发方式：根据文学、戏剧、漫画等其他载体作品改编成新的作品，这种"IP"开发具有良好的原著"粉丝"基础，却又利用不同载体之间的媒体差异吸引了大量的新用户进行体验，同时利用当下的新媒体手段对其进行宣传，在销售"IP"的同时巩固"IP"，为开发商提供了巨大的收益。这种知识产权的开发多见于电影、电视剧的制作，然而对于网络信息服务提供商来说，内容开发也是同样具有巨大潜在价值的盈利途径。

深度挖掘信息资源内容将为网络信息服务赋予新动能。网络信息资源中蕴涵着丰富的内容，其中文化、艺术、民俗、环境等各领域的信息资源都有着巨大的内容开发潜力，信息内容产业更是与文化产业关系密切，交叉重叠，互相渗透。网络信息服务提供商可以根据手中所拥有的网络信息资源，利用新媒体优势和网络平台的环境，对信息进行聚合整理，根据用户需求和市场趋势有选择性地对信息内容进行开发。2016 年 9 月，百度推出了为内容创作者提供的内容发布、内容变现和粉丝管理平台——"百家号"。"百家号"的使命口号是帮助内容创作者"从这里影响世界"，任何用户都可以注册成为作者，发布的文章有可能被推荐到手机百度、百度搜索结果以及百度体系的其他信息流当中。同时，百家号还将内容创造与其他服务相结合，推出了如内容创业、天气新闻的智能写作等服务，为用户提供个性化、智能化的网络信息咨询服务。"百家号"的内容开发模式在于促进用户自主发布内容，利用网络环境下用户自创作的力量对网络信息资源内容进行拓展。同样地，网络信息服务提供商可以对其他信息资源进行多种模式的内容开发，如对非物质文化遗产的数字化资源内容开发、对音乐的开发等，这些内容开发将使网络信息资源的内容变得丰富而生动，使网络信息服务产业绽放出新的活力。

对网络信息服务的内容开发，不应仅限于知识产权开发。知识产权开发是内容开发中横向的一面，是对信息内容在不同载体下的创新再生产；而对内容的纵向开发，则是对内容的深度挖掘和再创新。例如"同花顺"这样的网上股票证券交易分析软件，在为用户提供股票行情显示的同时，也为用户提供一定程度的行情分析和股票推荐。正是由于"同花顺"对于股票信息资源的内容开发和利用，使得其成为国内优秀的免费股票软件，受到了网络信息服务用户的广泛好评。而且，网络信息服务的内容开发，既可以不局限于内容的创新，也可以是服务的创新。2016 年，一款名叫"我要写歌"的 App 在应用商店正式上线，该 App 致力于帮助用户创作属于自己的歌曲，采用人工智能学习歌曲的作曲方式，以现有的音乐资源来服务于用户的自主创作。这个创意体现了网络信息服务的智能化趋势，也为信息服务内容开发提供了新的思路。网络信息服务的内容开发，不仅限于创造新的信息资源和信息产品，也可以打造别样的信息服务。

网络信息服务的内容开发，可以提升用户参与度，促进信息服务生态的良性循环。网络信息服务只有具备被用户接受的服务内容、服务方式，才能吸引用户和稳定用户。一个优秀的例子是知名网络问答社区"知乎"，作为独具一格的网络信息服务提供平台，知乎以内容为基础，以分享为动力，以互动为手段，构建起一套优质、高效的内容体系。知乎以问题为纽带，基于内容做出了多种延伸：利用用户之间的互动与关系链接弥补了问答模式带来的内容分散问题；利用推荐模式对内容价值进行了整合与拓展，使用户参与到内容的开发建设中来，使整个平台呈现出一种动态的、高效的内容开发模式。正是这种高效的内容开发环境，为知乎吸引了大量的用户，用户被内容所吸引，进而参与内容开发，进一步提升平台的内容质量，形成了一种良性循环，稳定了平台的用户生态。知乎的例子可以充分地代表用户对内容具有较高的关注度，也可以体现出内容开发在网络信息服务的过程中的重要性。因此，网络信息服务提供商可以通过内容开发，吸引用户创造收益，进一步提升网络信息服务质量，促进供给侧改革。

（2）网络信息资源的整合利用

与任何产品或服务一样，信息服务的类型与形态是实现网络信息服务目标的基本要素，是将其承载的内容及功能"推向"目标用户的关键所在。① 为加速供给侧改革，网络信息服务提供商应注重整合利用网络信息资源，开发网络信息服务的新模式，使网络信息服务能够推陈出新，实现可持续性发展。

开发信息服务的新模式，要以数据与信息内容为基础，坚持功能与形式相统一，创新信息服务的供给方式。针对信息服务碎片化的市场环境，利用媒介融合推动信息服务集成是网络信息服务的趋势。信息媒介不仅承载信息内容，还决定信息的形态与传播推广方式。当下，在 VR、AR 技术的推动下，用户的视觉、听觉、触觉等感官体验逐渐融合到一起，呈现出更逼真的体验。网络信息服务同样也可以利用新兴的技术，将信息资源的不同媒介融合在一起：网络信息服务提供商可以利用智能化技术，将用户所需要的网络信息资源进行筛选和串联，将不同类型、不同形式的网络信息资源转化融合，不再是各个部分的信息资源分散为不同的信息类型，而是实现网络信息资源的整合，为用户带来场景式、沉浸式的体验，提供更加一体化的服务。

开发信息服务的新模式，要关注市场趋势与潜在问题。在市场需求和国家政策的引导下，信息通信产业领域的新技术、新业态、新应用蓬勃发展，各类网络信息服务平台实现创新要素的聚集、重组、开放和共享，大大降低了创新发现、实施和扩散的成本，开启了大众创业、万众创新的新时代，如众包、众筹、分享经济、O2O 等新模式、新业态广泛涌现。② 面对新的市场环境，网络

---

① 周毅. 公共信息服务的供给侧结构改革研究[J]. 情报理论与实践，2017，40（5）：1-9.

② 吕金梅. 基于信息消费视角的我国供给侧结构性改革研究[J]. 当代经济，2017（7）：14-16.

信息服务提供商不能再囿于传统的服务模式和发展模式，而应该整合信息资源，突破传统的思维模式和发展瓶颈，勇于尝试，大胆创新，寻求新的网络信息服务发展路径。

比如正在蓬勃发展的自媒体，微博、微信以及新兴的视频网站构成了自媒体现存的主要表达渠道，也是自媒体向大众提供网络信息服务的主要平台。自媒体由于其多样化、平民化迸发出巨大的能量，其受众之广、影响之大对传统媒体造成了巨大的冲击，然而同样也出现了法律不规范、可信度低、良莠不齐等问题。如何在发挥自媒体能量的同时做到信息的简明、精准、高质量，是值得网络信息服务提供商思考的问题。如果能够开发出适应当下自媒体市场的高质量信息服务平台，将会在网络信息服务产业中独树一帜。同样地，网络信息服务具有一定的共享性，网络信息服务提供商如果能够利用信息服务将用户聚集起来，就可以既加强用户之间的联系，还能够更好地对用户进行分层和聚类，对用户进行更深入的需求分析，从而提升供给侧的网络信息服务质量。

总的来说，为了促进网络信息服务产业的可持续发展，坚持供给侧改革，网络信息服务提供商应强化网络信息服务的概念设计，提高创新能力，开发能够迎合市场趋势、满足用户需求的新服务模式，健全多态并存的高质量精准服务供给。

8 信息服务的社会化战略管理与监督

当前，经济和科技发展等对信息服务不断提出新要求，以现代技术为基础的信息服务社会化组织机制逐步形成。整体而言，信息服务不断向开放的方向发展。面对这一新形势，我国需要建立并不断完善社会化信息服务体制，这就要求对信息服务进行严格监督，保证其健康发展。本书正是以此为基点，研究信息服务的监督问题并探讨其体系的建立。

8.1 信息服务部门监督向社会化管理与监督的发展

信息服务的一大基础就是社会需求及技术变迁，政府的信息服务已经发展成涵盖经济、文化、科技和管理等在内的、面向各类公众的完整体系，以满足公众多方面的需求。当前，在信息服务方面的变革主要是社会化发展方面，以改变原有监督体系无法适应整个行业发展的问题。

8.1.1 信息服务监督的分部门组织形式及其现缺陷

信息服务同样应得到监督，信息具有一定特殊性、知识性和风险性，这就决定了对其监督的重要性，信息服务的社会机制在一定程度上决定了监督的组织模式。随着信息服务产业化的发展，对信息服务实施全方面的监督成为社会发展必须解决的重要问题。①

服务的监督在信息服务的模式方面主要在部门之间或部门内部进行，监督是服务的一方面，服务监督一直由国家的管理部门实施，也就是管理部门按照

---

① 冯丹娃，起文华. 基于网络监督的政府公共信息资源管理研究[J]. 情报科学，2014，32(8)：63-67.

要求对服务质量等进行监督，各方面的监督由具体的监管部门进行监督，如经济方面的监督由国家的计划和经济管理部门监督，科技方面的监督由科技部监督。这种体制使得公共图书馆的文献等资料的信息服务直接由文化和旅游部进行控制，区别于其他类别的图书馆。虽然监管的内容已经得到了一定的扩展，且组织形式也在不断优化，但是服务监督从组织模式方面来看，还是过于封闭，主要以部门为主进行监督。

整体而言，这种部门为主的监督有以下弊端：

①监督上不够集中，没有统一的监管与协调控制，信息服务监督主要由各个部门自己进行，使得部门间没有足够的沟通、差异较大，且缺乏统一标准。

②由于机构方面不够健全，监督职能不能得到有效发挥。这种部门为主的体系中，监督的机构一般从属于该领域的管理部门，使得监督较为封闭，自我监督的形式也不足以真正达到监督的效果，监督形式容易受到限制。

③监督没有太大的通用性，各部门的特性比较突出，这种分部门型的监督较为分散，部门之间差异严重，难以形成统一标准，不能解决一些共性问题。

④信息服务的监督内容主要是由部门内部及服务中的基本关系决定，使得监督体系和内容都不够完善，减负主要围绕文献信息展开，其他方面的监督都是从属性质，很容易使得监督内容过于传统，不能与时俱进，这在信息服务不断发展的信息社会亟须改变。

由此可知，传统的信息服务监督模式已经不能适应当前信息服务的需要，在信息服务的产业化发展中，社会其他监督部门很难在自身职责范围中实施监督，因此，社会化监督的问题需要得到进一步研究和完善。

8.1.2 信息服务管理与监督的社会化与信息服务社会监督模式

用户对信息的需求等使得信息服务不断社会化，信息服务业开始形成一个社会体系，其监督体系也开始突破传统封闭化的形式，转向开放化监督。

与发达国家相比，我国信息服务社会化程度虽然比较低，但是已经取得了很大的进展，随着经济、科技的发展，开始呈现出同市场经济体制相适应的格局。产业型的信息服务实体也在不断发展，社会化信息服务的体系开始不断完善，包括信息资源的组织和信息保障等。同时，也开始形成以市场发展及信息服务为标志的现代化服务体系。

信息服务的新型发展机制开始形成，同时，需求型的社会信息网络建设及其广泛使用，使得新的问题和矛盾开始出现。① 其中，服务管理上，服务的资源开发、污染防治等一系列的权益保护等都亟须得到有效监督。

由于没有相应的社会监督，行业发展虽然有技术和需求的导向支撑，却还是会出现信息提供不全面和不属实、服务的质量不高、信息安全不够级以及网络犯罪、网络污染等相关问题。② 因此，信息服务的监督需要与信息服务发展同步进行。

部门监督的服务要向社会监督转型，但是这不是部门内部的改革，而是全局性的改革，必须覆盖于各行政机构中，体现一定的全面性，还要解决目前监督中存在的个别化监督与形式化问题，克服传统信息服务监督的缺陷。

社会化的全局监督有以下几大特点：

①开放化。当前的社会监督不同于部门内部，而是打破部门界限，使得信息资源得到共享，彻底改变了传统的封闭式监督，同时也是信息服务得到社会化发展的必然需要。

②行业化。信息服务已随着信息经济的发展成为关乎经济和科技等各方面的行业，与其行业机制相适应，信息服务的社会监督也具有一定的行业性质，这主要由其行业活动及市场机制决定。

③系统化。目前，信息服务的业务已经涉及很多方面，包括其资源的开发。随着需求的发展，业务也得到不断拓展。和传统的监督相比，现代化的监督较为集中、范围较广，且部门与部门间的联系也变得更加紧密。

④适应性。监督的标准是国际通用的，一个国家的监督体系必须和国际化环境相适应，各个部门的监督也要和社会协调，且适应未来社会发展的需要，这种适应性主要还是由其本身的体制所决定。

8.2 信息服务社会化管理与监督的主体与对象

信息服务社会化发展，其管理与监督的主体日益多元化，综合发挥各自的监督作用。

---

① Kristin K Oberts. Revitalizing information serviees to better meet client initiatives[J]. FID News Bulletin, 1996(4)：18.

② Sean Devine, Daniel Woods. Internatbased services and community libraries：A need for new modeil and strategies[J]. The Electronic Library, 1996(4)：31.

8.2.1 信息服务社会化管理与监督主体

信息服务的监督主要是管理为主、政府控制、其他部门辅助监督，因此其也是政府控制下的逐层管理和监督体制。由于市场经济的发展需要，需对原有监督体制进行改革，发挥原有体制的优势、改善其劣势，以适应国际环境的需要。信息服务的社会监督体系如图 8-1 所示。客观上来讲，其监督体系主要包括政府(行政及法律监督)、用户及行业、公众(舆论监督)三个方面。

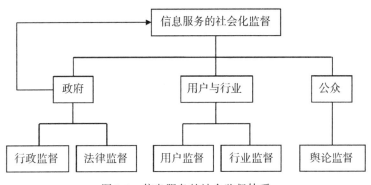

图 8-1　信息服务的社会监督体系

①行政监督，主要涵盖信息服务的机构注册、审批等方面的监督以及业务开展过程中的监督即政府决策等方面的监督等。这方面的监督机构主要是各个行政部门，如工信部、互联网办公室、文化和旅游部、科技部等。行政方面的监督在完备性上具有一定问题，行政管理部门由于涉及的业务有限，需要依赖对应的管理部门，因此需要调整各部门职权，实现行政监督体制的整体化。

②法律监督，该方面的监督具有一定的客观、严格和规范性，信息法律是组织信息服务最基本的原则，法律监督能够约束信息服务的相关行为，能够保证社会服务有效进行。法律监督可以维护信息服务的法治秩序，在制度的层面上对各方权益进行保护，同时，这也体现了一定的国家意志，其他各方面的监督都以此作为基础。其中，必须明确监督主客体，这是信息服务的法律监督中最重要的一个问题。

③用户监督，即用户在法律范围内对信息服务的质量等实施评价，或对使用信息服务造成的后果进行衡量，使其在利益受损时能够自我保护，如消费者协会就是在用户服务或商品方面的权益受损时进行监督的组织。但是从另一方

面看，这方面的监督还不够健全，社会化的程度低，还需在产业化发展的过程中不断社会化。

④行业监督，主要是信息服务行为协会方面的监督，随着信息服务行业的发展而不断取得发展，行业监督主要是采用行业相应的组织规则进行协调、监督和约束内部成员相关行为，并对成员利益进行监督，主要包括行业合作的监督、服务生产的业务监督、行业形象的监督即服务市场的行业监督等。

⑤舆论监督，主要是通过一定社会道德规范及法律规范进行社会监督，是对监督主体的监督。舆论监督可以使不恰当的行为得到批评、谴责，使正确、正当的行为得到一定鼓励，包括公众监督、政策范围内的一些新闻舆论的监督等。

这五个方面的监督处于分工和合作的状态，以政府为主导、各方面进行协调监督、形成社会化的监督体系是信息服务的基点。

8.2.2 信息服务社会化管理与监督对象

社会化监督对象应该覆盖整个监督过程中的各个主体，如供应商和用户及监督过程中的管理者及相关支撑性机构。信息服务社会化监督对象如图 8-2 所示。

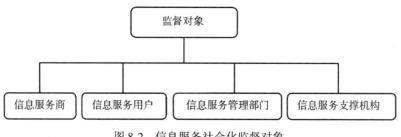

图 8-2 信息服务社会化监督对象

（1）信息服务商

其服务商所提供的信息不可能包含与信息服务有关的所有信息，但是从世界范围来看，服务商数量不计其数，其提供的信息数量也非常庞大，包含了政治、经济等各领域，其中不乏不良信息。因此对供应商进行信息服务方面的监督十分有必要，以防止其出现有关色情、迷信、政治反动或侵犯他人权利的信息。关于信息服务和网络方面的法律法规及相关条例，也出台过不少，如信息网络管理条例、预防和打击计算机犯罪法、信息通信技术法等，但是依然会存在一些网站的不法、不良行为，由于网络的发展飞速且信息量巨大，因此没有监督的约束就会出现很多对用户不利的信息。

综上所述，一定要加强对服务商在提供信息服务过程中的监督，当然，其提供的信息内容、提供信息的目的、相关的服务等都属于监督范畴，对于其带来的传播和搜集信息的过程等也要进行监督。

（2）信息服务的用户

信息服务的用户群体非常庞大，具有一定不确定性，除本身的用户外，服务商也有可能转为用户，而这种情况下的用户对信息服务有高度的熟悉程度。

需要注意的是，若这些接受信息服务的用户得到的信息中包含了国家机密，会造成很大危害。国家如此，企业也一样，如果说一个企业或公司的员工在网上浏览信息或使用聊天软件有意或无意发布了所在企业或公司的机密，就可能会对企业或公司带来不可预知的危害及损失。而且，当前的社会人员具有非常大的流动性，一个工作人员在离开原企业或原公司时若是对公司机密有所了解，也有可能会泄露给其他公司，这就使一些不法的组织或用户找到机会实施一些犯罪行为。因此，信息服务同样是一把双刃剑，它在提供便利的同时也会造成危害。

从以上分析可知，对信息服务的用户进行监督十分有必要，它不仅能够使其稳步健康地发展，还是维护国家安全、社会稳定的需要。

信息服务的用户是继信息服务的提供商后最重要的监督对象。对用户的监督仍是通过信息服务的提供商来实施。

如此众多的用户，实施有效的监督确实是一件不容易的事。而且就信息服务而言，用户也是不断变化的：一个信息服务商会成为另一个用户。因此，监督用户比监督信息服务商的难度会大得多。

（3）信息服务管理部门

虽然从字面上看，管理与监督的意思非常接近，但是二者还是有很大的区别，不能等同而论。管理的部门主要由国家授权进行信息服务的管理，而监督部门并不一定就是国家授权。当然，二者也不可分割，缺乏监督，管理无法真正奏效；而缺乏管理，监督也名存实亡。由此可知，管理不能是单纯的管理，也要有一定的监督部门进行约束。

信息服务的相关主管部门在行使自己的管理权力、履行自身职责的基础上，还要接受来自国家、社会公众等的监督，使管理能够真正落到实处，这主要体现在日常的审批、突发事件等方面。

（4）信息服务支撑机构

信息服务需要社会机构与单位在设备制造、软件开发等方面进行配合，值得一提的是 CA 系统，也就是一种认证身份的系统，它主要针对网络的安全进行认证，该产品广泛应用于金融、税务、政府办公、电子商务、电信、电子政务等领域，在安全应用领域形成了一整套完整网络安全解决方案。①②

CA 系统的支撑机构在某种程度上也属于一种提供商，只是较为特殊，所以在这里单独讨论。它所提供的信息服务要求较高的保密性，以及一定的公正性和安全性，因此要加强对该系统方面的监督，使其能够达到自己所提供的信息服务的要求。

这些监督必须通过国家主管部门的审批和管理，并能够组织这些用户对其进行整体监督。若支撑机构在监督的过程中出现失误，就会给信息服务中的相关用户带来一定损失，还可能会造成国家层面的不良后果。

8.3 信息服务社会化管理与监督机制

信息服务社会化管理与监督机制是社会主体需求的结果，既强调国家监督，同时充分发挥社会监督的作用。

8.3.1 信息服务社会化管理与监督机制的形成

对信息服务及其相关行业的监督，是信息服务社会化发展的一个重要方向。从社会的角度而言，社会成员对于信息的需求是多种多样的，这种信息的需求往往服从于社会不同群体的利益及其主观情感。社会成员信息服务的需求，往往会催生出社会中的信息服务体系、机制。这种社会机制和体系的形成更多地带有市场化运作的色彩，因此可以说是信息服务的社会化，即由社会组织作为信息提供的主体，为社会成员、公民提供相应的服务于不同社会群体利益的信息。由于国内社会经济发展的历史事实，国内信息服务存在较多的不足，一方面，国内信息服务发展并不完善；另一方面，国内的信息提供在信息质量和数量方面并不能满足国内日益增长的信息需求，再者就是在信息服务发展的过程中缺乏有效、合理的监督和引导。从信息服务社会化的发展历程上看，就国内信息服务社会化构建和形成过程而言，其国内的信息服务社会化的

---

① 董俊祺. 韩国网络空间的主体博弈对我国信息安全治理的启示——以韩国网络实名制政策为例[J]. 情报科学, 2016, 34(4): 153-157.

② 王世伟. 论大数据时代信息安全的新特点与新要求[J]. 图书情报工作, 2016, 60(6): 5-14.

形成和构建经历了一段较长的发展期，直至后来进入 21 世纪后，随着世界信息技术、信息产业的发展，国内的信息服务体系和机制得到快速发展。尤其是在 2010 年之后，这种发展更为快速。在这种发展之下，信息服务社会化基本形成，公民、社会群体的信息服务需求不断得到满足，社会信息服务日益完善，信息提供的数量增长，所提供的信息质量不断提高。可以说，以信息服务数量和质量的提高为标志，国内的信息服务体系呈现出较好的发展状态。而同时，以信息服务提供方发展成社会和市场个体为标志，国内的信息服务社会化开始进入较快的发展阶段。

社会主体在不同的、满足其利益需求的信息需求得到满足之后，会催生出对于信息质量及其有效性的需求，也就是说，从基本的数量需求转变为质量需求。而由于过去政府或者行政机关等公共权力在这方面无法进行有效监督，这就对信息服务社会化的监督提出了要求，而政府、行政机关在这个时候通常会积极采取行动，从而形成有效监督。换言之，社会信息服务社会化机制形成之后，就会形成信息服务社会化监督机制。

与其他行业一样，信息服务产业和提供也需要监督，这种监督一方面来自社会成员和社会群体的自我监督，另一方面则来源于国家等公共权力的外部监督。随着社会信息化以及由此引发的信息服务社会化与产业化，如何发挥信息服务的效能，从而对公众以及公共服务和公共权力进行社会化为依托的全面服务是关系整个社会发展的重要问题。这既是国内信息服务社会化发展所面临的选择，同时也是世界信息化发展所面临的问题。从国内政治发展而言，由于长期以来国内经济社会发展较为不平衡，公共权力的运行受到制约，行政效率低下以及侵害公共权利等现象时至今日仍有发生，再加上专业技术和理论的缺失，导致政府机构在这方面的发展相对滞后。因此，在信息服务社会化形成之后，政府、行政机关、官员等公共权力领域针对信息服务的监督需要形成相对过去和信息服务领域自身而言更加强而有力的监督需求和监督力量。

而由于社会主体拥有了对行政领域监督的需求和动力，在信息服务社会化所带来的信息咨询日益增长的条件下，社会主体以及公共领域、公共权力会形成一种潜移默化的监督，这种监督一方面体现为有形的行政方式的监督，另一方面则体现为市场化原则下"用脚投票"的监督，也就是那些信息质量不高、不好、不及时的服务主体，往往难以生存。而且一些非政府组织、社会个体也将这种监督付诸行动，对于信息服务社会化进行监督，形成了一种原发的、自发的行为和力量。一些社会媒介尤其是信息服务主体，在这过程中更是将更多的有效信息广为传播，从而将来自社会、政府的这种监督力量进行一种机制化的整合。由此，信息服务社会化监督机制有了基本的形成，这种机制主要来自社会、国家等多方面的监督力量，凭借着信息服务社会化这一过程以及由此所带来的信息化发展使得这种监督机制得以建立并行之有效。

8.3.2 信息服务社会化管理与监督机制框架模型

事实上，信息服务社会化监督机制发展起步较晚，最早可以追溯到互联网普及的 21 世纪初。客观而言，信息服务社会化监督机制框架模型可以归为政府控制下的信息服务的社会监督体制，尽管我们认为，随着社会不断地发展，社会的监督力量和机制不断健全，但是这种模型过去、并且在未来较长的时间内主导着信息服务的整体机制，就不同主体层面而言，其包括了公共权力机关、信息受众、行业和服务方等几个方面。从类别上看，又可以分为国家监督和社会监督两个大的方面。在此基础上，又可以进一步细分为行政、法律、行业自我监督和受众的监督等。同时，社会监督又可以细分为公民监督、行业监督及新闻舆论监督等（如图 8-3 所示）。

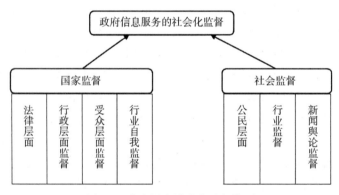

图 8-3　信息服务社会化监督体系

行政监督主要包括运行监督、机构认证和审核等，在社会化过程中，行政监督主要侧重于政府的决策、服务效果和法律法规相关的执行等方面的监督等。[1][2] 信息服务的社会化监督机构是各个系统内部的主管部门，但是另一方

---

[1]　袁扬法. 政府信息公开内部监督研究[D]. 南京：南京大学，2016.

[2]　夏义堃. 试论数据开放环境下的政府数据治理：概念框架与主要问题[J]. 图书情报知识，2018(1)：95-104.

面，随着社会化的不断发展，行政监督的完善程度不高的问题亟须改变，优化信息服务社会化监督机制框架，构建整体化行政监督体系是当前正在进行的发展方向。信息服务社会化的法律是其运行的核心，也是信息服务的基本准则，法律对服务行为的约束是信息社会化服务的基础。同时，对于信息服务而言，法律监督可以在一定程度上维持社会化过程中的信息服务秩序，保证各方权益。信息服务社会化的受众监督是指信息的最终接受者在法律范围内对信息服务质量、数量等进行评价并自我保护的监督，包括公众监督、政策范围内的一些新闻舆论的监督等。

8.4 信息服务社会化管理与监督体系构建

信息服务在社会化的过程中会出现很多问题及矛盾，这些问题及矛盾都依赖于监督体系的构建和完善，这主要包括了监督内容的确定和监督体系及组织的建立。

8.4.1 信息服务社会化管理与监督的发展目标、要求与原则

信息服务的社会化监督是社会发展及进步的结果，是信息服务业进行发展的需要，其目标及组织等主要是由社会及信息服务本身的性质所决定的。

（1）目标及要求

社会监督是在国家监管下，社会范围内依据一定标准和规定，通过机构、公众对信息服务各方行为、权益保障等方面进行评价的社会化工作。其主要目标是实现信息服务业的高效和规范化，提高其质量及服务的效益，使得信息资源得到充分利用，使信息服务的各方都能自觉约束自身行为，从而促进信息服务的资源共享。当然，监督的要求与目标相适应，具有以下几个方面：

①维持正常的秩序。社会化监督强调在规则约束范围内规范各方行为，也就是说要按照规章制度组织监督的各种活动，从而防止违规行为，规范信息服务管理、资源利用等市场秩序，避免市场混乱。

②解决纠纷。信息服务的部门内部的纠纷需要通过部门处理，但若是服务人员与用户间发生纠纷就要社会仲裁解决，纠纷主要是信息的提供有误、行业不正当的竞争、信息资源被他人占有导致利益受损及服务的技术不规范等，这些纠纷要在社会监督的执行下进行解决。

③保护信息环境及资源。一方面，通信和信息技术的发展及广泛使用使得

信息可以跨时空进行自由发布，但是另一方面，用户在进行便利的交流时，信息的流动无法得到有效控制，信息也容易受到污染。受污染的信息将在一定程度上对社会造成严重损害，影响到信息资源的利用，所以净化信息资源环境非常重要。

④控制及制止犯罪活动。信息资源在社会化的过程中，能够给用户带来一定便利，但是也使信息犯罪的行为更加突出，如网络黑客、非法占有他人信息产权、披露公司信息等行为，这些都是非法利用信息资源产生的犯罪行为，必须通过监督加以控制，防止新的犯罪行为出现。

（2）组织原则

信息化的服务监督除了要遵循以上原则，还需要坚持一定组织原则做到全面、合理化，这就要求信息服务的监督考虑到信息活动最基本的关系。

①公开原则。信息服务已经发展为以现代技术为依托不断开展信息的咨询业务、开发服务等，并且形成一定的组织形式，在信息共享的需求下不断走向公开化。由此可知，公开是现代信息服务业的发展需求，同时还要求信息的服务能够在一国内进行监督，在国际上要实现监督体系的接轨，由国际机构进行有效的协调监督。

②公平原则。由于当前的信息服务对象不断多元化，服务的内容也不断丰富化，信息监督的主客体间的联系更加密切，从而形成了一种复杂关系网。如网络中的经营人员是服务者又是网络开发的用户，若是在一个问题上有纠纷，可能会涉及很多方面，同时也很难做到公平化，因此，公平非常重要。

③法制原则。信息服务是否需要立法或法制化一直是学术界讨论的热门话题，信息服务在社会化过程中需要遵循一定的准则，这种准则和依据就是信息法律，信息法律能够保证信息监督的有效施行，根据法律建立信息服务及监督的体系，将信息服务监督建立在法律法规的基础上，能够从法律层面解决基本问题。

④利益原则。信息服务社会化必须能够保障和维护各方面的利益，包括主体及用户客体，若没有利益做支撑，监督就失去了其本身的社会效用。如国家的利益及信息安全方面的维护、服务主体享有的基本权利、用户接受其服务是其应享受的权益等各方面都是利益原则的保护范围，只有如此，才能将各方利益达到平衡，使各方权益不受侵犯，真正地实现服务的有效和有益。

⑤系统原则。该原则即各方面的协调性，信息服务社会化的监督系统性非常强，涉及各方面的业务，包括业务的过程和各个环节都会涉及主客体，因此

信息服务在社会监督的过程中要考虑到各方面的社会因素，其监督体系的建立也要有全方位的考虑，站在全局的角度去处理各方面问题，避免形成局部可行但是全局行不通的监督现象产生。

⑥发展原则。信息服务社会监督并不是一成不变的，若监督体系建立，其在一段时间内具有一定稳定性，但是也不会永远是这种状态，随着新的手段或信息技术的出现，新的需求使得新信息服务业产生，这就会导致之前的信息服务监督内容及相关体系发生变化，由此可见，构建新的监督体系非常重要，应当对原有的监督进行改革。因此，社会监督立足现在的同时也要展望未来，使其更具有适应性。

当然，信息服务社会监督还应有一定可行性，也就是说要立足于实际，使信息服务监督能够符合本国国情，这既有操作性又有环境适应性。

8.4.2 信息服务监督的内容及社会化监督体系

信息服务的监督面广，有对各方权益的监督，也有对技术及服务价格等方面的监督等，要保障监督有效进行，最重要的就是要考虑主客体的因素，从组织体制和管理等方面出发，科学组织监督。由此，本书主要站在服务业务和体制的角度对服务监督内容和社会化监督体系进行归纳。信息服务监督内容如图8-4所示。

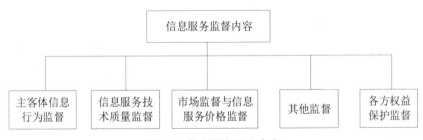

图 8-4　信息服务监督内容

①主客体行为监督。主体主要包括信息服务的组织、业务承担及提供人员，如公益性的信息服务承担人员，信息服务市场经营人员等，客体主要是各方面的信息用户。总体而言，主体的行为若有损国家的资源共享，阻碍业务正常的进行或触犯其他的一些法律法规都会得到惩罚或管制，因此都属于社会监督的范畴。

②技术及质量监督。技术和质量方面的监督既有联系又相互区别，信息服务的技术若不断进步，具有可靠的手段，将会直接对信息提供及传递等方面产生积极影响，服务的质量有一定提升。当然，质量方面的监督并不是单纯的技术问题，还和服务者的服务素质、水平等有关。但是从技术层面来讲，信息服务和产品需要得到技术质量的分析和认证。所以可以通过技术监督部门分析产品及商品，若发现有质量问题则采用惩处的方式来解决问题。当然，信息服务是一种知识的服务，技术质量上有一定的科学性，所以质量体系需要系统分析，进行有效监督。

③市场和服务价格的监督。市场和服务价格的监督主要是监督各方进入市场产生的竞争，以防一些不正当的竞争现象或非法垄断的行为，同时，对信息服务的价格进行监督、规范定价，防止出现价格欺骗、压价和故意提价等扰乱市场的行为。当然，价格的监督要适应市场的监管，采用价格控制的挡阀使市场稳定进行。因此，市场和服务价格监督不仅包含了定价、市场介入，还有市场的竞争结果及经营等。

④各方面的权益保护监督。维护和保护国家利益、安全是信息服务最基本的出发点，应当保障经营者可以正常地开展自身的业务，用户能够享受其最基本的信息服务。如资源的所有权、国家利益及安全、业务的组织权益、知识产权、信息共享、信息合法享用及利用等。当然，在权益保护过程中，这种监督必须要弄清各方的关系及影响因素，站在全局的角度进行组织。

⑤其他监督。其他方面的监督主要体现在网络服务方面，这就包括了国内外的信息服务交往。从互联网角度看，因为这些信息，电子商务信息和各种专业在线活动难以控制，本书提出网络下的电子信息服务监管问题。要解决这个问题，就要通过整合渠道和政府部门的行业集中化的控制和监督。另外，专业化的信息服务（如财务方面）要和与其相关的行业监督结合起来，因为它们与相应的主要行业是分不开的，受相关行业监管情况的影响。在这两个方面，信息服务的监督必须配合社会的总体监督。

8.5 信息服务的社会化管理与监督组织体制

信息服务的社会监督必须从社会全局出发进行组织。信息服务监督长期以来以管理为主，除部门、系统监督外，由政府控制，其结构为政府管理下的逐层监督体系。

8.5.1 信息服务社会化管理与监督组织体制问题分析

从国内而言，在信息服务社会化的监督组织机构和体制方面，还是存在着许多的问题。首先，在国内，这种对于信息服务社会化的监督体制机制实际上采用的是两条监督轨道。众所周知，在世界上的任何国家内部，监督体系要相互制约并且与自下而上的监督做到和谐统一。这种监督机制应是平衡、均衡、良好运行的，而不能是偏向一方或者力量极其悬殊的。而且，监督机构尽管是带有公共机关的性质，但是必须相对独立自主。从地位上而言，监督主体势必要平行于或者略高于客体，这是基本的监督机制条件。但是在国内，在信息服务社会化监督机制方面，就存在监督机构不健全、监督力量乏力等问题，对于一些监督的客体，甚至在地位上处于不平等的地位。尽管在国内，信息服务社会化监督体制的发展，监督机构一定程度上能够保持自主独立，但是由于其仍然受到政府的领导，同时在市场中受到资本势力的影响，而这些客体往往就是受监督的对象，因而其监督主体相对于监督客体而言，处于弱势的地位，缺乏有效、必要的独立地位，在此影响之下，其专业业务的权威性也大打折扣，因此可以说，国内信息监督机制由于受到双轨制的影响，职能发挥上是不够的。

其次，法律体系建立的滞后和缺失。从立法的监督而言，国内对于信息服务社会化的监督立法力度不够，并没有形成有效而良好的信息监督机制。在实际的操作中，监督主体职能的发挥和监督工作的开展，必须依靠相应的法律作为其执法、履职的客观准则，而立法的不足对信息服务社会化的监督体制机制完善产生了较大的制约。这种立法方面的不足主要体现在以下几个方面：一是成文法的文件缺失。目前除了在国内立法方面，能够适用于信息服务社会化监督工作的法律法规仅仅只有宪法、刑法等法律，可以说成文法的缺失是显而易见的。二是相应的监督标准缺失。通过查阅资料，发现在国内，信息社会化监督的相应标准并未建立，而前述相应法律，也仅仅只是从宏观层面进行较为模糊的论述，缺乏一种明确、科学的界定，因而对于这种行为的监督纠正也就难以科学、客观。三是在信息社会化监督方面，国内还缺乏相应的具有可操作性的办法和细则。在监督过程中，监督主体处理要依照相应的法律和标准履行职责外，更多地还要依靠相应的办法和细则。但是由于这方面的缺乏，同时由于法律条文内容简单、标准不明确、弹性较大，监督主体在实行监督职能时难以操作。

最后，社会自我监督的缺失。由于长期以来国内政治现代化进程较为缓慢，国内公民的权利和监督意识较为淡薄。这在信息服务社会化监督方面体现得尤为明显。众所周知，公民参与是信息服务得以健康和稳步发展的有效保障，是构建和不断完善监督体系的关键。行业方面的监督体系还不健全。相对于其他的服务，信息服务虽然很特殊，但行业监督还是非常重要，到目前为止，国内还没有相关行业协会制定出信息服务监督方面的标准，部分冗余协会没有作为、非常懒散。信息的舆论监督还不够完善。一般来说，舆论监督是普遍而有效的，而且舆论监督非常独特，能够代表广泛的民意。

8.5.2　国外信息服务社会化管理与监督组织体制建设及启示

综合比较美国、欧盟和日本信息公开的监督机制变革实践，其核心启示是建设与完善信息服务社会化监督组织体制，注重法律法规和标准建设。在具体做法上，以下几个方面在建设与完善信息服务的社会化监督体制时可供参考。

(1)国外信息服务社会化监督的体制建设

信息服务社会化是社会现代化发展的重要表现，但是目前，国际上已形成法律上有明确保障、机制建设逐步完善、相关信息不断透明公开的现状为标准的信息服务社会化监督组织体制建设方向。欧洲、美国等发达国家的信息服务监督都处于多元化状态，政府及行业、用户等方面都参与监督。如美国的公开监督主要来自国会、行政和司法方面的监督。① 国会方面主要以《美国法典》为依据，规定国会有权决定拒绝或满足提供政府信息要求的次数，以及所需的姓名、职务等。② 行政保障通过首长复议，再通过申请人向委员会提出申诉，司法保障主要是采用救济的方式进行，若复议被拒绝，申请人可在居住地的法院等提起司法审查。日本信息公开的监督有审查会咨询、复议和诉讼三种，若政府拒绝公开，当事人可提出复议或诉讼申请，体现了自由选择的原则。③ 英国关于政府信息公开监督的制度体现在裁判制度与专员救济制度上。英国的信息裁判具有一定独立性，其裁决主要以多数人通过为准，一旦被通过，就有事件效力，除非撤销，不然不能重新裁决。④ 信息专员救济是英国信息公开监督的重要部分，一般信息专员由女王任命，主要负责提供、决定和执行通知

① 苏云，任媛媛. 大数据背景下政府信息公开制度的构建与完善——兼论国外透明政府实践的前沿发展对我国的启示[J]. 图书与情报，2016，160(2)：113-122.

② Gary Marchionini. Digital government information services：The bureau of labor statistics case[J]. Design，2003(41).

③ 杜钢建. 日本情报公开法的制定与实施[J]. 国家行政学院学报，2000(2)：38.

④ Dawes Burke. Build state government digital preservation partnerships：A capability assessment and planning toolkit[J]. Center for Technology in Government，2005：36-39.

书等。

（2）国外信息服务社会化监督组织体制建设的启示

通过对国外政府信息公开的监督制度进行考查，不难发现，各国具有一定差异，无论在国家制度还是政治体制方面，因此要根据自身国情出发，当然，也有很多可供借鉴的监督方式，如监督主体多元化、监督对象全面化等。

首先，要从自身实际出发选择符合国情的监督方式。各国国情不同，但选择监督方式时不能过于单一，可综合各国优秀经验进行选择。如设立专门的组织机构监督政府的信息公开具体落实情况，如法国的专门文件了解委员会、英国的信息专员等。也可赋予一些已经存在的机构监督职能，如美国要求各级法院进行司法审查。

其次，制定法律法规进行保障。从国外的政府信息公开监督看，公开监督需有完善的规章制度进行保障，但随着公开范围的扩大，立法也需要不断地规范化，否则监督将不会起到预期效果，公开监督也难以实现。

最后，加强行政复议和诉讼制度的保障。行政复议和诉讼制度是大多数国家采取的公开监督保障制度，在信息公开救济方面起着不可替代的作用，政府信息的公开监督需要多方位的保障，而救济就是其中一种。如美国的《信息自由法》。

8.5.3　信息服务社会化管理与监督组织体制完善路径

一是建立健全法律机制。由于当前国内法律对于信息服务社会化的监督的缺失，尤其是在网络言论监方方面缺乏行之有效的法律，导致在信息服务的过程中往往会出现种种非理性现象。正是由于当前法律体系缺乏相应的对其监督管理的法律，因此造成了一些行为主体不负责任的行为，从而煽动起本不应形成的网络舆情。诚然，社会成员有表达其合理诉求的权力，但是，一些缺乏基本科学分析的主观性言论往往充斥于信息服务的过程中，难以有效控制。因此，对于建立完善的法律体系就有了刚性的需求。而法律机制除了拥有健全的法律体系外，还要相应有效的法律司法力量，真正将法律体系的执行贯彻从法理变为现实，构建起有效的法律机制。可以说，要完善自身的信息服务社会监督体制，必须建立健全相应的法律体系，制定相应的具有可操作性的办法和细则，鼓励出台行业的监督文件或标准。

二是加大社会信息透明度。谣言止于智者，但是在互联网社会，谣言止于真相。纵观过去信息服务社会化的发展，有相当部分信息公开不够、不及时和不真实造成了信息服务的缺失。一方面，由于传言甚至谣言而形成的网络舆情只有通过权威、真实的信息才能得到有效化解；另一方面，信息公开透明本身也能引导社会合理、理性的监督力量发展。因此，加大信息的公开透明是很有必要的。

三是加强政府的信息监督管控能力。一方面，在网络日益发达的今天，政府机构采取有效的规划、立法等手段，才能有效地提高政府的信息监督管控能力，从而确保信息服务社会化的科学合理发展。另一方面，在对信息服务进行监督时，需要建立并运行一套行之有效的监督机制和组织。尽管政府机构的监督管理能力在不断提升，但是在现实中，种种原因导致在信息服务监督和管理方面还是出现了一些问题，这就要求政府机关总结不足，不断加强政府机构在信息服务社会化管理方面的能力提升。

四是加强宣传教育，提高公民自身素质。社会、个体缺乏科学分析研判和搜集有效信息的能力，是导致产生负面影响网络舆情的主观性原因。公民有发表言论的自由和监督行政机关运行的权利，但是在不受约束的互联网环境下，滥用这种权利和自由的现象比比皆是。而在信息服务的过程中，这样的问题会被放大、传播。尽管国内的执法机构对于造谣等不法行为保持了较高的查处力度，但是该问题仍然难以得到有效改观。因此，加强网络舆论的宣传教育，提高公民的自身素养是引导其发挥正向作用的根本途径。只有公民真正参与进来，整个信息服务监督体系才显得更加高效而适应时代的发展。因此就需要加强对公民的宣传教育，强化公民参与监督的意识，自觉享用和履行自身的权利与义务，如对服务质量和收费等方面进行评价。

9 信息服务的权益保护与安全监督

信息服务的权益保护与安全监督是开展信息服务的基础。权益保护与安全监督在国家信息化建设与信息服务整体化构建过程中，是必不可少的环节。本章在梳理信息服务基本关系的基础上，重点分析国家信息保障安全监督、公众权益与保障安全监督、用户权益保护与安全监督三个方面的问题，并针对具体问题，提出保障实施的方案，从国家、用户、公众三方面整体构建信息服务的权益保护与安全监督构架。

9.1 信息服务的安全风险

互联网环境具有开放化的资源组织和服务利用特征，网络活动主体包括各类组织、机构和社会成员。同时，当前国内企业信息安全事故频发，信息化进程面临严峻的外部形势。因此，从网络信息服务保障与现代服务组织角度所进行的研究，应当包括相关网络活动主体的构成、权益维护、风险管理，以及网络安全保障的推进。

在2016年网络安全和信息化工作座谈会上，习近平总书记提出：安全是发展的前提，发展是安全的保障，安全和发展要同步推进。树立正确的网络安全观。加快构建关键信息基础设施安全保障体系。全天候全方位感知网络安全态势。增强网络安全防御能力和威慑能力。① 随着《国家网络空间安全战略》和《网络安全法》的相继出台，信息安全被提高到战略高度，成为当前网络空间安全领域的热点，这是我国维护网络空间主权、安全的必然要求，也是网络安全技术、产品、方案和法律制度不断创新发展的体现，标志着我国信息化进

---

① 倪光南. 发展安全可控的大数据产业[J]. 中国信息安全，2016(5)：62-64.

程在向更加完备的方向发展。

发达国家的实践经验表明，服务业已经成为信息化的主战场。因此，理清网络信息服务中的安全风险与保障策略在当前有着重要的现实意义。

当代社会信息化和网络化不断加深，信息早已成为与物质和人力资本同等重要的基础生产要素，在服务业现代化过程中被认为是关键因素。随着大数据、云计算、移动互联网、物联网、人工智能等新兴技术的日益发展，网络信息服务本身亦能带来更大的价值。此外网络信息服务程度越来越高，信息在体现和创造价值的同时，也面临着更加严峻的安全形势，有效应对信息化安全威胁，已经成为保障社会稳定、经济繁荣的前提和基础，网络信息服务中的安全保障是国家网络空间安全的重要组成部分。

9.1.1　信息服务中的安全问题

我国信息服务社会化起步较晚，与发达国家相比，在信息服务社会化程度、规模、效益以及新技术利用上存在着一定的差距。另外，国情在一定程度上决定其在信息服务的保护和监督过程中具有很大特殊性，而如何正确认识这种特殊性并去解决目前的信息权益保护和监督过程中的问题与矛盾，是在社会化的信息管理中必须首先解决的问题。这些问题主要体现在现实的问题中。

①信息服务方面的保护和监督体系尚未健全化，经常会因为权益方面的受损问题而引起一些纠纷。在产业化咨询、网络信息服务发展过程中不可避免地会出现技术方面侵害权益及一些诈骗行为等问题，而这些问题并没有一套规章制度予以规范和约束，只能通过其他相关的法律进行援助解决。

②在信息的分配、占有和其他有关享用方面的权益没有一套监督体系进行约束，这使得信息资源在利用的过程中经常发生不合理现象，如带有营利性质的一些实体或个人不恰当或非法占有信息资源，导致公众甚至是国家的利益受到损害，而这些实体或个人却因此获得不合理收入、利润等。

③目前关于信息保护和监督的法律法规不够系统化，监督没有从全局角度进行，都是分散的状态。当前的信息服务监督主体不明确，各级监督及执行环节懒散，没有自身的责任和法律意识，社会监督缺位严重。

安全管理主要的目的是使信息的安全风险降到可接受程度，同时，信息服务的安全管理也是一个不断改进的发展过程，可通过计划、执行、检查与行动的模式不断循环检查发现问题，如图9-1所示。首先，建立相应的安全信息管理机构，制定安全信息管理的实施和运行计划，对所有的人进行必要培训；然后落实每一项措施并检查结果持续改进。每一次的循环都在已有的安全管理策略指导下进行，也可以不断发现新问题采取行动进行改进，是一种螺旋式的提升(见图9-1)。

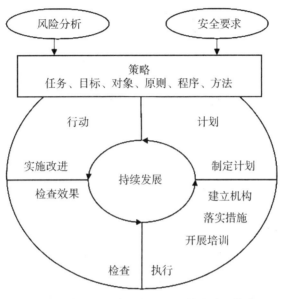

图9-1　信息安全管理模型——持续改进模式

9.1.2　信息服务的外部安全威胁

服务业是国民经济的重要组成部分，其占国民经济的比重和水平是衡量一个国家、地区经济发展的重要指标。就服务业而言，信息化安全风险本质上是信息和信息系统安全的范畴，即在信息化过程中传统生产方式变革带来的负面效应。从广义角度看，网络信息服务安全风险不仅是企业自身范畴的威胁，而且是泛化到国家和公共领域的安全问题，特别是涉及国计民生的重要领域。网络信息服务是经济结构调整、产业结构升级和解放生产力的必然选择。但是在信息化过程中，我国服务业面临严峻的外部形势。

近年来我国信息安全事件频发，且大部分发生在服务业领域。尽管在"棱镜门"事件后，我国成立了中央网络安全和信息化领导小组，信息安全已经上升到国家战略，但是服务业信息安全威胁仍然形势严峻。据普华永道《2017年全球信息安全状况调查》显示，"从2014年到2016年，中国内地及香港地区企业检测到的信息安全事件平均数虽然要低于全球水平，但仅2016年，中国企

243

业检测到的信息安全事件平均数就高达 2577 件，较 2014 年上涨 969%，是 2015 年的两倍。①"随着网络信息服务建设成果显著，信息技术进步使得服务业网络空间安全问题更加复杂与隐蔽，各种安全事件频发，网络安全风险不断加大。当前我国服务业外部威胁呈现以下特征：

（1）信息基础设施和信息系统成为网络攻击重点

关键信息基础设施直接关系到国家安全和公共利益，是"互联网+"环境下经济社会运行的神经中枢和重中之重。信息基础设施一旦遭到外部破坏、丧失功能或者黑客入侵，将对相关行业造成严重危害。"360"威胁情报中心检测到 2017 年内针对中国境内发动攻击的境外高度活跃 APT（Advanced Persistent Threat，高级持续性威胁）至少有 6 个。其中"海莲花"组织长期对我国政府，还有机构、科研院所进行攻击。当前数据监测表明，国内信息基础设施和信息系统已然成为网络攻击的重点。

（2）个人隐私泄露风险高

一方面，公民的身份、浏览、通信等行为每天都在产生海量的数据信息，这些信息被各类企业所收集和利用。与此同时，用户信息在使用过程中的隐私泄露事件层出不穷。威瑞森发布的《2017 年数据泄露调查报告》分析了过去 10 年 65 个国家的泄露数据，分析了共 42068 个安全事件和 1935 个漏洞。报告表明，在以往的安全事件中，外部威胁占 75%，内部威胁占 25%。在外部威胁中，51% 的网络攻击事件是由专业的集团组织。当前公众对信息保管机构之间的不信任，是信息化中面临的社会化问题。

信息组织机构内部的信息泄露是个人信息流入黑市的重要渠道。2018 年，顺丰快递 11 名员工因倒卖用户快递信息而获刑，用户信息泄露源可能来自组织机构内部各个层级。此外，泄漏源也包括公司化运营的团队。杭州一家科技公司在为省级疾病预防疾控中心建立网络时，大量窃取公司和儿童医疗信息。外部的数据窃取也是重要的数据源。2018 年，华住集团酒店数据在暗网遭拍卖，泄露数据包括华住官网注册信息、酒店入住登记身份信息和开放记录。信息泄露和倒卖已形成了完整的黑市链条。

为保护用户隐私，欧盟出台了迄今以来最严格的"通用数据保护条例"（General Data Protection Regulation，GDPR），其保护的主要数据包括基本身份信息、网络数据、医疗保险和遗传数据、生物识别数据、种族或民族数据和政

---

① 普华永道 . 2017 年全球信息安全状况调查报告［EB/OL］. ［2018-10-28］. https://www.useit.com.cn/thread-15811-1-1.html.

治观点。这在欧洲引起了极大的争议，由此引出了科技、商业和用户隐私如何平衡的探讨，是当前网络信息服务中亟需关注的事情。

（3）网络攻击方式不断创新

2017 年，WannaCry 勒索病毒事件全球爆发，它以类似于蠕虫病毒的方式传播，攻击主机并加密主机上存储的文件，然后要求以比特币的形式支付赎金，这导致难以追踪病毒源头。层出不穷的新兴技术，加剧了当前网络安全风险格局。

（4）国际贸易摩擦带来的风险

近年，随着中美之间摩擦加剧，中美在政治、经济等方面的博弈也愈发激烈。2018 年 3 月，美国在白宫签署总统备忘录，宣布对中国发起"301 调查"，对从中国进口的约 600 亿美元商品加征关税，以扭转对华贸易赤字局面——由此揭开了中美贸易战的大幕，到现在已经波及了包括服务业在内的各个领域。在当今信息化时代中，中美两国的摩擦必将对网络信息服务进程造成影响。

除此之外，网络攻击一般情况下是比较隐蔽的，根据《2017 年中国高级持续性威胁研究报告》，在 2017 年 APT 组织及其活动与网络空间中的大国博弈之间呈现出微妙关系。报告显示当前这种联系表现在以下几个方面："APT 行动与国家间的政治摩擦密切相关、APT 行动对于地缘政治的影响日益显著、指责他国的 APT 活动已成重要外交手段、部分机构选择在敏感时期发布 APT 报告、APT 组织针对国家智库的攻击显著增多[①]"。2013 年，美国在"棱镜门"事件中针对我国的攻击高达 75% 的成功率，当前贸易摩擦环境中，针对我国重要服务业基础设施的打击也异常明确，网络信息服务面临严峻的外部形势。

9.1.3 信息服务内部安全风险

网络信息服务的发展离不开两大要素：技术与制度。首先，现代服务业伴随着信息技术的发展而发展。随着信息技术在服务业中应用规模的不断扩大，信息技术越来越成为服务业尤其是现代服务业发展的重要技术基础。其次，网络信息服务推进过程中体制机制、制度保障问题是制约网络信息服务的重要因素。解决好政策体制机制等问题，是推进网络信息服务的重要任务。

（1）信息安全技术薄弱，市场机制不健全

长期以来，信息化安全保障是抽象的，主体、标准、边界均不清晰，特别

---

① 360 追日团队，360CERT，360 天眼实验室．2017 中国高级持续性威胁研究报告 [EB/OL]．[2018-10-28]．https://cert.360.cn/static/files.

是市场上应用的安全保障技术较为粗糙，因此网络信息服务安全保障技术应当在系统管理基础上开展基于信息安全技术的信息化。表 9-1 反映了当前我国网络信息安全产品的主要分类，当前信息安全保障投入集中在硬件层面。同时，在网络建设阶段我国服务业多为采取涉及协议栈层较低的安全类产品。反观国际市场，2015 年全球信息安全产业中安全服务、安全软件与安全硬件分别占比 60.1%、24.5%和15.4%，以安全服务为主。

表 9-1　国内主要信息安全保障产品

类型	领域	产品	业内代表产品
硬件	安全应用硬件	防火墙/vpn	防火墙、VPN 网关等
	安全应用硬件	入侵检测	入侵检测系统、APT 未知攻击检测系统等
		入侵预防	入侵防御系统、抗拒绝服务攻击系统等
		统一威胁管理	统一威胁管理网管、下一代防火墙等
		安全内容管理	上网行为管理、安全审计等
	硬件认证	令牌、智能卡、生物识别	令牌、指纹识别、虹膜识别等
软件	安全内容与威胁管理	网络安全、终端安全、信息安全、Web 安全	防病毒软件、Web 应用防火墙、反垃圾邮件系统、数据泄露防护系统、数据加密系统、终端安全管理软件等
	身份管理与控制访问	PKI、SSO、增强认证、权限分配	数字证书身份认证系统、身份管理与访问控制系统等
	安全性与漏洞管理	事件管理、漏洞管理、策略与合规	安全评估系统、安全事件管理系统、安全管理平台等
服务	咨询、实施、运维、培训		安全咨询、安全运维、安全培训等

在信息技术不断进步的当下，大数据、云计算、移动互联网、物联网、人工智能等新兴技术日益发展，推动了网络信息服务进程，特别是云计算的发展对服务业信息的推动作用在当下尤为突出，对应的信息安全保障方式与范围也随之拓展。前沿的信息技术理应为信息化服务，但在信息安全市场上的技术应用缺乏有效机制，信息技术向商业化方向转化的方式存在制度上的缺陷。

（2）信息化政策与标准待健全

长期以来，各地在网络信息服务过程中，制定了各自的信息化标准，但缺乏全国性的统一的建设标准。这些标准之间也存在着适用性上的冲突。我国网络信息服务标准在制定、实际应用上取得了一定的进展，但当前信息化标准与现状还存在着较大的差距：国家政府层面缺乏系统的统筹机制，信息化标准不一致、越位错位等问题时有发生，难以支持全领域的信息化进程和信息服务；国家信息化标准存在重技术轻管理等问题，在实际工作中效果不佳；缺乏对信息技术商业化的引导，信息化标准制定基础薄弱。

在网络信息服务中，应在《网络安全法》的基础上着力进行信息化领域标准化改革，完善信息化法律与标准体系，建立统筹性机制。其次，相关的部门需针对当前信息化发展进程，拓展信息化标准范围，提高信息技术应用水平与应用能力，推进信息化战略布局。

9.1.4 信息服务安全监督实施环境与基础

信息化安全保障是一个系统工程，在信息安全的建设过程中需要对信息系统和系统外部各个环节进行统一的考虑和规划设计，也需要对系统内外的变化做出响应。

同时，面向"互联网+"环境下的网络信息服务安全保障系统是一个开放的系统，与外界的环境相互影响和发生作用。一方面，安全保障实施环境影响着安全保障系统；另一方面，安全保障体系作用于我国的信息安全大环境。这表明，我国网络信息服务安全保障体系构建必须与外部环境相适应。网络信息服务的实现必须面向潜在的威胁、面向世界、面向未来，又必须促进新信息环境下的网络空间优化和生产力的创新。对我国网络信息服务安全保障体系构建而言，在经济全球化和基于网络安全风险激增大趋势下的体制改革、新信息技术发展和社会进步为安全保障体系的实现奠定了新基础。在外部实施环境基础下，网络信息服务安全保障得以实现。

（1）信息服务安全保障的实施环境

网络信息服务安全保障环境是指当前服务业所处的社会环境以及信息安全保障实施环境，主要包括经济社会发展环境、网络空间安全法律保障环境、网络信息服务发展的市场环境、基于科学技术创新的信息技术环境。

①经济社会发展环境。网络信息服务既是经济社会发展的客观需要，也是经济社会发展的必然环节。一方面在社会资源向信息经济和以信息技术集中过程中，经济发展的方式正经历着变革，信息技术越来越成为服务业尤其是现代

服务业发展的重要基础，这从根本上推动着信息经济的发展。另一方面，经济社会发展为信息化提供了重要的社会性基础设施资源，为现代服务业的供给提供了强有力的支持，改变了服务的原有形态和特征，实现了服务的规模化与集群化，提供了社会分工和时效性。

②网络空间安全法律保障环境。我国网络空间安全法律保障环境是网络信息服务的现实需要，网络信息服务安全必然受国家网络安全法律保障环境的影响。国家网络安全法律保障环境对网络信息服务安全保障的作用体现在：信息化保障制度必须和国家网络安全法律体系相同步，在适应法律环境中进行变革；网络信息服务建设涉及经济社会发展的各个方面，多个方面的共同作用共同构成新的保障体系环境。由此可见，国家网络安全法律保障环境对于网络信息服务的稳步进行有着重要支撑作用，而网络信息服务的过程又对法律体系的构建提出了新的要求。

在网络信息服务发展与经济全球化推动中，特别是中美贸易摩擦频发的情况下面对新的经济发展挑战与风险，我国政府在确保信息化的同时，十分重视网络空间信息安全，致力于提高国家抗网络安全风险能力。这一发展思路首先体现在网络空间安全保障上。中央网络安全和信息化领导小组在 2014 年成立。随后，包括工信部、中央军委、全国人大在内的多部门先后出台了一系列关于信息安全建设的法律法规，完善了我国相关法律制度。尤其是 2016 年 11 月出台的《中华人民共和国网络安全法》是我国第一部网络空间管辖的基本法，为信息安全行业的发展提供了有力保障。面对新的发展机遇和挑战，我国在推动工业化与信息化建设中不断规范各主体的行为，在发展规划中对信息化过程中的风险做了前期预防，创造了复杂网络环境下的信息化法律保障环境。

③网络信息服务发展的市场环境。网络信息服务发展的市场环境可以区分为宏观市场环境和微观市场环境：宏观市场环境是指网络信息服务发展的市场调控环境，通过服务业、多部门的总体信息需求和信息安全服务业的总体信息供给关系进行调节，市场宏观调节的主导是国家发展和改革的政府机构；微观的市场环境由信息安全产品与服务、信息安全产品与服务企业、信息安全服务用户与信息安全服务市场的监管机构组成。当前信息安全服务行业细分领域较多，行业集中程度低，其中信息安全硬件的市场规模最大，同时云安全领域新技术的兴起也为信息安全服务业带来了新的发展空间。

信息安全服务市场规模与运行机制直接影响网络信息服务的实际规模。从信息安全服务业市场机构与市场运行看，该市场受到全球重大安全事件频发和中美贸易摩擦情况下的外部环境影响，市场规模在客观上由进入信息安全服务市场的产品与服务的总体价值决定。信息安全服务的价值，不仅与进入行业的产品数量有关，而且与主流的信息安全产品的质量与服务的深度有关系。基于此，信息安全服务市场规划应该侧重有利于拓展市场规模的环境出发，从建设经费投入和市场技术支持角度促进信息安全服务市场的发展。面对日益严峻的网络空间威胁，主要国家纷纷采取措施出台了国家网络安全战略，并从外交、经济、军事等方面采取多种手段来保障网络空间安全。根据 Gartner 的数据显示，2016 年全球信息安全产品市场规模达到 816 亿美元，比 2015 年增长 7.9%。云计算、移动计算和物联网等技术的发展日益推动全球市场对信息安全的关注，而错综复杂、影响重大的高级针对性攻击也起到了推波助澜的作用。我国信息安全行业近几年获得了高速发展，2015 年，市场规模达到 26.8 亿美元(约 177.1 亿人民币)，同比增长 19.7%，保持了快速增长态势。2015 年至 2020 年的年复合增长率保持在 20.6%，到 2020 年市场规模达到 447.7 亿元人民币，如图 9-2 所示①。但是，我国信息化安全服务与保障能力却落后于

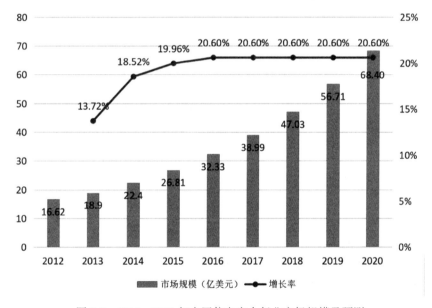

图 9-2　2012—2020 年中国信息安全行业市场规模及预测

---

① 安永平，翟炜. 计算机行业强国牛自主可控深度报告之四：信息安全刻不容缓[EB/OL]. [2018-10-28]. http://vip.stock.finance.sina.com.cn/q/go.php/vReport_Show/kind/search/rptid/4170381/index.phtml.

许多创新型国家，因此在扩大市场规模的同时，我国应着重于市场环境的进一步优化。

④基于科学技术创新的信息技术环境。新的信息技术的发展对服务业主体的信息资源建设提供了技术支撑，特别是云计算技术的集成以及相关技术的应用，进一步推动了信息化安全保障。云安全包含两个方面的含义：一是云计算本身的安全保障，即云计算安全，在业内包括云计算应用系统安全、云计算云服务安全、云计算用户信息安全等。二是利用云计算提供的安全服务，即云计算在安全领域内的实际应用——安全云服务，安全即服务。利用新技术，一方面我国服务业主体可以突破本地系统的限制，实现信息的跨平台传递，推动了网络信息服务；同时基于新的网络技术，利用云服务所提供的计算能力对系统、网络中的异常状况进行识别、分析、控制和处理，为网络信息服务提供系统的安全保障方案，弥补当前主流信息安全服务中的不足，服务业无须专业的安全团队，仅需要采购成熟的云安全方案，利用现有的专业安全工具有力保障信息网络安全，实现面向行业的信息安全集成。然而，问题是当前信息安全技术在应用过程中相对滞后，网络信息安全技术的应用环境亟待改善。2016 年的《CTO 企业信息安全调研报告》称，30%的企业尚未建立任何信息安全团队。按照国际惯例，信息安全的投入比例要占到企业 IT 建设投入的 15%，最基本的投入比例红线是 5%，而我国投入比例在 5%以上的企业则为数不多。电信服务行业拥有信息安全团队的比例最高(96%)，金融和 IT/科技/互联网行业次之，分别为 77%和 75%。网络信息服务过程中信息安全建设的低投入将导致服务业面临信息化安全风险，这说明应改善信息安全技术应用环境，使信息化与信息技术同步发展。

科技的进步决定了信息化与信息安全保障的方式，而信息化与信息安全保障又为信息技术的实际应用与服务奠定了基础。

对网络信息服务而言，环境变迁是推动服务业由传统发展模式向信息化发展转变的客观条件，也是构建信息化安全保障的基础；各类主体对环境的适应性变化和新的发展目标所引发的信息需求变革是决定信息化发展的基本因素；国家信息化战略的形成和政府主导下的行业发展机制影响着信息化安全保障的架构。在综合的环境下，服务业主体也必将做出反应，塑造核心竞争力，在市场经济下保障自身的生存与发展。

(2)信息服务安全保障基础

网络信息服务的保障实施，不仅需要在一定的环境下进行，也需要在一定的社会化基础上开展。我国网络信息服务安全保障离不开基于信息化科学技术进步的生产力发展，以及信息化安全发展战略的确立。

①信息化科学技术进步发展基础。网络信息服务实际上是将当前服务以物质、能量为主导转向以信息为主导的方向发展的过程。发达国家是在工业化完成后，进入后工业化时代开始的信息化；我国是在工业化尚未完成的情况下开始的信息化，工业是信息化的主要领域，当前工控系统信息化、网络化成为趋势，未来将向工业物联网的方向发展。与发达国家相比，我国第三产业发展中，仍然以传统服务业为主，而发达国家主要以科技、金融、咨询行业为主，与其相比，我国第三产业结构以及信息化发展能力薄弱，但是我国基于信息技术进步的产业发展速度远高于其他国家。

以"互联网+"战略为依托，借助新兴的信息化技术，我国的网络信息服务发展势头向好。在2018年网络安全和信息化工作会议上，习总书记指出："核心技术是国之重器。"在产业信息化过程中，要遵循技术发展规律，相关部门应引导各利益相关方积极参与，做好信息安全体系化技术布局工作，集中优势重点突破。

②信息化安全发展战略基础。我国信息化是在信息化安全法律保障基础上实现的，体现了工业化与信息化融合发展的情况。在经济、政治、文化、科技体制改革的背景下，我国网络信息服务不断深入。同时，"棱镜门"事件后，我国把信息安全上升到前所未有的地位，网络环境信息安全将由合规性驱动过渡到强制性与合规性驱动并举，为我国网络信息服务提供了切实的保障。"十五"到"十三五"连续四个五年规划均将信息安全保障作为重要内容，并出台了相关政策，如表9-2所示。

表 9-2　近年来国家信息安全相关政策

时间	文件名	发文单位
2018 年 3 月	《关于推动资本市场服务网络强国建设的指导意见》	网信办和证监会
2017 年 6 月	《中华人民共和国网络安全法》	全国人大常务委员会
2017 年 1 月	《软件和信息技术服务业发展规划（2016—2020 年）》	工信部
2016 年 12 月	《国家网络空间安全战略》	国家互联网信息办公室

续表

时间	文件名	发文单位
2016 年 3 月	《中华人民共和国国民经济和社会发展第十三个五年规划纲要》	全国人大
2015 年 7 月	《国务院关于积极推进"互联网+"行动的指导意见》	国务院
2012 年 6 月	《国务院关于大力推进信息化发展和切实保障信息安全的若干意见》	国务院
2012 年 12 月	《信息安全产业"十二五"发展规划》	工信部

信息化需要社会化的信息服务支持，同时国家信息化的过程又为信息服务机构建设和信息安全建设提供了新的外部条件。这说明，网络信息服务过程已取得了长足发展的必要条件。信息化中信息技术进步与基础网络设施完备，将有利于服务业采用适宜的信息安全技术与服务。当前，随着国家体制改革的深化和信息安全保障法律体系的不断完善，我国网络信息服务有望朝安全稳定的方向发展。这意味着，信息安全法律保障体系的确立，将网络信息服务推到更加前沿的位置。

2017 年 7 月，网信办发布的《关键信息基础设施安全保护条例(征求意见稿)》，是网络安全法的重要配套文件。随后十二届全国人大常委会例会提出关于检查网络安全法、加强网络信息保护的决定实施情况的报告，各级地方政府、各行业主管部门也陆续出台相关政策及办法，实施国家安全战略，为推荐网络空间安全继续加码。

我国网络信息服务安全服务的内涵，一是国家科技信息安全系统、经济信息安全系统、公共服务安全系统等在内所提供的综合保障服务，二是信息安全行业内专业部门所提供的商业化安全保障服务。当前信息安全是军民融合的系统工程，也是军民融合最具活力和潜力的领域。紧抓信息技术变革和新军事技术历史机遇期，理解"生产力和战斗力、市场和战场"之间的关系，推动全要素、多领域、高效率的深度军民融合格局，这都离不开信息化安全发展战略基础要素。

从包括信息服务业在内的信息安全产业发展上看，信息安全产品可分为硬件、软件和服务三大类。以 2015 年中国信息安全市场为例，硬件市场的规模

为 14.52 亿美元(约 96 亿人民币)，占比 54.2%。安全软件市场的规模为 5.57
亿美元(约 36.8 亿人民币)，占比 20.8%。安全服务市场规模为 6.72 亿美元
(约 44.4 亿人民币)，占比 25.0%。预计短时间内国内市场仍会被安全硬件产
品所主导。这种现状主要是受到服务业传统规则的影响；在信息化网络建设中
又以涉及协议较低的安全产品为主，信息安全应用层产品相对滞后于基础设施
建设。我国已步入信息技术和经济结构调整的新的战略机遇期，扭转当前信息
安全服务行业不利局面，亟须国家层面的信息化安全发展战略的引导。

9.2 信息服务质量监督

信息服务质量良莠不齐，没有相应的质量标准，监督难度极大。

9.2.1 信息服务质量监督存在的问题

对于当前信息服务质量监督中存在的问题，下面从政府监督、法律监督、
行业监督和用户监督四个方面进行分析。

(1)行政监督不完全

我国一直将信息服务质量监督纳入行政管理范围内，而其真正的监督作用
并没有得到发挥，并且相关部门所主管的业务都是与人员审查和基本的信息服
务条件等有关的，并不能够全面化地进行监督。同时，行政管理的体系也没有
达到非常完善的地步，各部门没有各司其职，主要是因为各部门的职能没有明
确化，缺乏一定的规范性。当前，内部信息服务的监督体系主要以部门为主，
这种体系很难适应当下的社会发展，因此，要立足于当前实际，做好行政监督
的改革和服务体制的转型。

(2)法律监督不到位

一方面目前在国内的信息服务的质量监督中法律监督明显不到位，究其原
因主要是由于没有信息服务质量监督的法律，这给执法人员带来了非常大的难
度，在执法过程中没有相应的法律来支持，使得很难发挥法律监督应有的作
用。另一方面，在执行法律监督过程中，有关的执法机构以及执法人员的监督
没有落到实处，而且大部分是针对已经发生的问题进行监督，也就是事后监
督，这种监督对于信息服务行业健康发展的作用没有事前监督明显。因为事后
监督发挥的作用主要是警示作用，每当重大问题发生以后，相关部门就开展大
范围的执法行动，这种监督方式是效率较低的方式，事前监督则更能发挥监管

的作用。每个行业的健康发展都离不开相关法律法规的监管，只有在正确的监管之下，行业才能健康发展。

(3)行业监督没形成

行业监督主要依靠行业组织来实现，行业组织的形成是一个行业在该国家形成的重要标志。在西方发达国家中，每一个成熟的行业都有若干个行业组织，这些行业组织在监督监管、咨询服务、政府工作衔接方面发挥了重要的作用。目前我国的信息服务行业处于发展的初级阶段，这使得部分行业组织以及行业协会没有形成，也使得整个市场以及行业都没有行业组织或者行业协会在市场质量监督中发挥作用，虽然国内已经开始注重行业组织以及协会的建立，但是这些组织和协会目前还没有形成规模，影响力较小，难以发挥出应有的作用和价值。同时还存在着行业协会意识的问题，由于行业协会刚刚成立，没有监督监管的意识，这些行业协会的职能定位不清晰，有些行业协会流于形式，没有发挥出应有的作用和价值。因此，对行业组织的培育和发展，是行业监督的前提条件。

(4)用户监督不客观

用户对信息服务的质量监督是发生在用户的权益受到损失的时候，这使得用户对信息服务的满意度会下降，从而使用户处于不愉快的状态。用户的监督是不客观的，因为监督的前提是用户权益的受损，当用户的权益没有受到损失的时候，用户往往不会针对信息服务进行监督。用户监督的前提是有合适的渠道，例如公司的投诉通道、国家相关监管部门的投诉电话等，当用户的权益受到损失的时候，大部分用户的维权意识都比较弱，尤其是在落后的国家。我国用户的维权意识也比较弱，发生较小损失的情况下，用户通常会选择放弃维权，这在一定程度上助长了信息服务行业不正之风的盛行，从而使信息服务行业的有关企业没有将用户的权益放在首要的位置。一旦用户开始维权时，用户很难站在一个公平的立场去监督企业以及行业。

9.2.2 信息服务质量监督变革

构建信息服务的监督体制必须要坚持及时的原则，要全面、客观地进行，同时也需要国家及社会各方面的全力协调和配合，使监督体系能够多元化、全面化，这样才能从根本上避免当前存在的监督不足等问题。也就是说，要把监督体系细分为国家监督和社会监督两个大的方面。在国家监督之下，是法律监督、权力机关监督、行政监督，而在社会监督之下，则是公民监督、行业监督等。具体而言，构建信息服务的质量监督体系，就需要从以下几个方面入手：

（1）加强行政体制改革

目前国内行政监督的单位和部门比较复杂，这使得在执行行政监督过程中存在相互推卸责任的问题时有发生，对行政部分的职权没有详细划分，从而使部门监督内容处于"三不管"的状态。因此应该加强行政体制的改革，首先应该对相关的行政监督部门的责权利进行详细划分，这样也会使用户以及企业有更加清晰的认识，发生相关问题就能够第一时间找到对应的主管部门，从而提升政府办事的效率。政府部门明确各部门责权利的前提下，也可以根据自己的行政职能从事相应的执法和监督工作，同时也从根本上避免了推卸责任现象的发生。用户以及行业协会也应该积极参与政府行政体制的改革工作，积极向政府就行政体制改革提出合理化的建议，从而使行政体制更好地为用户以及行业服务。

（2）加强法律监督

政府要加强健全自身的法律及制度，建立与信息相关的制度，不断加强自身监督，完善现有的法律。法律方面的监督有一定的规范性和稳定性，它是信息服务的监督中必不可少的一部分。制定信息有关的法律法规，明确各方面的责任及相关标准，能够使信息服务的监督有法可依，从而使信息服务监督健康高效地发展。

加强法律监督最主要的工作是颁布信息服务质量监督的法律，质量监督法律的颁布将会使执法部门有法可用，法律条文的颁布将具体细化行业内的各项工作，行业内的企业在制定本公司的规章制度时，会参照已经颁布的法律条文，从而使本企业在合法的条件下开展工作。同时也会使用户在权益受到侵害时能够做到有法可依，是加强法律监督的关键所在，当用户的权益受到侵害时，用户可以在法律条文中找到依据，这样用户可以有针对性地维权，并对企业进行法律监督。同时，应该加强质量监督相关法律的宣传工作，将知法、用法、守法的理念向行业内的企业以及用户及时宣传，从而提高用户的法律意识，保障用户的合法权益。因此，加强法律监督是一项系统工程，法律条文颁布的意义在于企业守法、用户用法，如果这两点任意一点没有实现的话，那么法律的监督将无从谈起。

（3）促进行业组织建立

要将行业的监督机制进一步完善。行业方面的监督是与信息服务相辅相成的，基本的组织形式就是信息服务的行业协会以及一些组织监督方面的形式。信息服务的社会化虽然发展时间并不长，但也必须要在各个行业上引起重视，并制定出相应的准则和相关机制，以此来约束和监督行业内成员的行为，从而促进信息服务行业稳步地发展。

　　行业组织以及行业协会的形成是一个行业在一个国家发展成熟的标志，而且行业组织、协会的数量越多，表明该行业在该国越完善，同时发展的态势越好。在行业协会建立时，应多借鉴西方发达国家的经验，发达国家行业协会和组织在行业监督中发挥了举足轻重的作用，同时也是政府和企业沟通的纽带。这些行业协会积极引导企业健康发展，对协会内的企业实施监督，从而保障了企业能够做到以用户为中心，保障用户的合法权益。因此为了促进国内信息服务业的快速发展，政府应该制定一系列的措施来促进行业的组织以及协会的发展，再对这些组织和协会进行管理，不仅对行业协会以及组织的数量有要求，同时也要注意行业协会以及组织的管理能力，使其能够在质量监督方面发挥出应有的作用和价值。

　　(4)建立客观的监督体系

　　用户监督往往发生在用户的权益受到损害时，这使得用户的监督很难做到客观，因此建立客观的用户监督体系非常有必要。首先，客观监督体系建立的前提是提升用户监督的参与感，只有用户愿意监督信息服务的质量，才能使用户监督发挥出最大的价值。这其中最关键的地方在于用户维权意识的提升，只有提升了用户的维权意识，才能让用户清晰地了解到自身的权益如何受到侵害，然后才能去维护自己的权益。用户维权意识的提升关键在于政府的引导与教育，政府应该加强对用户维权意识的培养和教育，努力提升用户的维权意识。同时政府应加强监督体系的维护，用户在监督过程中发现的问题应该及时改进，从而使体系不断地得到维护。企业要对用户的监督及时作出反馈，如果企业对用户的监督置之不理，那么政府应该对相关的企业进行惩罚。

　　其次，提高公民的监督意识，增强公民的参与度。只有公民真正参与进来，整个信息服务监督体系才显得更加高效，以适应时代的发展。因此就需要加强对公民的宣传教育，强化公民的参与监督意识，自觉履行法律赋予的权利和义务。

9.2.3　信息服务质量监督的组织实施

　　社会中的不同群体对于信息都有不同方面的需求，这种需求具有一定的特殊性，而信息服务本身具备一定的知识性、风险性，这些都决定其服务监督的特殊作用。当然，社会机制在以市场、社会为主体的信息服务模式中，其服务监督在依靠社会力量进行自我监督的同时，更多的还是依靠行业和政府监督来进行，监督活动被视为服务管理的一个方面。而对于不同的信息，国家信息服务监督分别由不同的监督机构进行，才能做到信息服务监督的高效。在信息服务监督实际操作中，信息服务一般由各大运营商、网络媒介提供，而其监督则由不同的国家部门按管理要求进行服务质量、资源利用等方面的监督。例如，涉及国家经济发展的信息，其监督权就应当由负责国家经济发展、管理的部门执行，在其系统内对于数据的可靠程度、对经济信息如何获得的来源以及信息的可利用性等监督，一些其他的信息服务的监督都纳入对应管理体系中。这种体制之下，在政府层面对于信息服务的监督和管理才能确保高效、科学、专业。随着社会的不断发展，监督的内容在延伸和扩展，服务监督的组织形式也在不断取得优化，而且组织模式也在不断开放，与以前的封闭的监督不一样。

站在自我监督的角度，信息服务的各个行业和不同的组织，依据现有的法律、标准和准则，对信息服务进行自我监督，则可以看作对于政府行政性监督的一个补充。具体而言，就是各个行业通过对信息服务主体进行数据统计、客户满意度调查等方式，对信息服务方进行有效的管制，并发布相应的评分评级，通过影响市场的方式对信息服务的主体进行管理并发挥应有的监督作用。

9.3　信息服务中个人信息泄露与用户隐私关注

为了应对大数据技术与应用带来的隐私风险和安全隐患，越来越多的国家已经或者计划通过制定数据保护的相关法律来规范组织和个人的数据使用行为，保护公民数据资产和隐私权。例如，于 2018 年 5 月 25 日生效实施的欧盟（European Union，EU）《通用数据保护条例》（General Data Protection Regulation，GDPR）是迄今为止最全面、最严格、影响最广泛的数据保护条例。又如，2018 年 6 月 28 日，美国加利福尼亚州颁布了《2018 年加州消费者隐私法案》（California Consumer Privacy Act of 2018，CCPA），旨在加强消费者隐私权和数据安全保护，CCPA 于 2020 年 1 月 1 日生效，被认为是美国最严厉的隐私保护法案。目前我国也正在积极推进数据安全管理和个人信息保护立法。2016 年 3 月发布的《中共中央关于制定国民经济和社会发展第十三个五年规划纲要》明确提出，要强化对信息安全的保障，加强对个人数据的保护，坚决打击非法泄露和出卖个人数据的行为。2017 年 3 月"两会"期间，《关于制定〈中华人民共和国个人信息保护法〉的议案》被正式提交，对于《中华人民共和国个人信息保护法》的制定拉开序幕。2020 年 10 月，个人信息保护法草案在全国人大常委会会议上首次亮相，正式的个人信息保护专门法律的出台指日可待。

通过制定隐私保护法，公民的隐私权可以得到明确的界定，企业和个人应尽的义务也会进行详细的规定。公民可以通过投诉、举报、诉讼等方式报告企业内部可能存在的数据保护违法操作，执法部门则将根据实际情况对任何违法行为做出相应举措，如罚款、限期整改等。从目前全球国家数据保护的立法情况来看，个人隐私权的界限会越来越清晰，个人数据和隐私相关的各项权利也会越来越得到保障，企业对数据保护的义务被严格规定，违反数据和隐私保护法律法规的企业与个人会面临越来越严厉的惩治。例如，欧盟的《通用数据保护条例》规定，任何违反 GDPR 的个人或企业将被处以最高 2000 万欧元或全球年营业额 4% 的罚款。据统计，截至 2020 年底，欧盟内部的数据保护机构已对各类组织和个人处以接近 500 次罚款，罚款总额超过 2.5 亿欧元。可见，加强对数据和隐私的保护是必然的趋势，如果不做好企业数据泄露的应对，那企业会面临来自市场、监管部门、消费者等多方更加严重的"回报"。

9.3.1　网络信息服务中个人信息泄露

近年来，大数据吸引了学界和业界的广泛关注，大数据技术及其应用正影响着人们生活的方方面面。政府和企业都能从海量数据中获取应用价值，如公共部门对大数据的采集与整合有利于服务效率的提高，企业通过对大数据的挖掘与分析可以准确地把握用户的个性化需求。但也正因如此，个人隐私和信息安全问题才显得尤为重要。用户的个人信息可能在不知情的情况下被收集和利用，个人信息被过度收集、滥用，甚至非法买卖的问题日趋严重。2018 年 3 月曝光的"5000 万 Facebook 用户信息泄露事件"引发了人们对数据安全的高度关注和对个人信息泄露的担忧。

个人信息是指以电子或者其他方式记录的能够单独或与其他信息结合识别自然人个人身份的各种信息。个人信息的泄露可能导致垃圾信息泛滥、恶意搜索、身份盗用、诈骗等一系列安全隐患，对用户造成严重的物质和精神损害。目前，个人信息泄露问题已经引起各国公众的高度重视和日益迫切的立法需求。如日本现行法律规定"本人对信息有删除、修订和停止提供的权利"，又如欧盟自 2018 年 5 月生效的《通用数据保护条例》规定，消费者有权知道自己的哪些数据被社交媒体收集和保存，并有权要求删除这些数据。我国自 2017 年 6 月起施行的《中华人民共和国网络安全法》也明确规定："网络运营者不得泄露、篡改、毁损其收集的个人信息；未经被收集者同意，不得向他人提供个人信息。"

在对大数据应用带来的便捷服务和个人信息泄露带来的潜在风险进行权衡

时，人们往往面临着艰难的抉择。用户有时自愿披露个人信息以获得有形或无形的利益，调查显示，72%的人认为个人信息泄露问题严重，但有超过一半的人愿意为获得便利服务而提供个人信息。基于此，用户对个人信息的过多披露是导致信息泄露的根源，要从根本上保护个人信息，有必要通过建立相应的模型从用户角度评估不同类型个人信息的价值，来帮助利益相关者做出合理决策。

9.3.2 网络信息服务中个人信息价值评估

当前研究多从理论上剖析个人信息安全现状，从技术防范、法律规范等方面提供建议，但从用户视角为个人信息保护提供支撑的实证研究较少。因此，本研究基于离散选择模型（DCM，Discrete Choice Model）设计实验，通过设置信息泄露情境，从用户角度评估各类个人信息的价值，拟解决以下两个研究问题：①用户对各类个人信息的预期价值分别是多少？各类个人信息对于用户的相对重要性分别是多少？②不同性别、年龄、受教育程度和网络使用频率的用户对个人信息价值的评估是否存在差异？如果是，那么差异体现在哪些方面？

（1）个人信息价值评估的相关研究

已有研究通过假设信息泄露的情境量化个人信息的货币价值使个人信息价值具体化，从而发现货币补偿对减轻用户的隐私担忧至关重要，甚至可以完全抵消。

个人信息的货币价值可以通过两种方式进行衡量，一是为保护个人信息而付费的意愿，即支付意愿（Willing to pay，WTP），二是牺牲个人信息并选择接受赔偿的意愿，即受偿意愿（Willing to accept，WTA）。从研究方法来看，主要包括直接调查法（如问卷调查）、拍卖实验法（如条件价值评估法）和联合分析法（如离散选择模型）三种，相关研究如表9-3所示。然而，Spiekermann 等的研究表明当人们意识到自己拥有个人信息的所有权并且其信息将为他人带来利益时，他们对信息的定价将高于实际信息泄露后的预期赔偿金额。因此，与WTP 相比，WTA 更适用于通过信息泄露情境中个体对货币激励的反应来估计个人信息价值。基于 WTA 的个人信息价值测量的研究中，Lim 等的研究相对完善，将个人信息分为六类，以韩国样本为例测算个人信息的具体价值，但该文未考虑到个体差异对个人信息价值衡量的影响，同时由于不同文化背景可能导致用户对个人信息态度的差异，因此其结果未必适用于我国公众对不同类型个人信息的偏好。

表 9-3　相 关 研 究

研究文献	衡量方式	研究方法	主要结论
Bauer 等（2012）；Michel 等（2013）；Spiekermann 等（2012）；Racherla 等（2011）；Otsuki 等（2013）	WTP	直接调查法	近一半的 Facebook 用户不愿意为保护信息付费，但个人信息保护作为增值服务时，人们更加愿意为购买该服务而付费。人们愿意每月支付 1380 日元来保护个人信息，其中身份识别信息的价值是最高的
Beresford 等（2012）；Egelman 等（2013）	WTP	拍卖实验法	智能手机用户愿意为减少应用程序要求的权限支付约 1.5 美元的费用
Grossklags & Acquisti（2007）；Barak 等（2013）	WTP	联合分析法	用户分享位置信息的意愿随奖励增加而增加，且因位置类型不同有很大差异
Kim & Yeo（2010）；Kwon 等（2012）；黄逸珺等（2012）	WTA	直接调查法	用户的受偿意愿存在较大差异，姓名、地址、邮箱等信息泄露时受偿金额约为 23 万韩元，当身份、病历、收入等信息同时发生泄露时则受偿金额约为 260 万韩元
Rice（2007）；Benndorf（2014）	WTA	拍卖实验法	差异化隐私保护从根本上影响用户贡献个人信息的意愿以及个人信息的价值
Kim 等（2015）；Lim 等（2018）	WTA	联合分析法	用户愿意每月支付 7500 韩元保护个人信息，个人基本信息的价值约为 39 万韩元。

综上所述，以前的大多数研究仅限于电子商务和社交网络环境，并未考虑到大数据时代复杂的网络环境，忽略了对个人信息的详细分类和个体差异对个人信息偏好的影响。因此，本研究通过将个人信息进行分类，设置不同的信息泄露情境，通过衡量用户的受偿意愿来评估个人信息的价值，并根据对不同性别、年龄、受教育程度和网络使用频率用户的分类估值，准确地评估具有不同特征的人群对于各类个人信息价值的重视程度。

（2）研究设计

本书采用公平理论设计实验，分析个人信息泄露与用户的受偿意愿之间的关系。根据公平理论，人们将自己的付出和所得的结果进行横向和纵向比较来决定交易是否公平。在个人信息泄露的情境中，遭遇个人信息泄露的用户将自己的付出（个人信息）和预期获得的结果（赔偿金额）进行比较，通过选择是否接受赔偿来获得心理上的"公平"。

对于个人信息的划分，本书采用 Lim（2018）等对个人信息的划分方法，将个人信息分为六种类型：个人基本信息、购物及支付信息、个人医疗信息、网络检索记录、社交网络信息和位置信息。采用这种划分方法的原因是该分类综合了多种情境中的个人信息，充分考虑到了大数据环境下个人信息的多样性。

本书假定每位参与者的信息都遭遇了不同程度的泄露，同时设置了不同数量的赔偿金额以安抚他们。每位参与者接受的实验提示如下："假设以下情境：你的某些个人信息被泄露，对你造成了很大的困扰，你想要起诉泄露你个人信息的公司，此时该公司提出给你一笔现金作为赔偿并保证以后不再发生类似的情况，你是否愿意接受该赔偿款而放弃起诉的念头？"

每位参与者面临多种（最多六种）个人信息的同时泄露，并选择是否愿意接受给出的赔偿金额以获得心理上的"公平"。对于赔偿金额，本书根据已有研究并参考我国现行的法律条文对非法提供消费者信息所规定的最低赔偿金额，将金额确定为 500 元、3000 元和 6000 元。实验的各属性及其解释如表9-4 所示。

从理论上，表 9-4 中列出的属性和水平可形成 192 种组合。但是由于时间限制和实际操作的可行性，很难使得每位参与者在一次实验中完成 192 种假设情境的任务。为了解决这一问题，本书采用正交试验设计（Orthogonal design）来减少实验次数并保证实验组合的准确性，最终计算得出 15 种有意义的信息泄漏情境。正交试验设计是为了解决完全交叉分组造成的次数过多的问题，用较少次数的实验检测含有多个自变量实验的优化实验设计方法。

表 9-4 离散选择实验的属性及解释

属性	水平	属性的详细解释
A. 个人基本信息	泄露	包括年龄、性别、学校、工作、电话号码、电子邮箱、身份证号等
	未泄露	
B. 购物及支付信息	泄露	包括购物清单、付款记录、银行卡号等
	未泄露	
C. 个人医疗信息	泄露	包括病历信息、健康数据、就诊记录等
	未泄露	
D. 网络检索记录	泄露	包括搜索引擎及其他各种应用的检索记录、浏览记录等信息
	未泄露	
E. 社交网络信息	泄露	包括各社交平台的帖子，如微信、微博、知乎、豆瓣、论坛……
	未泄露	
F. 位置信息	泄露	如你现在的位置、过去的位置记录等
	未泄露	
G. 赔偿金额	500 元	对个人信息泄露的赔偿金额（人民币）
	3000 元	
	6000 元	

（3）数据收集

本书采用实验的研究方法，但是由于开展面对面实验会造成时间周期较长、样本数量有限等问题，我们采取更为便捷的网络问卷的形式收集数据。问卷包括两部分内容，一是样本的年龄、性别、受教育程度、网络使用频率等基本信息，二是 15 种信息泄露情境的选择。

本研究自 2018 年 3 月 10 日起至 20 日结束，共发放问卷 424 份，回收有效样本 424 份，其基本信息的描述性统计如表 9-5 所示。可见，20~30 岁的样本数量最多（52.12%），女性样本数量略多于男性样本，受教育程度为本科的样本占比最大（56.60%）。

表9-5 样本基本信息的描述性统计

项目	分类	人数(个)	频率(%)
年龄	20岁以下	74	17.45%
	20~30岁	221	52.12%
	30~40岁	68	16.04%
	40岁以上	61	14.39%
性别	男	183	43.16%
	女	241	56.84%
受教育程度	专科及以下	68	16.04%
	本科	240	56.60%
	硕士及以上	116	27.36%
网络使用频率	较低	122	28.77%
	一般	84	19.81%
	较高	218	51.42%

(4)个人信息的相对重要性及预期价值的总体估计

本书选择 Logistic 模型，使用 SPSS 22.0 分析软件进行回归分析。选择 Logistic 模型是因为它是最早的也是目前应用最广的离散选择模型。

根据分析结果(见表9-6)，个人信息泄露对人们的 WTA 有消极影响，而赔偿金额对其有积极的影响。具体而言，在其他条件不变的情况下，每增加一种信息的泄露，WTA 都会有一定程度地降低。而同样在其他条件不变时，赔偿金额的增加会引起 WTA 的提高。我们根据各变量系数计算出每一项的相对重要性，可知，"赔偿金额"对于人们是否接受赔偿的相对重要性是最大的(22.32%)，其次是"个人基本信息"(18.61%)、"购物及支付信息"(18.05%)和"个人医疗信息"(17.95%)。

参照 WTP 的计算方法，我们将每个属性的系数除以赔偿金额的系数来计算人们对特定属性的预期价值。结果显示，人们对"个人基本信息"的预期价值是最高的(4440元)，其次是"购物及支付信息"(4423元)、"个人医疗信息"(4392元)，对"社交网络信息"的预期价值是最低的(1060元)。

表 9-6　个人信息的相对重要性及预期价值估计结果

变量	系数	标准误差	相对重要性	预期价值
A. 个人基本信息	−0.612795***	0.062773	18.61%	4440 元
B. 购物及支付信息	−0.610473***	0.059759	18.05%	4423 元
C. 个人医疗信息	−0.606039***	0.059082	17.95%	4392 元
D. 网络检索记录	−0.268924***	0.064574	8.07%	1949 元
E. 社交网络信息	−0.146308**	0.059119	4.23%	1060 元
F. 位置信息	−0.356497***	0.068159	10.77%	2583 元
G. 赔偿金额	0.000138***	0.000013	22.32%	—

注：*** 表示 $p<0.01$，** 表示 $0.01<p<0.03$。

我们可以得出在任一种个人信息泄露情境中，随着赔偿金额的增加，个体接受该赔偿的概率变化。但同样地，我们很难对所有的信息泄露情境逐一分析，因此本书根据表 9-6 中预期价值的估计值，选取了两种差别较大的信息泄露情境，如下：

情境 1：假设用户的"个人基本信息""购物及支付信息""个人医疗信息"同时发生泄露。（预期价值最高的三类个人信息发生泄露）

情境 2：假设用户的"网络检索记录""社交网络信息""位置信息"同时发生泄露。（预期价值最低的三类个人信息发生泄露）

在两种情境中，随着赔偿金额的增加，个体接受赔偿的概率呈递增趋势如图 9-3 所示，情境 1 中个体接受赔偿的概率始终低于情境 2 中的概率，而且存在某个赔偿金额使得人们接受赔偿的概率等于 1(情境 1 中约为 119500 元，情

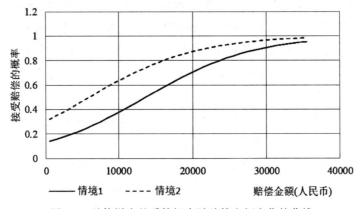

图 9-3　总体样本的受偿概率随赔偿金额变化的曲线

境2中约为111500元），这与各类个人信息的相对重要性和预期价值估计值的变化趋势是一致的，即当用户认为重要性较高的信息发生泄露时，其接受赔偿的概率低于重要性较低的信息泄露。

（5）个人信息的相对重要性及预期价值的分类估计

为了验证个体差异对受偿意愿的影响，本书将性别、年龄、受教育程度、网络使用频率等变量对于受偿意愿的影响进行分析，如表9-7所示，发现各变量对于受偿意愿的影响都是显著的，其中年龄和网络使用频率对受偿意愿有积极影响。因此，针对每一变量对数据进行了分类的二元Logistic回归是有意义的。

表9-7　个体差异对受偿意愿的影响

变量	系数	标准误差
A. 性别	-0.483198^{***}	0.053560
B. 年龄	0.134215^{**}	0.047500
C. 受教育程度	-0.186575^{***}	0.054540
D. 网络使用频率	0.148372^{***}	0.032310

由于性别对受偿意愿影响显著，因此本书按照性别分类进行了二元Logistic回归，结果如表9-8所示。可知，女性对于各类个人信息的预期价值普遍高于男性。另外，对于男性来说，"赔偿金额"是影响其受偿意愿的最重要因素，其次是"个人基本信息"和"个人医疗信息"，影响最小的因素是"社交网络信息"。对于女性来说，"购物及支付信息"是对受偿意愿影响最大的因素，其次是"个人基本信息"和"赔偿金额"，影响最小的也是"社交网络信息"。

表9-8　二元Logistic回归结果-按性别分类

变量	性别-男			性别-女		
	系数	相对重要性	预期价值	系数	相对重要性	预期价值
A. 个人基本信息	-0.532848^{***}	19.59%	3372元	-0.678746^{***}	18.16%	5344元

续表

变量	性别-男			性别-女		
	系数	相对重要性	预期价值	系数	相对重要性	预期价值
B. 购物及支付信息	-0.346940***	12.66%	2196元	-0.795760***	20.56%	6266元
C. 个人医疗信息	-0.523386***	19.12%	3313元	-0.660741***	17.09%	5203元
D. 网络检索记录	-0.201359*	6.72%	1274元	-0.336032***	8.82%	2646元
E. 社交网络信息	-0.077460*	2.81%	490元	-0.198340**	4.97%	1562元
F. 位置信息	-0.200335***	7.37%	1268元	-0.471186***	12.48%	3710元
G. 赔偿金额	0.000158***	31.73%	—	0.000127***	17.92%	—

注:*** 表示 $p<0.01$,** 表示 $p<0.03$,* 表示 $p<0.05$。

对于情境1和情境2,本书根据性别分类分别进行受偿概率的计算并绘制了受偿概率随赔偿金额变化的曲线图,如图9-4所示。可见,在相同的赔偿金

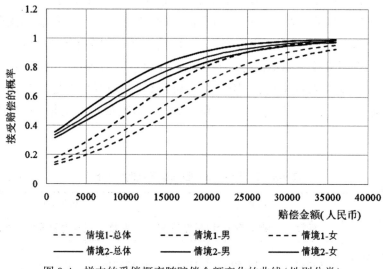

图9-4 样本的受偿概率随赔偿金额变化的曲线(性别分类)

额下，女性接受赔偿的概率均低于男性，并且在情境 2 中两者之间差值的绝对值较大。

由于年龄对用户的受偿意愿也有显著的影响，因此本书同样按照年龄分类进行了二元 Logistic 回归，结果如表 9-9 所示。结果显示，与其他两组相比，"18~30 岁"年龄组对"个人基本信息""个人医疗信息""网络检索记录"的预期价值最高。对于"18~30 岁"的人来说，"个人基本信息""赔偿金额""个人医疗信息"是前三位预期价值最高的信息，"社交网络信息"则是价值最低的信息，对于"30~40 岁"的人来说，"购物及支付信息"是相对最重要的个人信息类型，而对于"40 岁以上"的人而言，"网络检索记录"则是相对最不重要的个人信息。

由根据年龄分组所绘制的受偿概率随赔偿金额变化的曲线图，如图 9-5 所示，情境 1 中，在相同的赔偿金额下，"30~40 岁"群体接受赔偿的概率最高，随着金额的不断增加，"40 岁以上"群体表现出更高的接受概率。而在情境 2 中，三个年龄组的受偿概率未表现出有明显的差异。

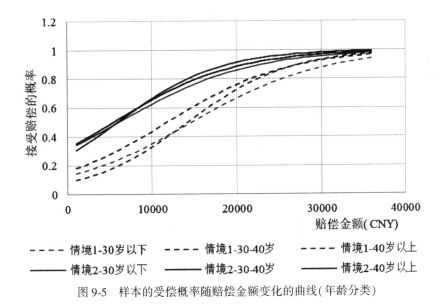

图 9-5　样本的受偿概率随赔偿金额变化的曲线（年龄分类）

同样地，本书按照样本的受教育程度分类进行了二元 Logistic 回归，结果如表 9-10 所示。结果显示，"硕士及以上"群体对各类个人信息的预期价值均

表 9-9　二元 Logistic 回归结果-按年龄分类

变量	18~30 岁		30~40 岁		40 岁以上	
	系数	相对重要性（预期价值）	系数	相对重要性（预期价值）	系数	相对重要性（预期价值）
A.个人基本信息	-0.694740***	20.90%（5344 元）	-0.549814***	17.10%（3927 元）	-0.661727***	19.35%（3939 元）
B.购物及支付信息	-0.587386***	17.17%（4518 元）	-0.809856***	25.18%（5778 元）	-0.722237***	21.10%（4299 元）
C.个人医疗信息	-0.621213***	18.21%（4779 元）	-0.469399***	14.60%（3546 元）	-0.564790***	16.52%（3362 元）
D.网络检索记录	-0.303149**	9.02%（2332 元）	-0.134657*	4.19%（962 元）	-0.028015*	0.82%（167 元）
E.社交网络信息	-0.132197**	3.72%（1017 元）	-0.192031*	6.00%（1372 元）	-0.174703*	5.11%（1040 元）
F.位置信息	-0.338973***	10.23%（2607 元）	-0.405775**	12.62%（2898 元）	-0.341729**	10.00%（2304 元）
G.赔偿金额	0.000130***	20.74%（——）	0.000140***	20.35%（——）	0.000168	27.11%（元）

注：*** 表示 p<0.01，** 表示 p<0.03，* 表示 p<0.05。

表 9-10 二元 Logistic 回归结果-按接受教育程度分类

变量	专科及以下		本科		硕士及以上	
	系数	相对重要性（预期价值）	系数	相对重要性（预期价值）	系数	相对重要性（预期价值）
A.个人基本信息	−0.432456***	14.68%（2703 元）	−0.587214***	18.82%（4318 元）	−0.809525***	19.54%（6476 元）
B.购物及支付信息	−0.387520***	13.16%（2422 元）	−0.615793***	18.74%（4528 元）	−0.696929***	16.86%（5575 元）
C.个人医疗信息	−0.583540***	19.82%（3647 元）	−0.589843***	18.03%（4338 元）	−0.656518***	15.88%（5252 元）
D.网络检索记录	−0.207681**	7.05%（1298 元）	−0.255430***	8.03%（1878 元）	−0.488106***	11.80%（3905 元）
E.社交网络信息	−0.203882*	6.93%（1274 元）	−0.143256*	4.13%（1053 元）	−0.209252*	5.08%（1674 元）
F.位置信息	−0.249033***	8.46%（1556 元）	−0.305376***	9.81%（2245 元）	−0.588377***	14.21%（4707 元）
G.赔偿金额	0.000160***	29.89%（——）	0.000136***	22.44%（——）	0.000125***	16.62%（——）

注：*** 表示 $p<0.01$，** 表示 $p<0.03$，* 表示 $p<0.05$。

高于其他两组。随着受教育程度的提高，"赔偿金额"和"个人医疗信息"的相对重要性越来越低，而"个人基本信息""网络检索记录""位置信息"的相对重要性越来越高。相比其他两组，"本科"的群体对"购物及支付信息"给予了最高的相对重要性。

由根据受教育程度分组所绘制的受偿概率随赔偿金额变化曲线图，如图9-6所示，在两个情境中，"专科及以下"群体的受偿概率高于其他两组，"硕士及以上"群体的受偿概率相对最低。

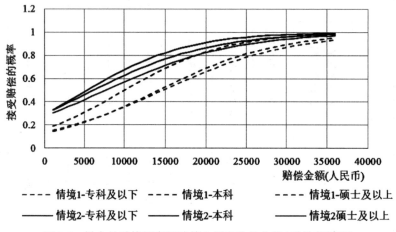

图9-6　样本的受偿概率随赔偿金额变化的曲线（受教育程度）

网络使用频率对于受偿意愿也有显著影响，因此本书按网络使用频率分组进行了二元Logistic回归。同样地，由于"网络使用频率——一般"的样本数量最少，我们只对"网络使用频率——高/低"两组样本进行分析。结果显示（见表9-11），除了"个人基本信息"和"社交网络信息"之外，"网络使用频率——高"的样本对其余各类信息的预期价值都高于"网络使用频率——低"的样本。尤其需要注意的是，前者对"购物及支付信息"的预期价值远远高于后者。

从样本的受偿概率随赔偿金额增加的趋势图来看，如图9-7所示，在两个情境中，"网络使用频率——低"样本的受偿概率均小于"网络使用频率——高"的样本。而且，在赔偿金额大于24000元时，"网络使用频率——低"样本在情境2中的受偿概率小于"网络使用频率——高"样本在情境1中的受偿概率。

表 9-11 二元 Logistic 回归结果-按网络使用频率分类

变量	网络使用频率—低			网络使用频率—高		
	系数	相对重要性	预期价值	系数	相对重要性	预期价值
A. 个人基本信息	-0.546474***	24.45%	5255 元	-0.669179***	18.14%	4746 元
B. 购物及支付信息	-0.293366***	12.29%	2821 元	-0.715703***	19.29%	5076 元
C. 个人医疗信息	-0.450049***	18.92%	4327 元	-0.648704***	17.49%	4601 元
D. 网络检索记录	-0.154800*	6.93%	1488 元	-0.338014***	9.14%	2397 元
E. 社交网络信息	-0.150292*	5.78%	1445 元	-0.148785*	3.98%	1055 元
F. 位置信息	-0.179025**	8.51%	1721 元	-0.411551***	11.15%	2919 元
G. 赔偿金额	0.000104***	23.11%	—	0.000141***	20.81%	—

注：*** 表示 $p<0.01$，** 表示 $p<0.03$，* 表示 $p<0.05$。

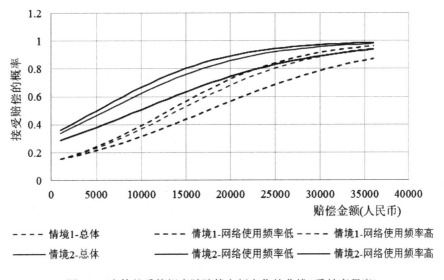

图 9-7 个体的受偿概率随赔偿金额变化的曲线（受教育程度）

(5)结果讨论

发现一：个人基本信息价值最高，社交网络信息价值最低。在总体上评估个人信息的相对重要性及预期价值时，本书发现"赔偿金额"对于人们是否接受赔偿的影响是最大的，而对于个人信息类型而言，其价值从高到低分别是个人基本信息、购物及支付信息、个人医疗信息、位置信息、网络检索记录和社交网络信息。人们对于个人基本信息最为重视，这可能是因为他们认为相比其他信息泄露，个人基本信息的泄露会造成更大的损失或伤害。这与已有的研究结果一致。本研究发现人们普遍重视个人医疗信息，美国的一项研究也表明健康相关信息的价值甚至高于个人基本信息。由此可见，随着互联网医疗的发展和人们健康信息行为的转变，个人医疗信息已经引起了广泛的重视和保护意识。本书与 Lim 等（韩国）的研究均显示，人们较为重视购物及支付信息而忽视社交网络信息，但针对欧洲的一项报告表明人们对于社交网络信息的重视程度高于购物及支付信息。这一现象可能是由于不同国家之间的文化差异和发展状况造成的。其一，我国与韩国同属东亚地区，文化背景较为相似，而与欧洲的文化差异较大，因此人们的隐私关注点也不同。其二，近些年来虽然各个国家的网络购物和移动支付都在快速发展，但我国在电子商务和移动支付领域都占据领先地位，这一发展使得我国公众的购物及支付信息大多以数字化的形式进行存储，引起了人们对自身财富相关信息的重视和信息泄露的担忧。另外，不同国家的用户对于社交网络信息的重视程度不同，而从本书的研究结果来看，我国用户并未对社交网络信息的安全问题予以足够的关注和重视。

发现二：女性对各类个人信息的预期价值普遍高于男性。本书发现女性对于各类个人信息的预期价值普遍高于男性，在相同的信息泄露情境和赔偿金额下，女性选择接受赔偿的概率低于男性。这一结论是对当前已有研究的补充。依照本书结论，女性具有更高的预期价值，但 Kim 和 Yeo 的研究显示，女性对个人信息具有更低的支付意愿，两者之间存在不一致，即与男性相比，女性更加看重个人信息但却不愿意支付更多的钱来对其进行保护，这是一个有趣的发现，其现实情况和深层原因值得进一步探讨。另外，本研究还发现男性最重视"个人基本信息"，女性最重视"购物及支付信息"。因此，为了得出最准确的结论，今后对个人信息价值评估相关的研究都应该将个人信息分类和性别差异考虑在内，同时，本研究的发现对于信息收集策略的实施和个人信息保护政策的制定都有一定的启示作用。

发现三：相比之下，40 岁以上用户对网络检索记录的重视程度最低。本书研究结果显示，年龄对于受偿意愿有显著影响。具体而言，"18~30 岁"的人更加重视"个人基本信息"而忽略"社交网络信息",而对于"30 岁以上"的人最重视"购物及支付信息",而"网络检索记录"则是被认为最不"值钱"的一项。但已有的相关研究发现,年龄对个人信息的支付意愿并没有显著的影响。不一致的原因可能是不同年龄层之间的差异体现在许多方面,比如经济收入与网络使用习惯等,因此"年龄"变量是多个方面的综合体现,应该通过更加细分因素来验证不同年龄层的人对各项个人信息价值的重视程度。

发现四:学历更高的样本对各类个人信息的预期价值更高。本研究发现,"硕士及以上"学历的样本对各类个人信息的预期价值均高于"本科"和"专科及以下"学历的样本。随着受教育程度的提高,"个人基本信息""网络检索记录""位置信息"的相对重要性越来越高。相比其他两组,"本科"的群体对"购物及支付信息"给予了最高的相对重要性。在赔偿金额对于受偿概率的曲线图中发现,随着赔偿金额的增加,"专科及以下"群体的受偿概率高于其他两组,"硕士及以上"群体的受偿概率相对最低。与本书结论不同的是,有研究显示,受教育程度对个人信息的支付意愿没有显著影响。本书认为,受教育程度与个体的时代背景、文化水平、经济收入等方面都有很大的关系,因此个体对待个人信息保护的意识和信息泄露的承受能力也是有较大差别的,这在本研究中也有一定的体现。由于受教育程度不同而产生的其他影响个人信息评估的因素,有待于在进一步的研究中探讨。

发现五:相比而言,网络使用频率高的用户更加重视购物及支付信息。本书研究结果显示,网络使用频率对于用户的受偿意愿有显著影响,网络使用频率高的用户对"购物及支付信息"的预期价值远远高于使用频率低的用户。但是从个体的受偿概率随赔偿金额变化的曲线图来看,网络使用频率低的样本,其受偿概率明显低于网络使用频率高的样本,这与 Fogel 和 Nehmad 的研究结论类似。与不使用社交网络的人相比,社交网络用户表现出更高的冒险态度(提供个人信息,例如电话号码和家庭住址等)。这一结论也反映了人们对个人信息保护的态度与行为的不一致。如 Heravi 等研究发现用户对在线社交网络中个人隐私的关注与个人隐私的披露和保护行为之间存在不一致,这也证实了隐私悖论,即网络使用频率高的用户更加关注购物及支付信息,但同等条件下,其接受赔偿的意愿却更高,这也意味着虽然他们重视该类信息,但却更愿意做出牺牲以换取服务体验。因此,在进行个人信息相关研究时,应该将"态度"和"行为"予以区分,并注重考察两者之间的关系。

本研究具有一定的理论和实践启示。从理论上,首先,本研究通过引入离散选择模型,阐释了一种从用户角度评估个人信息价值的定量分析方法,克服了传统的问卷调查、访谈等定性研究方法在操作性和准确性上的不足。其次，本研究丰富和补充了个人信息相关研究的理论成果，通过分析我国用户对个人信息价值的评估，与其他各国情况的对比可得出具有普遍适用性的结论，并从个人特征层面分析不同人群在个人信息价值评估方面的差异，为今后的研究提供了一个更为细致和具体的研究视角。最后，本书结论有助于更好地理解隐私悖论，如网络使用频率高的用户虽然更加关注个人信息，但同时也已经习惯于个人信息被广泛披露、收集和利用的事实，因此对个人信息泄露的受偿意愿低于网络使用频率低的用户。

从实践上，首先，本书研究结论可以为政府部门制定个人信息保护政策提供参考依据。调查发现，个人信息泄露的案例中，仅有约4%的人提起过诉讼。其中也仅有8.1%的人获得了赔偿，多数人在法院判决后得不到预期的赔偿，因此本研究可以在一定程度上作为各项个人信息保护政策制定的理论依据，如个人基本信息应该予以最高级别的保护和赔偿力度。其次，本研究结论将有助于信息收集部门对用户个人信息偏好的了解和信息收集策略的调整。如果个人信息的过度收集导致用户蒙受损失，那么用户很可能减少个人信息的披露，或者披露虚假信息，长此以往，信息的利用价值会大打折扣，用户也很难获得良好的服务体验。因此，根据用户对个人信息的重视程度调整信息收集策略是必要的，例如由于用户对个人基本信息的重视程度最高，其发生泄露的潜在危害也最大，因此在非必要的情况下，个人基本信息应该尽可能少地被收集。再者，从个体差异的角度来看，不仅对不同类型的个人信息要实行差异化的保护，对不同类型的信息主体(人)也应该实施差异化的保护，例如从信息产品的角度来讲，女性比男性更加重视各类个人信息，那对女性的个人信息给予更高的重视和保护程度可以更好地留存用户，提高用户满意度。最后，本研究也有助于加强用户对个人信息重要性的理解，提高用户的个人信息保护意识。用户往往在享受大数据时代的优质服务时，忽略了所提供的个人信息的重要性，本研究也揭示了不同性别和年龄等群体用户对各项个人信息的重视程度有较大差异，因此引起用户对各项个人信息的关注和保护是必要的，尤其是容易被忽视的信息，如商业个性化推荐和精准营销所需的位置信息，又如国家大力支持的健康医疗产业将会产生的海量个人医疗信息等。

9.3.3 网络信息服务中用户隐私关注的内容

在社会化商务快速发展的同时，用户的信息隐私关注和风险也与日俱增。根据中国消费者协会发布的《100 款 App 个人信息与隐私政策测评报告》，91

款 App 列出的权限涉嫌"越界"，存在过度收集或使用用户的个人信息问题，包括账户、位置、交易信息等。社会化商务企业的不自律现象造成了用户对目前个人在线信息安全状况的满意度较低。我国首份《网民网络安全感满意度调查报告》显示，超过 1/3 的网民曾遇到私人浏览信息被收集并泄露、网络账户信息泄露等信息安全问题。信息泄露和隐私问题呈整体上升趋势，并已成为社会关注的热点。因此，有必要研究隐私关注的影响因素和作用机理。本书从用户(隐私倾向)、平台(声誉)、环境(法律法规) 3 个层面综合考察了隐私关注的影响因素，认为隐私关注通过信任和隐私风险影响用户社会化商务行为。研究结果有助于企业采取有效措施缓解用户隐私关注和隐私风险，促进其社会化商务行为。

(1)隐私关注的研究现状

Warren S D 等于 1890 年在《隐私权》中将隐私解释为"不受干涉的权利"。Westin A F 在 1968 年从社会学角度认为信息隐私反映了个人决定信息传播的方式及程度。互联网环境下，Chung W 等认为访问网站被追踪、未经许可信息被收集或出售、利用隐私信息窃取账户信息这些问题最能引起用户关注。

在隐私关注的构成上，学者们存在不一致的看法，其中最具代表性的是 CFIP（Concern for Information Privacy）和 IUIPC（Internet Users' Information Privacy Concern）量表。CFIP 将隐私关注分为收集、不适当访问、未授权的二次使用、错误 4 个维度，用以测量个体对组织的隐私行为关注。IUIPC 量表反映了互联网环境下的隐私关注，它包含收集、控制、知情 3 个维度。还有学者认为隐私关注包含告知、访问、选择、安全 4 个维度。相对于 IUIPC，CFIP 涵盖内容更为全面、具体，因此本书将采用 CFIP 来测量用户隐私关注。对于隐私关注的影响因素，已有研究发现了用户层面因素如信息敏感度、人口统计学特征、信任、网站熟悉程度等的显著作用。彭丽徽等基于隐私计算理论验证了感知风险和感知收益共同作用于隐私关注，张会平等研究了感知控制和感知风险对隐私关注的影响。

在隐私关注对用户行为的影响方面，Son Y 等通过实证研究验证了隐私关注直接作用于用户的保护行为，如提供错误信息、删除信息等。Malhotra N K 等通过加入中介变量感知风险和用户信任，发现中介变量和隐私关注共同影响用户行为。从这些研究可以发现，已有文献主要聚焦于传统电子商务环境下的隐私问题，而且往往仅考察单个层面如用户层面因素对隐私关注的作用，而忽视了其他因素如平台、第三方的影响。基于此，本书将综合考察 3 个层面包括用户层面(隐私倾向)、平台层面(声誉)、环境层面(法律法规)因素对隐私关注的作用，研究结果将为信息隐私研究提供更丰富和全面的视角。

（2）研究模型与假设

①隐私风险。网络社区的虚拟性使得其包含显著的不确定性和风险，这在社会化商务环境下显得尤为突出。隐私风险反映了用户对账户密码、兴趣偏好、地理位置等个人信息由于披露造成损失的预期判断。许多学者认为隐私风险会负向影响用户的意向，且用户在披露和交易中感知风险越大，对隐私保护的行为越积极。在与第三方共享个人信息或者交易过程中，用户感知到的隐私风险会使其产生抵触披露心理，造成用户对该产品或服务持消极态度，继而拒绝披露和分享。因此：

假设1a：隐私风险负向影响用户的社会化分享意愿。

已有文献指出，隐私风险也会影响用户的购买行为。Kotler P 等认为用户会在购买决策中寻找解决方法以减少购买过程中感知的风险。社会化商务用户一方面感知到购买行为带来的隐私风险，并对交易的安全性表示担忧；另一方面又积极地采用位置服务、通信录等功能来辅助购买行为，这反映了用户对于隐私成本和收益之间的权衡。Stewart K A 等研究发现用户感知风险越强烈，消费意愿就越弱。当用户认为披露个人隐私带来的风险大于其所能得到的收益时，他们往往会拒绝使用某项功能或服务，反之他们才会考虑使用该功能或服务。

假设1b：隐私风险负向影响用户的社会化购买意愿。

②信任。信任反映了用户在社会化商务平台中从事活动包括分享、购买的预期安全程度。多个因素包括社会化商务平台合理收集用户信息并确保安全性、拒绝与第三方共享信息、交易伙伴已进行实名认证且信度较好等都会增强用户的信任。信任能够缓解不确定性和风险，从而促进用户行为。Lo J 认为用户在社交网络中的信任程度越高，其分享意向越强烈。一方面，在社会化商务中，出于情感的慰藉，来自同一社群中用户的交流会增强其归属感，促进用户间的信息分享。另一方面，如果网站给予用户足够的保护承诺，无形中会增强用户对平台的信任并愿意去分享个人信息。此外，Gefen D 等通过研究亚马逊网站发现，用户对网站的信任度会促进其购买意愿。可信的社会化商务平台能减少用户决策时间，促进其社会化购买行为。因此，本书假设：

假设2a：信任正向影响用户的社会化分享意愿。

假设2b：信任正向影响用户的社会化购买意愿。

此外，Jarvenpaa S L 等通过研究用户网购行为发现用户信任会减弱在该网店购物的感知风险。信任和隐私风险反映了此消彼长的过程。当用户对社会化商务平台的信任度超过隐私风险时，其将采取行动来达到目的。特别是当用户对新领域的事物缺少认知时，信任也会影响其风险判断。

假设3：信任负向影响隐私风险。

隐私关注反映了用户对于企业隐私实践所感受到的公平程度。隐私关注程度高的用户会更加在意信息交互是否公平。某种程度上，社会化商务平台和用户之间存在契约关系，如果平台尝试以不正当渠道破坏这种关系，可能会激发用户的自我保护意识。研究表明，隐私关注和信任存在负向关系，且隐私关注会负向影响用户对移动商务服务商的信任。用户对自己的信息隐私越关注，使用产品和服务时的担忧也就越多，继而对风险感知越高。因此，本书假设：

假设4：隐私关注负向影响信任。

假设5：隐私关注正向影响隐私风险。

③隐私倾向。隐私倾向反映了用户对隐私问题的态度，不同个体对于隐私的态度或看法往往存在显著差异（积极或消极、开放或保守）。这种差异与年龄、性别、职业、受教育程度、收入、个性等有关。例如，有的用户喜欢"一套密码走天下"，也有的用户会在注册前认真阅读平台提供的隐私条款。此外，随着阅历的丰富，个体的隐私意识也会随之加深。

研究发现，隐私倾向显著的用户更加关注对隐私的保护行为。对于隐私倾向程度较低的用户而言，其隐私意识及对隐私保护工具的控制力往往也较低，如受教育程度高的用户通常对于个人隐私信息关注程度更高，而女性往往比男性更能充分利用平台保护功能。隐私倾向程度较高的用户，在分享个人信息以及购买商品时所感知的风险也较显著，因此会更加关注其个人隐私信息。

假设6：用户隐私倾向正向影响其隐私关注。

④声誉。平台声誉反映了用户对社会化商务平台的综合评价，这往往基于用户自身的购物体验，同时也是企业影响力的表现。2018年3月，8700万Facebook用户的账户信息遭到作为第三方的剑桥分析公司的违规滥用，这件大规模的数据泄露事件对于Facebook平台的声誉造成了显著的负面影响，引发了国内外用户对信息隐私安全的高度关注。无论是传统的线下环境，还是目前的线下线上结合的市场，良好的声誉被视为增强用户信任度、缓解隐私忧虑和关注的重要因素。Milne G R等的研究认为拥有良好声誉的平台能够促进用户分享个人信息，同时也正向影响用户的交易意向。Andrade E B等发现信誉能够降低用户的隐私顾虑。因此，平台也都在积极地维护声誉，让用户放心地提

供个人信息。在"泄露门"事件后 Facebook 股价暴跌，CEO 扎克伯格第一时间通过刊报和出席听证会等方式向民众真诚道歉，挽回了公司的声誉，缓解了用户的隐私披露顾虑。因此，本书假设：

假设7：平台声誉负向影响用户隐私关注。

⑤法律法规。法律法规主要指政府出台的互联网安全规章约束、隐私保护法律条款等。研究表明，用于保护用户在线隐私的法律和监管框架越完善，用户对在线隐私问题的关注度就越低。相比于西方国家，我国对于公民在线隐私保护的法律法规较少，但政府也高度重视信息隐私问题。2016年颁布的《移动互联网应用程序信息服务管理规定》中，明确规定了要严格落实管理用户信息的责任，并指出未经用户同意，不得开启摄像头、录音或与服务无关等功能。近年来，在社会日益关注隐私问题的情况下，社会化商务平台也纷纷响应执行政府法律法规，发布隐私政策或隐私声明，告知用户关于信息收集、存储、使用等方面的操作细节，提高了隐私实践的透明度，也为用户提供了更完善的信息隐私保障。因此，本书假设：

假设8：法律法规负向影响用户隐私关注。

研究模型如图9-8所示。

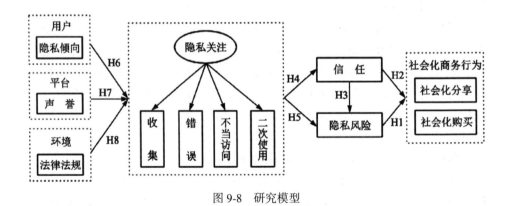

图9-8　研究模型

9.3.4　网络隐私关注对用户行为的作用

研究模型包括11个变量，每个变量包含3或4个测量指标，均改编自国外参考文献。各指标均采用Likert五点计分法，各变量的测量指标及其来源见表9-12。

表 9-12　测量指标及来源

变量	测量项	指　　标
隐私倾向 （DTP）	DTP1	相比于其他用户我更关心他人或平台如何处理我的个人信息
	DTP2	相比于其他用户，我更注重保护个人信息隐私
	DTP3	相比于其他用户，我更倾向于关注个人隐私会面临的潜在威胁
声誉 （WR）	WR1	和其他同行相比，该平台声誉很好
	WR2	该平台一向提供优质的产品和服务
	WR3	该平台一向重视每一位用户
法律法规 （LAE）	LAE1	我认为应改进我国现行法律来保护在线隐私
	LAE2	我认为应有更严格的国际法律来保护互联网隐私
	LAE3	政府应制定更严格的规章制度来保护个人在线隐私
收集 （COL）	COL1	当该平台需要我提供个人信息的时，我会感到烦恼
	COL2	当该平台需要我提供个人信息时，我会仔细考虑一下
	COL3	当需要向很多类似平台提供个人信息时，我会感到烦恼
	COL4	我感觉该平台收集了过多关于我的个人信息
错误 （ERR）	ERR1	我认为保存数据库中的个人信息应被重复检查以确保其准确性
	ERR2	该平台应该采取更多措施来确保个人信息的准确性
	ERR3	该平台应该具有更好的程序来更正错误的个人信息
	ERR4	该平台应投入更多时间与精力来验证数据库中个人信息准确性
不当访问 （IA）	IA1	该平台应投入更多精力阻止外界对个人信息的非授权访问
	IA2	该平台应采取更多措施，以确保非授权用户不能访问个人信息
	IA3	我认为存储个人信息数据库应被保护以阻止非授权访问

　　研究通过在线问卷调查来收集数据，问卷首先在 8 名社会化商务用户中进行调查，依照他们的反馈对问卷的部分问题进行略微调整，使其能更清晰地反映其测度因子。问卷通过专业的问卷调查网站（问卷星）生成并发布，主要通过微信、QQ、微博三大主流社区进行传播填写。最终得到 340 份有效问卷。性别方面，男女比例较均衡，分别为 50.88%、49.12%；年龄方面，年轻用户居多，其中 19~24 岁群体比例为 41.18%，25~35 岁群体比例为 39.41%；排名前 3 的活跃社区依次为微信（83.53%）、微博（49.12%）、

京东社区(42.06%)。

(1)信度效度检验

研究使用 LISREL 进行验证性因子分析,结果如表 9-13 所示。各指标的标准负载大多大于 0.7,AVE(平均抽取方差)均在 0.5 以上,CR(复合信度)均在 0.7 以上,显示较好的效度。此外,各 Alpha 值均大于 0.7,显示了较好信度。

表 9-13　标准负载、AVE、CR、Alpha 值

因子	测量指标	标准负载	AVE	CR	Alpha
DTP	DTP1	0.917	0.6882	0.8672	0.860
	DTP2	0.692			
	DTP3	0.863			
WR	WR1	0.815	0.6524	0.8488	0.809
	WR2	0.753			
	WR3	0.852			
LAE	LAE1	0.795	0.5852	0.8088	0.846
	LAE2	0.742			
	LAE3	0.757			
COL	COL1	0.670	0.5302	0.8181	0.813
	COL2	0.700			
	COL3	0.786			
	COL4	0.751			
ERR	ERR1	0.803	0.612	0.8631	0.862
	ERR2	0.752			
	ERR3	0.771			
	ERR4	0.802			
IA	IA1	0.685	0.5119	0.7584	0.757
	IA2	0.696			
	IA3	0.763			

因子	测量指标	标准负载	AVE	CR	Alpha
SU	SU1 SU2 SU3 SU4	0.805 0.705 0.740 0.821	0.5917	0.8524	0.850
TRU	TRU1 TRU2 TRU3	0.802 0.638 0.683	0.5056	0.7524	0.754
PPR	PPR1 PPR2 PPR3	0.884 0.717 0.765	0.6269	0.8334	0.831
SSI	SSI1 SSI2 SSI3	0.727 0.735 0.717	0.5276	0.7701	0.769
SP1	SPI1 SPI2 SPI3	0.691 0.719 0.731	0.5096	0.757	0.755

（2）模型假设检验

对模型进行假设检验，部分拟合指数见表9-14，路径系数如图9-11所示。各拟合指数实际值均优于推荐值，显示出较好的拟合优度。隐私关注被解释方差比例达到64.6%，显示模型的解释力较好。

表 9-14 模型拟合度检验

拟合指数	推荐值	实际值
χ^2/df	<3	1.35
AGFI	>0.80	0.853
CFI	>0.90	0.967
NFI	>0.90	0.942

续表

拟合指数	推荐值	实际值
NNFI	>0.90	0.962
RMSEA	<0.08	0.059

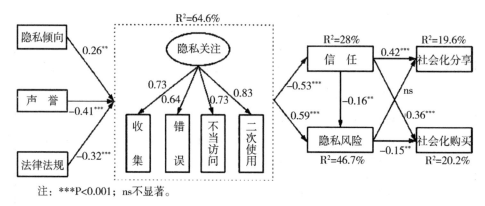

注: ***P<0.001; ns不显著。

图 9-9 LISREL 估算结果

（3）讨论

图 9-9 显示的分析结果表明，除了假设 1a 不成立，其他假设都得到了显著支持。作为二阶因子的隐私关注的负载分别是 0.73、0.64、0.73、0.83，这表明一阶因子较好地测度了二阶因子。4 个维度中，二次使用的负载最高，显示用户高度关注社会化商务企业二次使用信息的情况，这也与一直以来频繁爆发的用户信息被共享或贩卖给第三方的现象息息相关，显示社会化商务企业需要合理地收集、使用用户信息，以免引发用户隐私关注。此外，隐私关注分别对信任和隐私风险具有显著的负向和正向影响，路径系数分别为-0.53、0.59，表明隐私关注是降低用户信任、引发隐私风险的一个直接因素。

在隐私关注的前置影响因素中，隐私倾向、声誉、法律法规的系数分别是 0.26、-0.41、-0.32，其中平台声誉的作用最强。根据样本数据来看，用户主要为青年群体，他们多以网络社群的方式参与互动，非常关注产品风靡背后的流量及口碑效应。

另外，随着网络隐私事件被媒体报道得越来越多，更多的用户开始尝试用法律武器来保护个人信息隐私权利。

信任到对社会化分享、社会化购买以及隐私风险的路径系数分别是 0.42、

0.36、-0.16，表明信任对隐私风险作用相对较弱，而隐私关注是隐私风险的主要决定因素。当用户对社会化商务平台信任度降低时，将增加其感知隐私风险，导致其拒绝使用该平台的产品或服务。

隐私风险对社会化购买影响的路径系数是-0.15，而对社会化分享的作用不显著。当用户发现社会化商务平台会对个人信息隐私产生不利后果时，他们将不愿意进行购买，因为这将导致其信息隐私的泄露。另外，用户可能认为其分享的信息大多是关于交易体验和心得，隐私安全级别不高，因此隐私风险对于其分享行为没有显著作用。

本书研究了社会化商务环境下隐私关注的影响因素及其对用户行为的作用，研究结果发现用户隐私倾向、平台声誉、法律法规等因素显著影响隐私关注，进而决定用户信任、隐私风险和社会化商务行为。

研究结果对政府和企业具有以下启示。就政府而言：①完善关于隐私的法律法规，明确规定对收集的用户信息的使用范围及规则，对未经许可非法使用用户信息以获取利益的行为加以法律惩罚；②强化第三方监管机构如隐私保护组织的责任，这方面可以参考借鉴欧美的隐私图章（如 TRUSTe）和在线隐私联盟等。就企业而言：①明确并严格执行隐私政策的内容与条款。企业需要精简隐私政策内容，通过建立统一的、易理解的描述规范，告知用户收集、使用哪些具体信息，保障用户知情权；②不断提高口碑和声誉。企业初期可以通过第三方认证来建立用户信任，并借助社交媒体加大流量宣传力度以吸引更多的用户，中后期还是要通过提高产品和服务质量来建立口碑和声誉。

9.4　社会化信息服务中的权益保护与监督体系构建

任何社会服务与行业都要满足其社会需求，都必须要促进社会的发展，才能使社会、公众等接受和使用产生的效益。信息服务承担者在社会、公众及用户受用时会获得经济、社会效益，坚定其社会地位，因此各方面的保护非常重要。正是因为信息服务的过程中会有权益一致性，也会产生一些矛盾与冲突，所以必须实施监督。

如图 9-10 所示，政府在权益监督中占住导地位，其基本作用在于：制定信息服务政策，规定权益监督的目标、内容、主体与客体，从国家权益和社会发展出发组织制度信息权益保护法律、法规。政府各有关负责监督的部门主要有国家安全部门、司法部门、知识产权管理部门、工商行政管理部门、物价管

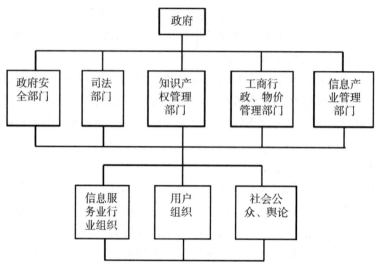

图 9-10 信息服务权益保护监督系统

理部门和信息产业管理部门。这些部门按监督的分工和业务范围执行各自的权益保护监督职责。

9.4.1 网络信息服务安全监督中的基本关系及权益保护的确认

网络信息服务安全保障中的权益主体包括网络信息服务主体、各类信息用户、信息化管理部门和其他社会个人。在这些主体中，网络信息服务主体与信息安全保障技术提供者和信息化管理者之间存在着紧密的业务关联，信息化主体与各类信息用户、其他社会个人之间存在着基于服务的关联，因而在网络信息服务过程中构建权益保护体系是重要的。

（1）网络信息服务主体与服务组织、服务运营者的权益

网络信息服务主体所提供的服务既包括公益性服务，也包括盈利性服务。在两类服务中都应该明确信息化主体的基本权益，只有确保信息化主体的应有权益，才能保证服务质量和最终社会价值的实现。

①信息化中的信息资源组织与开发权。网络信息服务是资源的再组织和再利用的基本形式，这不仅包括了数据库、知识库等信息组织方式，还包括了信息挖掘、共享和再运用等信息利用方式。对于信息化后所形成的生产力与生产方式，其开发者理应享有对应的产权，这属于知识产权的范畴。信息服务有必要完善知识产权保护等制度环境，释放各类主体创新活力，放大信息化对生产力的作用。

284

②信息化服务的实施权。信息化服务的实施权是指信息化主体与服务组织、服务运营者开展信息服务与拓展业务的权利。市场化的服务业经营实体应当确认信息化后服务的经营权，并且在保障好信息化安全的前提下获取正常利润，确保业务良性发展。

（2）用户的基本权益

随着网络信息服务的加速，各类以往在线下开展的服务活动转移到线上完成，并且愈来愈依赖信息服务支持，实际的信息服务用户与潜在的用户都是信息服务的对象。新环境下的用户在使用信息服务的过程中享有基本的权益，这些权益应当满足基本的社会准则。用户的基本权益包括信息化服务的使用权、利用服务获取的效益权和基本的信息安全保障权。

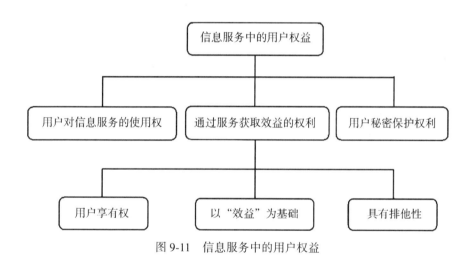

图 9-11　信息服务中的用户权益

①信息化服务的使用权。网络信息服务改变着行业中用户的信息需求结构，用户获取和服务使用的问题逐渐显露。对于提供公益性信息服务的组织而言，社会公众享有对等的信息服务使用权，因而在实际使用过程中应该消除不同用户群体之间的信息获取与利用差异，实现信息获取与利用公平。盈利性服务组织也应当在一定范围内保障用户信息的使用公平，维护用户的合法权益。同时，应当注意的是，信息服务提供者应当对用户的信息行为进行基本的监管，确保所提供的产品在法律和道德范围内使用。

②获取服务效益权。网络信息服务旨在提升社会生产力和资源配置效率。同时，信息服务用户在使用产品的过程中带有明确的目的性，用户也寄希望于

通过信息化服务能达到自身的目标，经济效益与用户个人目标的实现是网络信息服务的动力。因此，应当保障用户使用信息服务获取效益的权利，这是面向用户的服务业信息组织的基本要求。

③用户信息安全保障权。网络信息服务过程中存在用户将自身信息和明确的信息需求暴露给服务提供者的场景，特别是在深度的信息化服务中。服务提供者在一定程度上占有了用户的相关数据信息，这在服务链条中是必要的阶段，但是获取用户信息的过程和信息的存储都存在着信息泄露的风险。对于服务提供者来说，信息安全保障一方面是对用户的责任，另一方面也是获取用户信任并获得经济利益的基本前提。在这一过程中用户享有着信息安全保障权。

④信息服务利用的权利。促进社会的发展要遵循公益性的原则，信息资源的享用用户利用信息服务也要遵循这一原则，这是一种最基本的权利也是义务，当然，在利用信息资源的同时也要维护国家最基本的利益，不能够损害他人的利益，扰乱社会的基本稳定。所以，公益性的信息使用和利用权也是根据其自身的业务范畴及用户的范围决定的，也就是说用户的享用权都是在一定范围内的。根据效用化的原则，用户应当保证不侵犯他人利益的基础上利用产业化的信息资源及相关服务，这个原则以合理市场化及服务的公平作为基础。

⑤在服务中获取效益权。也就是说，用户一切对信息服务的利用及其他需求都基于效益，这是用户针对自己想要实现的目标而产生的行为。不管是上文提到的公益化还是产业信息服务中的相关原则，用户的效益是必须要得到基本保障。当然，用户的利用非常复杂，服务自身、用户自身及相关的情况都需考虑，且具有一定的风险性，所以效益权应该是能够排除用户的利用不当及一些其他的风险原因，使得用户能够在信息服务的过程中获得一定效益。

⑥用户的秘密保护权。虽然用户在利用信息的过程中会享用很多便利，但在另一方面又面临很多现实问题，因为其在利用信息资源时也在进行信息方面的交流，比如，在咨询的服务过程中，工作者会要求了解用户相关的状况及一些要求，由此才可以通过分析信息为用户提供合理的咨询结果和建议，但是在这个过程中，用户将会提供其自身的要求和相关信息，而服务的工作者也会将咨询结果提供给用户，无论哪一方都有可能在这个过程中存在泄漏信息的行为或情况发生，从而对用户造成一定伤害，抑或是有更多不良后果发生。所以，这种信息服务的过程中，用户就必须要对其具有的秘密享有一定的保护权利，并且受到社会公众的认可。

（3）国家利益和公众权益

网络信息服务不仅是业务发展的实际需要，也是国家创新发展的要求，在实现过程以用户的实际需求为目标是实现产业价值的必要路径。因此，在信息化组织中要坚持国家利益优先，确保社会公众的信息权利实现。网络信息服务必须在国家法律的要求下开展，任何的行为都不能与国家、公众利益相冲突。

①国家信息安全权益。近年来，网络安全威胁事件频发，部分领域安全威胁事件呈现持续上升状态，网络安全威胁造成的经济损失快速增长。网络信息服务安全保障与国家信息安全也息息相关。国家信息安全的维护离不开多元主体的参与与支持，包括政府部门、行业、企业与社会公众。只有多元主体共同协作，才能从根本上维护国家信息安全利益。没有网络信息安全就没有国家安全，就没有社会经济稳定发展的基础保障，行业与公众的利益也岌岌可危。因此，国家信息安全是信息化工作开展的必要前提。

②信息服务调控与管理权利。树立正确的网络安全观念，加强信息化基础设施网络安全防御，加强网络信息安全统筹工作，加强网络安全事件应急指挥建设，是经济、社会稳步发展的要求。以服务业为主的第三产业在经过多年的发展后，在 GDP 中的分量越来越重，现代金融、物流、电子商务、公共服务等服务业已经成为工业、农业的发展基础，因此信息服务的调控与管理应当纳入国家发展的全局中。

③与其他社会个人的相关权益。网络信息服务对其他各个方面的主体都有着支撑作用，也影响着生产、销售、消费等环节，使基于信息技术的新兴服务成为可能，各主体间的高效合作和信息服务各环节的畅通流转要求在服务中确保相关方利益。这种保护可以是隐私安全和保护，也可以是新兴技术的应用推广权益等。

9.4.2　以权益保护为核心的社会目标、要求与原则

网络信息服务保障体系的构建是传统服务业向现代服务业转型发展的要求，其社会发展目标、要求与原则由"互联网+"环境下国家经济发展、主体创新、信息服务等因素共同决定。

（1）信息服务权益保护存在的问题

最近几年来，在起步较晚的情况下在信息服务取得了可喜的成就，但是面对经济社会不断发展的情况下，结合信息服务中的权益保护的要求存在以下几个方面的问题：

①对权益的保护覆盖范围不全。针对信息服务中的有关法律法规的覆盖范围不全，难以覆盖在实际信息服务中产生的各种各样的法律现实问题，而且许多问题通常没有政策以及法律法规的引导和规范。而且，目前的法律法规对一

些具体的内容的规定以及明确性不够，这使得法律法规的条文的适用性变差，难以发挥出真正的可操作性，如果在信息服务中出现了侵权的行为，用户很难在法律法规中找到确切的依据。而且，当前对权益保护的制裁的手段较少，而且处罚的力度也比较弱，这极大地削弱了法律的效力。

②信息用户的权益保护不力。信息服务中目前对用户的权益保护明显不利，尤其是在知识产权方面，在信息服务中主要存在三个主体，一个是著作权人，另一个是信息服务者，还有一个是用户，信息服务的健康发展离不开三者之间的利益平衡，同时也需要权利限制。目前对用户的权益保护方面很少考虑，但是用户是信息服务中重要的角色，是消费者的角色，如果消费者的角色难以保证的话，信息服务很难健康发展。

③有关的法律法规不健全。信息服务的发展速度非常之快，这往往伴随着许多新的问题的出现，例如网络侵权、网络犯罪等，国内已经先后制定了一些法律法规，但是这些法律法规远远不够，没有形成健全的法律体系，从而使执法过程中面对大部分问题是无法可依的状态。同时既有法律的立法体系也比较混乱，出现一个问题时，需要在不同的法律法规中寻找相应的条款，从而使执法过程的难度增加。

④知识产权执法力度不够。伴随着互联网的快速发展，互联网侵权的问题逐渐被暴露出来，例如非法下载版权文件、网络上泄露用户的个人信息等。而知识产权是信息服务中的核心问题。目前的知识产权的执法力度明显不够，主要原因有两个方面：第一个方面是取证难，用户获取盗版文件的途径较多，从而难以对盗版过程进行取证；第二个是版权意识薄弱，用户对版权保护的意识还不是非常强，因此使得权益的保护无法及时开展。

(2)信息服务安全监督体系构建的目标和要求

信息服务推进中的社会监管需要在国家宏观领导下，根据现有的信息服务边界，通过相关的管理部门对信息化主体、客体和具体的信息服务行为进行监督。要求重视信息化、发展信息化、治理信息化，通过制度化、规范化的手段对信息化进行监管。统筹政治、经济、文化和网络空间安全，按照客观公正的标准对信息服务与信息安全保障进行检查，确保信息化进程的顺利发展。信息化为传统服务业提供了有力的技术手段，突破了以往服务的时空局限和服务特性，实现了信息服务的规模化生产和经营，信息服务与安全保障已经成为主体创新的基础。安全保障监管应该从国家发展全局出发，立足于服务业机构的信息化安全保障的目标。网络信息服务安全保障监督的总体目标是实现服务业的规范化，保障服务业的正常发展，其保障监督按如下几个方面进行：

①维持正常的信息化秩序。信息化机构具有多样性特征，既有公益性机构也有盈利性经营主体，用户可以通过多种方式享受网络信息服务所带来的便利。在这种主体多样化的场景中，难免会出现违法、违规现象，特别是盈利性服务机构为了追逐利益最大化，在信息安全保障过程中有可能影响用户体验和行业秩序，为维护正常的信息化秩序，建立规范的安全保障监督体系至关重要。

②解决信息化中的各种纠纷。网络信息服务过程中涉及各方面的利益。为了保护各方核心利益不受损，网络信息服务需要监督体系来解决以权益为中心的各项纠纷。信息化过程中的纠纷包括信息化主体之间的业务纠纷、信息服务提供者与用户之间的纠纷、信息服务主体与第三方的纠纷等多个方面。这些纠纷的解决理应在完善的监督保障体系下进行，对各种行为、责任边界进行界定，在法律基础上进行判断。

③保护信息化技术发展环境。只有把信息化核心技术掌握在自己手里，才能在新的信息竞争中占据优势和主动地位，从根本上保护国家信息、经济和其他安全。以往关键的信息技术设备可以通过购买的方式引进，但随着国际竞争日益加剧，相关技术引进受到了多方限制。因此，保护信息化技术发展环境处于十分重要的位置，理应纳入监督管理中。

④打击信息犯罪活动。信息犯罪是信息化过程中面临的重大挑战，网络攻击和恶意的信息泄露行为都对网络信息服务的进程造成了影响，并且对相关利益方造成了重大损失。信息技术的进步意味着信息安全保障的方法更加多样，也意味着网络攻击方式的多样化。良好的市场环境必须强化知识产权的作用，反对不正当竞争和垄断行为，这需要监督体系发挥作用。

(3)信息服务安全监督体系的构建原则

当今世界，服务业已成为国际经济贸易竞争的主要领域，而网络信息服务又是各国抢占的制高点，服务业安全保障监管在信息化中是重要的，其监督需要完整的服务保障与监督体系支撑，其基本原则可以概括为公开原则、公平原则、法制原则、系统原则和创新原则。

①公开原则。信息化与安全保障本身具有社会性，在以往由于信息技术应用不透明，社会公众、政府和用户难以对信息安全保障进行有效监管，这在一定程度上助长了部分企业违法利用信息的情况，因此在信息化安全保障中首要的原则是公开原则。信息服务的社会化要求对信息化过程中采用的关键技术和信息利用方式进行监督。

②公平原则。信息化是以物质、能量为主导的发展方式向以信息为主导转

变和发展的过程。信息化公平是社会公平的重要体现。信息化是对社会资源的再组织和利用，从而发展出新兴的服务方式，社会各主体之间理应平等地享受信息化带来的便利。不可否认的是地区、行业之间经济发展的不平衡性导致了用户在使用信息服务中的差异。同时，由于信息化基础设施业存在着区域差异，不同地域的行业发展也有所不同，需要国家在统筹规划的基础上对资源进行有效分配和组织。

③法制原则。信息化安全监督需要多方参与，监管本身也存在着法律上的边界，如何依法进行安全保障监督是重点。随着信息服务监督所涉及的法律逐步完善，在监管实施中监管者的行为也应当满足法律和道德要求。除此之外，信息违法行为也需要依赖对应的法律来解决。2016 年 11 月出台的《中华人民共和国网络安全法》，从根本上填补了我国信息网络安全基本法的空白，为信息安全发展提供了有力的保障。信息化与信息技术是不断变化与进步的，因此相关的基本法需要按实际情况进行调整。

④系统原则。信息服务安全监督是在社会化条件下进行的，安全监督本身是一项系统工程。这意味着必须从信息服务组织的层面对监督体系进行系统规划，按监管对象的特征明确具体的监管办法。

⑤创新原则。信息服务安全监管体系的构建在相当长一段时间内是稳定不变的。但信息技术是不断发展的，因此信息化安全监督体系也需要伴随信息技术的发展和社会环境进行变革。信息技术要在国际竞争中要积极抢占科技和发展制高点，突破关键信息技术，在信息技术交叉领域取得新进展。同时，新技术的进步会引发信息服务的新模式，也要求对新模式的合规性进行监督。

9.4.3　网络信息服务安全监督体系构建与实现

网络信息服务安全保障监督涉及主体面广，监督内容复杂多样。让分散式的监管走向统一，是我国信息化安全保障监督中面临的迫切问题。应该突出政府在保障体系中的主导作用，向社会公众开放监督权，构建包括政府、行业、社会公众在内的监督体系，依法推进社会化监管的实施。需要在监督体系构建中坚持正确的政治方向、价值取向，完善权益保护法律、法规，深入开展信息化教育，加强行业、企业和公众的权益意识，凝聚好社会共识，建立全面的监督网络。

（1）网络信息服务安全保障监督的社会体系

对网络信息服务执行主体的社会化监督是一个非常广泛的概念，从狭义上看监督主体主要包括人民群众监督、社会组织监督、舆论监督和政协监督，这是社会化监督最基本的层次。鉴于信息化安全保障的复杂性，在监督中不能排除政府部门的内部监督形式。因此，网络信息服务安全保障监督体系应当结合政府内部监督和社会化监督两种形式展开。此外，我国服务业监督的客体包括负责信息化基础设施建设的政府主管部门和信息化行为主体企业，信息化责任主体应当按照信息化标准，主动将安全保障信息向社会公众或依申请向特定的组织进行公开和审核，如图 9-12 所示。

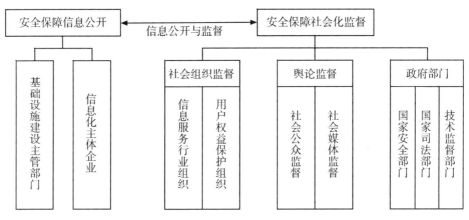

图 9-12　信息服务安全监督体系

网络信息服务安全保障以权益保护和社会化监督为核心，一方面要对信息化责任主体进行有效监督，以维护各个主体的正当利益和基本权利；另一方面，要通过对信息技术安全监督、服务质量监督和市场监督，保证社会运行的正常秩序，变"被动补防"向"主动防护"。

在网络信息服务中，政府主管部门承担着多重的责任，信息服务管理、信息服务基础设施建设与安全保障的监督，三者之间具有有机联系，在具体实施过程中权利的履行与监督存在着交叉，在这种情况下推行服务监督的社会化是最可行的方法。

如图 9-12 所示，在权益保护中政府处于主导地位，其作用在于制定信息安全保障政策，引导行业标准的制定，规定安全保障的内容和范畴，建立社会主义信息化安全保障的系统框架。除此之外，当前我们面临的网络安全问题，很多情况下都是意识问题，政府需领导网络安全教育宣传，引导公众树立正确的网络安全观念。在社会化监督中，各行为主体协同下的信息化实施是重点，以此建立技术监督、服务监督和信息安全监督的体系，督促落实网络安全防护责任。行业、企业作为信息化主要运营者需承担主体防护责任，对应的主管部门也应在完善基础设施同时履行好具体的监管责任。

公众和媒体监督是社会化监督体系的重要的组成部分，它不仅服务于信息化服务的需要，更是信息化安全保障落实情况的需要。舆论监督的重要作用在于它能够运用舆论这一特殊手段和形式，了解网络信息服务中各方面的现状、问题和背景，从而营造良好的外部舆论环境，促使各主体达到相互支持和配合的目的。

（2）信息服务安全监督中的现实矛盾及其解决思路

对信息化行为主体进行社会化监督是最普遍与基础的监督机制。对信息化行为主体行使社会化监督是以公众和团体作为监督主体，其涉及范围包括信息化服务质量、信息安全保障等全部社会行为，因此它是无处不在的，其能在其他监督体系难以发挥作用的地方，持续进行监管。

与传统的发达国家相比，我国网络信息服务起步较晚，在信息化规模、形式、深度上存在显著的差异，对信息化中暴露的问题在处理上缺乏经验与标准。为了确定监管的具体框架和目标，增强信息化安全保护的意识，应着力解决以下几组矛盾。

①信息化服务形式与安全保障监督体系有待协调。信息化提供了新的服务形式，各类数字化服务相继产生，对于当前社会各方面都会产生影响。政府鼓励新内容、新方法与新技术的应用，但是不应放松对其的监管，在新模式诞生初期就应该对可能造成的影响进行初步的预判，从更深远的层面考虑信息化问题。

②稀缺资源配置方式与关键技术有待加强。网络信息服务进程需要调动各方资源进行支持，信息资源本身也是重要的社会资本，当前对基础设施资源及信息资源的配置缺乏有效监管，较难衡量资源配置对信息技术突破的作用。这导致了资源在组织利用上的浪费，也不利于基于信息化的服务开展，这一问题要从根本上得到解决需要关键信息技术评估标准的制定和完善。

③信息化与安全保障监督缺乏系统性。信息化与安全保障体系的构建直接影响到监督体系的实施，尽管当前我国出台了一系列的信息安全法律法规，但是针对信息化本身的法规缺乏完整性，这对于部分法律责权不清的状况很难进行约束。因此，应在信息安全法律基础上对信息化加强立法保护。

我国网络信息服务安全保障监督体系构建，应该立足于数字中国和"互联网+"发展战略的要求，针对信息化过程中以及实际运营中的权益保护问题进行监督体系上的完善，采取以下措施：

在技术层面，网络信息服务不仅需要采用新技术、新方法发展，同时在安全监管中除了社会化监督外也需要采用技术性的手段进行监督，提高安全保障监督的效率。

在信息化安全保障监管中突出对于各方利益的保护，将利益保护作为重要的问题来对待，特别是个人隐私安全方面的保护急需加强，最终确立以保护综合权益为中心的监督体系。

突破传统网络安全保障边界的限制，加强统一领导，组建高效协调的管理方式，制定符合未来发展预期的信息化标准，对实际落实情况进行摸底，维护正常的服务与保障秩序。

完善相关制度环境、市场环境，调动各个主体参与到安全保障监管体系中，释放各类主体活力，力争打造全方位、多层次的监管体系。

（3）信息服务安全保障体系的构建

社会化信息保障体系建设中的跨系统发展处于重要位置，它不仅决定了实施政策的层级推进，而且决定着未来的发展规划，因此应当从全局规划出发考虑网络信息安全保障。网络威胁是长期以来的主题，网络空间极其脆弱，传统的安全保障方式不利于行业的整体安全，网络信息服务安全的最终阶段是生态级，旨在为信息化网络培养"免疫力"，当前阶段应致力于推动个体安全保障向跨系统的安全保障方向发展如图9-13所示。基于此，网络信息服务安全保障的跨系统发展与社会化体系构建应明确行业发展战略，保障实施过程中信息安全资源要素。

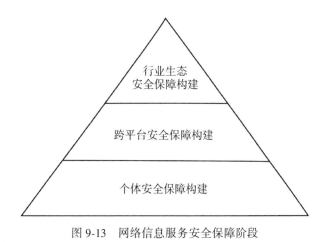

图9-13 网络信息服务安全保障阶段

网络信息服务在实际的实施过程中不仅需要考虑到不同系统之间的协调，更要考虑到优化过程的渐进性与发展性，在保障服务中构建相对完善的体系。具体而言，可以采用分阶段的发展模式，在信息化的各平台构建中，应当有计划考虑地域性和实际的现实需要展开，按各地需求差异组建区域性的系统和平台。

新技术新业务的发展推动了我国服务业网络信息安全的迭代优化，拓展了信息安全的发展空间，云计算、大数据、工业互联网等新技术、新模式的兴起与发展对传统网络信息服务提出了新的要求。与此同时，物联网等终端的安全也应该纳入网络信息服务安全保障的范畴，例如智能音响、车载设备等也是第三产业新的服务方式，网络信息服务的范畴将随着新业务新模式不断延伸拓展，这将促进"互联网+"环境下的服务业增量市场的发展。云计算具备分布式计算、并行计算机等特点，能提供服务器、存储、数据库、网络、分析、智能、软件等专业化的功能，通过云能提供快速创新、弹性资源和规模效应。通常只需要为使用的云服务付费，这种服务方式能够降低运营成本、增加灵活性，需求方可根据具体的业务模式需要进行缩放。云计算已经成为网络信息服务的有效路径和方式，当前大量单位将企业应用部署在云上。近年来大数据技术加速发展，这刺激了数据安全需求的增加。除此之外，生物识别技术在加速发展。由于当前传统的身份认证方式难以满足现实需要，与此同时在《中华人民共和国网络安全法》中"可信身份战略"的推动下，生物识别技术正在成为新的技术热点。我国对于信息安全的要求和标准当前尚未深入到具体的技术领域，关于生物识别的法律法规是零散的，在不同行业里要求不一。生物识别技术的应用基于三个方面落实：一是技术的实践和优化，提升识别准确性；二是统一的生物识别技术标准，保证厂商之间的技术标准一致化从而降低行业整体的开发成本，这是技术发展的当务之急；三是生物识别技术在具体场景的应用，推动安全保障技术的现实应用。基于人脸识别的优势，当前该技术在国内已取得成功的企业级应用案例，如平安科技的人脸识别技术已在深圳多家医院投入使用。

尽管信息化服务服从于国家的统筹安排和组织，不同企业、部门之间不同的系统在具体的信息化和服务中分工不同。在信息化过程中各主体除了采购、外包和利用现有公用系统外，主要依托各自所维护的系统。我国不断推进包括经济、科技在内的公共系统的信息共享，但是难以改变系统分离的现状。虽然从社会资源配置角度出发，信息资源的大范围共享在一定程度上能提高社会整体效益。鉴于不同行业信息的敏感性，分系统的信息化组织中需要进行系统之间的协调，可以有选择的实现信息资源的共享和信息化。网络信息服务安全保障路径如图 9-14 所示。网络信息服务的安全保障可沿着图 9-14 所示路径探索发展方向，从信息安全产品层面出发，服务业安全技术需要搭建基术的信息安全保障框架(入侵检测与防御系统、安全管理平台、统一威胁管理系统)，并向着下一代的安全保障技术、基于系统层面的持续威胁检测系统(全天候的安全威胁检测、预警与自动防御)和信息威胁智能分析系统迭代。

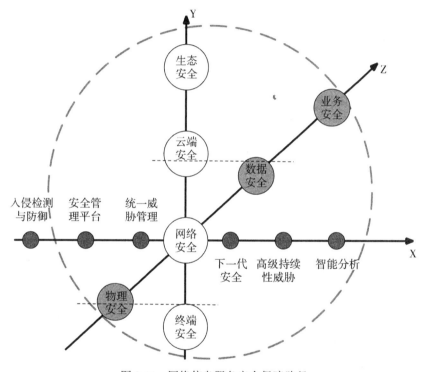

图 9-14　网络信息服务安全保障路径

从信息化安全层级上看，设备终端的安全保障是前提与基础，简而言之，这要求核心技术、关键设备零部件全部国产化，确保关键终端设备安全可靠。进而是网络安全，网络安全是数据安全的重要保障，意味着信息系统能持续修复漏洞，保障网络信息通信安全。鉴于云计算的显著优势，依托于云技术的网络信息服务是高效的信息化手段，云安全已经成为主流安全厂商的发展热点，云安全意味着切实可行的整套解决方案。最终的形态是生态级的安全保障，其内涵包含以下两个方面：一方面，单一企业信息化安全保障所构建起的完整生态级体系，能自动修复与防御，实现智能化的信息安全保障；另一方面，整个行业的信息安全保障呈现生态化，各角度、各领域的信息安全保障的信息化均十分完善，行业整体健康有序发展并不断培育出新的细分产业和新模式，释放数字经济对经济的增长作用。从信息化安全的领域内容出发，需要构建起物理安全、网络安全、数据安全框架，最终目标是保障行业级的业务安全，为实际的现实经济活动提供支持。

自"棱镜门"后，国家政府和行业都意识到了信息安全的重要性与当前所面临的严峻安全形势，我国正系统地推进信息安全改革和建设工作，在国家宏观调控下逐步实现公共基础服务中的信息跨系统融合。

在网络信息服务中，电信与信用经济等领域内的跨平台信息资源共享模式为更大范围内的信息资源共享提供了现实经验。

社会化服务业信息安全保障体系的构建旨在改变服务行业内的信息服务发展的分散局面。为实现社会整体信息安全保障强化和经济效益提升，应当促进国家统一规划下基于行业的各个专门领域的信息服务协调化发展。在信息化发展中促进面向各领域的信息服务与基础设施的结合，构建在党领导下的政府管理、企业主动、社会监管、网民参与的多主体信息化格局，推进网络信息服务的理念、内容、形式与模式的创新，把握好时效性，调动各方面的力量参与信息化安全保障体系建设。

网络信息服务保障体系的实际战略实施处于重要地位，决定了信息化的推进过程，也影响着服务业的经济效益和未来发展方向。因而，网络信息服务的实践需顺应时势发展，在"互联网+"背景下进行信息化安全保障战略构架建设。基于此，网络信息服务保障体系构建应该明确发展方向的战略引导、技术实现、资源配置和商业实现等。

(3)信息服务安全保障的规划与管理

信息化正在开启以数据挖掘和融合应用为主要特征的新阶段，服务业正在经历着重大变革，通过构建以信息为关键要素的新兴服务方式释放数据资源的潜在价值。

网络信息服务安全保障规划与管理是系统建设的关键，基本思路如下：将网络信息服务安全保障体系建设纳入"数字中国"和"互联网+"的范畴内，将面向公众的社会服务与面向市场的信息服务视为一个整体，进行信息基础设施与资源的协调，以此构建网络信息服务安全保障基础。在安全保障规划中致力于形成有利于各主体参与的社会化管理机制，推动信息技术转化为社会生产力。网络信息服务安全保障系统建设内容如图9-15所示。

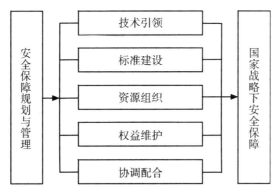

图 9-15 网络信息服务安全保障系统规划与实施

①技术引领。网络信息服务离不开计算机安全技术、网络通信技术的进步，采取一切必要信息技术保护关键信息基础设施及重要的数据不受到恶意攻击。从我国现实状况上看，信息安全保障技术明显滞后于信息化发展需要，其中，关键技术的创新与技术应用处于严重滞后状态。技术引领有两个层面含义，一是着力打造国家级的信息化技术、人才和平台，组织信息技术融合应用，信息化关键技术"中国造"推动信息化建设；另一个层面，要求引领网络安全技术创新，支撑网络信息服务安全建设，应对不断变化的外部环境保障产业发展。

②标准建设。标准化工作的任务包括对网络信息服务安全保障的标准制定、标准的组织实行和落实情况进行监督。安全保障的标准应当在明确责任主体的前提下，在当前信息化安全保障基础和社会实践的基础上，分级别进行规划，并根据具体情况调整内容；督促相关责任方落实标准要求并定期检查，加强方法、及时整改。

③资源组织。在面向"互联网+"环境下的信息安全保障中，信息资源组织是关键要素。与国外发达国家信息安全投入相比，我国信息安全投入仅占总IT投入的2%，投入经费相对有限。这种现状根源于我国部门行业发展的历史问题。网络信息服务安全保障的规划与管理将进一步改善我国网络信息服务过程中的组织机构关系，《中华人民共和国网络安全法》也将催生一个不断扩大的网络安全市场。应以政府为主导进行信息化基础设施建设，适当向信息化中的服务业倾斜资源，以此构建资源协调体系。

④权益维护。网络信息服务安全保障中的权益保护是一个重要课题，其基

本的权益包括国家权益、行业权益、机构权益和网络个人权益等多元主体。这需要我们不断推进理论和实践创新，走中国特色网络信息服务道路，从社会发展全局上构建权益保障系统，明确信息化安全保障目标，强化网络空间运行主体之间的权益关系和责任，建立完备的监管机制。

⑤协调配合。网络信息服务安全保障需要落实防护责任，在这一过程中，企业作为信息设备运营主体、信息化主要动力承担主动防护的责任，信息安全主管部门也应发挥具体的监管作用，需要依法处置网络信息服务过程中的安全威胁行为，例如黑客、电信诈骗、信息泄露等行为，维护企业和公民的合法权益。协调配合是系统功能有效运转的重要基石。我国的机构建设应该在梳理机构协作关系的基础上，进行有利于业务发展的机构定位，加强网络安全应急处理能力。

10 信息服务社会化管理监督的全面实施

信息服务全球化使得监督问题全球化，因此，信息服务监督法律建设与国际化接轨已是大势所趋。积极主动地处理、优化这一问题，是构建完整有力的信息服务监督体系的基础。针对国情，本章拟从政策、法律两方面提出社会活动管理策略，信息服务监督政策、法律是对信息服务进行监督管理的两个不同的方式和手段，它们各有所长，应作为一个系统工程来实施。

10.1 信息服务监督政策

信息服务政策与其他方面的政策一样，其基本制定程序是相同的，因此在制定信息服务政策的过程中，可采用制定政策的一般方法。信息服务监督政策建设主要着重于信息服务监督政策的目标与内容、制定依据和制定原则等。

10.1.1 信息服务社会化监督政策的目标与内容

实际上，信息服务的监督在某种程度上来说是一种目标性的活动，所以目标是实行监督的一个非常重要的基点。

政策目标可以分为总目标和中间性的小目标。中间性的小目标，即中间目标主要根据总目标来制定，是一种比较具体、细化的目标。而总目标就不如中间目标那么细化，是一种比较粗略的目标，是整体的、全局性的，所以在制定与实施政策时一定要将中间目标细化与具体化，使执行人员能够根据这些细化目标正确、有效地监督。当然，实际上总目标和中间目标之间并没有直接衔接，二者间有很大的距离，所以在这二者之间必须有一个桥梁。

信息服务监督的主旨在于构建较为稳定公平的环境，保障信息内容的安全，以保证经济、政治、社会等都能处于有序的发展过程。当然，信息服务又非常复杂，并不是单一的信息内容，所以一定要根据不同环境的变化和需要将监督的总目标细分为各个小目标。信息服务监督的主要内容有信息资源的开发、污染防治、质量与共享、价格等方面的监督。这些政策从不同的方面和角度来实现对信息服务的监督和管理，以达到总目标。

信息服务的政策有一定的独特性，而监督政策是其中的一部分。同时，信息政策有总体与具体之分。总体上是指从国家整体的信息发展而言制定的政策，具体上是指对于各个方面和各个不同的业务所制定出来的政策，总体政策主要是关于国家方面的行为准则以及相关信息服务的总体方针等。

具体的政策主要有：

①机构的管理政策。要使信息服务真正取得良好的效果，就一定要针对相关的机构制定一些管理方面的制度，在机构的备案、申请、审批与考核等方面有明确的规定，只有加强管理才能够减少后期不必要的监督。

②与信息资源有关的政策。信息资源对于信息服务来说非常重要，资源方面的政策也有助于信息资源在更大范围内能够实现共享，从而保证资源的利用率。

③信息资金投入政策。从社会效益角度来看，信息服务中无偿信息服务于社会而言有存在的必要，不管提供服务的机构是什么性质。因此，国家应对无偿信息服务予以一定的政策倾斜，通过投入一定的扶植资金或提供低息贷款或减免税收等方式，促使信息服务稳步地发展。

④人才政策。这主要指的是人才的流动、人才的培养和人才的结构与比例等，该方面的政策规定了信息人才的地位、职务晋升方面的事项，以及人才的待遇、一些其他成果方面的奖励等，目的在于激发信息人才的创造力，提升积极性。

⑤技术政策。主要是规定技术在当前的社会环境下发展的途径、目标以及发展的措施等，以使信息技术能够适应当前社会的需要，促进信息的现代化。

⑥服务政策。主要是规定信息服务方向、服务内容、服务宗旨及相关的措施，为服务范围及相应的收费和质量、收入等进行明确规定。

⑦合作政策。既有国内政府各个信息主管部门之间的合作，又包含与国际上其他国家所进行的信息交流、保密或信息合作等，这主要与国家安全和利益息息相关。

10.1.2 信息服务社会化监督政策的制定依据与原则

（1）制定依据

社会化的监督政策是总体目标，具有全局性和理想化的特点，与其他总体目标一样，可以细分为一些具体目标，也就是一些子政策，虽然它们针对不同方面的内容，却同属于一个领域，而且信息国情也一样。信息国情也是一个非常泛的概念，它包含非常多的内容，主要是社会信息的意识和能力两个方面。不同国家的国情不一样，其信息方面的国情也会不一样，所以信息政策也会随着国情的变化而有所调整。

社会信息意识主要是人们对信息的感受力与洞察力，它反映了社会对信息在整体上的认识及由此形成的有关信息的一种价值观。而社会信息能力则表现为人们获取和处理信息的一种能力，它与科技有非常密切的关系，同时也会随着国家各方面的发展而不断获得提升，目前这种社会信息能力已得到各国的普遍重视。

信息政策的制定离不开当时的国情，而企业或公司方面的信息政策在制定的过程中也要考虑其企业或公司内部的情况，所以信息意识与能力都具有一定的多样性和层次性，在制定时一定要将其放在更大的环境中进行考察，信息服务的监督并不是去对信息服务进行限制，它是在信息服务遇到较难解决的矛盾时提出的。同时，服务监督也可以在一定程度上改变信息服务的无序状况，从而促进信息服务的健康、稳步发展。

信息服务的监督也涉及非常多的方面。从大范围看，主要是为了保护国家信息的安全；从小范围看，主要是为了保证用户在使用信息服务过程中的隐私免受侵犯。因此，一方面信息服务的健康发展离不开监督政策；另一方面又要为信息服务新技术的应用留有一定的空间，新技术应用的同时带来的负效应和问题是不可预知的。

在经济、科学技术等激烈竞争的国际环境下，应从以下方面制定相应的监督政策：

①信息的组成。现在网络上所呈现的信息非常多，其包含的内容良莠不齐，由此必须采取相应措施对一些有害的、不良的信息进行打击；同时也要加强监督，避免不良信息进入用户使用信息服务的过程中。当前网络上的信息很多已被污染，容易导致信息服务寸步难行。

②信息资源开发的水平。当前形势下，信息资源非常珍贵，针对目前的国情和社会需要，必须突破传统的信息开发水平，建立一个面向当前社会的信息开发集团，合理地利用信息资源，同时，也要加强监督，提高整体的竞争力。

③市场化因素。市场化因素主要有机构组成、机构能力及成员素质、用户结构及服务价格和质量等，信息服务的监督旨在使信息服务的市场能够良好、稳定地运作，所以市场化因素非常重要，一定要将其纳入监督的范畴，促进监

督政策更好地执行。

④标准化现状。信息服务标准化对于国家来说非常重要，它能够降低信息转换导致的成本浪费，也能够进一步促进资源共享。若在监督的过程中忽略这一要素，则会导致标准化难以施行，其不良后果可能影响深远。因此，在制定监督政策的过程中，一定要分析标准化现状，通过分析现状找到目前存在的问题，并给予政策引导。

⑤国家利益高于一切。站在国家角度，信息监督政策的着重点就是信息的安全和信息主权，因此在制定监督政策的过程中一定要审时度势，分析信息服务是否会给国家信息安全与主权带来一定的侵害，并在此基础上给予政策监督。

（2）制定原则

社会化监督政策的制定必须遵循一定的基本原则，保证政策的科学性、一致性、系统性、针对性、连续性与稳定性。

①科学性原则。信息服务有自身发展的规律和相应的科学规范，因此，在信息政策制定的过程中一定要遵循信息服务的发展特点和规定，分析其可能出现的一些问题，制定出较为科学的监督政策。

②一致性原则。社会系统包含很多部分，信息系统就是其中之一，同时信息政策也属于国家方面的政策，它在与社会系统中其他部分相适应的情况下又要和国家的经济政策等其他政策相适应。

③系统性原则。信息服务涵盖很多方面的内容，所以信息监督政策也具有一定的系统性。只有满足系统性原则，才能实现政策体系的整体效益。各层各类政策之间存在必然的联系，彼此之间相互配套，相辅相成，而不能互相冲突矛盾。系统性原则体现了政策体系的层次性和联系性。

④针对性原则。不同国家的管理政策和模式肯定不一样，在信息服务方面的需求也不尽相同，所以必须一切从实际出发，必须要对国情、信息管理的模式、用户的需求和社会信息的工作基础与意识等进行综合分析，并在此基础上制定出比较符合我国实际的可行的信息服务监督政策。

⑤连续性原则。不同时期和不同阶段会有不同的监督政策，这些时期与阶段的政策必须相互关联。

⑥稳定性原则。这主要强调监督政策要在其所处的历史时期有相对稳定性，避免造成信息服务业的无序和混乱，这也能够在一定程度上促进信息部门对政策产生更高的依赖感，充分发挥政策的约束力，避免左右摇摆，或走弯路。当然，该原则允许不同政策有不同对待方式，宏观性的信息服务政策可以

保持较强的稳定性，而一些较为微观的信息政策则可以根据不同时期的需要作出调整和完善。

⑦灵活性原则。信息政策虽然在一定时期要有稳定性，也要具有法律上的强制性，但同样也要在一定程度和范围内具备灵活性，根据情况灵活地适应现实需要，这就要求信息监督政策有一定的弹性，能够针对不同时期的国情及社会需要在各个环节作出一定的调整。这种灵活性一方面是局部的，主要是各个环节的政策具体的调节；另一方面是整体的，也就是要统筹全局，能在整个信息服务体系的监督中有所调节。

⑧反馈性原则。反馈性就是指政策实施之后，将其作用、结果反馈回去，这种反馈又对当初的政策进行一次再输入，从而更好地对政策进行控制。信息监督政策的灵活性、反馈性在一定程度上决定了该政策制定的合理程度。

⑨前馈性原则。前馈性即指问题未出现之前，政策控制系统就已经对可能出现的问题进行了预计和分析，也就是说问题没出现时未雨绸缪地预先防范，以防止出现新的问题和损失。制定信息服务监督政策是为了解决现在和未来的问题，无论是分析还是实施信息政策都需要一定的时间，所以监督政策还要根据一定时期的条件进行，它要求在制定监督政策前预测可能发生的情况，对于其可能会产生的后果也要进行预测。

10.2 社会监督法律体系建设

信息法律也是一个法律体系，必须体系完整，结构严密，逻辑严谨，设计科学。信息法律的体系构成包含：主法，也就是具有长效性的完整法律；辅助性法律，也就是根据主法而制定的一些细则，主要具有补充和完善的作用；还有一些单行法和相关的条例等，这样就可以形成一套完整的信息法律体系。

根据网络信息服务监督的特征，与之相关的信息法律包括：

①信息组织法律。信息有着"独占性"和"共享性"这两个看似矛盾的特点，在传播、利用和管理人类信息的问题上显得更加突出，与此相似的还有其共享与保护、扩散和保密的矛盾共生。在信息化社会主体变化过程中，如果仅依靠以前的工业产权准则，显然，人们无法对其独创性的智力成果所拥有的合法权利作出恰当的保护，而且人们现在是要对其信息产权进行保护。信息产权有著作权和工业产权两个核心内容，同时，个人数据、商业密码、科学发现和文学艺术也是其中的几个部分。在现代社会，对信息安全进行立法保护会对人类智

303

力传播和人类文明信息的应用产生非常大的益处，同时也是一种保证国家和集体、个人利益不受侵犯的重要方法。

②信息安全法律。社会收益随着信息交流充分程度的增加而增加，但是其前提是国家机密和公民隐私以及安全得到保障。另外，信息安保工作，还应该促进信息的正常交流，不能让任何一个方面旁落。所以，主权国家一定要立法保护数据、信息系统、计算机的安全以及国家和个人的信息主权。保证国家的信息主权和信息安全是信息服务监督的法律重点。

③信息市场法律。对信息市场加强立法管理是建立社会主要市场经济体制的重要内容之一。其中的信息产品、信息交易、信息市场、信息产品价格、信息市场竞争与管理等概念必须有相应的确定的规定，而且要对信息产品和信息交易的范围作出相应的界定，信息产品的价格应有相应的法律依据，信息市场的公平竞争问题应能够合理解决。在市场竞争当中，国有单位、国营机构和民营机构，以及民营与民营机构之间的公平竞争要得到确保。应处理好信息资源独占性和共享性的矛盾；对假冒伪劣的信息产品要进行严厉打击，保护好信息服务用户的利益。如图 10-1 所示。

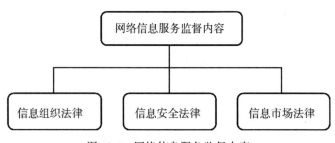

图 10-1　网络信息服务监督内容

在网络信息服务法制化管理和安全治理基础上的保障实施中，根据网络安全、系统安全、数字资源安全、服务安全等维度的法律法规及网络安全服务保护中的法律关系，在国家安全法律原则基础上进行专门法规体系建设和相关法律完善研究，能为相关领域法律建设提供参考依据。我国积极开展"互联网+"战略下网络信息服务法律建设，于 2018 年 8 月通过《中华人民共和国电子商务法》，2017 年 6 月实施《中华人民共和国网络安全法》。同时，"互联网+"战略下网络信息服务保障涉及新兴服务业态、技术平台和多方面信息的利用，其全方位保障需要从技术层面、管理监控层面进行保障管理定位，围绕这一问题的研究在于突出多种手段、多层面保障的融合。

10.2.1 数字化战略下信息服务法律建设

在"互联网+"战略下服务业发展中，面对网络信息服务发展的现实问题进行法制化管理研究，从"互联网+"战略下信息化环境角度探索法律建设机制，进行法律体系完善和法制管理推进研究，能为专门法律体系的建设提供借鉴意义。

10.2.2 信息服务的法制保障现状

"互联网+"战略推动了服务业与经济社会各领域的跨界融合，是未来服务业发展的行动指南。在综合分析国外网络信息服务保障制度体系的基础上，按互联网环境下服务业利用形态变化和保障需求进行网络信息服务保障的定位，探讨其法制化保障、风险和安全管理，完善全面保障体系。① 经济全球化和网络信息服务是各国所面临的共同问题，在"互联网+"战略下实现信息化与服务业的深度融合，就要求在网络信息服务保障中确立顺应国际发展趋势的制度保障体系。在此基础上，集中研究各国网络信息服务保障所面临的新问题，在国际制度保障体系环境下进行我国网络信息服务保障构架和实施体系研究。

面对新环境下的现代网络信息服务发展，各个国家或地区的政府都十分重视政策、法律、法规的建设在现代网络信息服务发展中的重要作用，通过构建或者完善法律法规政策来实现现代服务业的加速发展，通过构建现代网络信息服务的制度基础，为"互联网+"战略下网络信息服务提供法制化保障。世界上的各个发达国家皆在信息化促进、信息产业管理、信息化基本法律法规、信息技术创新、信息社会发展战略以及信息安全等方面为现代服务业的信息化发展提供法制化保障。美国作为21世纪信息时代发展的先行者与倡导者，2017年其服务业在GDP中的比重高达80%。与其相比，我国服务业在GDP中所占的比重约为51%，当前国内传统服务业包含交通运输、批发零售、住宿餐饮等，而现代服务业所包含的研发、电信、现代物流、信息服务业、金融服务业等发展迟缓，信息化水平不够，导致国内现代服务业长期处于较低层次的结构水平。对于现代服务业的信息化发展，美国的主要战略思想便是通过信息技术的

---

① 王秉，吴超. 科学层面的安全管理信息化的三个关键问题思辨——基本内涵、理论动因及焦点转变[J]. 情报杂志，2018，37(8)：114-120.

研发、应用及推广，提高现代服务业的信息反应能力，保持现代网络信息服务过程中的领先地位。通过制定信息基础设施发展计划，美国已建成基于计算机、消费类电子产品、通信网和数据库的高速信息网络设施，为现代服务业的发展奠定了坚实的基础。进入 21 世纪，美国主要采用数据驱动信息化发展，如颁布《联邦云计算战略》，美国政府机构将约合每年 800 亿美元的 IT 经费中的 25% 迁移到云计算领域；而后，美国政府相继发布"大数据研究和发展倡议""大数据的研究和发展计划"、《支持数据驱动型创新的技术与政策》等，利用大数据推进信息化领域的技术突破。同时，美国制定了《全球电子商务政策框架》，通过确立美国电子商务政策的基本架构，加速促进美国电子商务在"互联网+"环境下的快速发展。此外，美国还多次制定电子政务措施，实施与颁布美国《电子政务法》，通过政务体系的信息化为现代服务业的信息化提供法制化保障。通过建设专门的现代服务业管理和服务机构，设立首席信息官委员会等协调机制，设立政府部门首席信息官等职务，推动现代服务业的发展。同时，美国提出"网络空间国家安全战略"，为"互联网+"战略下网络信息服务提供法制化的安全保障。为促进现代网络信息服务的法制化保障，美国还制定了《数字千年版权法》《计算机软件保护法》《国际电信法案》等信息化法律法规，通过信息化法律法规的建设和完善，从法制化的角度保障现代服务业的信息化发展。对于网络信息服务过程中的网络安全，2015 年年底，美国国会出台《网络安全法案》，法案由《国家网络安全促进法》《网络安全信息共享法》《联邦网络安全人力资源评估法》组成，是一部组合性质的法律，其中"网络安全"由"信息系统安全"调整为"网络数据安全与信息系统安全"，数据安全包括"存储在信息系统上的""正处于处理过程中的""途经该信息系统的"三种形态的安全。

　　欧盟在信息经济发展新阶段，更注重信息化技术与经济的深度融合，打破地域限制，缩小不同国家、地区、社会群体间的信息化差距，提升社会主体的数字化技能。欧盟于 2010 年发布"2020 战略"（Europe 2020：A European Strategy for Smart，Sustainable and Inclusive Growth），阐释了欧盟信息经济发展的重点，制定了欧洲数字化议程（A Digital Agenda for Europe），其主要目标是开发信息单一市场，以实现经济的智能性、可持续性和包容性增长。在欧洲数字议程战略的指导下，2013 年欧盟发布了"开放政府数据的经济潜力"指令，鼓励包括图书馆、博物馆和档案馆等在内的公共机构免费提供信息化服务，所收费用不能超过收集、存储、处理和制作数据的成本；为应对成员国间数字经济发展不平衡的状况，2015 年欧盟正式发布"数字单一市场"战略（Digital

Single Market)，致力于为社会主体提供更优质的信息化产品和服务，打破地域限制，推动信息化经济的纵深发展。2016 年欧洲新技能议程(New Skills Agenda for Europe)在信息化领域制定了 10 项行动计划，包括信息化技能与就业行动计划等；构建欧洲资格框架(European Qualifications Framework)，根据信息化的知识、技能以及能力划分职业资格；推动企业界、教育机构、政府部门、科研单位等领域的合作，普及信息化技能知识。同时，欧盟在电子政务计划的制定中指出，信息化能推动政府服务的智能化，为现代服务业的发展提供支撑。为此，欧盟制定了统一的电子政务发展战略、项目与决策，以实现欧盟社会信息化的快速发展。而在电子商务发展领域，欧盟提出了《欧洲电子商务提案》，强调政府在电子商务产业发展过程中的重要作用，政府需要为电子商务产业发展提供优良的信息化环境。此后，欧盟又通过《电子商务指令》与《电子签名指令》的制定，规范与协调电子交易、电子商务市场、电子商务服务提供者责任等。与此同时，为保障现代服务业发展过程中的信息安全，欧盟实施了《关于数据库法律保护的指令》，对现代网络信息服务过程中的数据库和信息体系建设提供法律支持，构建了区别于版权法律体系的信息安全条例。而欧盟的《个人隐私保护指令》也对线上贸易过程中的用户数据与敏感性数据给予了法律法规保障。同时，在历经 4 年的修订与完善之后，欧盟《一般数据保护条例》(General Data Protection Regulation，GDPR)于 2018 年 5 月 25 日正式生效，条例范畴包括欧盟领域内的半自动/全自动的用户信息处理、非自动的面向用户画像的用户信息处理，"互联网+"环境下服务业中的数据处理行为也适用于该条例。对于现代网络信息服务中的网络安全风险，2018 年 5 月 29 日，欧盟委员会发布有关欧洲未来网络安全章程(《欧盟网络安全法案》)，旨在通过信息和通信技术等产品搭建欧洲网络安全认证框架，在欧盟内部提高网络响应与弹性能力。此外，保障产业信息化过程中的网络安全也是欧盟"数字单一市场"战略的核心主题。

　　基于信息化与信息技术对于现代服务业等产业的促进作用，日本通过制定信息化发展计划与政策，集中地推动现代服务业等产业的信息化。日本首先制定了《IT 基本法》，根据基本法规定对日本内阁进行改组并设置了 IT 战略本部，推进日本的社会信息化工作，以保障现代服务业的信息化发展。除此以外，日本还制定了《IT 新改革战略》《e-Japan 重点计划》《IT 政策战线图》《e-Japan 战略 II》等政策法规，通过对日本产业信息化的方向与要点进行动态的规划和调整，以保障日本现代网络信息服务的合理发展。在此基础上，日本国会还制定与实施了《电子签名法》《基于商业登记的电子认证制度》《电子签名法有关指定调查机关的省令》等相关法律法规。与此同时，电子认证制度在日本全国得到推广，已经被应用于现代服务业等商贸活动的实际运作。同时，日本还构建了包括电子认证、电子公证等制度在内的电子签名整体规范法律法规体系。在现代服务业的具体领域，日本制定和实施了《电子商务及信息资产交易相关准则》，对电子商务发展过程中的问题进行解释，避免现行法律法规体系与当前电子商务现状不相适应的问题。相关准则主要涉及电子商务相关合同制定与生效问题的解释、消费者跨境交易保护、电子商务交易过程中的知识产权保护、面向电子商务特殊的交易模式。日本国会众议院在 2014 年 6 日通过《网络安全基本法》，以实现民间与政府机构在网络安全方面的调度，有效应对包括现代服务业在内的各个领域的网络攻击。

韩国亦通过制定相关法律法规推动国内社会的信息化，并成功由工业化国家过渡到信息社会。为推动现代服务业等产业的信息化，韩国制定了《信息化促进基本法》《网络韩国 21 世纪计划》等相关法律法规或计划，开展韩国超高速信息网络的建设，推动国内信息基础设施的建设，为政府和企业的信息化奠定基础。在电子商务等具体现代服务业领域，韩国制定了《电子商务基本法》等法律框架，对国内电子商务行业的发展进行规范。与此同时，韩国还制定了《电子签名法》，规范了现代服务业过程中的电子签名，并对认证机构的经营资格进行了认证，有效地促进了韩国现代服务业的信息化发展。此外，韩国政府还致力于推动电子政务领域的信息化，通过制定《信息化促进基本法》，实施了公共政府服务、电子文件系统体系、行政信息等十项基础信息化措施。近年韩国还制定了信息技术发展战略，促进信息技术以及信息基础设施的发展。同时，还制定、修订或实施了个人隐私保护相关法律法规，有效保护了现代服务业发展过程中的个人信息隐私。2016 年 12 月韩国政府颁布了《国家网络安全法案》，建立了国家网络安全委员会，以提高应对包括现代服务业在内各领域网络攻击的能力。

10.2.3　信息服务的法制化保障启示

国际上现代网络信息服务法律保障体系制定的先进经验，对于我国国内"互联网+"战略下网络信息服务的法制化保障的启示如下。

首先，基于国内信息化发展国情，制定和实施与国内信息化发展现状相适应的法律法规。在推动信息化社会发展的过程中，应该因地制宜，我国经济发展不均衡，存在东西差异、城乡差异。因此，应立足于城乡差异，同时结合东部、中部、西部信息化建设的不同现状，制定我国现代网络信息服务的法制化保障措施。如欧盟长期受到失业率较高、经济增速低迷等方面的困扰，所以在其制定的《里斯本战略》中，其信息化相关法律法规构建的长期目标便是推动现代服务业等产业的发展，以此刺激经济，增加就业人口。此外，欧盟在制定的欧洲信息社会发展目标中，不断重申信息技术发展对于就业增长与经济刺激的强大助推作用。将现代服务业等的信息化作为促进产业升级转型，从而促进国内经济发展和改善公众生活水平的直接驱动力。同时，为有效应对信息技术带来的问题和挑战，由国家和政府牵头实施信息化法律法规，从而促进国内现代服务业的信息化，使信息化水平达到国际顶尖水平。

其次，国家或地区产业的信息化发展水平与其相关法律法规计划的制定具有相当密切的关联。欧美等发达国家在推动现代服务业产业信息化的过程中，都将构建相匹配的信息化法律法规放在关键的位置，制定与现代服务业相适应的法律法规以保障现代服务业发展。此外，还需要通过政务信息公开、电子商务促进、电子签名实施、用户信息保护、信息安全保障等方面措施，推动完善信息化法律法规体系的构建。① 同时，现代服务业的信息化发展需要从立法基本宗旨、法律关系、战略基础规划、立法基本原则等维度做出整体规划，做到有法可依、有章可循。

最后，信息化立法需要增强国际化合作。信息产业的全球化与信息化发展交融与促进是一个必然的过程。一方面，现代服务业等产业的信息化对于国际社会经济发展的影响十分显著，互联网、人工智能、大数据等方面技术的发展与应用为现代服务业等行业的发展创新注入了强大的活力，在此过程中，现代服务业产业一体化与全球化的进程不断地加速推进。另一方面，现代服务业的全球化进程的加快又推动更多的现代服务业企业或者机构信息化的发展，促进现代服务业的跨国企业积极进行信息化升级，从而开展全球化布局，使得信息技术在"互联网+"环境下不断得到应用。在现代服务业全球化的过程中，电子商务、信息技术、用户隐私等问题已然具备全球化特征。由于现代网络信息服务表现出的全球一体化特征，各个国家在制定和实施本国现代网络信息服务法律法规时，都着重参考国际主要国家或者组织出台的有关法律法规条例，推动国家、组织、机构、企业之间的合作与交流。部分国家或者地区在信息化相关法律法规与政策中对国际化合作进行了强调。例如韩国在《信息化促进基本法》的第二十四条强调推动和信息化相关的国际交流和合作，同时专门强调在

---

① 毛毅坚，赖华林. 中国电子商务法律框架构建及应对方略[J]. 企业经济，2005（12）：197-200.

法律法规的制定过程中，政府有关部门应当对于国际上信息化促进的有关动态进行充分了解，在国际合作交流的基础上做出决策。此外，支持信息化的相关法律法规制定工作者和技术人员增强国际交流，为信息化相关法律法规的国际联合制定与国际标准化等方面事业给予鼓励和支持。我国也十分重视信息化相关法律法规的国际化合作，在《2006—2020 年国家信息化发展战略》中，我国强调增强信息化法律法规制定国际化的重要性，通过信息化法律法规制定中的国际合作和交流，加强国际相关规则的制定与研究，积极推进信息产业的国际化发展。

10.2.4 信息服务法律建设定位

"互联网+"战略下的网络信息服务法律建设既有助于规范和引导网络信息服务建设，也符合现代服务业的发展趋势。经济全球化和创新国际化是各国服务业发展过程中所面临的共同问题，我国在推动"互联网+"战略下网络信息服务法制化发展过程中需要实现信息化与网络服务保障的发展同步，这就要求在国家网络信息服务建设中确立顺应国际发展趋势的法制化管理体系；以此出发，集中研究各国法制化管理所面临的新问题，在国际法律体系环境下进行我国"互联网+"环境下网络信息服务的法制化管理基本构架和实施体系研究。同时，"互联网+"战略下网络信息服务法律建设需要制定与网络信息服务紧密相关的技术标准和服务标准，根据经济发展和服务全球化的需要，进行适时修订，加强标准之间的有效衔接。建立统一的、权威的、规范的技术标准，提高网络信息服务的质量。积极推进示范工程建设，加快网络信息服务建设的标准化步伐。

具体而言，首先是对于我国"互联网+"战略下的网络信息服务法律建设的定位，"互联网+"战略下的网络信息服务涉及信息服务、信息存储、信息技术平台和多方面信息的利用，其全方位网络信息服务保障需要从技术层面、管理监控层面进行法制化管理定位。围绕这一问题的研究在于，突出多层面保障融合、法制化保障基础构建和法制化管理的实现。其次是基于法制化管理构架的网络信息服务治理与保障实施。"互联网+"环境具有开放化的资源组织和服务利用特征，"互联网+"战略的活动主体包括各类组织、机构和社会成员，因此，从"互联网+"战略下网络信息服务保障与信息服务组织角度所进行的研究，包括相关权益主体的构成、权益维护，以及网络安全维护法制原则基础上的信息化保障推进。最后是"互联网+"战略下的网络信息服务法律建设与体系完善。

10.2.5　基于法制化管理的信息服务风险保障

互联网环境具有开放化的资源组织和服务利用特征，网络活动主体包括各类组织、机构和社会成员，因此，从网络信息服务保障与现代服务组织角度进行的研究，包括相关权益主体的构成、权益维护、风险管理保障的推进。现阶段信息化驱动下的现代服务业法制化保障主要是以政府的保障为主、行业协会的保障为辅，加上行业内部自律的保障。本书主要从"互联网+"信息服务运作风险防范、"互联网+"信息服务保障方式两个方面探讨基于法制化管理的网络信息服务风险保障。

（1）"互联网+"信息服务运作风险防范

"互联网+"信息服务运作风险防范主要体现在规范现代服务业的企业市场运作、保障现代服务业的用户个人隐私。① 企业市场行为在较大程度上影响着现代网络信息服务法制化管理的成效，为规范服务业的企业市场运作，应对现代服务业企业的市场运作行为进行立法与管制工作。应对网络信息服务市场行为特别是现代服务业在信息化过程中的合作与竞争行为展开研究，从而为网络信息服务风险保障提供依据和基础。如在当前国内互联网发展的相关法律法规与政策的基础上，结合信息化的特征，从服务内容、产业结构、从业准入等方面进行法律保障与规范。同时，探讨现代服务业在信息化过程中的竞争与合作行为，对竞争与合作的效益与动机等方面进行规范，避免恶性竞争与并购，防止行业垄断的发生。基于法制化管理的网络信息服务风险保障还应不断完善现代服务业的信息化治理结构水平，寻求互联网环境下网络信息服务的快速发展。此外，基于法制化管理的网络信息服务风险保障还应当采用多维保障体系，构建政府、现代服务业企业、行业协会、媒体与公共大众多治理主体相结合的合理治理模式。② 在"互联网+"现代网络信息服务运作过程中，必须对用户的个人数据与消费数据进行保护，应注重信息化建设中用户个人隐私的保护，做到用户个人数据与消费数据的合理规范应用。

（2）"互联网+"信息服务保障方式

基于法制化的"互联网+"信息服务保障方式主要立足于三个维度。首先是

---

① 高玉玲. 论医疗信息化中的患者隐私权保护——以电子病历运用为视角[J]. 法学论坛，2014，29（2）：74-79.

② 潘静. 从政府中心规制到社会共治：互联网金融治理的新视野[J]. 法律科学（西北政法大学学报），2018（1）：67-77.

以政府保障为主导,对"互联网+"现代服务业企业信息化过程中的行为进行标准化,进而从法律法规层面对网络信息服务进行规范和保障。其次是现代服务业行业协会的规范保障,因为行业协会的标准与规范在实施过程中并不存在法律效力且缺乏强制力,所以现代服务业行业协会的规范保障只能作为基于法制化管理的网络信息服务风险保障过程中法律法规的辅助。最后是现代服务业企业的自治,由于国内现代服务业企业的道德标准体系并不十分规范与健全,对"互联网+"信息服务过程中风险防范的作用比较小,所以现代服务业企业的自治只能作为基于法制化管理的网络信息服务风险保障过程中法律法规的补充。"互联网+"信息服务保障的具体举措:一是应当构建"互联网+"信息服务的自律规范与标准,制定现代服务业的市场准入标准与机制;二是从法律层面对网络信息服务过程中的不良竞争行为进行规范;三是政府应在现代服务业法律法规制定过程中发挥主导作用,防止"互联网+"信息服务过程中政府监管的失灵。由于互联网环境下现代服务业的变革式发展,政府的立法部门与监管部门在信息化知识储备与更新中都表现出不足和缺失,导致网络信息服务中的行政效率较低。① 此外,在网络信息服务风险保障的立法过程中,应实现现代服务业企业的用户自我管制与服务者自我管制。

10.3　信息服务法律体系的完善

信息服务法律体系的完善,必须适应于"互联网+"环境下的网络信息服务发展需求。面对需求引动下的我国网络信息服务建设的切实目标,以及服务业多元建设主体新的协同关系的形成,原有的分部门、系统的网络信息服务法律体系必须在新的体制基础上进行重构。在法律体系研究中,只有解决了"互联网+"战略下网络信息服务体系构建中的理论和实际问题,才能按重构法律体系中的各方面要素和关联关系全方位推进网络信息服务体系的实现。其中,"互联网+"战略下网络信息服务法律体系构建环境、体系结构、体系功能、基本框架和模型研究,依据当前我国网络信息服务转型发展需求,在揭示网络信息服务发展规律的基础上,探索创新的网络信息服务体系构建策略,立足于国

---

①　赵珊,张永辰,杨峰. 我国藏区信息化发展水平测度——以四川甘孜藏族自治州为例[J]. 图书馆论坛,2018(8):33-39.

家"互联网+"战略下网络信息服务体系保障的实现，研究"互联网+"战略下网络信息服务法律体系完善。①

10.3.1 信息服务法律立法监督

网络信息服务法律已被纳入国家整体法制体系规划与建设中，现代服务业的健康快速发展需要完善的信息化法律机制作为立法保障。因此，应及时将网络信息服务发展的需求纳入传统的法律体系，加强立法保障，并制定出符合现代服务业特点的新的法律保障体系，以完善和规范现代服务业市场，推动现代网络信息服务发展。在网络信息服务的立法保障过程中，应基于国内现代网络信息服务发展的切实需要，从现代服务业发展的全局出发，依照循序渐进、先易后难的原则，稳步地推动现代网络信息服务的立法，将网络信息服务法律加入国家立法步骤中。此外，网络信息服务法律的建设离不开政府层面的干涉，网络信息服务法律体系构建要强调工商与私营部分的推动作用，更要强调政府机构对于网络信息服务建设中的全盘指导与规划，为网络信息服务法律建设提供完善的法律法规保障。但是，在网络信息服务法律建设过程中，也需要保障立法过程的引导性、连贯性、指向性与示范性作用，避免政府机构的多头管理。

"互联网+"战略下网络信息服务法律体系是推动网络信息服务发展的有效途径，但是当前"互联网+"战略下网络信息服务法律体系还存在部分缺陷，如受限于经费、人员等，"互联网+"战略下网络信息服务法律体系建设滞后，应通过如下方式创新网络信息服务法律机制。首先是发挥政府的引导作用，在政府主导下完善网络信息服务法律规划。基于政府主导、社会协助、项目合作、专业发展的原则，制定与完善网络信息服务的政策和法律措施。一是法律法规配套制度规范的完善，制定详细的项目标准、任务目标、保障措施、主体责任等；② 二是推动网络信息服务法律机制创新智库的发展，制定人才战略，构建人才发展体系，出台人才政策；三是实施现代服务业子行业的协调发展措施，通过法律机制的创新保障现代服务业各个子行业的合理配置。其次是增强政府

---

① 江必新，郑礼华. 互联网、大数据、人工智能与科学立法[J]. 法学杂志，2018 (5)：1-7.

② 吴俊明，高丽. 论大数据时代背景下我国检务公开信息化平台建设[J]. 法学杂志，2016，37(5)：103-110.

购买法律力度。增加对网络信息服务法律保障服务业的投入，一是构建动态和稳定的法律建设机制，安排专项预算和财政资金，促使现代服务业的立法工作与法律执行的可持续性与常态化；二是制定专门法律法规保障现代服务业中小企业的信息化发展，制定专门政策与设立专项基金扶持中小服务业企业开展信息化建设；三是对网络信息服务过程中的法律施行进行标准化管理，推动法制化管理与政府绩效相结合，增强激励和补贴力度。再次是通过构建法律咨询平台，实现均等化的法律服务。应增强现代服务业法制化建设过程中的普适性与公益性原则，一方面通过实体法律咨询平台的构建，推动线下法律咨询网点的完善，加快经济开发区等现代服务业集中区域的法律站点建设，对网络信息服务发展中法制建设进行专项推广，在法律服务站点设立企业法律服务专门窗口，实现现代服务业法律服务网络体系的健全。同时，还可探索现代服务业专职律师队伍的建设，推动网络信息服务法律机制的创新。另一方面需要加快网络法律平台的构建，实现线上法律服务的创新，实现线下与线上服务的结合与同步，通过线上网络法律平台推广和宣传"互联网+"战略下网络信息服务法律体系，积极将线下站点中现代服务业的法律服务资源嫁接到线上网络法律平台中，开展"互联网+法律"的服务工作。此外，还可探索"互联网+"战略下网络信息服务法律体系的项目化运作，开展法律的精准服务。通过开发现代服务业相关法律咨询和建设的项目清单，推动现代网络信息服务法律机制的创新。最后是通过深化法律监管，以促进服务业的创新发展。法律监管不应单靠政府力量，还应通过税收减免等手段，促进基层的法律服务所、律师事务所、公证机构等法律服务业参与到现代网络信息服务的立法与保障中。通过实施现代服务业法制化建设的科学评价机制，实现网络信息服务过程中的全程监管保障，可考虑建立健全现代网络信息服务建设中的失信惩戒机制、监管机制、质量评价机制等。

10.3.2 信息服务法律执法监督

在网络信息服务领域，国内已经制定了相关的法律、法规、规章制度等，包括《中华人民共和国电信条例》《商用密码管理条例》《互联网信息服务管理办法》等在内的多部法律法规。相关法律对网络信息服务发展的部分问题进行了规范，如信息化基础设施建设问题、政府管理问题、信息安全问题等。此外，相关条例还针对现代服务业交易过程中的部分核心问题进行了安全性与有效性保障，具体涉及电子合同、电子签章、电子交易、隐私权保障、数据保护、消费者保护等。但是这类法律法规的执行效力较低，主要以部门的规章制度为主，而部门规章制度较低的效力使得其适用力度与范围皆不如预期。同时，虽然相关地方性法规与部门规章制度的数量较多，但是上述法规和规章缺乏更高层面的立法规划与法律指引。当前国内网络信息服务法律体系还尚未形成稳定与统一的法律规范，法律体系性、系统性较差，规定之间存在冲突与不一致之处，缺少必要的协调与呼应。而在现代服务业司法领域，相关维权案例不断增多，涉及的领域包含版权、域名、民法、刑法、行政法等。侵权形式包含网页链接、网上转载、域名抢注到黑客行动、不正当竞争等各个类型。同时，随着相关案例的裁决与司法解释的发布，部分基本原则已得到了各层级法律的普遍认同。此类原则的执行和确立，使得相关案例在无法可依的情形下能进行有效的裁决，从而保障网络信息服务法律的执行，促进现代服务业的信息化发展。总体来说，当前国内司法体系对于互联网环境下知识产权纠纷有着相对成熟的把握，但是对于现代服务业的相关纠纷，由于主要法律法规的空白，现在还处于不够成熟的阶段。① 对于现代服务业产业界本身，需要制定一套完整的措施以保障法律法规条例的执行。在此基础上，现代网络信息服务过程中的安全问题、税收问题等皆成为现代服务业企业普遍关注的问题。但是具体到现代服务业各个领域，各领域的关注点亦会存在差异，如国内现代服务业企业通过收购等方式实现新一轮信息化过程中的创新发展，现代服务业并购所涵盖的法律问题正在被许多现代服务业企业所关注。

网络信息服务的执法过程中的相关重点问题缺乏有效的法律规范，当前有关网络信息服务的法律法规与政策较少有成体系的、完整的实际操作细则与规范，网络信息服务法制建设主要分散于众多地方政府或者相关行业协会的政策性或者规范性文件中，无形中增加了网络信息服务法规执行的难度，法治化效果较难以实现。现代服务业法律重点问题规范与完善是一个历史性的过程，需要随着信息技术、互联网市场等方面的发展不断完善。② 此外，网络信息服务法律建设需要为现代服务业发展构建相应的配套措施，明确法律建设工作是面向社会所有现代服务业、现代服务业用户的普及性服务。当前网络信息服务法律体系在执行过程中仍然存在部分问题，急需从整体上规范和设计。应保障现代网络信息服务立法的时效性，立法内容必须明确。一是需要强调

---

① 王广震. 大数据的法律性质探析——以知识产权法为研究进路[J]. 重庆邮电大学学报(社会科学版)，2017，29(4)：58-63.

② 侯学宾. 我国电子诉讼的实践发展与立法应对[J]. 当代法学，2016，30(5)：3-13.

政府在保障现代服务业发展过程中的责任，现代服务业发展过程中的主体是社会，现代服务业的发展与创新是以社会运作的模式实现的。政府作为立法工作的实施者，以及社会的管理者，应该明确主体责任。政府应该通过管理、政策与法律的结合，有效参与到现代服务业建设中。政府立法具有稳定性和连续性，可以将互联网环境下网络信息服务发展过程中的各项规章制度用法律法规的形式明确下来，保障现代服务业相关法律的可持续性。① 因此，需要将现代服务业发展的实际经验用立法保障的方式进行合理吸纳，这不仅符合立法的基础规律，也有助于促进现代服务业发展过程中的公平保障。二是需要全方位多层次建设现代服务业的权益保障体系，即推动中央立法、配套行政法规、地方规章与法规三位一体的现代服务业发展保障体系，保障现代服务业法律体系在中央、地方等各个层级的有效执行，同时依据宪法制定的有关经济和产业发展的法律法规，尽快推动现代服务业多维法律保障体系的建设，从而对现代服务业发展的主体进行规范，指导现代服务业的发展，对现代服务业发展主体、建设方式及相关企业与用户的义务和权利进行保障。

10.3.3　信息服务法律守法监督

在"互联网+"环境与现代服务业的迅猛发展下，国内针对网络信息服务发展问题的立法范围日益扩展，立法内容与分类不断细化和丰富，立法覆盖面不断延伸，但是当前网络信息服务法律内容的守法保障还存在一定问题和需要完善之处。② 首先是现代服务业企业在信息化过程中能否严格遵照法律法规，监管部门能否严格执行相关法律法规。其次是网络信息服务发展过程中的法规高度政策化。虽然国家与地区相关立法机构针对新的互联网环境下网络信息服务发展的法律建设问题进行了回应与完善，但是当前现代网络信息服务法律建设仍然是以相关政策的推荐为主，网络信息服务法律建设的法治化程度不高。由于网络信息服务的相关政策文件缺乏强制性的约束力，同时也缺乏一定的权威性，因此在政策文件的推广过程中经常出现执行效果较差、力度缺乏等不足之处。此外，国家或地区在网络信息服务法治建设过程中表现出倡导性政策条例较多的问题，相较于法律义务，道德义务、政治义务较多，未将网络信息服务

---

① 刘辉. 论互联网金融政府规制的两难困境及其破解进路[J]. 法商研究，2018(5)：58-69.

② 盛雷鸣，彭辉，史建三. 中国(上海)自由贸易试验区建立对法律服务业的影响[J]. 法学，2013(11)：122-131.

过程中具体的主体义务与责任，以及法律承担方式进行细化和明确。地方政策中有关网络信息服务法律保障的语句多为"积极开展网络信息服务法治建设""实现现代网络信息服务、市场化、法制化、国际化""营造法治营商环境浓厚的现代服务业法治环境"等。此类宣誓性、纲领性的文件与条例较多，虽然政策性文件需要具备实用性与前瞻性，但是表述过于笼统宏观会导致法律义务与责任不明确，导致互联网环境下网络信息服务发展的法律建设上的模糊性。①互联网环境下现代网络信息服务发展的法律建设不应当以政策性文件为主，政策性文件并不能有效适应现代服务业在市场化建设中利益多元化的现实，而且往往会导致制度革新滞后等不良后果。最后是网络信息服务发展的法律建设中立法文件分散、不成体系，缺乏有效的协调统筹。健全的法制是网络信息服务发展与稳定运作的基础和条件，网络信息服务创新发展也需要以良好的法律建设体系为基础。各个地区虽然都制定了网络信息服务发展的有关规章制度，但是距离现代网络信息服务发展的规范化与法制化实际需要还相距甚远，不能为网络信息服务发展提供有效支撑，现代服务业有关企业以及服务业用户的权益难以得到法律法规的有效保障。

网络信息服务法律建设过程中应加强现代服务业企业在立法过程中的作用。"互联网+"、大数据与人工智能的发展已从根本上变革了现代服务业的面貌、现代服务业用户的行为方式以及政府的发展模式。企业界是现代服务业的实际经营者，也是现代服务业发展的核心利益主体之一。因为现代服务业企业在网络信息服务过程中占据主导地位，网络信息服务法律内容的制定必须要有企业界的参与，缺乏企业界参与的网络信息服务法律建设是不切合实际与不完整的，相关法律在实施过程中也会遇到阻碍，变得不具备可行性。在网络信息服务法律建设过程中，企业界需要辅助政府机构保障网络信息服务的顺利发展，保障现代网络信息服务发展过程中消费者的合法权益。与此同时，网络信息服务法律的建设应当促进与国际相关法律的协同性。基于网络信息服务的特征，决定了其离不开全球化的特征，也离不开全球化的现代服务业市场。国际合作对于现代服务业的健康发展十分关键，我国应以积极主动的姿态参与到全球现代服务业的法治化建设中去。当前，世界上主要发达国家的现代服务业立法工作已经顺利展开，已然走在我国相关立法工作的前面。盲目地对国际公约或者他国法律法规进行引用，或者套用相关法律法规皆不契合国内现代服务业发展实际。我国应当在国际现代服务业立法经验的基础上，结合国内现代服务

---

① 谢尧雯. 论美国互联网平台责任规制模式［J］. 行政法学研究，2018（3）：133-144.

业发展特色与情境，不断累积与探索经验，构建具有中国特色的现代服务业法律体系。此外，需要十分重视现代服务业立法与国际相关法律的协调工作，促进国内网络信息服务立法保障与国际接轨，促进国内网络信息服务发展与国际接轨。①

10.3.4　信息服务法律框架构建

　　基于网络信息服务长期发展过程中的需求，网络信息服务法律建设急需构建一个基本法律框架，在框架基础上进一步增强和完善相关法律与法规。首先，"互联网+"网络信息服务建设是系统性工程，必须对现代服务业法律法规本质进行明确，树立科学立法思维，高效推动"互联网+"网络信息服务建设的进行。一是需要强调网络信息服务建设过程中立法工作的动态性，如卡多佐指出当前世界变幻莫测，即使现有法律框架能够满足当前需求，而后续文明需求不一定能高效满足，在日后社会发展过程中，法律法规不能经久不变，必须保持动态性。特别是在"互联网+"现代网络信息服务建设快速推进的当前社会，现代服务业发展问题中的社会关系变动极其快速而且异常复杂，现代服务业发展理念、模式、政策以及技术背景等方面都在不断地发生变化，这对于现代网络信息服务法律框架构建提出了更高层面的要求。国外在网络信息服务法律建设中最为突出的特点便是法律建设的时代性。网络信息服务法律建设应当与现代服务业法律建设保持一致，现代服务业立法相关工作应及时更新，应依据现代服务业的发展阶段对法律进行及时修订，以发挥相关法律法规的实时风险防控和行业发展保障作用。二是需要突出现代网络信息服务法律建设过程中立法的可预见性。当前国内现代服务业的相关法律法规多是对于现代服务业发展中衍生问题的补救性措施，缺乏对现代服务业发展的可预见性，特别是国内行政主导的现代服务业立法形势，使得现代服务业整体立法工作与规划存在混乱之处。由于现代服务业的动态发展属性，需要在现代服务业立法之初便针对未来可能发生的问题进行主动预测与考虑，保障立法工作的长远性以及将立法工作提升到现代服务业发展的战略高度。在现代服务业立法过程中需要将现代服务业建设中的成果经验采用法律的形式进行固定，为现代服务业的创新发展提供相关法律保障。但是立法也需要为现代服务业的深化改革预留下空间，保障立法工作的可预见性，促使法律更好地为现代服务业发展提供服务。三是重视现代服务业立法的覆盖面，立法工作应强调全面性，以保障现代服务业顺利发

---

① 余盛峰. 全球信息化秩序下的法律革命[J]. 环球法律评论，2013(5)：106-118.

展，这对于现代服务业法制化建设的推动具备积极意义。通常来说，法律部分的划分依据是法律调整对象的差异，现代服务业相关法律框架大体上主要划分为如下部分：现代服务业管理与规则法律法规、互联网知识产权法律法规、网络安全和信息资源法律法规、有关信息技术和基础设施运用及保护的法律法规、电子合同（电子契约)的效力与执行的法律法规、现代服务业的金融法律法规，① 如图 10-2 所示。

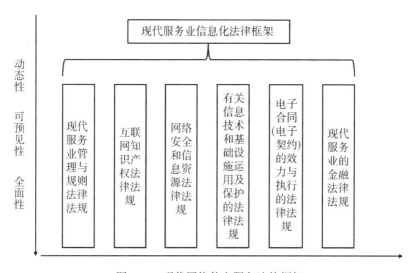

图 10-2　现代网络信息服务法律框架

需要注意的方面有四个。第一，对于现代服务业管理与规则的法律法规。现代服务业既然是商业活动，其必须有有针对性的和强有力的法律法规加以规定。② 首先，需要规范现代服务业的主体责任人、消费者与金融监管等政府机构间的义务、权利关系，从而构建现代服务业有序的规范与秩序体系。其次，需要对现代服务业的从业人员与运行机制进行规范和保障，具体而言，就是对于现代服务业与其他各行业间的合作关系、国际统一的网络信息服务标准进行统一与规范，以促进现代服务业在最新一轮的信息化过程中保持安全、快速与

---

① 冯果，袁康. 社会变迁与金融法的时代品格［J］. 当代法学，2014，28（2)：125-133.

② 李世阳. 互联网时代破坏生产经营罪的新解释——以南京"反向炒信案"为素材［J］. 华东政法大学学报，2018(1)：50-57.

健康的发展。再次，应对管理者责任进行规范，确保信息服务业各责任方的义务与权力，帮助不同性质的现代服务业企业构建规范与合理的规章制度。最后，需要规范网络信息服务过程中的税收制度，因为现代服务业是在互联网环境下进行的，政府难以对数字化的产品与服务收取税金。因此，政府机构需要适时更改传统的税收征管模式，尽快构建一套面向现代服务业的完整税收制度。同时，现代服务业的信息化发展离不开完整的知识产权保护条例，现代服务业离不开信息化知识产权法律法规的制定。① 第二，对于网络安全与信息资源保护的法律法规。首先，现代网络信息服务是基于大量的信息资源产生与发展的，信息资源是网络信息服务发展的实质及内核。但是网络中的信息流庞杂无序，容易对信息资源安全产生损害，不利于信息资源的控制与管理。因此，信息资源应同其他法律关系中的实体一样，得到法律的合理保护，从而促进其利用。为适应当前网络信息服务的需求，国内应该构建相匹配的信息资源保障法律法规，对信息资源与内容进行管制强化，建设信息化过程中信息资源的各层级授权管理条例，从而规范现代服务业发展中的信息资源利用与开发，对于信息资源的滥用行为给予法律责任，对于信息资源造成损失的部分进行依法依规赔偿。② 其次，应重视网络信息服务过程中的信息网络安全。互联网安全是制约现代服务业发展过程中的关键要素，世界主要发达国家皆较为重视信息化网络安全的保障，我国应不断完善互联网安全与加密方面的法律法规，制定信息加密和保密技术、信息通信技术安全相关的法律法规，进一步确保国家机密与现代服务业商业机密的安全。最后，在电子合同（或电子契约）的效力和执行的法律规定方面，明确电子合同的法律效力，在网络信息服务过程中，合同自由应当成为相关法律制定的基本原则。政府机构应该为电子合同提供更加透明有效的机制，以全面定义此类条例，为各个层面的现代服务业交易引用条款的合法性制定基本准则。此外，还需要思考合同与数字化认证的有效执行，信息网络中信息资源具备易变性和不稳定性，使得在线合同易于伪造和虚构，存在有效性与真实性问题。政府应当通过制定相关法律文件确保数字化合同与认证文件的合法性。第三，对于网络信息服务技术与基础设施的保护使用的法律法规。首先，关于现代网络信息服务有关技术标准的规范，由于各国国情不同，其信息化的交易方式及手段也存在差异。如互联网服务提供商为维持自身

---

① 余盛峰. 知识产权全球化：现代转向与法理反思[J]. 政法论坛，2014，32（6）：3-22.

② 马长山. 智能互联网时代的法律变革[J]. 法学研究，2018（4）：20-28.

的比较优势，通常会加密保护自身技术，从而导致现代网络信息服务相关技术延伸出兼容性问题。面对无国界和全球化的信息贸易活动，需要针对现代服务业构建相关的统一国际标准，以推动现代服务业活动中相互操作的问题的有效解决。否则，可能阻碍网络信息服务的健康发展。其次，世界各国的现代服务业发展的兼容问题。要促进网络信息服务无国界的发展，就需要构建一个由市场引导的公平竞争环境，从而推动基础设施的发展，保障世界各国交易过程中的平等与公正。政府应鼓励信息基础设施的投资开发与利用，促进信息化基础设置的建设和现代服务业的顺利发展。同时，还应当明确信息化技术与设施的使用权与所有权，确保其使用的正当性，对信息化技术和设置的不合理运用加以规范，对侵权等不正当行为进行限制，对各种不合法行为进行打击。第四，对于网络信息服务过程中金融相关的法律法规。电子支付是现代网络信息服务过程中十分关键和核心的环节，是现代服务业交易双方达成交易目的的关键步骤，也是现代服务业整体信息化的基础条件。在现代服务业交易过程中，实现数字化的结算与支付，需要制定配套的法律法规，对数字化支付方式以及相关责任人的权利与义务进行规范，主要涉及电子付款制度、电子支付工具、电子货币监管等。

10.4　信息服务社会化管理监督的组织保障

信息服务社会化管理监督能够真正发挥作用，需要强有力的机构把管理监督政策落实下去。因此，监督的组织保障非常重要。

10.4.1　信息服务社会化监督的部门重组与优化

信息服务社会化监督需要对原有的部门进行重组，优化其职能。

信息服务社会化发展需要管理。这种管理不是对信息服务的单个要素进行碎片式的管理，而是需要协调好各个要素之间的关系。信息服务社会化监督本身是一个有机的整体，只有把信息服务的管理放在网络化、智能化的大视野中看待，才能找到更加合适的监督手段和方式。我国网络管理体制由于历史原因，存在"九龙治水"的管理格局。习近平总书记明确表示："面对互联网技术和应用飞速发展，现行管理体制存在明显弊端，主要是多头管理、职能交叉、权责不一、效率不高。同时，随着互联网媒体属性越来越强，网上媒体管理和产业管理远远跟不上形势发展变化。"①

2014年，根据国际形势的发展，我国成立了中央网络安全与信息化领导小组，由习近平总书记亲自担任组长，力图从根本上改变以往由国务院总理担任国家信息化领导小组组长时难以协调党中央、军委、人大等弊端，大大提高该小组总揽全局的整体规划能力和高层协调能力。与此同时，信息服务发展与安全问题是一体两翼，将服务安全放到更突出的位置，突出信息服务安全，并与国家信息化整体战略一并考虑，具有重大战略意义。

中央网络安全和信息化领导小组的工作职责是要发挥集中统一领导作用，统筹协调各个领域的网络安全和信息化重大问题，制定实施国家网络安全和信息化发展战略、宏观规划和重大政策，不断增强安全保障能力。由此可见，随着中央网络安全与信息化领导小组的成立，我国的信息服务管理体制机制正在发生深刻的变化，以往存在的一些明显弊端有可能被克服。这个新框架显示出我国新的信息服务战略将迎来新的突破。

要使得信息服务的市场能够正常运行，就一定要做好机构的审批，把好市场准入关口，这样才能够在一定程度上减少信息服务问题。

服务机构审批制度的主要内容：①对一些信息的发布与登记；②对一些信息的保存、监视及备份等；③对一些在信息方面违法的案件进行报告并协助调查；④使用信息的账号登记和权限的管理；⑤相关管理者的职责；⑥安全教育与培训制度；⑦其他制度。

网络技术正在不断取得飞速发展，因此要定期抽查相关服务机构的各项事务，做好监督，保证其管理制度得以有效实施，只有这样，才能够加强行业中各企业的防范意识，真正保障信息的安全。

10.4.2　信息服务社会化监督的实施

信息服务监督是一项系统的工程，要从各个方面整体考虑，而不是单个的法律能够对其进行管理的，只有整体协调才能取得预期的良好效果。从上文中的分析可以发现，监督体系以国家为主体，用户的监督予以后续支撑，虽然有合理性，却也有一些不足之处，虽然目前并没有暴露其缺陷和问题，但我们也应当对其各方面认真地分析，这也可以在一定程度上加强信息服务的监督。由此可知，信息服务的监督主要包括人才培养、从业人员资格和全民教育等，如

---

① 习近平. 习近平谈治国理政[M]. 北京：外文出版社，2014：84.

图 10-3 所示。

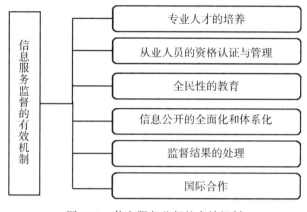

图 10-3　信息服务监督的有效机制

（1）专业人才的培养

任何事都是由人来做，信息服务的监督同样离不开专业人才。人才如此稀缺和重要，因此一定要加强专业人才的培训，同时避免其外流。

信息服务的监督需要的专业人才涉及网络信息安全技术、保密要求、监督的协调和组织管理、有关信息服务方面的法律支持、网络信息犯罪追踪技术和应急救援中心等方面。且不说专业人才的培养、管理与协调，单是这里列出的几类专业人才之间的管理与沟通就是一个棘手的问题。信息安全技术必须具有独立知识产权，而这就要依靠信息安全技术人才。

我国社会经济信息化、网络化所需要的人才量是巨大的。除了重点培养从事最先进的和创新性的技术研究人才外，还需要培养大量的应用型复合人才，将其充实到社会经济生活的各个方面，从而实现全民性的网络信息安全、国家保密意识教育，提高人们防范网络信息犯罪的意识。

（2）从业人员的资格认证与管理

信息服务是由懂得计算机、网络等高新技术，并能不断更新知识的人才来运行管理的。计算机网络是国家非常重要的一个关口，它关乎社会生活的各领域，所以要对信息服务的从业人员进行有关资格的认证，以便于加强管理和引导，进而促进国家整体竞争实力。

因为技术性较高，考试与考核是信息服务资格认证的主要方式，同时由于政治的需要，对部分机构和岗位的从业人员的政治思想进行审查也是很有必要的。

应当鼓励一些信息服务的从业者进一步学习本国及国际上有关信息服务、安全等法律，提高他们的法律意识，使他们在自己所从事的信息服务中自觉做到有法可依、有法必依，从而减少从业人员违法犯罪行为的发生。

从业人员一定要对安全及操作方面的管理知识非常熟悉，对这些人员，除了在学历和工作经验等方面会有一些技术上的要求外，还有安全要求，要求其必须具有良好的道德品质，且具有较好的工作动机，无犯罪记录等。当然，对于工作人员也要建立一套较为完善的管理方案，如人员的录用、安全教育、离职管理等方面的制度，其目的主要是让从业者能够对自身具备的职责有一定的意识，明确自己的责任与义务，熟悉工作中的一些操作，以减少操作或认识方面的不当而导致的风险和后果。

(3)全民性的教育

信息服务是向普通用户提供的，没有用户的信息服务只是信息服务机构的孤芳自赏，没有生存的价值和必要。信息服务提高了用户各方面的信息能力，其信息的获取、发布、交流与咨询等能力得到空前的加强。任何技术都是一把双刃剑，用户信息能力的增强也带来了相应的弊端——利用计算机从事网络犯罪的可能性增加了。尤其是有时部分用户可能不自觉地触犯了国家的法律法规而自己并不知晓，这主要表现在不小心泄露了国家的政治、经济、军事秘密，给国家造成无法挽回的损失。

提供接入服务的服务机构和提供信息应用服务的服务机构都有责任向用户宣传国家有关法律法规。在提供接入服务之前，可以要求用户在申请时先掌握一些有关的法律法规。通过开卷或闭卷考试是获得申请批准的前提之一。信息服务机构可以每隔一定的时间组织一次有奖法律知识竞赛活动，获奖者可以得到更大的存储空间或一定时间的免费有偿服务等。

(4)信息公开的全面化和体系化

对于信息服务的监督，应保障信息公开的全面性，确保各个行政区域都积极响应，形成一套体系化的结构，如图10-4所示。在制度层面要求全国各行政区落实报告工作，按公开时限要求公开年度报告，法律法规对制度的落实有重要作用，配套相应的法规才能使制度真正发挥作用，当然，也需要其他规范性文件的推进才能够实施细节性描述和部署。

(5)监督结果的处理

信息服务中不可能不出现问题，如何对这些问题进行处理则是关系到监督

政府信息公开年度报告制度						
制度层面			法律层面			政策层面
政府信息公开制度	政府信息公开工作考核制度	政府信息公开责任追究制度	政府信息公开条例	政府信息公开规定或办法	政府信息公开工作考核办法	政府信息公开责任追究办法	政府信息公开要点、实施方案及相关通知等政策性文件

图 10-4　政府信息公开制度体系结构

是否有力的重要因素。信息服务监督存在的前提是监督结果的处理有力，方法则包括行政处罚和追究法律责任等。

教育系统的信息服务接受主管部门的监督，主管教育行政部门对于一些违法行为视情节的轻重对其进行警告、批评等处罚，并追究其法律责任。

若信息服务机构在安全保护管理制度、安全保护技术措施和履行备案职责方面未按规定做好应有的工作，主要通过公安机关限期责令其改正，若是有违法所得则要予以没收；在规定的限期内没有改正的，则对相关的负责人处以罚款，其所在的单位也要处以罚款，情节严重者给予停网整顿处罚等。

（6）国际合作

目前，网络技术已经走向全球化，网络信息方面的犯罪也从国内性犯罪演变为跨国性犯罪，这就要求信息保密方面的法律立足于全球，考虑目前国际实际进行制定与完善，要加强国际信息安全方面的合作，通过协商建立适应国际需要的监督体系，联手维护信息的安全，更好地实现网络信息服务的监督。

参 考 文 献

[1] 严格，贾苹，杨雨寒. 图书馆面向重大国家战略的信息服务实践研究——以 NSTL 国家重大战略信息服务平台为例[J]. 图书情报工作，2021，65（19）：61-71.

[2] 国家信息中心信息化和产业发展部，京东数字科技研究院. 携手跨越重塑增长——中国产业数字化报告 2020[EB/OL]. [2021-11-5]. https://www.sohu.com/a/405614733_492538.

[3] 刘佳，彭鹏，黄雨微. 面向科技创新的科技信息服务生态链模型构建研究[J]. 现代情报，2019(6)：32-37.

[4] 魏娜，黄甄铭. 适应与演化：中国互联网信息服务治理体系的政策文献量化分析[J]. 中国行政管理，2020(12)：47-55.

[5] 实施国家大数据战略加快建设数字中国[EB/OL]. [2020-11-23]. http://www.xinhuanet.com//2017-12/09/c_1122084706.htm.

[6] 郑燕林，王战林. 超越大数据走向智能信息服务：人工智能时代的芬兰实践及启示[J]. 现代情报，2021，41(10)：93-100.

[7] 谭春辉，周一夫，冯扬文. 政策工具视角下的我国信息服务政策文本量化研究[J]. 现代情报，2021，41(11)：91-101.

[8] 李金昌. 大数据分析与小数据研究[J]. 中国统计，2018(2)：24-26.

[9] 彭知辉. 论大数据思维的内涵及构成[J]. 情报杂志，2019，38(6)：124-130，123.

[10] Anderson C. The end of theory：The data deluge makes the scientific method obsolete[J]. Wired magazine，2008，16(7)：16-07.

[11] Su H，Fan Z，Cao C，et al. Scholar Citation：Chinese Scholar Citation Analysis Based on ScholarSpace in the Field of Computer Science [J]. Frontiers Big Data，2019(2)：41.

［12］周毅.论信息服务专业性与社会性的互构及其价值［J］.情报理论与实践，2021，44（12）：19-25.

［13］刘伊琳.适老化信息服务政策量化评价研究——基于PMC指数模型［J］.老龄科学研究，2021，9（8）：40-54.

［14］刘公保，曾碧华，蒋澎涛.信息生态视域下精准扶贫中的信息服务研究框架思路构建［J］.信息系统工程，2021（5）：15-16.

［15］莫祖英.大数据处理流程中的数据质量影响分析［J］.现代情报，2017，37（3）：69-72，115.

［16］陆泉，张良韬.处理流程视角下的大数据技术发展现状与趋势［J］.信息资源管理学报，2017，7（4）：17-28.

［17］董洁，邓明荣，王强，毛维娜.个性化信息服务生态系统运行模式探究［J］.情报工程，2021，7（4）：93-104.

［18］王婵.省级公共图书馆智库型信息服务产品调研［J］.图书馆理论与实践，2021（4）：72-78.

［19］高翙.图书馆微信信息服务生态系统模型构建研究［J］.图书馆理论与实践，2021（3）：58-64.

［20］郑书娟.大数据背景下精准科研信息服务体系的构建研究［J］.情报杂志，2021，40（5）：193-200.

［21］李响，王浩，刘千歌，王超，毛剑，刘建伟.面向服务监管的信息服务标识生成与管理方案［J］.网络与信息安全学报，2021，7（5）：169-177.

［22］张晓芬.大数据安全与隐私保护关键技术研究［J］.现代商贸工业，2019，40（32）：146-147.

［23］巴志超，李纲，周利琴，毛进.数据科学及其对情报学变革的影响［J］.情报学报，2018，37（7）：653-667.

［24］韩丽华，魏明珠.大数据环境下信息资源管理模式创新研究［J］.情报科学，2019，37（8）：158-162.

［25］国家互联网信息办公室.数字中国发展报告（2020年）［R/OL］.［2021-10-28］.http://www.gov.cn/xinwen/2021-07/03/content_5622668.htm.

［26］钱宇星，李浩，倪珍妮，桂文瑁.论坛式网络信息服务适老化困境与应对——以"银龄网"关停为例［J］.图书情报知识，2021（2）：68-78，109.

［27］孟广均.信息资源管理导论［M］.北京：科学出版社，2008.

［28］梅宏.构建数据治理体系 培育数据要素市场生态［N］.河北日报，2021-06-18（5）.

[29]江小涓.数字服务业和服务全球化[EB/OL].[2021-10-19].https://baijiahao.baidu.com/s？id=1707254027650473886&wfr=spider&for=pc.

[30]陈春花,赵海然.共生:未来企业组织进化路径[M].北京:中信出版社,2018.

[31]曹仰锋.世界三大"产业互联网平台"的战略与功能[J].清华管理评论,2019(4):44-51.

[32]Chowdhury G. Building environmentally sustainable information services：A green is research agenda[J]. Journal of the Association for Information Science and Technology, 2012, 63(4):633-647.

[33]高文兴.《2021企业数字包容实践与价值白皮书》发布 数字包容不仅等同于公益支出[N].公益时报,2021-08-31.

[34]钱宇星,李浩,倪珍妮,桂文瑄.论坛式网络信息服务适老化困境与应对——以"银龄网"关停为例[J].图书情报知识,2021(2):68-78,109.

[35]严格,贾苹,杨雨寒.图书馆面向重大国家战略的信息服务实践研究——以NSTL国家重大战略信息服务平台为例[J].图书情报工作,2021,65(19):61-71.

[36]国家信息中心信息化和产业发展部,京东数字科技研究院.携手跨越重塑增长——中国产业数字化报告2020[EB/OL].[2021-11-5].https://www.sohu.com/a/405614733_492538.

[37]刘佳,彭鹏,黄雨微.面向科技创新的科技信息服务生态链模型构建研究[J].现代情报,2019(6):32-37.

[38]魏娜,黄甄铭.适应与演化:中国互联网信息服务治理体系的政策文献量化分析[J].中国行政管理,2020(12):47-55.

[39]孙科技.教育精准扶贫政策执行中政策工具应用偏差及其矫正——基于省级政策实施方案的文本分析[J].教育与经济,2019(3):3-10.

[40]黄新平,黄萃,苏竣.基于政策工具的我国科技金融发展政策文本量化研究[J].情报杂志,2020,39(1):130-137.

[41]马续补,吕肖娟,秦春秀,等.政策工具视角下我国公共信息资源开放政策量化分析[J].情报理论与实践,2019,42(5):46-50.

[42]赵雪芹,李天娥,董乐颖.网络生态治理政策分析与对策研究——基于政策工具的视角[J].情报理论与实践,2021,44(4):23-29,39.

[43]徐伟呈,范爱军."互联网+"驱动下的中国产业结构优化升级[J].财经科学,2018,(3):119-132.

[44] 张宇杰，安小米，张国庆. 政府大数据治理的成熟度评测指标体系构建[J]. 情报资料工作，2018(1)：28-32.

[45] 曹鹏，石宇. 数字学术信息云服务中的用户安全与权益保障[J]. 数字图书馆论坛，2017(7)：24-29.

[46] 胡昌平，万莉. 云环境下国家学术信息资源安全全面保障体系构建[J]. 情报杂志，2017，36(5)：124-128.

[47] 张志华，蔡蓉英，张凌轲. 主要发达国家网络信息安全战略评析与启示[J]. 现代情报，2017，37(1)：172-177.

[48] 邹凯，左珊，陈旸，蒋知义. 基于网络舆情的政府信息服务公众满意度评价研究[J]. 情报科学，2016，34(2)：45-49.

[49] 王世伟，曹磊，罗天雨. 再论信息安全、网络安全、网络空间安全[J]. 中国图书馆学报，2016，42(5)：4-28.

[50] 夏义堃. 试论数据开放环境下的政府数据治理：概念框架与主要问题[J]. 图书情报知识，2018(1)：95-104.

[51] 梅宏. 数据治理之论[M]. 北京：中国人民大学出版社，2020.

[52] 曾铮，王磊等. 数据市场治理：构建基础性制度的理论与政策[M]. 北京：社会科学文献出版社，2021.

[53] 赵刚. 数据要素：全球经济社会发展的新动力[M]. 北京：人民邮电出版社，2021.

[54] 张莉. 数据治理与数据安全[M]. 北京：人民邮电出版社，2019.

[55] 朱晓武，黄绍进. 数据权益资产化与监管：大数据时代的个人信息保护与价值实现[M]. 北京：人民邮电出版社，2020.

[56] 刁生富，刁宏宇，吴选红. 重估：大数据与治理创新[M]. 北京：电子工业出版，2019.

[57] 梅宏. 构建数据治理体系　培育数据要素市场生态[N]. 河北日报，2021-06-18(5).

[58] 杨学成，许紫媛. 从数据治理到数据共治——以英国开放数据研究所为案例的质性研究[J]. 管理评论，2020，32(12)：307-319.

[59] 资武成. 创新生态系统的数据治理范式：基于区块链的治理研究[J]. 社会科学，2021(6)：80-87.

[60] 陆志鹏. 创新数据治理路径　激活数据要素潜能[J]. 经济，2021(6)：117-119.

[61] 张杰. 大数据背景下的数据治理模式[J]. 中国新通信，2021，23(10)：

97-98.

[62] 方燕，隆云滔. 数据变革、数据理论与数据治理：一个简要述评[J]. 东北财经大学学报，2021(3)：15-27.

[63] 陈嘉烨，周云龙，朱琪浩. 数据治理的公私合作模式研究——以杭州健康码为例[J]. 中国管理信息化，2021，24(10)：195-196.

[64] 汪广盛. 关于数据治理与数据质量的思考[J]. 清华金融评论，2021(5)：32-34.

[65] 申晓雨，曾祥瑞. 数据治理中数据利用与数据保护的平衡[J]. 清华金融评论，2021(5)：46-48.

[66] 连小敏. 强化数据治理[N]. 学习时报，2021-04-30(1).

[67] 余晨然. 数据治理的制度逻辑[M]//徐涤宇. 中南法律评论. 郑州：郑州大学出版社，2021：25-37.

[68] 赵海乐. TikTok 争议中的美欧数据治理路径差异研究[J]. 情报杂志，2021，40(5)：104-110，131.

[69] 孙健英. ARP 数据治理体系研究与实践[J]. 数据与计算发展前沿，2021，3(2)：68-76.

[70] 王伟玲. 提升数据治理能力 撬动数据要素市场[N]. 中国信息化周报，2021-04-19(13).

[71] 顾平安. 数据治理赋能数字政府建设[J]. 社会治理，2021(4)：30-35.

[72] 林梓瀚. 基于数据治理的欧盟法律体系建构研究[J]. 信息安全研究，2021，7(4)：335-341.

[73] 韦景竹，叶彦君，王政. 基于数据治理的重大突发文化事件舆论引导机制研究[J]. 信息资源管理学报，2021，11(2)：119-127.

[74] 胡海波. 理解整体性政府数据治理：政府与社会的互动[J]. 情报杂志，2021，40(3)：153-161.

[75] 潘锋. 数字政府亟须完善数据治理体系[J]. 审计观察，2021(3)：6-11.

[76] 梁正，沈春蕾. 探索数据治理公私合作新模式[N]. 中国科学报，2021-02-25(03).

[77] 许可. 数据治理需要全球合作[N]. 社会科学报，2021-02-04(2).

[78] 陈荣昌. 网络平台数据治理的正当性、困境及路径[J]. 宁夏社会科学，2021(1)：72-80.

[79] 张会平. 构建更加开放的城市数据治理体系[J]. 国家治理，2021(Z1)：52-55.

[80] 许阳，胡月. 政府数据治理的概念、应用场域及多重困境：研究综述与展望[J]. 情报理论与实践，2021，7(1)：1-13.

[81] 刘静芳. 数据治理：数字化发展的基础和条件[N]. 学习时报，2021-07-30(3).

[82] 梁玥. 政府数据开放与公共数据治理的法律机制[J]. 江汉论坛，2021(8)：127-130.

[83] 杨楠. 大国"数据战"与全球数据治理的前景[J]. 社会科学，2021(7)：44-58.

[84] 胡正坤，郭丰. 全球数据治理：态势辨析与趋势展望[J]. 信息安全与通信保密，2021(7)：11-18.

[85] 杨隆志，李洁，诺伊莉莎，汤姆·皮克特，编辑部. 网络安全中的大数据治理[J]. 信息安全与通信保密，2021(7)：56-66.

[86] 杨琳，司萌萌，朱扬勇. 多层级数据治理体系框架构建思路探究[A]. 中国管理现代化研究会，复旦管理学奖励基金会. 第十五届(2020)中国管理学年会论文集[C]. 中国管理现代化研究会，复旦管理学奖励基金会，2020.

[87] 盛小平，宋大成. 数据管理与数据治理的比较分析及其对制定科学数据开放共享政策的启示[J]. 图书情报工作，2020，64(22)：4-10.

[88] 蔡翠红，王远志. 全球数据治理：挑战与应对[J]. 国际问题研究，2020(6)：38-56.

[89] 梁正，吴培熠. 数据治理的研究现状及未来展望[J]. 陕西师范大学学报(哲学社会科学版)，2021，50(2)：65-71.

[90] 才让东知. 数字政府：基于数据的治理与对数据治理的视角[J]. 西藏发展论坛，2020(5)：91-96.

[91] 方禹. 关于我国数据治理法治构建的几点思考[J]. 中国信息安全，2020(10)：62-64.

[92] 梅宏. 释放数据要素潜能　深化数据治理体系建设[J]. 软件和集成电路，2020(9)：14.

[93] 孙宇. 走向稳健、包容、审慎和弹性的数据治理[J]. 社会治理，2020(9)：20-26.

[94] 李顾元.《数据安全法(草案)》视野下的公共数据治理[J]. 信息安全与通信保密，2020(8)：29-35.

[95] 沈艳. 加强大数据治理，防范"大数据自大"[J]. 国家治理，2020(28)：

36-39.

[96] 刘露，杨晓雷. 新基建背景下的数据治理体系研究——以数据生命周期为总线的治理[J]. 治理研究，2020，36(4)：59-66.

[97] 谭必勇，刘芮. 英国政府数据治理体系及其对我国的启示：走向"善治"[J]. 信息资源管理学报，2020，10(5)：55-65.

[98] 肖洁琼，奉国和. 国内外数据治理模型对比分析[J]. 文献与数据学报，2020，2(2)：14-25.

[99] 王逸晨. 基于数据共享及开放的数据治理体系研究[J]. 中小企业管理与科技(中旬刊)，2020(6)：154-155.

[100] 夏义堃. 数据要素市场化配置与深化政府数据治理方式变革[J]. 图书与情报，2020(3)：14-16.

[101] 司晓. 数据要素市场呼唤数据治理新规则[J]. 图书与情报，2020(3)：7-8.

[102] 吴志刚. 完善数据治理体系　加速释放数据要素红利[N]. 中国电子报，2020-04-17(4).

[103] 冀翠萍. 数据治理要处理好四个关系[N]. 学习时报，2020-03-27(3).

[104] 许可. 2020 数据治理的趋势与大局[J]. 互联网经济，2020(Z1)：36-39.

[105] 胡昌平. 创新型国家的信息服务与保障研究[M]. 北京：学习出版社，2013.

[106] 谢欢. 论政府信息服务监督体系的构建[J]. 图书馆理论与实践，2010(9)：36-39.

[107] 胡昌平，辛春华，张立. 信息服务的社会监督——信息服务的技术质量监督[J]. 情报学报，2001(1)：18-25.

[108] 张凤凉，周颖. 公共服务监督法制化及其评价[J]. 华南理工大学学报(社会科学版)，2016，18(3)：79-85.

[109] 吴丹，陆柳杏. 智慧信息服务大数据分析框架[J]. 图书与情报，2018(2)：7-13.

[110] 唐晓波，李新星. 基于人工智能的知识服务研究[J]. 图书馆学研究，2017(13)：26-31.

[111] 白君贵，王丹. 大数据视角下企业信息资源整合与价值提升研究[J]. 情报科学，2018，36(9)：73-76.

[112] 邓胜利，凌菲. 数字化信息服务对环境可持续发展的贡献研究[J]. 大学

图书馆学报，2014，32(5)：5-11.

[113] 王秉，吴超. 科学层面的安全管理信息化的三个关键问题思辨——基本内涵、理论动因及焦点转变[J]. 情报杂志，2018(8)：114-120.

[114] 谢尧雯. 论美国互联网平台责任规制模式[J]. 行政法学研究，2018(3)：133-144.

[115] 宋玉梅，严哲，朱琳，罗钧. 微信视域下高校知识产权信息服务的现状与发展对策研究[J]. 图书情报工作，2021，65(3)：51-60.